凤凰文库
PHOENIX LIBRARY

凤凰出版传媒集团
PHOENIX PUBLISHING & MEDIA GROUP

凤凰文库·马克思主义研究系列

主　　编　张一兵

项目总监　谢　红

项目执行　戴亦梁

教育部人文社会科学重点研究基地重大研究项目（02JAZJD710002）

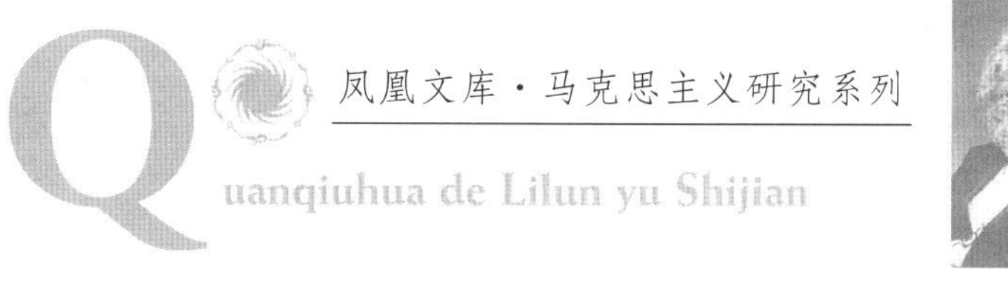

全球化的理论与实践

一种马克思主义的视角

丰子义 杨学功 仰海峰 著

江苏人民出版社

图书在版编目(CIP)数据

全球化的理论与实践:一种马克思主义的视角/丰子义,杨学功,仰海峰著.--南京:江苏人民出版社,2017.2

(凤凰文库.马克思主义研究系列)

ISBN 978-7-214-19997-3

Ⅰ.①全… Ⅱ.①丰… ②杨… ③仰… Ⅲ.①全球化-研究 Ⅳ.①C913

中国版本图书馆CIP数据核字(2016)第316695号

书　　名	全球化的理论与实践:一种马克思主义的视角
著　　者	丰子义　杨学功　仰海峰
责任编辑	戴亦梁
责任校对	陈　颖
装帧设计	许文菲
出版发行	凤凰出版传媒股份有限公司 江苏人民出版社
出版社地址	南京市湖南路1号A楼,邮编:210009
出版社网址	http://www.jspph.com
经　　销	凤凰出版传媒股份有限公司
照　　排	江苏凤凰制版有限公司
印　　刷	江苏凤凰新华印务有限公司
开　　本	652毫米×960毫米　1/16
印　　张	23.5　插页4
字　　数	296千字
版　　次	2017年3月第1版　2017年3月第1次印刷
标准书号	ISBN 978-7-214-19997-3
定　　价	59.00元

出版说明

要支撑起一个强大的现代化国家，除了经济、政治、社会、制度等力量之外，还需要先进的、强有力的文化力量。凤凰文库的出版宗旨是：忠实记载当代国内外尤其是中国改革开放以来的学术、思想和理论成果，促进中外文化的交流，为推动我国先进文化建设和中国特色社会主义建设，提供丰富的实践总结、珍贵的价值理念、有益的学术参考和创新的思想理论资源。

凤凰文库将致力于人类文化的高端和前沿，放眼世界，具有全球胸怀和国际视野。经济全球化的背后是不同文化的冲撞与交融，是不同思想的激荡与扬弃，是不同文明的竞争和共存。从历史进化的角度来看，交融、扬弃、共存是大趋势，一个民族、一个国家总是在坚持自我特质的同时，向其他民族、其他国家吸取异质文化的养分，从而与时俱进，发展壮大。文库将积极采撷当今世界优秀文化成果，成为中外文化交流的桥梁。

凤凰文库将致力于中国特色社会主义和现代化的建设，面向全国，具有时代精神和中国气派。中国工业化、城市化、市场化、国际化的背后是国民素质的现代化，是现代文明的培育，是先进文化的发展。在建设中国特色社会主义的伟大进程中，中华民族必将展示新的实践，产生新的经验，形成新的学术、思想和理论成果。文库将展现中国现代化的新实践和新总结，成为中国学术界、思想界和理论界创新平台。

凤凰文库的基本特征是：围绕建设中国特色社会主义，实现社会主义现代化这个中心，立足传播新知识，介绍新思潮，树立新观念，建设新学科，着力出版当代国内外社会科学、人文学科的最新成果，同时也注重推出以新的形式、新的观念呈现我国传统思想文化和历史的优秀作品，从而把引进吸收和自主创新结合起来，并促进传统优秀文化的现代转型。

凤凰文库努力实现知识学术传播和思想理论创新的融合，以若干主题系列的形式呈现，并且是一个开放式的结构。它将围绕马克思主义研究及其中国化、政治学、哲学、宗教、人文与社会、海外中国研究、当代思想前沿、教育理论、艺术理论等领域设计规划主题系列，并不断在内容上加以充实；同时，文库还将围绕社会科学、人文学科、科学文化领域的新问题、新动向，分批设计规划出新的主题系列，增强文库思想的活力和学术的丰富性。

从中国由农业文明向工业文明转型、由传统社会走向现代社会这样一个大视角出发，从中国现代化在世界现代化浪潮中的独特性出发，中国已经并将更加鲜明地表现自己特有的实践、经验和路径，形成独特的学术和创新的思想、理论，这是我们出版凤凰文库的信心之所在。因此，我们相信，在全国学术界、思想界、理论界的支持和参与下，在广大读者的帮助和关心下，凤凰文库一定会成为深为社会各界欢迎的大型丛书，在中国经济建设、政治建设、文化建设、社会建设中，实现凤凰出版人的历史责任和使命。

目　录

作者的话

本书分为上下两篇，上篇主要研究全球化的历史和理论，下篇主要研究全球化的现实问题。

上篇的研究可以划分为两个层面：一是对全球化的历史进程的分析。主要涉及全球化是如何展开的，在全球化进程中资本主义社会的经济、政治与文化结构发生了何种变化，这种变化与资本的运行过程有着何种关联，在全球化进程中发达国家与发展中国家处于何种关系，发展中国家如何利用全球化进程实现自身的发展，社会主义在全球化时代的发展途径，等等。这是一种历史的研究，这一研究需要打破过去的学科壁垒，真正实现跨学科整合，以达到对当代社会发展过程的整体透视。二是对全球化思想的分析。主要涉及马克思主义经典作家和其他有关思想家是如何论述全球化的，这些论述间存在着何种逻辑转换关系，这种逻辑转换与历史进程的内在关系又是什么，等等。当然，这两个层面的划分并不是绝对的，在实际的研究中常常交织在一起。没有对历史进程的分析，很难对这一进程的思想史进行真切的把握；没有思想史的讨论，对历史进程的描述就会沦为单纯的经验材料堆积。

基于思想史研究可以发现，对“全球化”的理论自觉虽然是在 20 世纪80年代之后才开始的，但有关全球化的思想却有着长期的历史发展过程。现代资本主义的产生和发展，一开始就具有了一种“世界历史”性的特点，资本的市场投向了世界，投向了全球。资本主义的发展过程就是资本从地域性的存在扩张为全球性的过程。与之相应，人们的思想也逐渐突破地域性的界限而具有了全球性的视野。这种全球性的视野在不同的历史阶段表现为不同的形式。从马克思主义的观点来看，现代资本主义的发展可以分为三个阶段：马克思所面对的自由竞争的资本主义阶段、列宁所面对的帝国主义阶段（这也是第二国际和早期西方马克思主义者的研究对象）、目前的全球资本主义阶段。在资本主义的不同发展阶段，全球化的理论展现为不同的形式。虽然在前两个阶段还没有自觉地提出“全球化”概念，但应该说在这两个阶段又都以其他的理论方式揭示了“全球化”的产生与发展过程。

在自由竞争的资本主义阶段，全球化理论是以“世界历史”理论表现出来的。这一理论最初以康德的“世界公民”、黑格尔的“世界历史”等哲学形式得到表述。马克思在研究哲学特别是政治经济学之后，从历史的层面提出了资本逻辑与“世界历史”问题，深刻揭示出资本逻辑必将打破地域性界限，资本主义将推动民族历史向世界历史转变，从而使哲学层面的“世界历史”理论得到了经验的论证。应该说，这是全球化理论的初始形态。虽然现代资本主义社会与马克思所处的时代相比发生了巨大的变化，但资本推动历史发展的逻辑并没有从根本上被改变。这意味着研究资本逻辑以及这一逻辑与世界历史转变的关系，仍然是我们考察全球化的一个重要理论参照。这是上篇第一章所要论述的核心问题。

通过阅读《资本论》可以看出，马克思所面对的资本主义还处在从工场手工业到机器大工业的过渡阶段。到19世纪后期，随着科学技术的发展和应用，资本主义真正进入了机械化生产时期。机械化的大生产，使马克思所分析的资本主义社会的竞争与无计划现象得到一定程度的改变，资本的集中日益明显。在这一新的情境中，早期资本主义的商品输出开始转变为资本输出；金融资本的力量对资本的集中与生产的计划性起着重要的推动作用；同时随着资本输出，资本主义民族国家之间的矛盾与冲突也日益加剧。帝国主义理论正是在这种情境中产生出来的，这是对资本全球扩张的新描述。第二国际时期的理论家与列宁关于帝国主义的讨论、对革命策略的探索，就是在这样的历史情境中展开的。特别是列宁对落后国家的革命与建设问题的论述，使马克思主义的世界历史理论发展到新的阶段。列宁关于帝国主义时代的讨论，不仅是苏联革命与建设的理论指南，也是广大第三世界国家争取民族独立与解放的理论基础。正是在苏联革命的激励下，中国人开始接受马克思主义，并取得了民族独立与解放运动的胜利，形成了中国化的马克思主义理论体系。这不仅是社会主义革命与建设时期的指导思想，而且是全球化条件下推进中国特色社会主义发展的理论基础。所有这些，便是上篇第二章、第三章、第四章的主要内容。

“二战”之后，福特制被广泛应用，科学技术对生产发展起着决定性的作用，现代工厂帝国使得生产过程的计划性，特别是生产与消费的计划性日益突出。这种工厂帝国的产生，使企业的科层管理日益明晰，并影响到了行政管理的建制。如果说在自由竞争的资本主义时期，资本逻辑的影响还主要局限于城市的话，那么正是在这一新的阶段，广大农村也日益被纳入资本逻辑之中。资本的发展不仅体现出其世界的扩张性，而且体现出社会结构与日常生活的同质性。正是在这个阶段，西方马克思主义对现代资本主义的批判反思，为我们认识资本的全球进程及其影响提供了理论资源。这构成了第五章的主题。

虽然从广义上来说，现代资本主义从其产生时起就是全球性的，但狭义上的全球化指的是资本主义的当下阶段，即上世纪后期形成的全球资本主义。福特主义的体制在 20 世纪 70 年代达到了自身发展的极限。按照当代学者的分析，1973 年有两个重要情况影响着福特主义的发展：一是通货膨胀暴露出西方生产力过剩，引发了世界范围的资产市场的崩溃；二是石油输出国组织提高油价，以及1973年阿以战争中阿拉伯国家决定禁止向西方出口石油。这使得所有经济部门必须通过技术和体制变革来寻找节约能源的出路，导致资本空间布局的改变，即由福特主义的大规模集中生产向世界各地的分布。由于剩余石油美元的再循环问题与世界金融市场的不稳定，导致了资本投资的空间布局的转变和世界金融市场自主化的加强，推动着资本全球格局的形成。在这些动荡和非确定性所建构的社会空间中，经济领域和政治、社会生活领域均产生了一系列新奇的实验，形成了一种全然不同的政治和社会调节系统，表现出与福特主义完全不同的灵活性。这就是学者们所讲的"弹性生产"时代。"灵活积累"构成了跨国资本主义时代的资本积累机制。现代电子技术的发展，为弹性生产的全球布局提供了技术支撑。而20世纪90年代初苏联与东欧的剧变，又为资本主义的全球发展扫清了空间的障碍。正是对这一过程的描述和批判，构成了全球化理论的第三个发展阶段。这就是上篇第六章的写作理念。

对全球化的历史和思想发展过程进行描述与剖析，是全球化研究中尚须深入的话题。本书的第一部分，就是力图在这方面有所突破。这一部分的研究有两个目的：一是深化全球化理论史的研究，二是深化马克思主义的当代研究。按照我们的理解，马克思主义的当代发展一方面需要重新研究马克思，另一方面需要展开对马克思主义诞生以来的历史与思想史的研究。在后一维度上，对全球化以及全球化理论进行研究，应是马克思主义当代发展的题中应有之义。正是出于这样的考虑，加强对全球化一些重要现实问题的理论剖析，便构成了本书的第二部分。

虽然全球化是我们这个时代最显著的特征，但是迄今并没有形成一个统一的"全球化"概念。相反，人们对全球化的认识存在着很大不同甚至是尖锐的分歧，在全球化的内容、表现、特征、本质、后果等问题上，远未达成一致的意见。20世纪80年代以来，有关全球化的理论探讨首先是在西方学界开展起来的，但在西方学界，对于"全球化"始终存在着诸多不同的看法。如何科学地界定全球化,既取决于对全球化理解的各种相关因素的把握,更取决于对全球化新的特征及其实质的认识。对于全球化加以合理的认识与把握,这是讨论问题的必要前提。由此构成下篇第七章的基本内容。

正因为全球化是一个充满着内在矛盾的过程,既包含一体化的趋势又包含分裂化的倾向,既有单一化又有多样化,既是集中化又是分散化,既是国际化又是本土化,所以,随着全球化的深入发展,引起了民族主义的反弹。我们需要警惕民族主义发展成为一种极端的势力,但民族性又是全球化过程中始终不能省略或化约的因素。全球化过程中普遍主义与特殊主义的紧张关系在民族性问题上形成焦点,而贴上了普遍主义标签的"全球主义"意识形态和极端民族主义思潮,则是对构建公正合理的新型国际关系秩序的严重威胁。这构成了下篇第八章研究的重点。

从世界范围来看,全球化是产生于西方的以工业文明为标志的现代性的全球扩展过程。由于世界各种文明的多样性及其发展水平的差别,在全球化过程中不仅表现为不同文明的同时并存,而且表现为它们之间的冲突和交融。这会为我们展现出怎样的文化场景?如何认识文明发展的同质化与异质化的关系?如何看待全球化时代的文化多样性?这不仅对于引导文明与文化的健康发展,而且对于促进全球化的合理发展,都具有非常重要的意义。对这些问题加以讨论,便是下篇第九章所关注的内容。

研究全球化的各种理论和现实问题,最终的落脚点还是中国的发展。中国近现代历史是在资本主义对外扩张的全球化背景下展开的,自始至终面临着"中国向何处去"的艰难选择。为了实现民族独立和国家富强,数代中华民族的优秀儿女通过长期不懈的实践探索,终于找到了一条适合中国国情的发展道路。今天,面对新一轮全球化浪潮的兴起,如何应对机遇与挑战,这是决定中国未来发展前途和命运的重大时代课题。中国现代化的命运如何,中国特色社会主义的命运如何,乃至中华民族的历史命运如何，将在很大程度上取决于我们对这个重大时代课题的回答，取决于我们能否在这个重大时代课题上作出富于时代精神和中国特色的实践探索与理论创新。这就是下篇第十章的基本内容，也是本书的基本结论。

应当指出，经过数年来的探索，全球化研究取得了可观的研究成果。但如何真正地从马克思主义的立场、观点出发，透彻地考察全球化的各种问题及其未来发展趋向，仍然是学界需要进一步深究的问题。本书力求从理论与实践的结合上对这些问题加以新的审视，希望对全球化的研究有所推进。

上　篇

第一章　马克思：资本逻辑与世界历史

用马克思主义立场、观点审视全球化，必须首先加强对马克思全球化思想自身的研究。尽管马克思没有提出过“全球化”概念，但他却以特有的方式阐发了有关全球化的丰富思想。这些思想主要深藏于他的“世界历史”理论之中。马克思有关世界历史的本质、特征、发展规律等一般性的理解和说明，实际上就是关于全球化的基本阐释。就此而言，把马克思称为全球化理论的伟大思想家和全球化理论的奠基人，是当之无愧的。

伴随全球化浪潮的兴起，马克思的世界历史理论受到学界的高度关注。从近些年全球化研究的情况来看，一些真正有影响的思想家都同马克思的思想有着千丝万缕的联系。只要谈到全球化，无论持何种看法，都要谈到马克思，都对马克思的世界历史理论予以高度重视。且不说那些一直就自称是马克思主义者的学者，就是一些对马克思主义持有质疑、批判态度的学者也对这一理论表现出极大的兴趣，给以程度不同的关注。马克思的世界历史理论之所以受到如此重视，就在于它为研究全球化提供了有益的思想资源，以致成为当代全球化理论的一大源头。真正称得上严谨认真的研究，不能无视这些思想资源和方法论价值。

一、世界历史的研究旨趣

马克思在其一生的著述中，有关世界历史的论述非常之多，涉猎的范围也非常之广，以致许多重要理论的阐述都是和世界历史的探讨联系在一起的。这里耐人寻味的是：马克思为什么对世界历史抱有那么大的兴趣？为什么在一些主要的或重大的问题的研究上都没有离开对世界历史的考察？简言之，马克思研究世界历史的旨趣和深刻动因究竟是什么？对于这一问题，很难作出某种唯一性的解释，但主要同下述情况直接相关：

一是对新的历史时代的积极回应。马克思所处的时代正是世界经济联系日益紧密的时期，即全球化形成的时期。自16世纪以来，特别是自18世纪60年代英国工业革命以来，人类社会历史的发展出现了前所未有的急剧变革，其变革的重要标志之一就是社会化大生产的出现，生产的社会化、国际化程度越来越高。这种新的生产方式以新兴工业为龙头，以科技革命为动力，实现了生产领域以至整个社会生活的一场重大变革。它产生了以往人类历史上任何一个时代都不能想象的工业和科技的力量，首次开创了现代社会历史。“世界历史”作为现代社会一种特殊现象，正是由这种社会化大生产方式决定的。在以往的历史时代，各个国家、民族基本上实行的都是水平差不多的自然经济式的生产方式，这种生产方式把人们世世代代维系在狭小的土地上，过着封闭、单调的生活，整个社会缺乏广泛的交往与联系。与此相应，各个国家、民族大都是按照自己千百年来形成的独特方式缓慢、分散地发展着，既没有国际分工，也没有国际合作，因而不可能形成世界性的整体联系。诚然，在传统社会，各个国家、民族之间也有一定程度的交往，但这种交往主要不是受生产方式的发展驱使的，而更多地受政治目的和宗教、文化需要支配的；而且，这种交往在许多场合下不是以和平方式，而是以战争方式进行的。因此,这样的交往活动,按照汤因比的说法,大体上是一种“挑战—应战”的方式。这种交往方式,固然也是促进社会进步和历史发展的一种重要契机,因为它至少刺激和推动了“挑战—应战”双方的社会发展,并由此可能带动周围其他国家、地区的社会发展与进步,但它终究不能形成世界性的历史活动,造成“世界历史”的整体发展。而“世界历史”的真正出现,从其一开始就是牢牢立足于社会化大生产基础之上的,它是伴随社会化大生产不断生长和发展起来的。这样的生产方式之所以具有如此巨大的推进作用,原因就在于它有着与传统生产方式截然不同的特性和发展机制。

第一,社会化大生产本质上是一种商品生产,商品生产必然要求建立稳定的国内市场,并开辟国际市场。因为只有冲破自然经济的封闭体系和国内的有限市场,把生产和交换扩展到世界范围,并按照国际经济分工与发展需要来组织生产和交换,才能使商品生产获得长足发展。正是借助国内市场与国际市场的接轨,商品生产才以前所未有的速度发展起来,并迅速改变了社会发展的原有旋律:商品经济的市场扩张机制和自发调节机制给社会经济发展注入了不可遏制的强大动力,无所不在的世界市场又把各地区、各民族自足性发展的传统格局转变为国际性竞争发展的新格局,这种新的动力、格局必然使世界联系大大增强。

第二,社会化大生产是以大工业为基础的生产,而大工业的基本特点是“采用机器生产以及实行最广泛的分工”①,这种“最广泛的分工”不仅扩大了原有的社会分工和企业内部分工,而且扩展到国际分工,国际分工必然造成世界性的普遍交往,进而把最遥远的地区和不同的民族连在一起,走向新的世界融合。现代大工业与世界市场一向是相互依存的,因而一个国家、民族要推进大工业的发展,就必须把眼睛盯向世界市场,适应世界市场的需要和发展规律;而要转向世界市场并能占领世界

---

①《马克思恩格斯选集》第1卷,人民出版社1995年版,第113页。

市场，就必须降低生产成本，提高产品质量，这就必然使竞争普遍化。竞争越激烈，各个国家、民族的交往与联系就越强，这样一来，“大工业到处造成了社会各阶级间相同的关系，从而消灭了各民族的特殊性”①。

第三，社会化大生产是以科学技术为基本动力的生产，而科学技术的发展与传播又必然加强世界性的交往与联系。在现代社会中，且不说“大工业把巨大的自然力和自然科学并入生产过程，必然大大提高劳动生产率”，就是在农业中，科学技术也得到广泛应用，“修建巨大规模的排水工程，采用圈养牲畜和人工种植饲料的新方法，应用施肥机，采用处理粘土的新方法，更多地使用矿物质肥料，采用蒸汽机以及其他新式工作机等等，总之，耕作更加集约化，就是这一时期的特点”。② 既然科学技术成为现代生产不可或缺的东西，那么，每一个不甘灭亡的国家和民族必须向其他国家学习先进的科学技术，创新自己的生产方式。这种学习、创新的过程，实际上就是文化交流的过程、新的文明传播的过程。这种交流与传播，无疑为世界历史的形成起了一种加速与催化的作用。

第四，近代西方的社会化大生产是与殖民扩张相伴而生的，而殖民扩张客观上为资本主义生产方式统治世界铺平了道路。现代社会化大生产作为一种规模经济，必须以一定的原始积累为基础。为了实现这种原始积累，资产阶级一方面大搞圈地运动，掠夺农民，用迫使农民破产的办法为资本主义的起步创造劳动力来源和资本来源；另一方面，又大搞殖民扩张，用武力对其他弱小国家与民族进行征服、海盗式的掠夺和欺诈性的交易，这就使得整个世界丧失了以往的平静：往日的田园生活被打破了，各个国家、民族封闭的屏障被破除了，世界原有的面貌得到了巨大改观。在殖民扩张飓风的袭击下，资产阶级“把一切民族甚至最野蛮的民族都卷到文明中来了。……它迫使一切民族——如果它们不想灭

---

①《马克思恩格斯选集》第1卷，人民出版社1995年版，第114页。

② 参见《马克思恩格斯全集》第23卷，人民出版社1972年版，第742页。

亡的话——采用资产阶级的生产方式;它迫使它们在自己那里推行所谓的文明,即变成资产者。一句话,它按照自己的面貌为自己创造出一个世界"①。这种世界的出现同时也就是"世界历史"的形成。

总之,正是伴随社会化大生产而来的新的发展环境、新的发展机制、新的发展手段,汇成为一股强大动力,促进了世界历史的形成。这样的时代特征不能不引起马克思的关注。作为一个社会思想家,重视时代发展的重大变化是必然的事情,因而其"世界历史"思想的阐发是对当时时代发展的客观现实最直接的回应,也是对这一新的历史时代的深刻认识和把握。

二是对人类解放命运的高度关注。实现人类解放与人的自由全面发展,是马克思哲学的主题,也是马克思所有理论的归宿和落脚点。对人类解放命运的关注必然要求对人类整体发展予以特别观照,因而重视对世界历史的分析研究自然在情理之中。马克思研究世界历史的深刻动因,正在于通过对现代资本主义社会的总体分析,论证共产主义的必然性,寻求人类解放的具体道路。所以,马克思并不是一般地谈论世界历史,或者是有意识地要建构一种世界历史理论,而是紧紧服务于人类解放这一主题,围绕资本主义和未来共产主义来阐述世界历史的。这一思想主旨和基本精神体现在马克思关于世界历史的众多著述中,并贯穿于马克思的一生研究之中。

在19世纪40年代中后期,马克思关于世界历史的研究是同共产主义立场、观点的确立密切联系在一起的。马克思在青少年时期,深受自由主义的影响,因而最初的理论活动,主要是从革命民主主义立场出发,借用黑格尔和青年黑格尔派的理性与自我意识思想来批判当时的普鲁士封建专制制度。在转向共产主义立场之后,自然要表明对资本主义和共产主义的一般看法,进而对共产主义作出起码的理论论证。为此,必

---

①《马克思恩格斯选集》第1卷,人民出版社1995年版,第276页。

然要环顾世界历史，环顾整个人类社会的发展走向。所以，《德意志意识形态》和《共产党宣言》等早期著作，谈论共产主义最多，谈论世界历史也比较集中。这决不是偶然的巧合，而是有着内在的必然联系，因为共产主义与世界历史是不可分割的，共产主义是世界历史性的事业。也正因如此，在这些著作中，只要谈到世界历史，总是同资本主义与共产主义联系在一起的。

在19世纪五六十年代，马克思关于世界历史的研究是同剖析资本主义社会、论述共产主义的必然性结合在一起的。马克思的主要精力用于研究政治经济学，解剖资本主义社会，而为了达到这一目的，他又广泛研究了世界历史，主要是与资本主义社会形成和发展直接相关的有关世界历史问题，如世界贸易、世界市场、国际分工等。之所以要研究世界历史，主要原因在于：一方面，资本主义本身就是世界历史发展的产物，它生来具有国际性；另一方面，资本主义的发展不可能孤立地在一个国家、民族范围内进行，它必须冲破国家、民族的限制，同整个世界发生经济交往与联系，以求得更大的存在和发展空间。正因如此，有关世界历史的研究成为马克思政治经济学研究的一个重要组成部分。马克思正是借助于世界历史的研究，对资本主义社会这一复杂的机体作了深刻的剖析，从而阐明了资本主义所包含的内在矛盾及其发展趋势，为共产主义作了有力的经济学论证。

在19世纪70年代中期之后，马克思关于世界历史的研究主要是为探索非西方国家社会发展道路服务的。马克思此时适当放缓了经济学研究，将重点放在非西方国家的发展尤其是俄国公社的发展上。因为俄国公社的发展向马克思提出了一个尖锐的问题：是严格按照五种社会形态依次更替的顺序来发展，还是可以从农村公社直接进入社会主义？这就涉及俄国公社的发展道路问题。要回答这一问题，当然需要对俄国公社本身加以认真研究，但仅靠俄国公社本身的研究又难以回答，这就要求放到世界历史的格局中来思考和观察。所以，马克思对于俄国公社是从世界历史视野来研究的,是从俄国公社与世界历史的相互联系中来考察其未来发展道路的。离开了世界历史的思想,所谓的“跨越”问题是无法提出来的,而且也是无法加以解决的。

总体说来,马克思一生对世界历史的研究,并不是就历史来谈论历史的,而是服从于人类解放道路的寻求或“两个必然”论证这一思想主旨的。

三是对社会发展规律的深入探索。关注世界历史是揭示历史发展规律的需要。考察世界历史,自然离不了对投资、贸易、世界市场、国际分工等具体问题的分析,舍此无法探寻世界性的经济联系以及由此发展起来的政治、文化联系等。但是,仅靠这样的分析、研究,又不足以深刻地把握世界历史。马克思的独到之处,就在于他不是像时下一些全球化论者那样,仅仅停留于对一些具体问题的研究上,而是更注意从历史发展规律的高度来把握,从历史观上予以说明。纵观马克思一生哲学思想的发展,他对世界历史的关注,同对社会发展规律的探寻是紧紧联系在一起的。在其前期,马克思对世界历史的研究主要是同社会发展一般规律的发现以及整个唯物史观的制定结合在一起进行的。通过对世界历史的探讨,他从总体上弄清了社会形态的内在联系以及演进序列,从而发现了社会发展的一般规律。像社会发展的“五形态”理论,就是马克思从世界历史的宏观角度概括出来的。在其中期,马克思对世界历史的研究主要是同对现代社会即资本主义社会发展规律的探讨联系在一起的。为了揭示资本主义的经济运动规律,马克思一方面以英国为典型进行剖析,另一方面又从力所能及的范围,对当时的世界历史进行了比较研究。因为规律总是体现为重复性,而这种重复性只有在比较研究了各国的情况之后,亦即在研究了世界历史之后才能发现。在其晚期,马克思对世界历史的研究主要是同对史前社会以及东方社会的发展规律的探讨联系在一起的。正是借助对世界各国情况的对比分析,他逐渐发现了人类社会的原生形态、次生形态和再生形态,解开了“史前社会”之谜;同时借助这种分析，弄清了社会发展的统一性和多样性，提出了俄国公社有可能跨越“卡夫丁峡谷”的设想。可见，马克思对各种社会发展规律的发现是同对世界历史的研究密不可分的。

由对规律的探讨所决定，马克思对世界历史特别予以整体的把握。对于世界历史和全球化问题，从不同的侧面和角度进行研究都是必要的、合理的，但要真正全面、系统地把握世界历史和全球化，必须进行综合性的研究。因为离开整体来研究部分，事实上很难透彻地理解和把握部分。管中窥豹，其实连一斑也是很难真正认识的。正因如此，马克思并没有单向度地来研究世界历史，而是将其放到具体的历史条件下进行整体的、全面的考察。在马克思看来，世界历史的出现，并不仅仅意味着各个国家、民族经济联系的加强，而实质上反映了16世纪以来尤其是西方工业革命以来，在世界范围内出现的以现代工业和科学技术为动力所引起的传统农业社会向现代工业社会的巨大转变，以及由此所引起的社会生活的全面变革和新的文明的创立。世界历史所显示的意义就在于：其一，它划了一个时代。如果说各个国家、民族的封闭性、狭隘性曾是保持传统农业社会的主要条件，那么，世界性联系的建立则彻底打破了这种社会封建的、宗法的关系，开创了一个新的时代。在世界市场的刺激和推动下，“生产的不断变革，一切社会状况不停的动荡，永远的不安定和变动，这就是资产阶级时代不同于过去一切时代的地方。一切固定的僵化的关系以及与之相适应的素被尊崇的观念和见解都被消除了，一切新形成的关系等不到固定下来就陈旧了。一切等级的和固定的东西都烟消云散了，一切神圣的东西都被亵渎了”①。代之而起的是一个新时代的诞生。其二，它是社会生活的整体变革。世界历史固然是由现代生产力的发展引起的，但世界历史并不仅仅标志着一场“技术革命”、“工业革命”，而是包含社会生活全面变革的“社会革命”，是“市民社会中的全面

---

①《马克思恩格斯选集》第1卷，人民出版社1995年版，第275页。

变革"①。在世界历史条件下,不仅生产、消费具有世界性,而且精神、文化的发展也具有世界性,就连人的发展也成为世界历史作用的结果,"狭隘地域性的个人为世界历史性的、真正普遍的个人所代替"②。其三,它是新的文明的出现。马克思在许多地方所讲的"文明",主要指的是世界历史条件下的资本主义文明,而未进入世界历史的民族则被称为"野蛮"的民族。如马克思所讲,在世界历史条件下,资产阶级"把一切民族甚至最野蛮的民族都卷到文明中来了","它使未开化和半开化的国家从属于文明的国家"。③在这里,并不是要否定以往的文明,而只是重在强调世界历史创造了一种崭新的文明形态,带来了历史的巨大进步。

二、世界历史形成和发展的双重逻辑

世界历史是相对于民族历史而言的。按照马克思的观点,"世界史不是过去一直存在的;作为世界史的历史是结果"④。世界历史是在 16 世纪开始初露端倪的。促成世界历史产生的重大事件,就是地理上的大发现。地理大发现的直接后果,就是扩大了世界交往。此前各个国家、民族的往来,尤其是东西方的往来是非常有限的,而自从新大陆发现和新航路开辟之后,交往的主渠道开始由陆路转向海路,这就为扩大交往,最终形成世界整体联系创造了极为有利的条件,同时也促进了世界市场的形成和发展。马克思指出:"随着美洲和通往东印度的航线的发现,交往扩大了,工场手工业和整个生产运动有了巨大的发展。从那里输入的新产品,特别是进入流通的大量金银完全改变了阶级之间的相互关系,并且沉重地打击了封建土地所有者和劳动者;冒险的远征,殖民地的开拓,首先是当时市场已经可能扩大为而且日益扩大为世界市场,——所

① 《马克思恩格斯全集》第 2 卷,人民出版社 1965 年版,第 281 页。
② 《马克思恩格斯选集》第 1 卷,人民出版社 1995 年版,第 86 页。
③ 参见《马克思恩格斯选集》第 1 卷,人民出版社 1995 年版,第 276—277 页。
④ 《马克思恩格斯全集》第 46 卷(上),人民出版社 1979 年版,第 48 页。

有这一切产生了历史发展的一个新阶段。”[①]应当指出，地理大发现只是拉开了世界历史的帷幕，真正推动形成世界历史的则是工业革命。伴随工业革命的发展，各国的经济联系日趋密切，以致冲破了各个国家、民族原有的孤立、封闭的状态，使世界连为一体，人类历史也因此由分散发展走向整体发展。

世界历史在其发展过程中，中心经历了不断的转移。马克思认为，作为近代以来世界历史联系纽带的世界贸易，其中心最初是在地中海沿岸出现的；伴随地理上的大发现，开始从地中海沿岸转向大西洋沿岸；下一步的推进和发展，又将从大西洋沿岸转向太平洋地区。对于即将出现的这一重大转移，马克思在其1850年所写的《国际述评》中曾作过详细的阐述和科学的预言。在他看来，出现这一转折的重要契机是1848年美国加利福尼亚金矿的发现和巴拿马运河的开辟。这些事件的意义，在于使“世界贸易第二次获得了新的方向”[②]。如果说，“世界贸易中心在古代是泰尔，迦太基和亚历山大，在中世纪是热那亚和威尼斯，在现代，到目前为止是伦敦和利物浦，而现在的世界贸易中心将是纽约和旧金山，尼加拉瓜的圣胡安和利奥，查理斯和巴拿马”[③]。随着世界贸易中心的转移以及新交通线的开辟，包括亚洲和太平洋的许多国家在内的太平洋两岸与世界经济的联系将更为紧密，并会很快繁荣起来。这样，大西洋沿岸的国家必然面临严峻挑战，“古老欧洲的工业和贸易如果不愿意像16世纪以来意大利的工业和贸易那样衰落不振的话，如果不愿意让英国和法国变成今天的威尼斯、热那亚和荷兰的话，就必须作出巨大的努力”[④]。在这里，马克思实际上已经洞察到了全球化的走势以及全球化条件下各国之间挑战—应战的发展态势。

---

①《马克思恩格斯选集》第1卷，人民出版社1995年版，第110页。
②《马克思恩格斯全集》第7卷，人民出版社1959年版，第263页。
③《马克思恩格斯全集》第7卷，人民出版社1959年版，第263页。
④《马克思恩格斯全集》第7卷，人民出版社1959年版，第263页。

对于世界历史形成的内在原因或内在动力,马克思主要是通过对生产方式内在矛盾的分析予以揭示的。由于生产方式的内在矛盾是由生产力和生产关系两个方面及其相互作用体现出来的,因而世界历史的内在动力也就体现为这样的双重逻辑:生产逻辑和资本逻辑。世界历史就是在这双重逻辑的支配下发展起来的。

世界历史首先是生产逻辑发展的必然结果。所谓生产逻辑,主要是经济自身发展的内在逻辑。世界历史的形成就是由生产力的发展以及由此产生的交往的普遍发展引起的。生产力的发展为什么会引起交往的普遍发展?关键在于分工的扩大与发展。为此,马克思在《德意志意识形态》中描述和分析资本主义社会的形成和发展时,对分工问题给予了特别的关注,有关现代社会与世界历史的理论阐述正是紧紧围绕分工来展开的。

马克思围绕分工所讲的资产阶级社会形成和发展的三个时期,实际上就是世界历史形成和发展的三个时期。

第一个时期是欧洲中世纪后期。在这一时期,城市中各行会之间的分工还是非常少的,而在行会内部,各劳动者之间基本没什么分工。每个劳动者都必须熟悉全部工序,想成为师傅必须全盘掌握本行手艺。分工的不发达使城市之间的交往、联系非常有限。然而,生产力的发展使分工开始扩大为生产和交换的分离,具体表现为商人阶层的形成。这种分离产生了同邻近地区以外的地区建立贸易联系的可能性。随着商人所促成的同邻近地区以外地区通商的扩大,在生产和交换之间也发生了相互作用。城市彼此建立了联系并出现了不同的分工,而这种分工随即又引起城市间在生产上的新的分工,这样,“最初的地域局限性开始逐渐消失”①。

第二个时期开始于17世纪中叶,并一直持续到18世纪末。这是工

① 《马克思恩格斯选集》第1卷,人民出版社1995年版,第107页。

场手工业进一步发展的阶段,同时也是分工进一步发展的阶段。与此相同步的是由殖民主义所开辟出来的世界市场和商业与航运的发展。在这一时期,工场手工业还是比较脆弱的,其发展主要依赖于商业。虽然资本的运动在加快,但由于世界市场还被分割成许多部分,加上国家之间的壁垒、生产本身的不灵活和尚不发达的货币制度等,都严重影响了资本的流通。所以,这时的商人和手工工场主"如果同后一时期的商人和工业家比较起来,他们仍然是小市民"①。但是,不管怎样,此时的资本在很大程度上已经丧失了它原来所带有的自然的性质。

第三个时期是从 18 世纪下半叶开始的大工业发展阶段。这一阶段的主要特点是"利用自然力来为工业服务,采用机器生产以及实行最广泛的分工"②。由于实行广泛的分工和采用机器生产,大大提高了大工业的实力,"大工业创造了交通工具和现代的世界市场,控制了商业,把所有的资本都变成工业资本,从而使流通加速(货币制度得到发展)、资本集中"③。正是这样的大工业,"首次开创了世界历史,因为它使每个文明国家以及这些国家中的每一个人的需要的满足都依赖于整个世界,因为它消灭了各国以往自然形成的闭关自守的状态"④。在这样的发展阶段,大工业"使分工丧失了自己自然形成的性质的最后一点假象。它把自然形成的性质一概消灭掉,只要在劳动的范围内有可能做到这一点,它并且把所有自然形成的关系变成货币的关系"⑤。至此,历史揭开了新的一页,形成了真正的世界历史。

马克思关于资本主义社会三个发展时期的分析表明,世界历史的出现,就根源于生产力的发展以及由此引起的分工和交往的发展。随着生产力的发展,分工必然扩大,随之人们之间的交换和交往也发展起来。

---

①《马克思恩格斯选集》第 1 卷,人民出版社 1995 年版,第 113 页。
②《马克思恩格斯选集》第 1 卷,人民出版社 1995 年版,第 113 页。
③《马克思恩格斯选集》第 1 卷,人民出版社 1995 年版,第 114 页。
④《马克思恩格斯选集》第 1 卷,人民出版社 1995 年版,第 114 页。
⑤《马克思恩格斯选集》第 1 卷,人民出版社 1995 年版,第 114 页。

因此,“各民族之间的相互关系取决于每一个民族的生产力、分工和内部交往的程度”①。

实际上,交往对于形成世界历史的作用主要是通过这样的机制来得到具体体现的:首先是交往和交换的扩大,使得商业贸易普遍繁荣起来;商业贸易的繁荣发展必然要求冲破国内市场走向世界市场;世界市场的出现,使得各个国家、民族都卷入普遍竞争,而普遍竞争既促进了大工业的发展,又使得各个国家、民族的依赖程度大大增强,由此产生了世界历史。在实际发展过程中,这些因素之间的关系并非是一种简单线性关系,而是相互作用的关系。比如,大工业和世界市场往往是互为条件、相互依赖的。大工业的出现有赖于商品交换和世界市场的刺激与推动,而工业化水平的提高以及由此引起的分工、协作的发展,又必然会扩大各个国家、民族和地区之间的交换和交往,进而扩大世界市场。世界历史就是在大工业与世界市场这种相互作用中形成和发展起来的。又如,竞争和世界市场也是如此。一个国家、民族要想大力推进经济的发展,就必须把眼睛盯向世界市场,适应世界市场的需要;而要转向世界市场并能占领世界市场,就必须降低产品成本,提高产品质量,这就必然使竞争普遍化。竞争越激烈,就越是要求冲破原有的自然经济和有限的国内市场,把生产和交换扩展到世界范围,并按照国际分工与发展需要来组织生产和交换,这就又促使世界市场得到快速发展。正是借助于这些因素的相互作用,世界的联系日益密切,以致成为一个“整体”。所以,世界历史形成的根本原因,就在于生产自身的发展之中。马克思在分析世界历史时之所以始终没有离开现代生产、现代经济,原因正在于此。

需要指出的是,马克思在阐述生产逻辑的过程中,特别注意交往基础条件的作用。如交通、通信技术的发展和现代信用制度的确立等,就是世界交往形成和发展的基础条件。世界历史正是借助这些基础条件

---

①《马克思恩格斯选集》第1卷,人民出版社1995年版,第68页。

支撑和发展起来的。

世界历史与交通工具的发展直接相关。马克思认为，亚洲社会长期封闭落后的原因之一，就在于交通的不发达："在亚洲的原始的自给自足的公社内，一方面，对道路没有需要；另一方面，缺乏道路又使这些公社闭关自守，因此，成为它们长期停滞不前的重要因素(例如在印度)。"①与此相反，西方国家的兴起得益于交通的发达。这种发达的交通一方面来自于新航路的开辟，另一方面来自于铁路的修建。铁路被马克思称为"实业之冠"。之所以如此，"不仅是因为它终于(同远洋轮船和电报一起)成了和现代生产资料相适应的交通联络工具，而且也因为它给巨大的股份公司提供了基础，同时形成了从股份银行开始的其他各种股份公司的一个新的起点。总之，它给资本的积聚以一种从未预料到的推动力，而且也加速了和大大扩大了借贷资本的世界性活动，从而使整个世界陷入财政欺骗和相互借贷——资本主义形式的'国际'博爱——的罗网之中"②。另外，铁路网的建立，还促使甚至迫使这些国家在最短期间内建立起与其经济相适应的政治结构，并把这种政治结构扩大到同主要生产仍以传统方式进行的社会机体的躯干完全不相称的地步。"因此，毫无疑问，铁路的敷设在这些国家里加速了社会的和政治的解体，就像在比较先进的国家中加速了资本主义生产的最终发展，从而加速了资本主义生产的彻底变革一样。"③传统社会结构的解体和商业贸易的扩大，无疑为交往的发展铺平了道路。当然，修筑和使用铁路必须有一定的前提，这就是大规模的交换开始出现。当缺乏交通工具所造成的交换障碍已经被充分感觉出来时，当缺少运输而使资本价值不断增值、剩余价值不能顺利实现时，发展交通就迫在眉睫。因此，交通和交换是相依相存的。

---

①《马克思恩格斯全集》第 46 卷(下)，人民出版社 1980 年版，第 16 页。
②《马克思恩格斯选集》第 4 卷，人民出版社 1995 年版，第 635 页。
③《马克思恩格斯选集》第 4 卷，人民出版社 1995 年版，第 635—636 页。

世界历史也有赖于通讯技术的发展。在马克思生活的年代，电报和报纸已经有了较快发展并得到广泛使用。马克思不仅利用这些工具传达的信息了解到世界各地的变化，而且把这些工具的发展及其作用也纳入自己的视野之中。如马克思在论及电报、报刊时，不仅充分肯定了它们在传播信息、扩大交往中的重要作用，而且认为它们在国际政治关系和社会变革中也发挥着重大影响。如在分析不列颠人对印度的统治时认为，“不列颠人用刀剑实现的这种统一，现在将通过电报而巩固起来，永存下去”①。至于报刊，也是促进社会变革的重要因素。“第一次被引进亚洲社会并且主要由印度人和欧洲人的共同子孙所领导的自由报刊，是改建这个社会的一个新的和强有力的因素。”②这些通讯工具与技术在现代社会和世界历史的形成、发展中所起的作用确实是非常重要的。

信用制度在世界历史的形成中也具有举足轻重的作用。信用制度的产生和发展既推动了资本的积累、生产的扩大、流通方式的改变，又为经济交往提供了便捷的中介，因而是世界经济联系的重要手段。马克思认为，信用制度的“自然基础”，在于货币充当支付手段的职能。这种职能使得商品经营者之间债权人和债务人的关系随着简单商品流通而形成，而“随着商业和只是着眼于流通而进行生产的资本主义生产方式的发展，信用制度的这个自然基础也在扩大、普遍化和发展”③。货币的支付职能发展到一定阶段，便会被“虚拟化”，成为“信用货币”——汇票。这样一来，“真正的信用货币不是以货币流通(不管是金属货币还是国家纸币)为基础，而是以汇票流通为基础”④。随着信用制度的发展，国际支付和金银贸易也迅速发展起来，以致通过信用手段把各国经济联系在一起，形成了真正意义上的世界市场和世界经济。因此，马克思说，“信用

---

①《马克思恩格斯选集》第1卷，人民出版社1995年版，第768页。
②《马克思恩格斯选集》第1卷，人民出版社1995年版，第768页。
③《马克思恩格斯全集》第25卷，人民出版社1974年版，第450页。
④《马克思恩格斯全集》第25卷，人民出版社1974年版，第451页。

制度加速了生产力的物质上的发展和世界市场的形成”①。不过，信用制度在加强世界经济联系的同时，也成为世界经济危机加剧和爆发的重要因素。随着信用制度的发展，信用链条的断裂日益成为危机爆发的诱因。“信用加速了这种矛盾的暴力的爆发，即危机，因而加强了旧生产方式解体的各种要素”②。

上述基础条件实际上并不是外在于生产逻辑的，而是生产逻辑的内在要素，也是生产逻辑得以贯彻的手段和条件。正是借助于这些基础条件，生产逻辑才得以形成并产生普遍的交往作用，从而加速世界历史进程。

世界历史不仅是生产逻辑作用的产物，而且是资本逻辑运行的必然结果。资本的发展史实际上就是世界历史的形成史。正因如此，马克思在许多著作中，主要围绕资本的分析、通过资本的发展史再现了世界历史的形成史，两种历史的分析是内在地结合在一起的。

在《德意志意识形态》和《共产党宣言》等早期著作中，马克思具体分析了从等级资本到商人资本再到工业资本的发展历程，再现了世界历史的形成过程。马克思认为，在欧洲中世纪晚期的城市里，资本已在行会里形成。但是，这些城市中的资本是自然形成的资本，它是由住房、手工劳动工具和自然形成的世代相袭的主顾组成的，并且由于交往不发达和流通不发达，资本没有大力发展、实现的可能，只好父传子、子传孙。“这种资本和现代资本不同，它不是以货币计算的资本——用货币计算，资本体现为哪一种物品都一样——，而是直接同占有者的特定的劳动联系在一起、同它完全不可分割的资本，因此就这一点来说，它是等级资本。”③这种等级资本虽然就其不依赖于地产而存在和发展来讲，确实是一个进步，因为它已经获得了独立的发展形式，并且在内部已有少量的

① 《马克思恩格斯全集》第 25 卷，人民出版社 1974 年版，第 499 页。
② 《马克思恩格斯全集》第 25 卷，人民出版社 1974 年版，第 499 页。
③ 《马克思恩格斯选集》第 1 卷，人民出版社 1995 年版，第 106 页。

分工,在外部也由于销售与采购的需要有了一定的交往,但是,这种资本毕竟是不发达形式的资本,或者如马克思所说,是“自然形成的资本”。所谓“自然形成的资本”,就是还没有完全摆脱封建关系缠绕的资本,是同等级占有相联系的资本,因而属于“等级资本”。这样的资本受分工、交换的限制,其交往的能力是非常有限的,尤其是同本民族、国家以外的交往更是微乎其微。所以,等级资本不可能真正打破地方性限制而建立起世界性联系。

随着分工的发展,尤其是随着生产与交换的分离,资本的形式开始出现了新的变化,这就是商人资本的出现。“越过自然形成的等级资本而向前迈出的第一步,是受商人的出现所制约的,商人的资本一开始就是活动的,如果针对当时的情况来讲,可以说是现代意义上的资本。”①由于资本日益集中在商人阶层手里,因而商人可以根据市场的需要来组织生产,这就必然扩大分工,促进专业化生产水平的提高。另一方面,商人可以根据市场的需要来组织流通,这就必然会扩大贸易关系,直至同邻近地区以外的地区建立贸易联系。分工的扩大和贸易程度的扩展,其结果又必然是冲破地域上的限制,使民族交往、世界交往日益发展起来。正因为商人资本比原来的等级资本具有更大的灵活性,更适于资本的发展,所以,商人资本在当时的情况下,可以说是具有“现代意义”的资本。

如果说商人资本是超过等级资本向前迈出的第一步,那么,工业资本则是超出商人资本向前迈出的第二步。商人资本虽然相对于等级资本来说是一个进步,但它的作用毕竟是有限的。它促进了商品生产的发展和各地区间的经济联系,并加速了小商品生产者的分化,对封建经济的瓦解和资本主义生产方式的确立起了一定的作用,但它仍然是以简单商品生产为基础的,是在不改变原来生产技术和生产方式的条件下进行活动的,其主要特点是通过贱买贵卖掠夺小生产者的剩余产品,瓜分工

① 《马克思恩格斯选集》第1卷,人民出版社1995年版,第109页。

场主剥削所得的剩余产品。因此,商人资本最终不可能使资本获得长足的发展,不可能使资本主义的统治地位真正确立起来。正是商人资本的这种内在矛盾,使得工业资本应运而生。与商人资本不同,工业资本不再是商业控制工业,而是工业控制商业,商人资本仅仅成了工业资本的一种从属的、派生的形式。就是在工业资本的推动下,大工业得到了快速的发展。大工业一方面“控制了商业,把所有的资本都变为工业资本,从而使流通加速(货币制度得到发展)、资本集中”①;另一方面又铲除了交往的障碍,使得世界市场迅速建立起来。

对于工业资本和大工业的开创作用,马克思作了较为详细的阐发。马克思认为,在工场手工业时期,各个国家在生产和贸易上基本实行的是保护的政策:“在国内市场上实行保护关税,在殖民地市场上实行垄断,而在国外市场上则尽量实行差别关税。本国生产的原料(英国的羊毛和亚麻,法国的丝)的加工受到鼓励,国内出产的原料(英国的羊毛)禁止输出,进口原料的[加工]仍受到歧视或压制(如棉花在英国)。”②尽管各国实行保护政策,但在当时的条件下,各个国家的发展还是面临商品经济竞争的巨大压力。面对压力,不少国家又采取新的保护办法,“竞争很快就迫使每一个不愿丧失自己的历史作用的国家为保护自己的工场手工业而采取新的关税措施(旧的关税已无力抵制大工业了),并随即在保护关税之下兴办大工业”③。但是,尽管有这些保护措施,随着大工业的兴起和发展,各个国家还是挡不住竞争普遍化的冲击,因为“竞争是实际的贸易自由;保护关税在竞争中只是治标的办法,是贸易自由范围内的防卫手段”④。在大工业及其普遍竞争的巨大冲击下,工场手工业所建立的种种壁垒和关卡最终不堪一击;相应地,各国以往自然形成的闭关

①《马克思恩格斯选集》第1卷,人民出版社1995年版,第114页。
②《马克思恩格斯选集》第1卷,人民出版社1995年版,第112页。
③《马克思恩格斯选集》第1卷,人民出版社1995年版,第114页。
④《马克思恩格斯选集》第1卷,人民出版社1995年版,第114页。

自守状态再也难以维系。这样，大工业通过普遍竞争使每个国家都被编入世界之网，使每个民族的"特殊性"逐渐趋于消失，由此形成了世界历史。

可见，世界历史是随着资本的发展而形成和发展起来的。从等级资本到商人资本再到工业资本，既是资本的形成发展史，又是世界历史的孕育生成史。

如果说，马克思在19世纪40年代对于资本与世界历史的关系主要是侧重于历史的分析，那么，到50年代和60年代，重点是对资本逻辑与世界历史内在联系的机制性分析。在这一时期，主要是研究经济学，剖析资本主义社会。在经济学研究中，马克思的世界历史思想主要有这样两个特点：一是作为研究的视野和方法，即用世界历史的眼光和观点来看待资本主义的产生和发展，看待资本主义社会的各种现象及其相互关系；二是作为经济理论的重要组成部分，即世界历史理论本身就是资本主义经济理论的一个重要内容。

在马克思有关资本逻辑和世界历史内在联系或内在机制的分析中，下述几个问题是尤为重要的：

1. 资本的本性。人类社会已经经历了漫长的时期，有文字记载的文明社会也有5000多年，为什么只有到了近代才开始逐渐形成了世界历史？这决不是偶然的现象，而是资本主义发展的必然。简要说来，这是由资本的本性使然。何谓资本的本性？就是无限制地获取最大利润。要获取最大利润，就必须缩短流通时间，降低流通费用。因为"流通时间表现为劳动生产率的限制＝必要劳动时间的增加＝剩余劳动时间的减少＝剩余价值的减少＝资本价值自行增值过程的障碍或限制。因此，资本一方面要力求摧毁交往即交换的一切地方限制，夺得整个地球作为它的市场，另一方面，它又力求用时间去消灭空间，就是说，把商品从一个地方转移到另一个地方所花费的时间缩减到最低限度。资本越发展，从而资本借以流通的市场，构成资本空间流通道路的市场越扩大，资本同时也就越是力求在空间上更加扩大市场，力求用时间去更多地消灭空间”①。

在马克思看来，资本由其本性所决定，必然要打破以往行会制度的限制和地方上的限制，使整个世界和所有生产方式置于自己的统治之下。这种统治主要体现为两个方面：一方面，在民族社会内部，资本把任何劳动都变为雇佣劳动，并打破生产和交换上的一切行会限制和地方限制；另一方面，在国外，资本通过国际竞争来强行传播自己的生产方式，使世界所有的生产方式服从自己。为了实现上述目的，资本的本性可以说发挥得淋漓尽致。资本害怕没有利润或利润太少，就像自然界害怕真空一样。一旦有适当的利润，资本就胆大起来。如果有10%的利润，它就保证到处被使用；有20%的利润，它就活跃起来；有50%的利润，它就铤而走险；为了100%的利润，它就敢践踏人间一切法律；有了300%的利润，它就敢犯任何罪行，甚至冒绞首的危险；如果动乱和纷争能带来利润，它就会鼓励动乱和纷争。② 资本事实上就是这样开创出世界历史的。

资本开创世界历史的冲动完全是出于最大限度攫取剩余价值的贪婪本性，但是，当它这样做的时候，却不自觉地成为推动历史发展的强大力量。马克思从“普遍性”的角度看到了资本在社会历史发展中的巨大作用，认为以资本为基础的生产，不光创造出一个普遍的劳动体系，即剩余劳动体系，而且创造出一个普遍利用自然属性和人的属性的体系，创造出一个普遍有用性的体系，这就必然大大促进生产力的发展，加快社会发展进程。因此，马克思讲：“只有资本才创造出资产阶级社会，并创造出社会成员对自然界和社会联系本身的普遍占有。由此产生了资本的伟大文明作用；它创造了这样一个社会阶段，与这个社会阶段相比，以前的一切社会阶段都只表现为人类的地方性发展和对自然的崇拜。”③可

① 《马克思恩格斯全集》第46卷(下)，人民出版社1980年版，第33页。
② 参见《马克思恩格斯全集》第17卷，人民出版社1963年版，第258页。
③ 《马克思恩格斯全集》第46卷(上)，人民出版社1979年版，第393页。

以说，无论是资本主义的兴起与发展，还是世界历史的开拓，都是资本作用的结果。

2. 殖民掠夺。资本主义制度并不是天然的，而是在历史上逐渐发展起来的。“虽然在十四和十五世纪，在地中海沿岸的某些城市已经稀疏地出现了资本主义生产的最初萌芽，但是资本主义时代是从十六世纪才开始的。在这个时代来到的地方，农奴制早已废除，中世纪的顶点——主权城市也早已衰落”①。为什么资本主义时代是从16世纪才开始的？主要是由当时的地理大发现所引发的大规模的原始积累引起的。“美洲金银产地的发现，土著居民的被剿灭、被奴役和被埋葬于矿井，对东印度开始进行的征服和掠夺，非洲变成商业性地猎获黑人的场所：这一切标志着资本主义生产时代的曙光。”②

从历史上看，原始积累的方式在各个国家尽管表现不同，但是殖民制度在其中起了非常大的作用。伴随地理大发现以及由此而来的世界市场的建立，殖民掠夺成为许多西欧国家进行原始积累的重要手段之一。继西班牙、葡萄牙之后，英国成为当时最大的殖民者，其殖民的范围几乎遍及世界各地。许多被殖民的国家既被当作提供资源的产地，又被作为销售产品的市场，英国从中大发其财。例如，英国东印度公司除了在印度拥有政治统治权外，还拥有茶叶贸易和对欧洲货运的垄断权等。而印度的沿海航运和各岛屿之间的航运以及印度内地的贸易，都为公司所垄断，对盐、鸦片、槟榔和其他商品的垄断权成了财富取之不尽的源泉。正因如此，在英国，“巨额财产像雨后春笋般地增长起来，原始积累在不预付一个先令的情况下进行。”③同英国一样，荷兰也是靠殖民起家的国家。“荷兰——它是十七世纪标准的资本主义国家——经营殖民地

①《马克思恩格斯全集》第23卷，人民出版社1972年版，第784页。
②《马克思恩格斯全集》第23卷，人民出版社1972年版，第819页。
③《马克思恩格斯全集》第23卷，人民出版社1972年版，第821页。

的历史，'展示出一幅背信弃义、贿赂、残杀和卑鄙行为的绝妙图画'"①。最有代表性的是，荷兰人为了使爪哇岛得到奴隶而在苏拉威西岛实行"盗人制度"。他们所到之处，人烟稀少，一片荒芜。在意大利，国际信用的"劫掠制度"则是进行原始积累的主要手段。在中世纪末期，没落的热那亚和威尼斯就以巨额货币贷给其他国家，尤其是荷兰，从中获取丰厚利息。这种劫掠制度不仅成为意大利原始积累的重要源泉，同时也成为荷兰等国资本财富"隐蔽的基础"。而造成国际信用"劫掠制度"的前提条件也是殖民制度，因为"殖民制度以及它的海外贸易和商业战争是公共信用制度的温室"②。总之，殖民制度成为许多国家原始积累最强有力的手段。

殖民掠夺和奴隶贸易的出现，大大促进了贸易和航运的发展，从而也促进了资本的快速发展。殖民地为迅速产生的工场手工业保证了销售市场，保证了通过对市场的垄断而加速的积累。"在欧洲以外直接靠掠夺、奴役和杀人越货而夺得的财宝，源源流入宗主国，在这里转化为资本"③。可以说，西方老牌国家，无一不是强力推行殖民制度的国家。因此，马克思认为："在真正的历史上，征服、奴役、劫掠、杀戮，总之，暴力起着巨大的作用。……事实上，原始积累的方法决不是田园诗式的东西。"④所谓原始积累，不过是生产者和生产资料分离的历史过程，是劳动者被剥夺的过程，而这种被剥夺的历史"是用血和火的文字载入人类编年史的"⑤。由此说来，没有殖民者的殖民扩张，就没有资本主义的确立和世界历史的形成。

3. 世界市场。世界市场既是资本主义发展的前提，又是资本主义发展的结果。"对外贸易的扩大，虽然在资本主义生产方式的幼年时期是

①《马克思恩格斯全集》第 23 卷，人民出版社 1972 年版，第 820 页。
②《马克思恩格斯全集》第 23 卷，人民出版社 1972 年版，第 822 页。
③《马克思恩格斯全集》第 23 卷，人民出版社 1972 年版，第 822 页。
④《马克思恩格斯全集》第 23 卷，人民出版社 1972 年版，第 782 页。
⑤《马克思恩格斯全集》第 23 卷，人民出版社 1972 年版，第 783 页。

这种生产方式的基础，但在资本主义生产方式的发展中，由于这种生产方式的内在必然性，由于这种生产方式要求不断扩大市场，它成为这种生产方式本身的产物。”①可以说，资本主义生产方式只有在世界市场条件下才能真正存在和发展。如果说，马克思在19世纪40年代主要是从分工交往的扩大以及地理大发现等来说明世界市场的形成，那么，在50年代到60年代，则更多地是通过经济分析来具体说明世界市场的形成和发展。透过马克思的经济分析，可以看到世界市场中的需求、货币追逐和资本扩张等对世界历史形成的重大作用。

需求的不断增长是建立世界市场的条件。人们对生产和生活需求的扩大，不断推动世界市场向广度和深度发展。早在1847年，马克思在一份题为《需求》的手稿片断中就指出：“需求的世界历史性发展——它的普遍推广——首先取决于世界各国相互间对产品的了解。如果说，在发展过程中，需求创造贸易，那么，最初的贸易又是由需求创造的。需求是贸易的物质内容——交换对象的总和，用来进行交换和贸易的商品的总和。战争、为了有所发现等等而进行的旅游、使各国人民彼此之间建立联系的一切历史事件，同样是扩大需求——建立世界市场的条件。需求的增长，直接和首先以各国现有的产品相互进行交换为保证。需求渐渐失去了自己的地方性等等，而带有广泛扩展的性质。”②在《1857—1858年经济学手稿》中，马克思不仅仅是从需求与贸易的关系中，而且进一步从需求与生产、流通的相互关系中来看需求对世界市场的影响。马克思认为：“需求的范围不断扩大；满足新的需求已经成为目的，因而生产就更有规则性并且扩大了。本地生产的组织本身已经被流通和交换价值改变了；但是流通和交换还没有影响到生产的全部广度和深度。这就是所谓对外贸易的传播文明的作用。”③在这样的条件下，设定交换价值的

①《马克思恩格斯全集》第25卷，人民出版社1974年版，第264页。
②《马克思恩格斯全集》第42卷，人民出版社1979年版，第382页。
③《马克思恩格斯全集》第46卷(上)，人民出版社1979年版，第210页。

运动究竟在多大程度上触及整个生产，这部分地取决于本地分工、交换的程度，又部分地取决于外来影响的程度。这样的生产和交换，必然会推动世界市场的形成，加强世界性经济联系。

货币追逐是促进世界市场形成和发展的重要手段。货币不仅是致富欲望的对象，同时也是致富欲望的源泉。马克思认为，这种货币欲或致富欲是一种非常特殊的欲望，"它不同于追求特殊财富的欲望，例如追求服装、武器、首饰、女人、美酒等等的欲望，它只有在一般财富即财富本身个体化为一种特殊物品的时候，也就是说，只有在货币表现在它的第三种规定（即货币作为目的本身——引者注）上的时候，才可能发生。"① 资本主义社会发展的预备时期，实际上就是从个人的和国家的普遍货币欲开始的。"到各地追逐黄金使一些地区被发现，使新的国家形成；首先使进入流通的商品的范围扩大，这些商品引起新的需要，把遥远的大陆卷进交换和物质变换的过程。因此，从这个方面来看，作为财富的一般代表，作为个体化的交换价值，货币也是一种双重手段，它使财富具有普遍性，并把交换的范围扩展到整个地球。"②所以，货币不仅是发展一切生产力的主动轮，而且也是推动世界市场发展的主动轮。对于货币的这种作用以及货币本身所特有的作为世界市场上一般交换手段的职能，马克思给以了非常精辟的概括，认为"货币本身是世界主义的"③。同时，他还引用古希腊作家、编纂家阿泰纳奥斯《学者们的宴会》中的一句话来反映货币的世界性："他来自哪个国家，哪个民族？他是一个富翁。"④

在资本主义条件下，无论是需求还是货币，都不是单独发挥作用的，而是同资本一道并在资本的支配和操纵下发挥作用的。资本要无限制地追求剩余价值，就必然处于不断的扩张状态，从而使以资本为基础的

①《马克思恩格斯全集》第 46 卷（上），人民出版社 1979 年版，第 171—172 页。
②《马克思恩格斯全集》第 46 卷（上），人民出版社 1979 年版，第 175 页。
③《马克思恩格斯全集》第 46 卷（下），人民出版社 1980 年版，第 435 页。
④《马克思恩格斯全集》第 46 卷（下），人民出版社 1980 年版，第 435 页。

生产和流通也不断处于扩大的运动之中。“以资本为基础的生产,其条件是创造一个不断扩大的流通范围,不管是直接扩大这个范围,还是在这个范围内把更多的地点创造为生产地点。”①要实现剩余价值,资本必然要突破国内市场走向世界市场,因此,“资本一方面具有创造越来越多的剩余劳动的趋势,同样,它也具有创造越来越多的交换地点的补充趋势;……从本质上来说,就是推广以资本为基础的生产或与资本相适应的生产方式。创造世界市场的趋势已经直接包含在资本的概念本身中”②。

资本不仅创造了世界市场,而且改变了整个世界的生产方式和生活方式。“资本按照自己的这种趋势,既要克服民族界限和民族偏见,又要克服把自然神化的现象,克服流传下来的、在一定界限内闭关自守地满足于现有需要和重复旧生活方式的状况。资本破坏这一切并使之不断革命化,摧毁一切阻碍生产力发展、扩大需要、使生产多样化、利用和交换自然力量和精神力量的限制。”③

世界市场一旦形成,便对资本主义经济的发展起到巨大的推动作用。首先,世界市场使资源在世界范围内得到有效配置。市场竞争通过供求关系的变化和价值规律的作用,使资源不断流向效益好的部门、地区和国家,从而迫使那些效益不好的部门、地区和国家不断提高生产率,提高经济效益。对市场占有率及利润的追求无形中成为资源有效配置的驱动力。当国内物质资源不能满足生产,国内劳动力价格升高,资本在国内投资获利转低时,资本家就会把目光转向世界市场。世界市场就通过供求变化和价格波动对资源配置起基础性作用。其次,世界市场使得经济运动过程的各个环节都得到广阔的发展。由世界市场所引起的

---

①《马克思恩格斯全集》第46卷(上),人民出版社1979年版,第390页。
②《马克思恩格斯全集》第46卷(上),人民出版社1979年版,第391页。
③《马克思恩格斯全集》第46卷(上),人民出版社1979年版,第393页。

生产过程国际化，最典型的形式是建立起“以国际分工为基础的商品生产”①；由生产的国际化又引起消费的国际化，一个国家的消费不仅来自本国的产品，而且来自世界各地的产品，消费的需求和消费的品种日益多样化；国际生产同时造就了与之相适应的国际分配，利润不完全是在国内而且在国际范围内进行分配，随着资本主义矛盾的不断深化，这种分配日趋不合理。再次，世界市场对整个经济运转起着有力的保证作用。因为资本主义生产离开世界市场寸步难行。一方面，生产的发展不仅要求从国内而且从国外取得必要的原料、工具以满足自己的需要。“如果一个国家自己不能把资本积累所需要的那个数量的机器生产出来，它就要从国外购买。如果它自己不能把所需数量的生活资料（用于工资）和原料生产出来，情况也是如此。”②另一方面，国内生产的大量产品，除了在国内销售以外，还需要通过贸易销售到世界市场上，“如果某个国家闭关自守，那么，它的剩余产品就只能以这一剩余产品的既有的实物形式消费掉。在这个国家中，剩余产品可以交换的范围就会受到不同生产部门的数量的限制。这种限制通过对外贸易才能消除。”③因此，对于资本主义生产与再生产来说，世界市场是须臾不可离开的东西。

总体来说，近代以来出现的世界历史实际上就是生产和资本双重逻辑作用的产物。那么，这两种逻辑又是一种什么样的关系呢？就实际进程来看，二者并不是彼此分离的，而是内在结合在一起的，其中资本逻辑起着决定性的作用。如前所述，世界历史的产生固然是由生产力发展以及由此带来的交往普遍发展引起的，即由生产逻辑发展引起的，但生产力和交往为什么只有到资本主义社会才会得到普遍发展并产生如此重大的影响与后果呢？显然，这是由资本推动和决定的。在资本主义社

①《马克思恩格斯全集》第 49 卷，人民出版社 1982 年版，第 311 页。
②《马克思恩格斯全集》第 26 卷（Ⅱ），人民出版社 1973 年版，第 560 页。
③《马克思恩格斯全集》第 48 卷，人民出版社 1985 年版，第 147 页。

会,资本就是轴心,资本支配一切。正是在资本的驱动下,生产力与交往才获得了迅猛的发展,才形成特有的生产逻辑。所谓资本主义条件下的生产逻辑,不外是资本的生产逻辑。因此,历史转变为世界历史,实质上是由资本逻辑支配和推动的。离开了资本逻辑,无法理解生产逻辑。事实上,马克思对两种逻辑所作的考察,形式上是分别的,而实际上是内在交融在一起的。因为两种逻辑本来就是生产力和生产关系两个方面的反映,很难完全离开一方来谈另一方。所以,马克思从生产力角度来考察世界历史时并没有放弃其对社会形式即生产关系的分析,而从生产关系角度考察时也没有离开对物质内容的探讨。马克思正是通过这两种方法的有机结合,对世界历史的形成、实质及其发展趋势作出了全面而深刻的揭示。

三、世界历史发展的内在矛盾

世界历史的发展过程,并不是一个田园牧歌式的和谐发展过程,而是一个充满矛盾、冲突的过程。一方面,世界历史的发展确实给人类带来了前所未有的文明成果,促进了各个国家、民族的快速发展;另一方面,世界历史又是在剧烈的阶级冲突、民族冲突中发展起来的,其间充满了曲折与坎坷。所以,研究世界历史,不能不正视其内在矛盾。对于世界历史进程的内在矛盾,马克思的论述非常之多,但最为重要的是对世界市场中国家间不合理经济关系的分析和揭露。其分析和揭露主要是围绕下述问题展开的:

1. 国际交换与国际剥削

在世界市场条件下,国际交换得到了普遍发展,因而商品的价值及其实现形式也发生了重大变化。一是商品的国别价值转化为国际价值。在国内交换中,商品的价值取决于单位时间内劳动消耗的平均水平,即社会必要劳动时间，但在世界市场上，商品的价值则取决于“世界劳动的平均单位”。如在世界市场上“棉花的价值尺度不是由英国的劳动小时，而是由世界市场上的平均必要劳动时间来决定”①。这就使不同国家在同一劳动时间所生产的同量商品具有不同的国际价值。二是国际价值转化为国际生产价格。国际生产价格是由商品的国际平均成本和国际平均利润构成的一种市场价格。一般说来，商品交换的基础是国际价值，即两种商品交换时，它们所包含的价值量应该相等。但在真正进行世界市场交换时，商品交换的基础是国际生产价格，这就使各个国家要生产出同等数量的生产价格所花费的劳动时间是不平等的，劳动时间耗费少的国家肯定占便宜，劳动时间耗费多的国家无疑要吃亏。三是货币转化为世界货币。各国货币进入世界市场，必然要求把国内货币转化为世界货币；而这样的货币则真正体现了货币的“一般性”本质，因为“只有在世界市场上，货币才充分地作为这样一种商品起作用，这种商品的自然形式同时就是抽象人类劳动的直接的社会实现形式。货币的存在方式与货币的概念相适合了”②。

对于国际交换是否存在不等价交换以及不等价交换的根源问题，马克思曾经作过比较具体的说明。在《1857—1858年经济学手稿》中，马克思就指出，“两个国家可以根据利润规律进行交换，两国都获利，但一国总是吃亏”。在世界市场中，“不仅单个资本家之间，而且国家之间可以不断进行交换，甚至反复进行规模越来越大的交换，然而双方的赢利无须因此而相等。一国可以不断攫取另一国的一部分剩余劳动而在交换中不付任何代价，不过这里的尺度不同于资本家和工人之间的交换的尺度”③。在《剩余价值理论》中，马克思又作过这样的说明：“即使从李嘉图理论的角度来看……一个国家的三个工作日也可能同另一个国家的一

①《马克思恩格斯全集》第47卷，人民出版社1979年版，第405页。

②《马克思恩格斯全集》第23卷，人民出版社1972年版，第163页。

③《马克思恩格斯全集》第46卷(下)，人民出版社1980年版，第401—402页。

个工作日交换。价值规律在这里有了重大的变化。或者说，不同国家的工作日相互间的比例，可能像一个国家由熟练的、复杂的劳动同不熟练的、简单的劳动的比例一样。在这种情况下，比较富有的国家剥削比较贫穷的国家，甚至当后者……从交换中得到好处的时候，情况也是这样。”①

马克思的这些论述为考察国际不等价交换和国际剥削问题提供了有益的启示：

首先，在世界市场条件下，国与国之间的交换是互利的，但存在着剥削。这里所讲的剥削不同于通常意义上的剥削，后者指的是凭借对生产资料的占有而无偿占有别人的剩余劳动，前者指的则是发达国家以较少的劳动交换不发达国家的较多劳动，一国可以在交往中攫取另一国的部分剩余劳动。显然，这是一种新的剥削形式。

其次，这种交换虽然是不平等的，但它并没有违背价值规律。为什么一个国家的一个工作日可以和另一个国家的三个工作日交换而不违背价值规律？原因就在于，这里的交换尺度是国际价值而不是国内价值。由于发达国家具有较高的劳动生产率和劳动强度，因而它在单位时间内生产某一产品的国内价值要低于其国际价值；而不发达国家的情况正好相反。最后按照国际价值进行交换的结果，便是发达国家可以用少量的劳动换取不发达国家大量的劳动。这里的交换虽然是不平等的，却没有违背和否定价值规律。不过，应当看到，价值规律虽然没有被违背，但确如马克思所说，“价值规律在这里有了重大变化”。所谓重大变化主要是指：在国内市场，价值规律可以通过充分的竞争和供求关系的变化，逐渐消除个别劳动与社会必要劳动之间的差异，使生产率较高的生产者无法获得相应的交换优势。而在国际交换中，由于供求关系变化缓慢、生产要素流动困难以及国与国之间不合理的经济关系，劳动生产率较高

① 《马克思恩格斯全集》第 26 卷(Ⅲ)，人民出版社 1974 年版，第 112 页。

的国家可以获得比较稳定的超额利润，而国与国之间的不平等交换会长期存在下去。

2. 贸易自由与资本自由

要适应市场经济的发展，无疑要坚持贸易自由。对于自由贸易的历史进步性，马克思给予了充分肯定，但他对于自由贸易的真实本质也给予了深刻的揭露："在现代的社会条件下，到底什么是自由贸易呢？这就是资本的自由。排除一些仍然阻碍着资本前进的民族障碍，只不过是让资本能充分地自由活动罢了。"①既然贸易自由实质上是资本的自由，那么就不可能排除资本的压迫和剥削，更不能将这种压迫和剥削渲染为"友爱"。"把世界范围的剥削美其名曰普遍的友爱，这种观念只有资产阶级才想得出来。在任何个别国家内的自由竞争所引起的一切破坏现象，都会在世界市场上以更大的规模再现出来。再没有必要停留在自由贸易的信徒对这个问题所散布的诡辩上。"②马克思认为，李嘉图在比较成本说基础上所引申出来的"双方受益论"，完全掩盖了资本主义国际贸易中强国对弱国、富国对贫国进行剥削和掠夺的事实。实际上，资本主义世界的国际贸易并不完全是根据商品中实际耗费掉的劳动量来进行交换，而是经济上发达国家的资本家为追求和实现更多的超额利润而占有其他国家特别是落后国家人民的剩余劳动的手段。由于发达国家比落后国家在生产上有较多的便利，因此它的劳动生产率比落后国家要高得多，从而每个单位商品中耗费掉的个别劳动时间则比落后国家少得多。在这种情况下，发达国家向落后国家输出商品，就能够以较少的劳动赚回较多的劳动，即剥削到更多的剩余劳动成为超额利润。所以，这种表面上的平等包含着事实上的不平等。

---

①《马克思恩格斯全集》第4卷，人民出版社1958年版，第456页。
②《马克思恩格斯全集》第4卷，人民出版社1958年版，第457页。

对于李嘉图关于落后国家成为发达国家的工业品销售市场和原料基地是由“自然秉赋”造成的观点，马克思也给予了有力驳斥。在马克思看来，“自然禀赋”说完全抹杀了落后国家经济的片面发展是由历史造成的，主要是由资本主义国家经济侵略造成的。在1848年所作的《关于自由贸易的演说》中马克思就指出，我们决不能相信西印度的“自然秉赋”就是生产咖啡和砂糖，因为在200年以前西印度就根本没有种植过咖啡粉和甘蔗。这样的“自然秉赋”是资本主义国家的资本家为了发财致富而强加在西印度头上的。一旦外国资本家发现世界上有另一块土地更能廉价地生产咖啡和砂糖时，他们就会毫不留情地放弃西印度的“自然秉赋”，而将这一“自然秉赋”转移到别的地方。在这里，一切都服从于降低成本、掠夺经营、赚取更大利润的准则。因此，马克思说，资产阶级自由贸易的信徒们，既不了解也不愿意了解“在每一个国家内，一个阶级是如何牺牲另一个阶级而致富的”；同样，他们更不了解和不愿意了解在资本主义国家之间“一国如何牺牲别国而致富”。①

3. 中心与外围

现代资本主义社会既加强了各国之间的相互联系，又造成了各国之间发展的不平衡，即世界性的两极分化。通过殖民统治而建立起来的资本主义世界体系是一个不平等的体系，这种体系形成两极的对立，即世界城市与世界农村的对立。在这一体系中，资产阶级“正像它使农村从属于城市一样，它使未开化和半开化的国家从属于文明国家，使农民的民族从属于资产阶级的民族，使东方从属于西方”②。随着资本主义的发展，这种对立逐渐固定化，整个地球演变为一个“中心”与“外围”即宗主国与附属国构成的体系。马克思认为，“机器产品的便宜和交通运输业

---

① 参见《马克思恩格斯全集》第4卷，人民出版社1958年版，第458页。

②《马克思恩格斯选集》第1卷，人民出版社1995年版，第277页。

的变革是夺取国外市场的武器。机器生产摧毁国外市场的手工业产品,迫使这些市场变成它的原料产地。……一种和机器生产中心相适应的新的国际分工产生了,它使地球的一部分成为主要从事农业的生产地区,以服务于另一部分主要从事工业的生产地区”①。对于19世纪末的世界体系,恩格斯也作了这样的描述:“英国是农业世界的大工业中心,是工业太阳,日益增多的生产谷物和棉花的卫星都围着它运转。”②因此,近代以来资本主义的世界图式,就是这样一个严重不平衡的格局。

随着世界体系内“中心”与“外围”矛盾的深化和发展,危机爆发的方式和发生革命的方式也必然会发生相应的变化。马克思以西欧为例,认为不论是危机时期还是繁荣时期,大陆上都比英国来得晚。最初的过程总是发生在英国,英国是资产阶级世界的缔造者。这样,如果危机首先在大陆上造成革命,那么革命的原因仍然始终出在英国。“在资产阶级机体中,四肢自然要比心脏更早地发生震荡,因为心脏得到补救的可能性要大些。”③正因如此,马克思认为,在英国经济还在繁荣以致整个欧洲大陆经济普遍繁荣的情况下,即在资产阶级社会的生产力正以在整个资产阶级关系范围内所能达到的速度蓬勃发展的情况下,也就谈不到什么真正的革命。“只有在现代生产力和资产阶级生产方式这两个要素互相矛盾的时候,这种革命才有可能”④。

马克思有关资本主义世界体系的这些观点,在20世纪六七十年代以后形成的依附论和世界体系论中得到较大的反映,尤其是依附论对这些观点作了进一步的发挥。依附论的基本观点是:资本主义世界体系是一个由中心和外围组成的等级结构,在这一结构中,中心国家通过从外围国家榨取剩余获得发展,而外围国家的不发展则是长期陷于对中心国

① 《马克思恩格斯全集》第23卷,人民出版社1972年版,第494—495页。
② 《马克思恩格斯选集》第4卷,人民出版社1995年版,第425页。
③ 《马克思恩格斯选集》第1卷,人民出版社1995年版,第470页。
④ 《马克思恩格斯选集》第1卷,人民出版社1995年版,第470—471页

家的“依附”的结果，因此，发展中国家要想发展，必须摆脱依附。尽管依附论同马克思一样，对资本主义世界体系持强烈的批判态度，但二者之间还是有其重要差别。首先，马克思既看到了资本主义的种种罪恶，同时也看到资本主义的历史进步意义，因为它毕竟创造了一种新型文明，并为创造另一个新的世界奠定了物质基础。因此，非西方国家的发展不能完全割断与世界的联系，应当在普遍交往中发展生产力，推进整个社会生活的全面变革。其次，在马克思看来，世界体系中的依附结构也不是固定不变的，而是随资本主义生产的发展而发展的。在资本原始积累时期，由于中心国家的经济实力还没有达到非常强大的程度，因而中心国家对外围国家的控制基本上是强制式的，国家的力量、殖民征服的力量起了决定性的作用。随着资本主义商品经济的发展，中心国家对外围国家的支配从主要依靠暴力转变为主要依靠经济优势，市场控制成为维系中心与外围不平等关系的主要手段；相应地，外围国家对中心国家也由原来的殖民依附转到经济依附。而且，这种经济依附也不是不可改变的，借助于经济上、政治上的各种力量，外围国家完全可以在世界历史中走出一条新的发展道路。

4. 危机与极限

世界历史的形成，一方面为资本主义生产方式创造了广阔的发展空间，另一方面又使资本主义生产方式的矛盾发展到了顶点。随着世界市场的出现，资本主义生产方式固有的矛盾已经越出一国范围扩展到整个世界，形成全球性的资本与劳动的矛盾。既然这种矛盾具有世界性，那么由此产生的经济危机也就具有世界性。在世界市场上，由于整个国家的生产既不是用它的直接需要，也不是用扩大生产所必需的各种生产要素的分配来衡量，因而再生产过程并不取决于同一国家内相互适应的等价物的生产，而是取决于这些等价物在别国市场上的生产，取决于世界市场吸收这些等价物的力量和取决于世界市场的扩大。这样，就产生了越来越大的失调的可能性，也就是危机的可能性。① 这就是说，资本主义商品生产本身就潜藏着生产与销售、个别企业的有组织性与整个社会生产的无组织性的矛盾，而在世界市场条件下，这些矛盾“牵一发而动全身”，以致非常容易引发世界性的经济危机，从而使这些矛盾被推向一个更大的范围和更深的程度。所以，“资产阶级生产的一切矛盾，在普遍的世界市场危机中集中地暴露出来”②。

世界性经济危机的出现和深化，既使资本主义生产方式的矛盾发展到了顶点，同时也使资本主义发展遇到了极限。因为资本主义的矛盾已经再没有扩展的空间了，经济发展失调的问题也很难由一个国家来控制和解决了，所以，伴随世界性经济危机的深化和发展，资本主义制度也将最终走到它的尽头。

这里主要是从资本主义与世界经济相互关系的一般发展趋势而言的，并不意味着世界经济危机一爆发，资本主义就会走向灭亡。马克思认为，无论哪一个社会形态，在它所能容纳的全部生产力发挥出来以前，是决不会灭亡的；而新的更高的生产关系，在它的物质存在条件在旧社会的胎胞里成熟以前，是决不会出现的。资本主义生产方式尽管在发展趋势上遇到极限，但在全球化未得到充分发展之前，它还有其发展的潜能。到目前为止的全球化，无论就其深度还是广度来说，都还没有得到极大发展，因而资本主义在这一全球化空间中还有进一步发展的余地。一方面，世界性经济危机的爆发固然对资本主义生产的发展是一个破坏，但危机的出现并不完全是一种破坏，它也可以起到抑制经济失调和平衡经济关系的作用。“世界市场危机必须看作资产阶级经济一切矛盾的现实综合和强制平衡”③。通过这种“强制平衡”，资本主义经济关系可以得到一定程度的调整，从而使资本主义获得新的发展。另一方面，利

---

① 参见《马克思恩格斯全集》第 48 卷，人民出版社 1985 年版，第 147 页。

②《马克思恩格斯全集》第 26 卷(Ⅱ)，人民出版社 1973 年版，第 610 页。

③《马克思恩格斯全集》第 26 卷(Ⅱ)，人民出版社 1973 年版，第 582 页。

用世界市场来克制经济危机，也是实现发展的一种重要手段。在世界市场条件下，资本主义国家往往通过对外贸易转移国内经济危机，“把矛盾推入更广的范围，为这些矛盾开辟更广阔的活动场所”。① 这在一定程度上抵消和延缓了经济危机带来的损失。不过，这种补偿是以更大范围、更多国家危机的出现为代价的。

在全球化条件下，资本主义国家确实可以通过各种关系的调整，求得较大的发展空间与较多的发展时间，从而延长自己的发展寿命，但这并不表明资本主义的生命力是无限的。马克思认为，“资本的发展程度越高，它就越是成为生产的界限，从而也越是成为消费的界限，至于使资本成为生产和交往的棘手的界限的其他矛盾就不用谈了”②。虽然资本主义总是在遇到限制又克服限制的矛盾运动中发展的，但当它发展到一定的程度，便会遇到无可克服的限制，从而走向灭亡。正如马克思所讲，“资本不可遏止地追求的普遍性，在资本本身的性质上遇到了界限，这些界限在资本发展到一定阶段时，会使人们认识到资本本身就是这种趋势的最大限制，因而驱使人们利用资本本身来消灭资本”③。

四、世界历史发展的走向与后果

在近年来关于全球化问题的讨论中，全球化的实质是一个被关注的重要话题。对全球化实质认识上的分歧，重要的一点，就是涉及全球化的走向和后果问题。无论认为全球化实质上是资本主义的全球化，还是社会主义或共产主义的全球化，都与这一问题有关。那么，马克思究竟是如何看待这一问题的？

如果系统地把握马克思有关世界历史论述的话可以看到，马克思并

---

①《马克思恩格斯全集》第 24 卷，人民出版社 1972 年版，第 526 页。

②《马克思恩格斯全集》第 46 卷（上），人民出版社 1979 年版，第 400 页。

③《马克思恩格斯全集》第 46 卷（上），人民出版社 1979 年版，第 393—394 页。

不是一般地谈论世界历史的实质，而更多的是从过程的角度，即从历史发展的角度来谈论问题的。按照马克思的观点，从其发源和形成来看，所谓全球化实质上就是资本的全球化；从其发展的趋势和未来结果来看，全球化又是指向共产主义的。对于世界历史与共产主义的关系，马克思在《德意志意识形态》和《共产党宣言》等著作中作过简明而深刻的论述。马克思主要是从世界历史的发展规律和共产主义的本质要求这两个维度来加以考察、说明的。

就世界历史的发展规律来说，共产主义是世界历史发展之必然。首先，世界历史的形成为共产主义的实现准备了历史前提。普遍的交往和竞争，使生产力获得了空前的发展，从而为共产主义取代资本主义奠定了坚实的物质基础。在马克思看来，资本主义“异化”的消灭不是随意的，“这种‘异化’（用哲学家易懂的话来说）当然只有在具备了两个实际前提之后才会消灭。要使这种异化成为一种‘不堪忍受的’力量，即成为革命所要反对的力量，就必须让它把人类的大多数变成‘没有财产的’人，同时这些人又同现存的有钱有教养的世界相对立，而这两个条件都是以生产力的巨大增长和高度发展为前提的”①。生产力要得到巨大增长和高度发展，当然又必须以世界性的普遍交往为前提。因为在封闭的环境里，且不说大力发展生产力，就是保存已经创造出来的生产力都相当困难。“某一地域创造出来的生产力，特别是发明，在往后的发展中是否会失传，完全取决于交往扩展的情况。当交往只限于毗邻地区的时候，每一种发明在每一个地域都必须单另进行；……只有当交往成为世界交往并且以大工业为基础的时候，只有一切民族都卷入竞争斗争的时候，保持已创造出来的生产力才有了保障。”②因此，世界历史的形成，是推动生产力快速发展进而实现共产主义的前提条件。

---

①《马克思恩格斯选集》第1卷，人民出版社1995年版，第86页。

②《马克思恩格斯选集》第1卷，人民出版社1995年版，第107—108页。

其次,世界历史的发展不仅扩展了资本主义内在矛盾的范围,而且加剧了劳动与资本的对立,进而为解决这种对立提出了必然的要求。按照马克思的观点,一切阶级对立和历史冲突都根源于生产力和生产关系之间的矛盾,但是,对于某一国家内冲突的发生来说,完全没有必要等这种矛盾在这个国家本身中发展到极端的地步。由广泛的国际交往所引起的同工业比较发达国家的竞争,就足以使工业比较不发达的国家内产生类似的矛盾。在资本主义条件下,劳动越来越具有社会性、国际性,但资本却逐渐为少数个人和集团所占有,这一世界性的矛盾只有靠共产主义的方式来解决。因此,共产主义是世界历史内在矛盾运动的必然产物。

此外,世界历史的发展,一方面加剧了资本对世界的统治,另一方面又造就了世界性的无产阶级,以致为埋葬资本主义培养了掘墓人。随着世界市场的建立和普遍竞争的发展,大工业必然得到快速发展;而大工业发展的结果,又必然到处造成社会各阶级间相同的关系,从而消灭了各民族的特殊性。诚如马克思所说:“现代的工业劳动,现代的资本压迫,无论在英国或法国,无论在美国或德国,都是一样的,都使无产者失去了任何民族性。”①这样,“当每一民族的资产阶级还保持着它的特殊的民族利益的时候,大工业却创造了这样一个阶级,这个阶级在所有的民族中都具有同样的利益,在它那里民族独特性已经消灭,这是一个真正同整个旧世界脱离而同时又与之对立的阶级”②。同过去的一切阶级相比,无产阶级没有什么财产可保护、没有什么特殊利益可维护,“无产者只有废除自己的现存的占有方式,从而废除全部现存的占有方式,才能取得社会生产力。无产者没有什么自己的东西必须加以保护,他们必须摧毁至今保护和保障私有财产的一切”③。这样一来,无产阶级必然成为

① 《马克思恩格斯选集》第1卷,人民出版社1995年版,第283页。
② 《马克思恩格斯选集》第1卷,人民出版社1995年版,第114—115页。
③ 《马克思恩格斯选集》第1卷,人民出版社1995年版,第283页。

资本主义的掘墓人和共产主义的开创者。正是在这一意义上,“资产阶级不仅锻造了置自身于死地的武器;它还产生了将要运用这种武器的人——现代的工人,即无产者”①。

就共产主义的本质要求来说,历史转变为世界历史又是实现共产主义的必要条件。共产主义决不是某一阶级、某一民族的解放,而是全人类的解放。正如马克思所说,无产阶级如果不解放全人类,也就不能最后解放自己。既然共产主义是解放全人类的事业,那它就必然是一个世界历史性事业,其本身不可能“作为某种地域性的东西而存在”②。这就是说,单个国家、民族很难谈及共产主义,只有民族历史转变为世界历史,才有可能出现真正意义上的共产主义。事实上,在世界经济联系日益密切的条件下,私有制及其影响不可能在一个国家、民族被彻底消灭,资本的剥削和压迫也不可能在一个国家、民族范围内被彻底铲除,因而共产主义不可能在孤立的国家、民族内获得最后胜利。

总的说来,共产主义与世界历史的密切关系不仅是由世界历史发展的内在规律决定的,而且也是由共产主义的本质要求决定的。值得注意的是,在马克思的视野里,世界历史发展所指向的共产主义,不仅是推翻资本统治的一种新型制度,而且是人的自由全面发展的理想社会。或者说,共产主义与人的自由全面发展是一致的,共产主义的最终落脚点是人的自由全面发展。在马克思看来,人的全面发展固然需要具备多种社会条件,但其中重要的一点,就是有赖于交往的普遍发展。人的发展之所以有赖于普遍交往,主要原因在于普遍交往具有这样一些基本功能:

其一,扩大人的自由度和发展程度。人的自由、发展并不是想象中的自由、发展,而是现实的自由、发展。在现实生活中,人的自由度和发展程度不仅仅受社会关系的制约,同时也受生产力发展水平的制约。从

---

①《马克思恩格斯选集》第1卷,人民出版社1995年版,第278页。

②《马克思恩格斯选集》第1卷,人民出版社1995年版,第86页。

历史上来看,孤立的民族性、地域性的存在往往是和生产力的落后联系在一起的。如果一个国家、民族长期游离于世界历史之外,长期缺乏普遍交往,那么,就无从实现生产力的巨大增长和高度发展。而“如果没有这种发展,那就只会有贫穷、极端贫困的普遍化;而在极端贫困的情况下,必须重新开始争取必需品的斗争,全部陈腐污浊的东西又要死灰复燃”①。可以想象,在普遍贫困的条件下,在各种陈腐的东西死灰复燃的情况下,还谈什么人的自由发展!正因如此,发展生产力,增强人的自由,就必须扩大交往。

其二,克服“狭隘地域性”的局限。狭隘地域性的生活方式必然造成狭隘地域性的个人。这种狭隘地域性个人由于失去广泛的交往和联系,因而视野受到限制,观念受到传统的束缚,其发展不是与现代文明相融,而是与愚昧、保守相通。所以,这样的发展“会依然处于地方的、笼罩着迷信气氛的‘状态’”②。要克服这样的局限,必须冲破地域性的限制,扩大交往,使“地域性的个人为世界历史性的、经验上普遍的个人所代替”③。只有成为“世界历史性的”个人,才有可能成为全面发展的人。从这一意义上说,“各个人的世界历史性的存在,也就是与世界历史直接相联系的各个人的存在”④。

其三,充分利用人类文明的成果。人的发展往往是通过文化的生产和消费来实现的。一方面,特定的文化成果是人的劳动创造的产物,这些产物凝结着前人的智慧和力量,因而对后人来说具有客观的存在形式,并成为文化发展和人的发展的前提与起点;另一方面,文化产品(包括物质产品与精神产品)也会在主体的活动中被消费,其结果是转化为主体的新的本质力量,进而在主体的对象性活动中被加以新的创造,获

---

①《马克思恩格斯选集》第1卷,人民出版社1995年版,第86页。
②《马克思恩格斯选集》第1卷,人民出版社1995年版,第86页。
③《马克思恩格斯选集》第1卷,人民出版社1995年版,第86页。
④《马克思恩格斯选集》第1卷,人民出版社1995年版,第87页。

得新的存在形式，形成新的文化成果。人的发展就是在这种文化生产和消费的不断作用过程中进行的。在以往狭隘的地域性的存在中，人们对全球文化生产和消费的利用是非常有限的，因而所获取的智慧和力量也必然是有限的，其发展的程度肯定是不会很高的。只有扩大普遍交往，才能广泛参与全球性的文化生产和消费，实现“文明共享”，从而使自己得到丰富和发展。诚如马克思所说，“只有这样，单个人才能摆脱种种民族局限和地域局限而同整个世界的生产（也同精神的生产）发生实际联系，才能获得利用全球的这种全面的生产（人们的创造）的能力”①。

其四，造成人与人之间的全面依存关系。历史上人与人之间的全面依存关系主要出现过这样两大类型：一是建立在古代社会血缘关系基础上的人对人的全面依存关系，二是建立在近代社会以来商品经济充分发展基础上的各个国家、民族以及各个人之间的全面依存关系。尽管这两种关系都是依存性的，但给人所带来的后果是不一样的：前者将人完全束缚在血缘关系上，因而人的各种能力只能在狭窄的范围内和孤立的地点上来发展；后者虽然也是依存关系，但这种依存不是一种自然依存，而是以物为媒介的人的活动之间的依存。这样的依存，不仅使各个主体通过自己的产品满足了对方的需要，而且通过自己的产品丰富了对方的本质。正是近代以来由商品交换建立起来的世界性普遍交往，使人的社会关系得到了丰富和发展，同时也使人的素质、能力、才能获得了全面提高。因此，就像马克思后来所讲的那样，“这种物的联系比单个人之间没有联系要好，或者比只是以自然血缘关系和统治服从关系为基础的地方性联系要好”②。

马克思对世界历史所形成的普遍交往对人的发展的作用既给予了充分的肯定，同时也对其负面影响进行了深刻的揭露。在马克思看来，

① 《马克思恩格斯选集》第1卷，人民出版社1995年版，第89页。
② 《马克思恩格斯全集》第46卷（上），人民出版社1979年版，第108页。

在特定历史条件下，人的社会联系越广、越复杂，人所受到的制约和支配也就越大。“单个人随着自己的活动扩大为世界历史性的活动，越来越受到对他们来说是异己的力量的支配……受到日益扩大的、归根结底表现为世界市场的力量的支配，这种情况在迄今为止的历史中当然也是经验事实”①。如在世界历史条件下所出现的世界市场、国际分工等，使人的发展越来越片面化、固定化，而且，由于受普遍分工制约的个人之间的共同活动是自发形成的，由此产生的社会力量对于个人来说就不是他们自身的联合力量，而是某种异己的力量。这一切，都对人的全面发展是不利的。如何才能克服这种异化状态？马克思认为，只能诉诸共产主义。共产主义在下述两个方面同人的正常发展直接相关：一方面，只有共产主义，才能控制世界历史所产生的各种复杂的社会关系，以有利于人的健康发展；另一方面，只有在共产主义社会，人的个性才能得到充分的发展。因此，共产主义、世界历史、人的发展三者是融为一体的，是彼此依赖、相互促进的。

① 《马克思恩格斯选集》第1卷，人民出版社1995年版，第89页。

第二章　第二国际：资本积累、资本扩张与帝国主义

现代资本主义的发展可以分为三个阶段，即自由竞争的资本主义、帝国主义①和全球资本主义。马克思主义的全球化理论大约也可分为三个大的阶段，即马克思时代以“世界历史”理论为特征的全球化思想、帝国主义时代的全球化思想、当代的全球化理论。19 世纪 70 年代西方资本主义从第一阶段开始转向第二阶段，与马克思所论述的自由资本主义时期相比，技术的发展促进了劳动分工的发展，生产的科层化和组织化程度日益提高，从而使资本主义进入了帝国主义时代。面对新的历史变化，第二国际时代的一些马克思主义者，对资本主义的当前发展过程进行了深入的分析，特别是对资本向非资本地区的扩张进行了批判性的讨论，同时也提出了反对帝国主义的革命策略。在这些论述中，虽然在具体的行文上“全球化”这一概念还未出现，但全球视域已经构成了整个理论讨论的基本视域。本章主要选择了考茨基与伯恩施坦、卢森堡、希法亭的理论进行分析。

---

① 不同的学者从不同立场对这一时代进行了自己的概括：列宁称之为“帝国主义”，考茨基称之为“超帝国主义”，后来者拉什称之为“组织化资本主义”，法国调节学派则称之为“福特制资本主义”，法兰克福学派称之为“晚期资本主义”。

一、超帝国主义时代与社会改良

19 世纪 70 年代之后,西方资本主义进入一个相对稳定的发展时期。马克思在《共产党宣言》中所论述的资本主义矛盾及阶级斗争问题,在现实生活中有了一定的缓和,而政治的相对稳定发展则使合法的斗争具有了一定的可能性空间。正是在这样的情境中,如何考察资本主义现行发展阶段的特征,并确立社会主义的斗争原则和任务,构成了社会民主党内部的争论焦点。在伯恩施坦看来:"强调今天的情况和《共产党宣言》作者在写宣言时所面临的情况不同的这一思想,若干年来一直是我的政治工作的指导思想。我想做的事情是:根据实际情况已经发生的巨大变化在社会主义理论方面做出结论。在这段时间里,整个社会生活已具有另一种性质,政治制度、法权关系和社会观念都已发生了变化,已经出现新的机关来联合和保持社会的力量因素,经济活动的新形式已经形成,交往生活已经成了另一个样子,整个文化水平也已经提高。在这种情况下,工人阶级的解放斗争不是必然地要导致像某些国家的资产阶级的政治(不是经济)统治已经宣告的那种灾变;改变了的武器技术并不是使人不再考虑街头冲突的惟一因素;阶级斗争的加强不一定意味着发展到较残酷的斗争形式;而社会的社会主义改造是有可能通过改进和扩大今天已经运用于这一目的的那些政治机构和经济机构来实行的,而且最终也多半是会这样实现的;我认为以上这些都是辩证的历史观的自然结论。"①伯恩施坦的这一核心理念直接影响到德国社会民主党对资本扩张的理解,实际上也得到了考茨基的支持。重新审视伯恩施坦与考茨基在这一时期的理念,对于我们重新思考资本主义全球化的第二阶段的历史与理论,是非常必要的。

---

①《伯恩施坦言论》,三联书店 1966 年版,第 239—240 页。

1. 社会发展与马克思学说中的理论“软肋”

伯恩施坦对马克思思想的反省，建立在已经变化了的历史情境的基础上，并对马克思主义正统解释提出了批判。伯恩施坦认为，对于马克思主义的科学态度是：当马克思的理论已经确立之后，作为学生，不是简单地重复马克思的话语，而是要对其理论本身的问题进行反省与批判，马克思主义也只有在这样的语境中才能真正地得到发展。

那么，什么是马克思主义的基本原理呢？在伯恩施坦看来，这些基本原理指的是马克思主义理论中纯粹理论的部分，而不是应用理论部分，“前者由一些从有关这一方面的全部经验推演出来并且被认为是普遍适用的认识原理组成。它们构成理论中的不变成分。把这些原理应用于各个现象或各个实践事例，就形成了应用科学”①。在马克思的学说中，纯粹理论包括这样一些内容：唯物主义历史观；一般的阶级斗争以及资产阶级和无产阶级之间的特殊的阶级斗争的学说；剩余价值学说连同关于资产阶级社会的生产方式的学说，以及关于这一社会的以这一生产方式为基础的发展趋势的学说。在伯恩施坦看来，他要面对的不只是应用理论的问题，而且要面对这些纯粹理论中存在的问题。应用理论涉及具体的应用条件，当条件发生变化时纯粹理论必然要发生变化。

在他看来，马克思的唯物主义历史观中一个最大的问题在于一种经济决定论式的表述，这个表述强调经济的必然性及其对社会的决定性作用。在他看来，虽然经济决定论的思想在马克思、恩格斯后期时已经得到了限制，比如恩格斯的晚年书信就强调意识的反作用，强调非经济因素对历史进程的影响，“但是这里的问题在于程度，不是在于是否承认思

---

① [德]伯恩施坦：《社会主义的前提和社会民主党的任务》，殷叙彝译，三联书店 1965 年版，第 45—46 页。

想意识的诸因素，而是在于把对于历史的多大程度的影响、什么样的重要性归于它们。在这一方面却完全不容否认，马克思和恩格斯起初承认的非经济因素在社会发展中的协助作用以及它们对生产关系的反作用，比在他们的后期著作中承认的要小得多”①。也就是说，马克思、恩格斯虽然也意识到了非经济因素的作用，但对于这种作用并没有作出一种必要的说明，特别是在今天，在历史情境已经发生了变化的情况下，这种说明就显得尤为必要。“科学、艺术和相当大的一批社会关系，今天同从前的任何时期比起来，对于经济的依赖程度要小得多。或者，为了不致留下误解的余地，可以说，经济发展今天已经达到的水平容许意识形态因素特别是伦理因素有比从前更为广阔的独立活动的余地。因此，技术和经济的发展同其他社会制度的发展之间的因素联系变得愈来愈间接了，从而前者的自然必然性对于后来的形态的决定性影响也愈来愈小了。”②伯恩施坦说的这一问题，实际上在于随着组织化资本主义的发展，劳动分工越来越细化，教育也越来越专业化与实证化，这种专业化教育反过来也促进着劳动分工的发展，因而非经济因素的作用也就越来越大。另外，由于社会组织越来越科层化，社会组织之间的关系以及这些组织与相应文化价值观念之间的关系也越来越紧密，马克思的理论要想跟上历史的步伐，就必须对这些问题进行新的探索。所以伯恩施坦认为，我们今天所见的唯物主义历史观的形态与创始人起初赋予它的形态有着很大差别，“作为社会主义理论的科学基础，唯物主义历史观在今天只有按前述的扩大才能有效。一切应用，如果没有考虑或者没有足够地考虑由这一扩大所指出的物质力量和思想力量的相互作用，那末不管它是出自

① [德]伯恩施坦：《社会主义的前提和社会民主党的任务》，殷叙彝译，三联书店 1965 年版，第 52—53 页。

② [德]伯恩施坦：《社会主义的前提和社会民主党的任务》，殷叙彝译，三联书店 1965 年版，第 56—57 页。

理论的创始人自己还是出自别人，都应当据此加以纠正"①。同样，对于马克思的其他理论，也必须使其摆脱独断论的性质。

比如在资本主义阶级斗争与社会发展问题上，伯恩施坦认为，马克思关于这些问题的论述与黑格尔主义的残余有关。马克思强调黑格尔辩证法的对立斗争理论，但当他将这个理论运用于历史时，却犯了一种自我欺骗式的错误，"我们在这里所看到的不仅是对一个政治行动的前途的过高估计（这是热情充沛的领袖可能犯的，并且在某些情况下已经帮助他们取得出人意外的成就），而是对于一种经济的和社会的发展的成熟程度所作的纯粹思辨的预测（这一发展几乎还没有露出最初的萌芽）。一件需要几个世代才能实现的事，竟根据关于对立面的发展和关于通过对立面的发展的哲学而被看成一次政治革命的直接后果，而这一革命是首先必须为资产阶级创造发展的自由余地的"②。在这个意义上，伯恩施坦甚至认为："黑格尔辩证法是马克思学说中的叛卖性因素。"③这样一种激进的理论，还染上了激进的布朗基主义精神，在这种精神的影响下，他认为马克思在《共产党宣言》与《法兰西阶级斗争》等书中，已经将阶级的力量对比关系与布朗基主义的激进想象结合在一起了，而对现代经济本质的理解则不再重要。在这一思考向度中，现代经济生活的需要完全被忽视，各阶级之间的力量对比关系和发展状况被置之度外，无产阶级的恐怖主义却被尊崇为奇妙的力量，认为这一力量可以把生产关系推进到被认为是社会主义改造的先决条件的那一发展水平。在这个意义上，布朗基主义的激进暴力思想与黑格尔的辩证法思想具有相通性，"每当我们看到把作为社会发展基础的经济当作出发点的理论向把

---

① [德]伯恩施坦：《社会主义的前提和社会民主党的任务》，殷叙彝译，三联书店 1965 年版，第 57—58 页。

② [德]伯恩施坦：《社会主义的前提和社会民主党的任务》，殷叙彝译，三联书店 1965 年版，第 70 页。

③ [德]伯恩施坦：《社会主义的前提和社会民主党的任务》，殷叙彝译，三联书店 1965 年版，第 75 页。

暴力崇拜发挥到顶点的理论屈服时，我们就会碰到一个黑格尔式的原理。……黑格尔辩证法的最大的欺人之处在于，它从来不是完全错误的。它偷看真理，正像鬼火偷看亮光一样。”①“黑格尔主义的逻辑筋斗五光十色，显得激进和才气横溢。它像鬼火一样给我们指出彼岸的前景的模糊轮廓。但是只要我们一旦本着对它的信任来选择我们的道路，我们就一定会陷入泥潭。马克思和恩格斯的伟大贡献，不是借助黑格尔的辩证法而做出的，而是由于不管它才做出的。如果说另一方面，他们不加注意地放过了布朗基主义的最重要的错误，那么这首先要归咎于他们自己理论中的黑格尔的杂质。”②在对马克思主义基本理论的反思中，伯恩施坦非常反对马克思主义中的黑格尔传统，他虽然反对马克思主义经济决定论的正统解释，但并不反对这种解释中将马克思主义的变革归功于费尔巴哈的思想。

对于马克思的以劳动价值论为基础的剩余价值理论，伯恩施坦也认为这是一个伟大的发现，是马克思剖析资本主义社会的一把钥匙，这是过去任何一位思想家没有做到的事情。但在他看来，剩余价值理论同样存在着问题，并成为马克思的每一个学生的致命软肋。原因何在呢？“劳动价值学说之所以令人迷惑，首先是由于劳动价值屡次被当成衡量资本家剥削工人的尺度，而把剩余价值率称为剥削率等等，则是引起这一错误的原因之一。即使从作为整体的社会出发并且把劳动工资的总和同其他收入的总和对比，那时剩余价值率作为这一尺度也是错误的……价值学说不能为劳动产品分配的正当性和不正当性提供规范，正如原子学说不能为一件造形艺术品的美和丑提供规范一样。我们今天恰好是在剩余价值率很高的工业中遇到地位最好的工人，即‘劳动贵族’

① [德]伯恩施坦：《社会主义的前提和社会民主党的任务》，殷叙彝译，三联书店 1965 年版，第 86 页。
② [德]伯恩施坦：《社会主义的前提和社会民主党的任务》，殷叙彝译，三联书店 1965 年版，第 87 页。

的一部分，而在剩余价值率很低的工业中遇到被最可耻地压榨的工人。”①在这个意义上，劳动价值论与剩余价值理论已不能为科学社会主义提供理论基础，资本主义社会的发展需要我们对马克思的理论进行新的分析。在学理的层面，伯恩施坦实际上提出了这样一个问题：剩余价值学说是一种客观的描述理论，这种描述理论在今天已经过时，另外从这种描述中也无法引申出正当与不正当等这些规范性的思考，或者说，在马克思那里，根本无法提供一种社会规范性的学说。这也是他引进康德伦理学说的原因。

伯恩施坦通过数据表明，随着资本主义的稳定发展，社会中有产者的人数不是减少，而是在相对与绝对的意义上都增加了。“不是资本家的数目愈来愈相对地减少和无产阶级愈来愈富裕，就是一个人数众多的中等阶级，这是生产的不断提高容许我们作出的惟一抉择。”②这也是马克思的阶级理论中没有真正解决的问题。这一中产阶级的出现，与股份公司的产生是联系在一起的。这也表明，虽然资本在积累，技术在进步，但并不意味着大企业在完全吞并小企业和中等企业，而且这些企业也在发展，在农业中也同样如此。“如果现代社会的崩溃取决于社会角锥尖端和底座之间的中间部分的消失，如果它取决于这一中等部分的被上面和下面的极端所吸收，那末它在英国、德国、法国的实现，在今天（一八九九年）并不比在十九世纪中随便哪一个更早的时期更为接近。”③这是否意味着现代社会已经没有危机了呢？当然不是，但对现代危机要进行新的分析。伯恩施坦反对以消费不足来解释危机，也不再简单地坚持用生产力的社会化与生产关系的私有化之间的矛盾来解释，因为托拉斯与卡

① [德]伯恩施坦：《社会主义的前提和社会民主党的任务》，殷叙彝译，三联书店1965年版，第97页。

② [德]伯恩施坦：《社会主义的前提和社会民主党的任务》，殷叙彝译，三联书店1965年版，第106页。

③ [德]伯恩施坦：《社会主义的前提和社会民主党的任务》，殷叙彝译，三联书店1965年版，第123页。

特尔的产生，使资本主义生产过程中的无计划性在一定意义上得到了缓解，它们起到了一种抵制危机的作用。这是社会发展对社会民主党提出的挑战。

2. 重新确立社会民主党的实践纲领

在马克思的社会主义纲领中，第一个条件是生产的社会化程度较高，社会主义建立在资本主义工业化发展的基础上。对于这个条件，伯恩施坦认为，目前发达资本主义国家的社会化程度只不过是部分地具备。第二个条件是无产阶级夺取政权。但这里的问题在于：谁是现代的无产阶级呢？"现代雇佣工人阶级并不像《共产党宣言》所预见的那样是同一类型的、在财产和家庭等方面同样地不受约束的群众，恰恰是在先进的工厂工业中存在着一套完整的由分化了的工人组成的等级制度，在它的各个集团中间只有不大的团结感。"①这些人在政治上和经济上可能产生相互的同情感，但这种同情与团结之间还存在着很大的距离。那么怎样才能实现社会主义呢？

对于伯恩施坦来说，在经济形式上，虽然合作社本身存在着许多的问题，但建立合作社是他的一个经济方案，特别是消费合作社，在他看来，体现出了一定的生命力。在政治生活中，伯恩施坦强调民主，那么什么是民主呢？"如果我们消极地说明自己的想法，把民主解释为不存在阶级统治，解释为一种社会状况的名称，在其中任何阶级都不能享有同整体对立的政治特权，那末我们就同问题更为接近得多。"②在这里，伯恩施坦反对多数人对少数人的统治，他认为民主包含着这样的法权观念：

---

① [德]伯恩施坦：《社会主义的前提和社会民主党的任务》，殷叙彝译，三联书店 1965 年版，第 150 页。

② [德]伯恩施坦：《社会主义的前提和社会民主党的任务》，殷叙彝译，三联书店 1965 年版，第 189—190 页。

"社会的一切成员权利平等。"①"民主同无法律状态不是一回事。民主同其他政治制度的区别,不可能是在于不存在任何法律,而仅仅是在于不存在规定或承认以财产、门第、信仰为基础的例外的那些法律,不在于完全不存在限制个人权利的法律,而是在于废除限制普遍的法权平等、限制一切人的权利平等的一切法律。如果说民主因此和无政府状态是根本不同的事物,那末仅仅因为在民主之下多数决议起决定作用并且要求任何人都承认由多数决定的法律,就把专制、暴政等字眼加于作为社会制度的民主,这就是或者可能是抹煞一切差别的无谓的概念游戏了。"②多数人对少数人的专制是民主观念所反对的,一个现代国家中的民主制度存在得愈久,对于少数人的权利的尊重和照顾就愈增加,党派斗争就愈失去憎恨感。这是伯恩施坦理想中的民主制。

历史情境的变化使伯恩施坦认为社会民主党的主要任务也发生了相应的变化,即从过去的激进革命转变为促成当下社会制度在不发生痉挛性爆发的情况下,转向一种更高级的制度,也就是实现从资本主义社会向社会主义社会的过渡。伯恩施坦在表达资本主义社会时,用的是法文词"Bourgeois"而不是德文词"bürgerlich"。在德语中,资产阶级社会(von der bürgerlich Gesellschaft)中的 bürgerlich 一词具有"市民的"和"资产阶级的"两重含义,Bourgeois 更有特权的"资产者"的含义。这个区别意在强调:"社会民主党不想用一个无产阶级社会来代替市民社会,而是想用一种社会主义社会制度来代替资本主义社会制度。""相反,社会民主党不想解散这一社会和把它的成员全部无产阶级化,他们宁可坚持不懈地致力于使工人从一个无产者的社会地位上升到一个市民的社

① [德]伯恩施坦:《社会主义的前提和社会民主党的任务》,殷叙彝译,三联书店 1965 年版,第 190 页。

② [德]伯恩施坦:《社会主义的前提和社会民主党的任务》,殷叙彝译,三联书店 1965 年版,第 191 页。

会地位，从而使市民地位和市民生活普遍化。”①社会主义革命虽然是要消除资本主义社会，但不能消除市民或公民的权利，保障公民自由始终要比实现某种经济要求占有更高的地位。对于社会主义来说，自由并不只是资产阶级的权利，更是社会主义的权利，但这种自由是以一种自由的社会组织为保障的。在这种自由的社会组织中，一种地方自治构成了伯恩施坦的一个重要思想，社会民主党的任务也就是在这样的历史阶段力图通过自己的努力达成这样一种自由与平等的理想。

3. 考茨基与超帝国主义时代的斗争纲领

伯恩施坦的这些言论虽然曾受到考茨基的批评，但考茨基的橡皮决议实际上认可了伯恩施坦的解释。在我看来，产生这种情况的原因与考茨基关于帝国主义的认识相关。考茨基的帝国主义理论反对将“帝国主义”概念扩大化，主张将之限制为政治意图的一种类型，虽然这种政治意图产生于现代资本主义，但它不同于现代资本主义。“帝国主义是高度发展的工业资本主义的产物。帝国主义就是每个工业资本主义民族力图征服和吞并愈来愈多的农业区域，而不管那里居住的是什么民族。”②这是他对帝国主义的定义。

考茨基认为，帝国主义根源于工业与农业的不平衡发展，这种不平衡主要体现为工业向农业的侵蚀。随着现代资本主义工业的发展，工业品越来越丰富，“这一切就使竞争、即各企业彼此之间争夺销路的斗争这一在农业的也是资本主义的经营中只有微小意义的因素在资本主义的工业中发挥出全部威力”③。由于工业的率先发展，以及在工业中资本积累的扩大，生产的欲望和可能性都比在农业中大得多，这进一步推动了

① [德]伯恩施坦：《社会主义的前提和社会民主党的任务》，殷叙彝译，三联书店 1965 年版，第 196 页。
② [德]考茨基：《帝国主义》，史集译，三联书店 1964 年版，第 2 页。
③ [德]考茨基：《帝国主义》，史集译，三联书店 1964 年版，第 9—10 页。

工业与农业之间的差距。这样，工业会越来越多地吸收劳动力，而农业则越来越多地将人口推向城市。在这种情况下，工业如果不发展，结果就是可怕的失业，而另一方面，资本家在扩大自己的企业时，如果销售稍有不慎，就会带来毁灭性的破产。这就是工业与农业不平衡发展所造成的危机。工业如果要发展，就必须有农业的相应发展，只有这样，工业与农业之间的需求才能保证平衡，工业积累才能无阻碍地进行和自由发展。在这个意义上，马克思所说的部类之间的平衡是工业发展的基础，这也是考茨基的立脚点。但这种平衡在资本主义工业生产中常常存在着危机：一方面工业生产的发展比农业生产要迅速得多，另一方面资本主义工业扩张能力愈强就要求农业提供愈多的食品与原料，这既有可能导致生产过剩，也有可能导致物价上涨，这往往就是危机的开始。因此，对于资本主义生产来说，具有与农业地区不断扩大交换的意图，这种意图有多种形式可以实现，帝国主义只是其中的一种。这种意义上的帝国主义，只是一种经济发展的手段。

在帝国主义以前，通过自由贸易，资本主义工业已经破坏了农业国的自足状态，使之成为工业生产的销售国和原料生产国。这个过程，"首先是西欧各国和美国东部各州同英国的工业相对立而从农业国发展为工业国。它们以保护关税来对抗英国的自由贸易。它们用大工业国对于世界上还没有被占领而又无力抵抗的那些农业地区的瓜分来代替英国所追求的、在英国的工业工场同所有其他地区的农业生产之间的世界分工。英国对此进行了反击。帝国主义就这样产生了"①。而向农业地区输出资本，促进了帝国主义的发展。但在资本输出的过程中，一方面，需要被输出国在政治上服从自己，另一方面，被输出的农业国会利用外国资本发展自己的民族工业，而不只是原料供应国和产品销售国，由此产生的对抗使得资本主义国家产生了把农业地区直接当作殖民地或者

① [德]考茨基：《帝国主义》，史集译，三联书店1964年版，第13页。

作为自己的势力范围来加以征服的动机，这是帝国主义代替自由贸易的重要原因。

在考茨基的论述中，帝国主义主要是一种政治策略，而不简单地是一种经济的产物。在他看来，在经济层面，只要老的资本主义国家日益发达的工业还有可能促进农业生产的相应扩展，经济上的崩溃就难以发生，但在政治上，由于工业国之间的竞争而导致的军备竞赛，“使资本积累的迅速进展和从而使资本输出、也就是使帝国主义的经济基础本身受到了威胁”①。正是看到这一点，有人甚至提出了全世界资本家联系起来的口号。考茨基认为，在经济生活中，由于垄断组织的产生可以消除过去的难题，“现在从帝国主义大国的世界大战中也能够产生其中最强大的国家的联合，这一联合将结束军备竞赛”②。帝国主义可能进入一个超帝国主义的时代。

以上述分析为基础，考茨基进一步论述了无产阶级的革命策略问题。对于超帝国主义，一些学者认为，这是资本主义经济必然性作用的必然结果，这种必然性决定了帝国主义的扩张，使它超越民族国家的界限，在这个意义上，必须抛弃传统的民族国家。这是当时社会民主党右派的观念。在考茨基看来，左派与此相对立，力图以社会主义来反对帝国主义。“我们党的极右派和极左派都宣称，对于现存的生产方式来说，帝国主义是一种必然性。有些人当然就从这里得出结论说，我们必须支持帝国主义。另外一些人则说，在资本主义制度下，帝国主义是不可避免的。但因为我们不想要帝国主义，所以我们必须用社会主义同它对立起来，这就是说，不仅要宣传社会主义，而且要立即实现社会主义。”③以社会发展的“总的发展趋势”为依据，考茨基认为只要我们还没有得到社会主义，我们就必须是帝国主

① [德]考茨基：《帝国主义》，史集译，三联书店 1964 年版，第 16 页。

② [德]考茨基：《帝国主义》，史集译，三联书店 1964 年版，第 17 页。

③ [德]考茨基：《民族国家、帝国主义国家和国家联盟》，叶至译，三联书店 1963 年版，第 13—14 页。

义者,“帝国主义对于资本来说是一种经济上的必然性,因而对无产阶级来说也是如此,因为资本主义发展愈迅速,无产阶级的景况就愈好;无产阶级是在资本主义生产过程停顿时期受害最重的”①。对帝国主义的这一理解,实际上与伯恩施坦理解资本主义社会的变化具有一定的逻辑相似性,即我们只能在帝国主义的框架内来解决问题,这时一种改良式的方法就必然会得到考茨基的同情。考茨基是基于以下看法来看待资本主义发展的,即他认为现代资本主义社会作为一个有机体,其伸缩性和适应能力,随着科学的发展和卡特尔等组织的产生而日益增强,资本主义越来越接近具有社会主义生产方式特色的生产形式,这虽然也会影响到阶级力量对比,但这使得资本主义向社会主义过渡可以在没有经济崩溃的条件下实现。考茨基的这一说明实际上在反对列宁的一个基本判断:只要资本主义生产方式还存在,帝国主义就是不可避免的,也就不可能在这种生产方式中来抵制和超越资本主义。与对社会发展的经济决定论解释相反,考茨基反对以一种经济必然性来解释帝国主义:“帝国主义只是一个力量问题,而不是经济必然性问题。对于资本主义经济生活来说,帝国主义不仅不是必要的,它对这种经济生活的意义还被漫无边际地大事夸张了。”②但这里遗留的一个问题是:帝国主义与资本有什么关系?

对于考茨基而言,“帝国主义的典型特征是财政资本与工业资本的结合。”③在这个结合中,工业资本与金融资本和商业资本不同,前者倾向于国际和平,倾向于议会民主,而今天所谓的帝国主义的殖民扩张特征,主要是由金融资本操纵的,另外这也是过去专制主义帝国扩张的残余在今天的表现。这构成了考茨基论述帝国主义扩张的两个根本性的理论基础之一。其实,这里说到底已不再是帝国主义的扩张问题,工业资本反而变成了抑制扩张的条件。根据这一理论,1914 年发动的战争虽然具有帝

---

① [德]考茨基:《民族国家、帝国主义国家和国家联盟》,叶至译,三联书店 1963 年版,第 14 页。
② [德]考茨基:《民族国家、帝国主义国家和国家联盟》,叶至译,三联书店 1963 年版,第 18 页。
③ [德]考茨基:《民族国家、帝国主义国家和国家联盟》,叶至译,三联书店 1963 年版,第 19 页。

国主义的外形,而实质上并不是帝国主义的战争。但世界大战也表明,帝国主义发展到了危机阶段。对于这种危机只有两个方式来解决:或者是通过战争的方式,即通过战争重新分割殖民地,一旦分割结束时,帝国主义将进入一个新阶段,这时任何进一步的扩张都只能通过战争来解决;或者选择世界和平,考茨基认为这也是社会民主党应该采取的行动纲领。为了实现和平,资本主义工业国就不应该成为殖民帝国,而应迅速发展农业国家的生产力,向这些地区输出资本,建造铁路和灌溉工程,在更高层面促进农业的精耕细作,这些才是提高它们的生产率以便尽可能满足资本主义工业日益增长的原料需要的最重要途径。这也是考茨基将农业问题看作是解决帝国主义问题的重要途径的原因。而要做到这一点,最好的方法就是签订"一种尽可能近乎自由贸易的贸易协定。其中一方面规定取消任何会使工业原料涨价和会使工人实际工资降低从而降低工业生产力的农产品关税。另一方面它规定取消任何会使农业生产资料涨价的工业品关税"①。与此相对应,就是实现国家联盟。在超帝国主义时代,不是民族国家,不是多民族国家,也不是殖民国家,大帝国的形式应该是国家联盟,"无产阶级将在这种最后的、最高级形态中取得权力"②。无产阶级的斗争都必须在这一目标下完成。这就是考茨基的基本结论。如果说伯恩施坦关注的是在帝国主义时代如何在本国内部通过社会改良来实现无产阶级革命的目的的话,那么考茨基则想的是通过促进帝国主义的国家联盟而实现无产阶级革命的目的。这种寄托于不变革资本主义根本制度而使之无产阶级化的理论幻想,正是列宁后来要批判的。

二、资本积累与资本扩张

卢森堡对帝国主义的分析,关注的是社会再生产中资本积累的局限

---

① [德]考茨基:《民族国家、帝国主义国家和国家联盟》,叶至译,三联书店1963年版,第74页。

② [德]考茨基:《民族国家、帝国主义国家和国家联盟》,叶至译,三联书店1963年版,第75页。

性以及这种局限性所带来的帝国主义扩张的内在否定。在卢森堡看来："再生产的经常性重复是经常性消费的一般先决条件，而经常性消费又是不论在哪一种历史形态下的人类文明的前提。"①在《资本论》中，马克思通过利润率下降的规律来揭示资本主义再生产中的矛盾，这也是卢森堡分析帝国主义的理论前提，但在具体的分析中，如果说马克思更为强调生产的内在矛盾的话，那么卢森堡更为强调帝国主义的生产与其外部环境的张力，即资本积累与资本扩张之间的矛盾。按照我的理解，卢森堡实际上提出了资本主义发展的全球限制问题。

1. 资本再生产的条件与难题

卢森堡是从再生产出发的，在她看来，这种再生产过程，"如果引用西斯蒙第的名言，可以用一连串的螺旋圈来代表。每一个螺旋圈从小环开始，逐渐扩大，最后达到极大的顶点，然后发生紧缩，于是另一新的螺旋圈复从小环开始，重复上次形象，直至达到阻断点为止。这种周期性的从再生产最大规模到它的缩减至于部分停顿之间的波动，这种所谓萧条、高涨和危机的循环，是资本主义再生产的最显著的特点"②。这种再生产存在着内在的困境：第一，各个生产部分在特定限度内独立发展起来，这会造成为时不等的周期性的生产停顿。第二，各个生产部门都与社会需要发生背离，这会形成全面的脱节，各个部门内的再生产停顿会使社会再生产陷于总停顿。但研究再生产问题，就必须将这种危机和周期性循环问题放在一边，正如为了研究价值，必须抛开价格的波动一样。

每个社会中都存在着再生产，但在不同的社会，再生产的意义不同。在前资本主义社会，再生产的目的是为了直接满足人们的需要，而在以私人生产为基础、以追逐利润为目的的资本主义社会，再生产的目的是

---

① [德]卢森堡：《资本积累论》，彭尘舜、吴纪先译，三联书店1959年版，第1页。
② [德]卢森堡：《资本积累论》，彭尘舜、吴纪先译，三联书店1959年版，第4—5页。

为了更多地占有剩余价值。同时，资本主义再生产不是简单地循环，而是一种扩张，这种扩张作为一种强制性的法律，成为个体资本家生存的经济条件。虽然在前资本主义社会也存在着再生产，但这种再生产主要体现为一种简单再生产，即使存在着扩张性的再生产过程，也只是体现为从一个区域分离出去，建立一个新的区域的做法，这是类似于兄弟分家性质的扩大再生产，它与资本主义社会的扩大再生产存在着根本的区别。前一种扩大再生产可以说是一种简单的复制，而在资本主义社会，扩大再生产构成了资本积累的过程，这是与复制完全不同的扩张方式。

卢森堡认为，资本主义的扩大再生产依赖于一些必要的条件。第一，生产必须能够创造剩余价值，如果不能创造剩余价值，就只是重复性的简单再生产，这对于资本来说没有任何意义，只有剩余价值才能使增加生产成为可能，才能使生产合乎资本的意图，这是第一层级的生产过程。第二，以商品形式存在的剩余价值必须能够实现并转化为货币，这个过程马克思称之为惊险的一跳，它决定了生产的命运，也决定了再生产的命运。第三，已经实现的剩余价值的一部分以积累为目的投入资本中，转化为劳动与生产资料，并且与劳动力相交换的部分能够转化为工人的生活资料，只有这样才能进行扩大再生产。第四，新增加的商品也必须能够实现自己，并转化为货币形态，这个过程才算完成。可见，资本的生产与再生产过程是在不同时间内商品生产地点与商品交换地点之间的不停变换，依赖于社会的生产和消费成员的全体，它要求一个社会化的过程，但资本主义再生产本身却建立在私人生产的基础上，卢森堡称之为社会消费与私人生产之间的内在矛盾。对于社会来说，并不只是一个私人资本家的再生产，而是无数次再生产过程同时发生，这时的问题在于：对于社会总资本的再生产而言，是否就是个人资本再生产的机械总和呢？这之中会发生什么样的变化？在这个过程中是什么控制着再生产的利润占有？

根据马克思在《资本论》中的讨论，商品的价值分为三部分，即 $C+$

$V+m$。在卢森堡看来,这个公式更体现了社会总资本的社会总生产物的价值,作为社会总资本的利润率也就体现为平均利润率,正是这个平均利润率控制着社会总资本的再生产。这个公式对于个人资本和社会总资本而言,具有不同的意义。就个人而言,由于市场生产的无计划性,某些个人能够实现这三部分的分割,而有些则不可能实现,对于实现了这一价值构成的个体而言,他能够进行扩大再生产,这时价值关系观点与物质观点间没有歧义。但对于社会总资本而言,必须估计到价值的物质实现,“如果社会的总 C 每年没有以同等数量的生产资料形态再生产出来,每一个资本家将注定在商品市场上以他所实现的 C 的现款就找不到供他个人再生产需要的物资。”[①]在这个意义上,$C+V+m$ 这个公式不能只是价值关系的表达,我们必须看到其现实的物质实现,当 $C+V+m$ 在现实中不能实现的时候,它也就没有现实的意义。在这里,社会总资本相比于个人资本而言,更具有现实的意义。

社会总资本的生产主要包括两大部类的生产,即生产资料的生产与工人和资本家的消费资料的生产,资本主义再生产就体现为两大部类生产之间的生产与交换过程,马克思将之设计为如下公式:

(Ⅰ) $4\,000C+1\,000V+1\,000m=6\,000$　生产资料

(Ⅱ) $2\,000C+500V+500m=3\,000$　消费资料

对于资本主义再生产来说,为了使消费和生产进行无阻,并照原来规模获得更新,就必须使第二部类所提供的生活用品总量在价值上等于社会所雇佣工人和资本家的全部所得,即Ⅱ $3\,000=$ Ⅰ $(1\,000V+1\,000m)+$ Ⅱ $(500V+500m)$。但在这个过程中,我们需要注意的是,每一次生产过程中所消耗的不变资本只是社会不变资本中的一部分。比如在上面的图式中,不变资本包括固定资本和流动资本,不变资本 $6\,000C$ 中包括固定资本 $1\,500C$,流动资本 $4\,500C$,而固定资本在每一次再生产过程中是

① [德]卢森堡:《资本积累论》,彭尘舜、吴纪先译,三联书店 1959 年版,第 45 页。

通过损耗的方式进入这个过程的，假设其损耗为10%，那么总固定资本就是15 000C，这时社会总资本就不是上面图式中的6 000C+1 500V，而是19 500C+1 500V，这决定了社会总固定资本的总额超过了每一次再生产过程中所转移的数量，为了弥补这个总固定资本，再生产过程必须是一个无终点的过程。“再生产表式把社会过程看作恒动的，看作无穷无尽事情的链条上的一个环节。这既不希冀证实它的最初起点，也不应该这样来证实。社会再生产过程总是以过去的劳动为基础，我们可以尽情追溯上去。社会劳动之没有开始，正如它没有终结一样。”①因为最初的开端对于人类经济发展过程来说是毫无意义的。对于资本主义社会来说，简单再生产的起点就是资本的积累问题。但对于历史来说，简单再生产是一个虚构的事实，因为简单再生产的进行必须有一笔过去劳动的贮藏，但这个过程就表明了扩大再生产。因此，需要讨论的是扩大再生产，对于资本主义社会来说，尤其是这个过程需要分析。②

在资本主义社会，扩大再生产从根本上来说就是剩余价值的一部分用于生产，或作为准备金。这个过程又总是以个人资本的扩大再生产为内容的，因此，需要先讨论个人资本的扩大再生产，这个过程也就是个别资本家的剩余价值分割为不变资本和可变资本。随着生产技术的进步，在这种分割中，越来越多的部分分给了不变资本，越来越少的部分分给

---

① [德]卢森堡：《资本积累论》，彭尘舜、吴纪先译，三联书店1959年版，第50页。

② 对于卢森堡来说，再生产过程不是两大部类的生产，而是三大部类的生产，第三大部类就是生产交换手段的部类，也就是货币本体的生产与再生产，她认为这是马克思再生产图式中没有讨论的问题。结合对再生产过程的讨论，卢森堡认为：“对社会上货币流动的考察告诉我们：个人资本家决不把他的全部货币资本投入生产中去，他必须经常保留若干货币准备金，用作可变资本，即工资。其次，他必须保留若干资本准备金，用来在任何规定期间购买生产资料。此外，他必须保有一笔现金准备供自己个人消费之用。”([德]卢森堡：《资本积累论》，彭尘舜、吴纪先译，三联书店1959年版，第59页)另外，在卢森堡看来：“马克思的简单再生产图式，作为再生产过程的起点和基础，不仅对于资本主义是合适的，而且作适当修正后，对于一切有调节的、计划的经济秩序，例如社会主义经济，也是合适的。但是，货币的生产，正如生产物的商品形态一样，当生产资料私有制取消后，将成为过时的了。”([德]卢森堡：《资本积累论》，彭尘舜、吴纪先译，三联书店1959年版，第63页)也就是说，如果要考察资本主义再生产过程，马克思的图式是不够的。

了可变资本,这就是资本积累的过程。但资本主义社会的扩大再生产,指的是社会总资本的扩大再生产。如果说,在简单再生产中,第一部类的生产资料总额必须等于两部类的不变资本,而消费品总额必须等于可变资本和剩余价值,那么在扩大再生产中,必须具有两个物质条件:第一,被占有的剩余价值的一部分不是被消费掉,而是用来从事生产;第二,较多的生产资料必须生产出来,借以保证把资本家的剩余价值实际上作为扩大再生产之用。用公式可以表示为:

(Ⅰ)$4\,000C+1\,000V+1\,000m=6\,000$

(Ⅱ)$1\,500C+750V+750m=3\,000$

这样,在每一部类中,都有500的剩余价值没有被吸收,这部分正是用来扩大再生产的剩余价值,如果按照不变资本与可变资本的同样比例4∶1投入再生产过程,剩余价值率保持不变,那么,第一次扩大再生产得出的是:

(Ⅰ)$4\,400C+1\,100V+1\,100m=6\,600$

(Ⅱ)$1\,600C+800V+800m=3\,200$

……

(以后每一次的扩大再生产都根据相同的比例进行)

卢森堡认为,马克思的扩大再生产理论是以第一部类的积累为主动因素的,IIC的增加=IV的增加+Im的增加,这构成了马克思积累图式的数学奠基石,虽然在扩大再生产中,两大部类的积累同时进行,但第二部类的积累只是体现为一个被动的过程。而且卢森堡认为,马克思的这个扩大再生产图式中的比例关系,也适用于社会主义社会,"事实上,在任何社会里,即使在计划经济条件下,扩大再生产有三个必不可少的条件:(1) 这个社会必须有数量日增的劳动力足供利用;(2) 在每一劳动周期中,社会的目前需要必须不占用全部的社会劳动时间,这样使得部分的时间可以从事于准备将来的、不断增长的需求;(3) 必须逐年生产足够的、数量日增的生产资料——没有这一点,生产不能按增大的规模扩大。关于所有这些要求点,马克思扩大再生产的图式,作适当的修改后,对于一个计划社会，也具有客观的正确性。”①马克思的上述图式只是一种理想的设想，在现实过程中，“为了保证积累事实上前进和生产事实上能够扩大，需要另外一个条件，即对商品的有支付能力的需求必须也在增长。”②这种需求是从哪里来的呢？第一部类和第二部类的剩余生产物必须能够被购买，但由谁来购买呢？卢森堡认为，在马克思的公式中存在着一种循环论证，“积累的基础诚然是这么一个事实：即资本家抑制自己不把剩余价值的全部消费掉。但其余的剩余价值，即积累的那部分，是如何呢？它给谁使用呢？按照马克思的图式，第一部类采取主动：这个过程是以生产资料的生产为起点。那么，谁需要这些增加的生产资料呢？这个图式回答道：第二部类为了生产增多数量的消费品而需要它们。那么，谁需要这些增多的消费品呢？这个图式回答道，当然是第一部类，因为第一部类现在雇佣着较多的工人。我们简直是在兜圈子。为了维持更多的工人，因而生产较多的消费品；并为了使这些过剩的工人得到工作，因而生产较多的生产资料——从资本主义观点来看，这样做是荒唐的。”③自然增长的人口、非劳动的剩余价值分配者都不是这种支付能力的实现者，也不存在国家贸易，因为马克思认为资本的过程就是一个世界的过程。那么这种支付能力只能在两大部类之外进行。这是马克思扩大再生产理论中的难题。这里，卢森堡的第三部类再生产的重要性呈现出来。“剩余价值必须脱去作为剩余生产物的形态，然后才能重新采取以积累为目的的形态；通过这种或那种方法，它必须经历货币阶段。”④而这个过程处于两大部类以外。因为问题在于：为了实现资本积累，剩余价值的一部分没有也不能被资本家消费掉，它必须被加到资本上去，借以扩大生产，但在这里出现了谁购买这个追加的生产物的问

① [德]卢森堡：《资本积累论》，彭尘舜、吴纪先译，三联书店1959年版，第87页。
② [德]卢森堡：《资本积累论》，彭尘舜、吴纪先译，三联书店1959年版，第87页。
③ [德]卢森堡：《资本积累论》，彭尘舜、吴纪先译，三联书店1959年版，第88页。
④ [德]卢森堡：《资本积累论》，彭尘舜、吴纪先译，三联书店1959年版，第93页。

题。资本家们不需要也不能消费它，工人们没有能力消费它，因为在任何情况下，工人们的全部消费总是由所有的可变资本开支的。被积累起来的剩余价值的需求是从哪里来的？所以，问题不在于货币的贮藏，“成为积累问题的，不是货币的来源，而是资本化的剩余价值所产生的增多物品的需求的来源；不是在货币流通中的一个技术障碍，而是牵涉到社会总资本再生产的一个经济问题。”①马克思关注的是货币的来源问题，这在简单再生产向扩大再生产过渡时有意义，但在现实的扩大再生产中，真正的问题在于有支付能力的需求，物品所投入的用途，而不是用来支付这些物品的货币的来源。这也是扩大再生产为谁进行的问题，卢森堡认为马克思的扩大再生产理论并没有解决这一难题。

2. 资本积累与资本扩张

卢森堡认为，在马克思的扩大再生产图式中，只考虑到了资本家和工人这两个基本阶层，剩余价值的消费也就变成了为扩大再生产而消费的过程，不断扩大的剩余价值也只有通过资本家实现。在这个图式中，首先，没有考虑到劳动生产力的增长情况，特别是技术进步问题。在马克思那里，扩大再生产的技术形态，是由剩余生产物的物质形态预先严格规定的。这决定了马克思图式中的扩大再生产每次都必须在同样的技术基础上才有可能，那就是第一部类及第二部类所造出的剩余价值都被使用着。其次，马克思的扩大再生产图式既排除了跳跃式的发展，也排除了各部门间的不平衡发展，这是与现实的扩大再生产过程相矛盾的。第三，从资本主义总过程来看，卢森堡认为存在着“资本主义分配关系下的生产力的无限膨胀能力与社会消费的有限膨胀能力之间的内在矛盾”②。这是一种更为深刻的危机。马克思虽然也承认危机的存在，但

① [德]卢森堡：《资本积累论》，彭尘舜、吴纪先译，三联书店 1959 年版，第 101—102 页。
② [德]卢森堡：《资本积累论》，彭尘舜、吴纪先译，三联书店 1959 年版，第 269 页。

认为这种危机只是生产内部的比例失调,排除了资本主义社会的生产能力与消费能力之间的深刻而根本的冲突。卢森堡认为,这种冲突是由资本积累产生的,形成了周期性的矛盾。马克思没有提出这样的问题,在马克思那里,消费只是两大阶级的消费,从方法上来说,这是把社会总资本的积累与个人资本的积累看作是同一个过程,这是一种机械性的加和,而实际上社会总资本的积累与个人资本的积累在本质上是不同的。也正是在这种更为复杂的关系中,上述的矛盾所导致的危机需要进行更深入的分析。

那么剩余价值到底是怎么实现的呢?是谁购买了剩余物呢?这个购买者既不是工人也不是资本家,那么是不是社会上存在的公务员、军界人士、牧师、学者等人呢?按照马克思的讨论,这些人只是剩余价值的二级分割者,因此可以不考虑。卢森堡认为,按照这样的思路无法提出谁能够消费剩余价值的问题。正是在这里,卢森堡引进了非资本主义社会与资本主义社会的关系问题。卢森堡指出:“剩余价值实现的第一条件,是要求一个资本主义社会以外的购买者阶层。……起决定性作用的一点在于,剩余价值既不能由工人,也不能由资本家来实现,而是由那种属于非资本主义生产方式的社会阶层或社会结构来实现的。”①这种外部的实现过程表现为两种情形:第一,资本主义生产供给超过自身需要(工人与资本家)的消费资料,其购买者是非资本主义的阶层和非资本主义的国家。第二,从相反方面看,资本主义生产提供超越自己所需要的生产资料,并从非资本主义国家中找到购买者。前者讨论的是第二部类的生产物在资本主义以外的阶层中实现的过程,后者讨论的是第一部类的生产物在资本主义以外的社会中实现的过程。在这里,卢森堡实际上认为,立足于资本主义社会自足性的范畴内,并不能解决剩余价值的实现问题。马克思的资本积累理论讨论的是两大部类内部的资本积累实现

① [德]卢森堡:《资本积累论》,彭尘舜、吴纪先译,三联书店1959年版,第276—277页。

问题,而在现实的过程中,剩余价值的实现过程扩张到了资本主义社会之外,扩张到了非资本主义国家,这是与马克思扩大再生产图式不同的方面,因此剩余价值的实现就与资本扩张联系在一起。

但对于资本积累与资本的扩大再生产来说,剩余价值的实现并不是唯一关键问题,“积累的第二个前提是要有机会获得扩大再生产所必需的物质要素。”①在卢森堡看来,马克思将这种物质资料的生产也看成是资本主义生产内部能够解决的问题,但实际的过程并不与此一致,资本主义生产从其最初的时刻开始就致力于在全世界范围内寻觅生产资料,这样资本积累的物质要素问题就转变为另一个问题:“为了使已经实现的剩余价值在生产上得到使用起见,资本有必要愈来愈向全世界发展,以求取得无论在量上或质上,能够进行无限制选择的生产资料。”②与上述关于剩余价值的讨论相一致,资本主义积累离不开国际贸易,离不开资本主义与非资本主义之间的交易。

从可变资本的角度来看,资本积累过程离不开活劳动投入的增加。卢森堡认为,在马克思的再生产图式中,这个增加体现为无产阶级人口的自然增加,扩大再生产所需要的活劳动通过产业后备军来弥补③,而实际上,工人的自然繁殖无论在数量上还是时间上都无法与资本积累的要求相适应,这决定了扩大再生产所需要的劳动力需要从非资本主义地区来弥补。这表明,资本的积累过程,如果没有与非资本主义生产形态的交换,是无法实现的;资本积累的过程,同时也是对非资本主义生产形态进行统治与重新组织的过程,这必然导致资本的扩张。“总之,作为一个历史过程,资本积累,不管它的理论如何,在一切方面是依存于非资本主

① [德]卢森堡:《资本积累论》,彭尘舜、吴纪先译,三联书店 1959 年版,第 279 页。

② [德]卢森堡:《资本积累论》,彭尘舜、吴纪先译,三联书店 1959 年版,第 282 页。

③ 在《资本论》中,马克思主要讨论了产业后备军的来源:1) 机器驱逐成年劳动者;2) 流进城市的农村劳动者;3) 脱离产业从事不规则工作的劳动力;4) 相对过剩人口底层的剩余部分,即贫民。——参阅《资本论》第 1 卷第 23 章第 4 节。

义的社会阶层及社会结构形态的。”①

从资本主义生产形态与非资本主义生产形态的关系出发，卢森堡提出了一个重要的区分，即内部市场与外部市场的区分。这里的内与外，并不是一个地理学意义上的概念，而是政治经济学意义上的界划。所谓内部市场，既指资本主义本国内部的市场，也指同是资本主义生产形态的国外市场，因为这个交换过程都是资本主义生产形态内部的交换过程。但这个内部市场对于资本积累来说是不够的，它还需要外部市场，这就是非资本主义的市场，而且从历史上来看，资本主义生长发育于非资本主义的社会环境之中。

资本积累与资本扩张过程，伴随着激烈的斗争，这种斗争分为三个阶段：资本对自然经济的斗争、资本对商品经济的斗争和资本主义在世界舞台上为争夺现存的积累条件的斗争。

资本对自然经济的斗争，即资本与非资本主义的斗争，是一场你死我活的斗争。“一切自然经济的形态——在土地公有制下的原始农民公社，封建的赋役关系，或其他类似的形态——都是主要为了自己内部的需要而生产。从而，对外来商品，或者完全没有需要，或者需要得很少。……因此，自然经济在每一方面都以它的强固的壁垒来阻挠资本主义的要求。因此，资本主义总是到处要对它所遭逢的各个历史形态的自然经济，不管是奴隶经济也好，封建社会也好，原始公社也好，家长制农民经济也好，进行一场歼灭战。”②为了争夺市场、劳动力和生产资料，资本必须打破非资本主义社会的组织结构和生活习惯，这对于非资本主义社会来说，是一个生死存亡的问题，除了拼命反抗，没有其他解决方法。对于殖民者来说，就只能通过军事殖民的方式来实现，卢森堡认为，这是资本主义国家不断军国主义化的一个重要原因。在破坏了非资本主义

① [德]卢森堡：《资本积累论》，彭尘舜、吴纪先译，三联书店 1959 年版，第 289 页。

② [德]卢森堡：《资本积累论》，彭尘舜、吴纪先译，三联书店 1959 年版，第 291 页。

社会的组织结构之后，商品经济就侵入这些地域，并造成农业与工业的分离，这个过程使非资本主义社会产生了商品经济。但对于资本积累来说，其目的是要取代非资本主义社会本土的商品经济，形成以自己的商品经济为核心的市场，形成资本主义生产方式在一切国家和地区的统治地位。“资本主义需要商品经济，以作为自己的剩余价值的市场。但一旦简单商品生产，代替了自然经济，资本就反过来对它作斗争。资本把简单商品生产捧上舞台后，两者就会为了生产资料、劳动力和市场而发生竞争。资本主义的最初目的是孤立生产者，斩断保护生产者的社会联系；其次就是要从小商品生产者手中夺去生产资料。”①卢森堡的这个分析进一步表明，马克思的扩大再生产图式所设想的两大部类的生产是简单的，不合乎历史现实，因为在这里资本主义与非资本主义的关系被资本主义内部的关系所取代，而这后一种关系只是在资本主义达到顶点时才可能存在。按照卢森堡的看法，扩大再生产的进行，离不开非资本主义地区，这也是她批评马克思再生产图式的重要内容。

在向非资本主义地区的扩张中，卢森堡认为资本主义积累存在着内在的矛盾。对非资本主义地区的扩张而进行的积累，是资本主义的帝国主义特征。“帝国主义是一个政治名词，用来表达在争夺尚未被侵占的非资本主义环境的竞争中所进行的资本积累的。”②帝国主义虽然构成了资本积累的一个可靠方法，但这种扩张本身也会终结资本的积累过程，因为扩张总是受到空间的限制。

卢森堡对剩余价值的实现与资本积累过程作了一定的区分。对于剩余价值的实现而言，只要有自由贸易就可以了，但资本积累还包括另一方面，即资本主义与非资本主义的生产方式之间的关系问题。“它的主要方法是殖民政策，国际借款制度，势力范围政策和战争。在这里是

---

① [德]卢森堡：《资本积累论》，彭尘舜、吴纪先译，三联书店 1959 年版，第 319 页。

② [德]卢森堡：《资本积累论》，彭尘舜、吴纪先译，三联书店 1959 年版，第 359 页。

完全赤裸裸的暴露出公开的暴力、欺诈、压迫和掠夺。"①自由贸易学说实际上只看到了资本积累的第一方面，即剩余价值的实现，这是一个等价物的交换过程，而一旦进入资本积累的第二个方面，除了老牌的资本主义国家如英国因拥有广大殖民地而可以通过自由贸易实现积累外，其他国家就开始了关税保护，同时政治上的暴力行动也成为资本积累的重要保证。在这个意义上，军国主义伴随着资本积累的每一个历史阶段。军国主义的基础是间接税和高额保护关税，这就导致工人工资与购买生活资料之间的关系发生变化，同样的工资在军国主义条件下只能购买较少的生活资料，其中有一部分作为间接税被军国主义国家收取了。生活资料的缩减，节约了生产剩余价值的成本。通过间接税，军国主义一方面牺牲了工人阶级正常的生活条件，以维护军队；另一方面则为资本进一步扩大了积累的领域。更为重要的是，通过军国主义，分散的个人购买力被集中起来，这使得这个领域为资本积累提供了无限的能力。卢森堡的这个论证说明，军国主义与资本主义之间存在着联系，而这个联系是由资本的本性决定的。但军国主义本身又构成了资本积累的矛盾，即资本愈是通过军国主义来消灭非资本主义社会、降低工人阶级的生活水平，也就越来越引起政治和社会灾难的根源，而这将导致资本积累越来越难以进行，因为前面已经论述过，非资本主义区域的存在是实现资本积累的条件。

通过对积累过程的分析，卢森堡揭示了资本积累的全球趋势及其内在悖论。"资本主义是第一个具有传播力的经济形态，它具有囊括全球，驱逐其他一切经济形态，以及不容许敌对形态与自己并存的倾向。但是，同时它也是第一个自己不能单独存在的经济形态，它需要其他经济形态作为传导体和滋生的场所。虽然它力求变为世界普遍的形态，并正由于此，变为世界普遍形态也是它的趋向，然而它必然要崩溃，因为它由

① [德]卢森堡：《资本积累论》，彭尘舜、吴纪先译，三联书店 1959 年版，第 364 页。

于内在原因不可能成为世界普遍的生产方式。在自己的生命史中,资本主义本身是一个矛盾,它的积累运动带来了冲突的解决,但同时,也加重了冲突。"①这决定了资本主义必然会被新的社会主义形态所代替。社会主义不是为了实现资本积累,而是为了发展全球生产力,这是两者根本的区别。

3. 改良还是革命:军国主义条件下的社会主义战略

面对资本积累与全球扩张,社会民主党怎样确立自己的革命战略?是进行社会改良还是进行社会革命?这是当时社会主义策略中的一个根本问题。在伯恩施坦看来,必须放弃社会革命的战略,采用社会改良,卢森堡的论战主要是针对伯恩施坦的观点而展开的。卢森堡认为,伯恩施坦虽然讲的是社会民主党的实际任务,但这种观点是同他关于资本主义社会客观发展过程的观点密不可分的。

在卢森堡看来,社会主义的科学基础是以资本主义的三个发展为依据的:"第一是资本主义经济的不断增长着的无政府状态,这使它的崩溃成为不可避免的后果,第二是生产过程的迈着大步走向社会化,这替未来的社会制度创造了确实的出发点,第三是无产阶级的组织和阶级觉悟,这是就要来到的变革的积极因素。"②在伯恩施坦看来,这些问题都发生了改变,资本主义越来越具有适应能力,这主要表现在三个方面:"第一,由于信用制度、企业主组织和交通通讯工作的发展,普遍性危机消失了,第二,由于生产部分不断分化,也由于无产阶级中有一大批人提高到中间阶层的地位,中间阶层表现出顽强性,最后,第三,由于工会斗争的结果,无产阶级的经济地位和政治地位提高了。"③因此,危机不再存在,阶级意识越来越被整合到当下的制度之中。当无政府状态不再存在时,

---

① [德]卢森堡:《资本积累论》,彭尘舜、吴纪先译,三联书店 1959 年版,第 376 页。
② [德]卢森堡:《社会改良还是社会革命?》,徐坚译,三联书店 1958 年版,第 4 页。
③ [德]卢森堡:《社会改良还是社会革命?》,徐坚译,三联书店 1958 年版,第 3 页。

危机也就不再发生，阶级意识不再要求革命时，社会主义的目标如何实现？伯恩施坦的思考就是由此产生的。

针对伯恩施坦的看法，卢森堡认为，信用、卡特尔与托拉斯等企业主联合组织只是资本主义发展到一定阶段的产物，并不能解决资本主义生产中的矛盾，而只是这种矛盾的极端化和成熟化，不仅造成了资本与劳动的极端对立，而且造成了资本主义世界经济的国际性和资产阶级国家的民族性之间的矛盾尖锐化，它们并不是资本主义的"适应手段"，这是前面资本积累部分反复论证的问题。资本主义生产能够不发生危机，依赖于如下条件：或者是世界市场可以不受限制地扩大，或者是生产增长受到限制，而这两者都是不可能的。工会的作用虽然在加强，但它并不能改变生产过程，况且今天的国家并不是上升着的工人阶级的国家，而是资产阶级所代表的国家，这决定了社会改良只能是资本的阶级组织对资本的生产过程的统制。议会虽然在形式上代表着整个社会的利益，但实际上它所表现的仍然不过是资产阶级的利益。如果说工会与议会对于工人斗争有意义的话，"在于它使无产阶级的认识和意识社会主义化，把无产阶级作为阶级组织起来。"①为革命准备好主观因素，但要想通过这些斗争来从根本上改变工人的地位，这是不可能的。与伯恩施坦既取消社会主义的物质前提，又取消无产阶级的革命性不同，卢森堡认为，社会主义决不是不论在任何环境之下自发地从工人阶级日常斗争中产生出来的，它的产生既是资本主义矛盾日益尖锐化的结果，又是工人阶级认识到绝对必须用社会革命手段来消灭这些矛盾的结果。因此，卢森堡既重视工人的自发斗争的意义，又重视对工人的自发意识的提升，使之达到阶级意识的高度，从而在矛盾的尖锐化中发动革命。修正主义者虽然也从矛盾出发，但他们不是使这些矛盾尖锐化，而是缓和矛盾，说到底这是使资本主义发展停顿。卢森堡认为，资本积累与资本扩张的内在矛

---

① [德]卢森堡：《社会改良还是社会革命？》，徐坚译，三联书店 1958 年版，第 28 页。

盾并不能通过这种改良来改变，从经济学的角度来看，社会改良"是以庸俗经济学的精神以资本主义停滞论为依据的社会主义停滞论"①。从政治观点来看，"修正主义不以实现社会主义制度为目的，只以改良资本主义制度为目的，不是要消灭雇佣劳动制度，而是争取剥削的多些或者少些，总之，它是为了消除资本主义的赘疣，而不是为了消除资本主义本身。"②按照卢森堡的资本积累理论，帝国主义时代的这种矛盾，只能通过革命的方式才能解决。

三、金融资本与军国主义

在第二国际时代，对资本的全球发展趋势进行政治经济学批判的还有一位重要的人物，这就是希法亭。在希法亭看来，当下资本主义的发展主要是通过资本集中和金融资本这两个环节完成的。资本集中产生了卡特尔与托拉斯，推动着银行资本与产业资本之间的联系，使资本采取了最高和最抽象的形式，即金融资本形式。这决定了要分析现代资本主义社会的特征，就必须深入分析金融资本。希法亭的《金融资本》就是在这样的条件下产生的。

1. 信用货币与银行的产生

市场经济的发展以货币作为流通中介，这是货币的第一个职能。作为流通手段，货币仅仅是商品交换的中介，当一个商品的价值为另一个商品的价值替代时，这个过程就结束了。但在市场交换中，货币还具有另一个非常重要的职能，即支付手段。在 $W——G——W$ 中，$W——G$，这是一个卖的过程，$G——W$，这是一个买的过程，在摆脱了直接的物物交换之后，由于货币的中介作用，这两个过程在时间与空间上是可以分

---

① [德]卢森堡：《社会改良还是社会革命?》，徐坚译，三联书店 1958 年版，第 34 页。
② [德]卢森堡：《社会改良还是社会革命?》，徐坚译，三联书店 1958 年版，第 54 页。

离的，正是这种分离，使货币获得了一种新的职能，即支付手段。比如当商品所有者出卖自己的商品 W，却没有直接得到货币 G，这时，他只能通过拖欠的方式去购买商品 W，只有当第一买者支付了拖欠的货币时，他才能给另一位商品出卖者支付拖欠的货币，这就是货币的支付职能发生作用的过程，这种双方同意的延期是以协定为前提条件的，除了买与卖的关系，这里还产生了债权人与债务人的关系。最初的双方协定是一种私人协定，卖者交出商品时获得一张“票据”，这个票据就起着一种信用货币的职能，只有当这个票据被收回、货币被兑现时，交换过程才真正地完成。由于这是一种私人间的协定，所以票据必须经常地被兑换为货币，一旦这种兑换遭到怀疑，票据就会失去意义。也正是在这个过程中，产生了信用货币。

信用货币量依赖于以支付的方式来出卖的商品的价格总额，在这一前提下，依据信用关系的扩展程度而发生变化，处于流通中的支付量，“等于债券总额（这又等于通过其出卖而产生债券的商品价格总额）除以同名支付手段的流通次数，再减去互相抵消的支付额。”①在流通过程中，由于信用货币的存在，这使得流通不依赖于黄金的限制，黄金成为平衡的最后手段。在希法亭看来，随着资本主义的发展，“第一，进行流通的商品总额，从而社会必要流通价值，急剧增长了；因此，强制通用的国家纸币所能占据的地盘也扩大了。第二，随着生产规模的扩大，随着一切债务转变为货币债务，特别是随着虚拟资本的增长，通过信用货币进行交易的范围也扩大了。”②正是在这样的历史情境中，信用货币按照其职能要求建立特殊的机构，银行就是在这样的要求下产生的。

上面讨论的是交换过程中信用货币的产生及其职能，但正如马克思分析资本的方法所展示的，交换的过程只是现代资本主义社会的表象，

① ［奥］希法亭：《金融资本》，福民等译，商务印书馆1994年版，第52页。
② ［奥］希法亭：《金融资本》，福民等译，商务印书馆1994年版，第56页。

真正决定着现代资本主义社会的是资本的生产过程，那么信用资本在生产过程中究竟起到了什么样的作用呢？按照马克思的分析，资本的生产过程产生剩余价值，剩余价值通过交换得以实现，完成资本的循环过程，这个过程可用如下公式来表示：

$$G—W—P\cdots W^1—G^1$$

在这个公式中，资本的一次循环经历着两次流通过程，即 $G—W$，$W^1—G^1$，这两个过程分别称为货币资本与商品资本，而生产过程中的资本称为生产资本，经历所有这些形式的资本称为产业资本。分析信用货币在生产过程中的作用，就要讨论在资本的循环过程中信用货币是如何发生作用的。我们具体讨论这一过程。

$G—W$ 可以分为两部分：即 $G—A$ 和 $G—Pm$。$G—A$ 是购买劳动力，这个过程是直接用货币来支付的，因为劳动力每天都要生活，在这里信用可以说不起作用。$G—Pm$ 则不同，这是购买生产资料，这里信用可以发生作用，只要在第二个流通过程之后能够偿还，这里不仅可以通过支付的方式，而且可以通过贷款的方式来预付，希法亭称之为生产信用。"生产信用的一般前提是：货币仅仅贷给只以货币必须重新归还自己（始终以过程正常为前提）的方式支出货币的人。同时，信用也是建立在为购买先要预付货币的商品的基础之上的。"①虽然资本家最后要归还货币，而且可能归还的货币要大于原先所定的数量，但对于资本家来说，自己所必须据有的资本总额可以小于生产所必需的总额，而其资本的潜力却因信用货币而扩大了。

但这个过程也隐藏着内在危机。正如前面所说的，信用货币虽然减少了交换过程所必需的金属货币的量，但是也必须服从商品流通的规律，因此货币资本预付的增加，只不过意味着用来购买生产资本的 Pm 的购买量的增加，也就是流通手段和支付手段的量的增加。"在这种增

① [奥]希法亭：《金融资本》，福民等译，商务印书馆1994年版，第60页。

加中，两种互相对立的倾向在起作用。随着繁荣时期积累的急剧增长，对一定商品的需求，从而商品的价格，也都增长了。价格总额的提高必然使货币增加。另一方面，信用也同时增长了，因为这是一个景气时期，此时货币回流有规则地进行，资本增殖过程显得有保证，因而提供信用的意向和可能性也增长了。这里，信用可以超越金属货币的基础而急剧膨胀。”①随着资本有机构成的增大，G——Pm 的交易比 G——A 增长要快，这时信用比起现金的范围也随之经常扩大。这时危机还不是很明显，而且如果从周转时间视角来分析，一定的信用机制对于解决闲置资本又是非常必要的。

资本是能够带来剩余价值的价值，但在再生产过程中，资本周转期间会发生货币资本的周期性游离和闲置，怎样使闲置的资本发挥作用，这是一个问题。根据上面的论述，G——G^1 这个循环的过程所需要的时间，是周转时间，这个时间包括两次流通时间，即 G——Pm 以及 G——A 的流通时间与 W^1——G^1 的流通时间，还包括生产时间，即生产资本（P）增殖过程所需要的时间。假定资本周转时间为 9 周，其中生产时间为 6 周，流通时间为 3 周，为了生产，每周需要 1 000 马克，为了生产连续进行，在第 6 周之后，资本家必须预付 3 周的新资本即 3 000 马克，也就是说资本家必须有 3 000 马克的贮藏货币，这些马克在 6 周的时间里保持闲置状态。其实，即使生产周期内的 6 000 马克，假如一半作为工资，如果按周付工资 500，那么在第一周之后有 2500 马克处于闲置状态。另外，固定资本由于只能部分地转移价值，比如 10 万马克的固定资本，按 10 年期转移完毕，每年转移 1 万马克，这里也存在着货币闲置，这时货币贮藏就构成了资本生产过程中的一个要素，而且为了更新固定资本，货币贮藏就非常必要。可见，在资本再生产过程中，货币贮藏构成了一个必要的条件。另外由于周转时间的变化和技术的变化等条件的影响，货

① ［奥］希法亭：《金融资本》，福民等译，商务印书馆 1994 年版，第 61 页。

币贮藏的数量也会发生相应的变化。这意味着部分货币资本在一定时间内是无法生产剩余价值的，而且闲置资本量的变化也会影响到货币市场以及货币资本的供给和需求。正是在这一基础上，信用关系就越来越起着十分重要的作用。

上面的分析已经表明，为了消除闲置货币，在资本家内部可以通过相互间的票据支付方式，这既不用贮藏货币，也不会影响到货币的供求关系。但这种票据流通只是直接交易层面，银行机制的产生使一切闲置资本都进入银行，银行信用便取代了商业信用："所有的票据越来越不是以它们在生产资本家之间流通的原有形式充当支付手段，而是以其转化形式充当银行券。现在，差额的抵消和清算在银行中和银行之间进行，技术的简便扩大了可以抵消的范围和大大缩小了用于清算所必要的现金。"①同时，生产者为了再生产过程而掌握的货币资本也减少了。银行的介入，使信用在时间与空间上都发生了根本的变化，其覆盖程度远远超过了资本家之间以票据形式流通的商业信用。银行票据的流通，就是信用货币的创造。"流通信用本身既不造成货币资本从一个生产资本家向另一个生产资本家的转移，也不造成其他(非生产的)阶级的货币流归资本家阶级，由后者把它转化为资本。因此，如果用流通信用代替现金，那末，我们就把那种其职能在于将货币(不管采用怎样的形式，即不管是现金或是信用货币)由闲置货币转化为执行职能的货币资本的信用，称之为资本信用。"②通过资本信用，银行将所有闲置的货币提供给生产资本家，银行票据替代了产业票据和商业票据，这以产业资本家对银行的债务关系为基础。当银行能够很好地控制事态时，一个产业资本家能否很好地利用这一信用，就非常重要，同时，银行对企业的影响也就越来越大，而生产越集中，对资本的需求越大，银行与产业资本的联系也就越紧

① [奥]希法亭:《金融资本》，福民等译，商务印书馆1994年版，第81页。
② [奥]希法亭:《金融资本》，福民等译，商务印书馆1994年版，第82—83页。

密。股份公司的成立，使银行与企业的关系更为密切了。

2. 金融资本与危机

在 19 世纪后期，以私人资本为主的资本主义企业中出现了股份公司，在收集资本的方式上，股份公司具有了与银行相似的职能，但与银行职能不同的是：在“银行中所收集的资本积累保持货币资本的原有形式，并在货币收集之后通过信用提供给生产支配；而在股份公司中，这种分散的货币资本以虚拟资本的形式结合起来”①。这使企业的扩张摆脱了个人财产的桎梏，股份公司可以按照纯粹技术的考虑来扩大自己的企业。在与银行的信用关系方面，股份公司更容易获得信用，因为即使当所有的信用被固定在固定资本上时，股份公司也可以通过发行股票的方式来动员资本，偿还债务。由此，企业的积聚可以比财产的集中更急剧地进行，它在摆脱了个人资本的束缚之后，可以根据经济—技术的规律来进行，这也使个人财产积聚向资本集中转化，同时使所有权关系发生了变化：“资本主义的所有制越来越成为这样一种有限制的所有制，它只给资本家一种简单的剩余价值的要求权，而不允许他对生产进程进行决定性的干预。”②所有制脱离了任何对生产的关系。在这个过程中，通过股票交易，资本主义的剥削关系，即对剩余价值的占有，不再通过劳动过程中的直接剥削体现出来，而是转化为以股票表现出来的收益证书。在这里，只有数量关系，“数就是一切，物什么也不是。只有数才是现实的东西，而因为现实的东西不是数，所以相互联系就比毕达哥拉斯派的信念更为神秘了。一切财产都是资本；非财产，债务，像任何国债所证明的那样，同样也是资本。一切资本都相等，都体现在交易所上下波动的印刷纸片上。”③劳动与资本收益的直接联系，在利润率中已被掩盖。这是股

---

① [奥]希法亭：《金融资本》，福民等译，商务印书馆 1994 年版，第 124 页。
② [奥]希法亭：《金融资本》，福民等译，商务印书馆 1994 年版，第 131 页。
③ [奥]希法亭：《金融资本》，福民等译，商务印书馆 1994 年版，第 160 页。

份公司产生之后资本与劳动的关系发生的重要变化，似乎不再是劳动创造价值和剩余价值，而是单纯的时间创造利息。正是产业积聚的发展，造成了银行的积聚，银行渗透到产业公司也就越明显，对利润的影响也就越大。

在《资本论》中马克思已经指出，随着生产率的提高，资本的有机构成也会发生相应变化，即不变资本与可变资本的比例越来越高，在不变资本内部，固定资本与流动资本的比例也在提高。在固定资本的巨大膨胀中存在着内在的矛盾：第一，资本一旦放出去，其转移就变得日益困难，这种困难主要在于固定资本需要一定的时间才能实现价值转移；第二，随着不变资本特别是固定资本的量的膨胀，也就越来越要求庞大的资本额，如此才能相应地扩大企业生产规模。在这种情况下，为了维持利润，就必须有更大的资本动员。另外，由于生产规模的扩大，开创现代企业需要大量的开创资本，而有这些资本的人却是有限的。这些在自由竞争时代由于个人资本的有限而无法解决的问题，在银行介入后都不再成为障碍。

按照马克思在《资本论》中的分析，现代资本主义生产的目的是获得剩余价值，用资本家的语言来说就是获得利润，资本之间的自由竞争使利润平均化，也就是平均利润率的形成。希法亭认为，当下的资本主义阻碍了这种平均利润率的形成。这种障碍体现在以下几个方面：第一，由于现代技术的发展和企业生产规模的日益扩大，资本有机构成提高，一些大企业在创办时就需要极大的资本，而这些企业在产生之后，虽然其利润降于平均利润之下，也很难实现资本转移，而且在这样的企业之间，自由竞争不再出现，相互之间都有差不多的生产规模和技术水平。在这种情况下，利润率往往是低于平均水平的。第二，希法亭认为，在一些个别资本仍占优势和资本的需要量相对较小的领域中，由于无法利用利息或股息资本来投资，这里往往以低于平均利润的水平来生产，而且相当一部分人也因此而破产，成为无产者。上述的两种情况，希法亭称之为资本的两极情形中利润率下降的表现。“在资本力量足够强大的地方，这种趋势现在又唤起克服自己的相反趋势。这种相反的趋势最终导致自由竞争的消除，从而导致长期形成利润率不平均的趋势，直至最后这种不平均本身由于生产领域分离的消除而消除。"①

但这种利润率的差别在不同的企业以及不同的时期是不同的。在繁荣时期，加工工业的快速发展，使得它往往受制于原料供给企业，这时原料的价格往往就会上涨，而在危机和萧条时期，原料供给企业受到的影响更大，亏损也就更大。这时联合制就会发生作用。"联合制，是指一个为另一个提供原材料的资本主义企业的结合"②。联合制有同一企业部门的联合，有不同产业领域中的利润差异所导致的联合。企业的联合可以通过两种形式发生："企业可以保持自己形式上的独立性，而只是通过协定来规定它们的共同行动。我们这时涉及的是利益共同体。而如果各企业融合为一个新的企业，这就叫做兼并。"③这种利益共同体和兼并既可以是局部的，也可以是垄断的，当这种联合"尽可能地囊括所有企业、旨在通过尽可能完全地排除竞争来提高价格从而提高利润的利益共同体，就是卡特尔。因此，卡特尔是一种垄断的利益共同体"。"通过同样的手段来达到同样的目的的兼并，就是托拉斯。因此，托拉斯是一种垄断的兼并。"④这种兼并和联合对于消除竞争是非常有益的。

联合制可以是向上的，也就是原料供给企业如煤矿和采矿企业被轧钢厂合并；也可以是向下的，如煤矿购并轧钢厂，这正是利润的差别导致的结果。这种合并还可以消除商业利润。对于这种联合制，希法亭指出了如下的优势："第一，联合制使行情差异持平，从而为联合制工厂提供了更为稳定的利润率。第二，联合制导致商业的消除。第三，联合制造成技术进步的可能性，从而与单纯工厂相比获得超额利润。第四，在严重的萧条时期，当原料价格降低与成品价格降低不同步时，联合制加强

① [奥]希法亭：《金融资本》，福民等译，商务印书馆 1994 年版，第 211 页。
② [奥]希法亭：《金融资本》，福民等译，商务印书馆 1994 年版，第 219 页。
③ [奥]希法亭：《金融资本》，福民等译，商务印书馆 1994 年版，第 219—220 页。
④ [奥]希法亭：《金融资本》，福民等译，商务印书馆 1994 年版，第 220 页。

了联合制工厂对单纯工厂竞争的地位。”①这种联合对于控制利润、促进技术发展都是有益的。联合企业为了维持自身的利润，必须对价格进行协定，而且还要形成一种消费网络，这就需要调节供给与分配生产定额。更为重要的是，联合企业对商业利润的消除，使得银行与产业资本之间的联系更为紧密。这种联系是双面的：一方面，产业的集中助长了银行的联合，另一方面，随着银行获得的资本越来越多，银行也不得不把自身的资本投入产业之中，银行也就越来越变成产业资本家，形成金融资本。“我把通过这种途径实际转化为产业资本的银行资本，即货币形式的资本，称为金融资本。”②用于产业的资本也就越来越多的是金融资本。工业资本与金融资本的融合，工业巨头与金融资本家的合而为一，商业资本的被排挤，形成了金融资本的统治。

企业的卡特尔化，使独立的企业也日益陷入对卡特尔产业的依赖中，直到最终被吞并。“于是，作为这个过程的结果，产生了总卡特尔。整个资本主义生产将由一个主寄生虫机关自由地进行调节，这个机关决定了它的所有领域内的生产量。于是，价格决定成为纯粹名义上的，仅仅意味着总产品在卡特尔巨头为一方和大量的所有其它成员为另一方间进行分配。”③这是无政府状态的消失。当价格成为一种有意识的分配时，金融资本似乎也就不再有存在的土壤了。在这个意义上，希法亭认为当下的社会具有向高级社会过渡的特征。

但在当下的社会，危机依然存在。资本主义危机的一般可能性在于商品二重化为商品与货币，商品必须通过流通而实现，当货币没有进入流通之中而被贮藏时，销路的停滞就可能导致危机。当然，这只是危机的可能性条件，还不是危机的现实性发生。危机发生的第二个一般条件在于商品生产的无政府状态。第三个条件在于生产与消费的分离。但

① [奥]希法亭：《金融资本》，福民等译，商务印书馆 1994 年版，第 218 页。
② [奥]希法亭：《金融资本》，福民等译，商务印书馆 1994 年版，第 252 页。
③ [奥]希法亭：《金融资本》，福民等译，商务印书馆 1994 年版，第 264 页。

这并不意味着危机就是由一种消费不足导致的。因为消费的增长有赖于工资的增长，而工资的增长则意味着利润率的下降，所以如果说资本积累要求消费增长的话，那么消费在导致工资增长的同时就是利润率的下降，这与资本的本性相矛盾。虽然消费不足是危机的一般条件，但消费并不能从根本上说明危机的性质。危机看起来是商品生产过剩，但"把危机简单等同于商品生产过剩的人恰恰忽略了主要的东西，即生产的资本主义性质。产品不仅是商品，而且是资本产品；危机期间的生产过剩不是单纯的商品生产过剩，而是资本生产过剩。而这只不过意味着，资本使它的增殖条件和实现条件陷于矛盾的规模投入生产，以致产品销售不再产生能进一步扩大规模和进一步进行积累的利润"①。在希法亭看来，危机更多的是由于资本的本性造成的，虽然在表面上危机体现为流通过程的停滞，但流通是资本增殖的条件。要说明经济危机，就必须从资本增殖过程来加以分析，这就需要分析资本的再生产与积累过程。

按照马克思在《资本论》中的分析，社会再生产分为两大部类的再生产，即生产资料的再生产与消费资料的再生产，两大部类生产的总商品产品可用下列的公式来表示：

（Ⅰ）$4\,000C+1\,000V+1\,000m=6\,000$　生产资料

（Ⅱ）$2\,000C+500V+500m=3000$　生活资料

在上述图式中，第二部类的 $500V+500m$ 会在第二部类内部进行交换，而 $4\,000C$ 会在第一部类内部进行交换，Ⅰ$(1\,000V+1\,000m)$与Ⅱ$(2\,000C)$之间实现交换。在这个过程中，$2\,000C$ 中不仅包含了生产资料的价值转移，还有固定资本的价值转移，而固定资本是按照使用年限逐年消耗的，比如为 200，这 200 是资本家必须贮藏的货币，以便在固定资本完全消耗时能够补充。这时实际的交换就是 $1\,800C$ 与 $1\,800\mathrm{I}(C+V)$

① [奥]希法亭：《金融资本》，福民等译，商务印书馆 1994 年版，第 337—338 页。

交换，第一部类中就有 200C 还必须被第二部类的资本家买走，也就是说，第二部类必须有 200 的贮藏货币，同样，第一部类的资本家再用这 200 的货币来购买第二部类中的剩余额。这个比例是一定的。但如果消耗的固定资本增加到 300 的时候，而第二部类只花 200 货币用于以实物对资本进行更新，这时第Ⅰ部类就有 100 卖不出去了。这就导致了Ⅰ($C+V$)与 IIC 之间的比例失调，也是生产过剩。为了解决这个问题，一定的货币贮藏是非常必要的。简单再生产在资本主义社会中是不存在的，资本再生产的目的是为了积累，为了积累，符合简单再生产所需要的比例关系更为复杂。但对于资本的积累过程来说，这个比例关系一旦被打破，就会遭遇经济危机。另外，当资本家将剩余价值的货币形式的一部分贮藏起来时，一旦执行职能的生产资本越多，技术发展越快，生产资料越是扩大，那么由剩余产品转化而来的贮藏资本也就越多，这也导致信用在这个过程中的作用也就越强。在银行的作用下，生产过程中的比例失调所导致的资本投入的不足可以通过银行信用来弥补。这时比例失调的情况被掩盖，扩大再生产继续进行，产品的滞销并没有带来生产的停滞。但在这个从繁荣到危机的经济周期中，当银行的信用达到最高限度时，问题也就越大。“对银行信用提出的要求是因为生产的扩大意味着流通的扩大，而流通的扩大要求流通手段的增加。因此，银行的准备金日趋耗竭，而这最后必然反过来促进对中央发券银行的要求。因为销售缓慢化意味着票据流通的缓慢化，从而意味着流通信用的紧缩，银行信用必然出来代替流通信用。但是，带有自己全部后果的比例失调将继续进行下去，并由于投机需要的增长而加剧对银行信用的影响。”① 现金就会涌入流通之中，这必然使银行缩减信用，也意味着比例失调所产生的问题无法得到解决。这导致的结果就是：价格暴跌，对现金的狂热，销路停滞。银行的存款被取走了，而当现金无法满足时，就会出现货

① [奥]希法亭：《金融资本》，福民等译，商务印书馆 1994 年版，第 308—309 页。

币贬值，这时销路停滞也就达到了顶点。因此，金融资本能够掩盖和推延危机，在一定意义上还可以阻止危机，但一旦这些作用都失效时，危机就更为严重，生产危机与金融危机就同时爆发。

3. 资本输出与帝国主义

金融资本与产业资本的结合，在自由贸易和保护关税政策的作用下，对资本主义的发展产生了十分重要的影响。一方面，对于发达资本主义国家而言，自由贸易使经济向外扩张，促进市场的世界化；另一方面，对于后发展的资本主义国家来说，关税保护成为发展过程中对抗发达资本主义世界市场、促进本土工商业发展的重要途径，也是国内卡特尔保持高额利润的重要方式。但是关税保护也存在着内在的问题，由于资本主义经济是一种世界经济，这要求不断扩大经济区，而当关税保护完成了自己的职能时，就会限制经济区的发展，这也就意味着对生产力发展的限制，因为它缩小了产业企业的规模，使专业化陷于困境，最后阻碍一切国际分工，特别是国际市场上的自由贸易，会使通过关税保护的垄断企业失去超额利润而难以存在。对于这种不利影响，“卡特尔试图用保护关税制度本身提供给它的手段来克服。首先，保护关税带来的出口奖励的发展，有可能克服或至少部分地克服外国的保护关税的壁垒，因此在某种程度上预防了对生产的限制。其次，由本国保护关税所鼓励的国内生产规模越大，就越能做到这一点。”①当这些方法都不灵验时，就以在国外建立工厂的形式进行资本输出，这是“用来在外国生产剩余价值的价值的输出”，这种输出，合乎现代金融资本的内在要求。“如果现代保护关税政策加强了资本对不断扩张自己领地的始终存在的冲动，那末，一切闲置的货币资本向银行手里集中却导致有计划的资本输出组织

① [奥]希法亭：《金融资本》，福民等译，商务印书馆 1994 年版，第 359 页。

的建立。”①这构成了利润补偿的一种重要方式。

资本输出的普遍化，打开了国外市场，这是延长繁荣、结束产业萧条的重要方法，促进了生产力的发展。对于被输出国而言，剥削被加重，人们被强制规划到资本主义的劳动方式之中，当资本输出占据优势地位时，就会导致发达资本主义国家与落后地区的国家权力之间的尖锐冲突，加速落后地区的解体。由于这种斗争的加剧，一切与外国有利益关系的资本家，在利益的驱动下，就会呼吁建立一个强大的国家政权，凭借它的权威保护自己即使是在世界最遥远的角落的利益，这促使资本主义国家采取帝国主义政策。当资本主义国家之间由于资本输出导致竞争时，资本主义国家之间的矛盾也就呈现出来，争夺殖民地的斗争最后就会通过诉诸暴力的方式来解决。强大的资本主义国家就会使弱小的资本主义国家依附于自己。

这种斗争对于帝国主义政策的形成是非常重要的。在金融资本的作用下，为了实现国外的高额利润，弱小的国家必须结束自己的分离局面，形成强大的民族国家，在这个过程中，服从于国家的军队建设——对于欧洲大陆国家来说就是陆军建设——就非常重要，这从一开始就意味着支配军队的人的手里所掌握的国家权力的独立化，国家通过军队来保障资本主义的扩张。因此，在大陆国家，自由资本主义受到了限制，这些国家要想在商业上获得胜利，就需要有国家的支持。为了摆脱无政府竞争，为了维护在竞争中的利益，这就需要政治上强大的国家，这个国家“为了使自己的金融利益延伸到国外，并运用自己的政治力量把于已有利的供给合同和贸易协定强加给小国。……金融资本需要一个足够强大的国家，以便能够推行扩张政策并吞并新殖民地”②。这是与自由主义思想相对立的新的思想体系，没有限制的强权政治成为金融资本主义的

① [奥]希法亭:《金融资本》，福民等译，商务印书馆1994年版，第360页。
② [奥]希法亭:《金融资本》，福民等译，商务印书馆1994年版，第385页。

要求，老的自由主义理论被帝国主义的强大国家理念取代，民族国家正是在这个过程中形成起来，并认为自己这个民族优于任何其他民族的。“现在作为理想表现出来的是，保证自己的民族对世界的支配；这种努力正像它出以产生的资本追逐利润的努力一样，是无限的。资本成为世界的征服者；随着征服每个新国家，它也征服了需要跨越的新边界。”①这就是帝国主义的产生，这也是对世界殖民与扩张的加剧。“金融资本的政策意味着最大限度的扩张，以及对新的投资领域和销售市场不断的追逐。但是，资本主义越是迅速扩张，繁荣时期就越长，危机就越短。扩张是所有资本的共同利益。在保护关税时代，它只有作为帝国主义扩张才是可能的。”②在这里，希法亭实际上谈到了法西斯主义与现代资本主义之间的内在联系，这是由资本的本性决定的。

但金融资本的扩张也为实现社会形态的转变创造了条件。希法亭认为，金融资本把社会生产的支配权越来越集中到少数最大的资本集团手中，信用资本与股份资本的产生，使生产的经营权同所有权相分离，在现代技术的作用下，生产社会化达到资本主义范围内所能达到的限界。这种限界是由于下述因素所形成的：“第一，世界市场被分割成各个国家的民族经济区，这种分割只有通过国际卡特尔化才能艰难地和不完全地加以克服；同时，这种分割也延长了卡特尔和托拉斯借助国家的权力手段相互展开竞争的时间。第二，为了完整起见，这里还必须提到阻碍农业积聚的地租的形成。第三，为延长中小企业的生存能力而采取的经济政策上的措施。”③金融资本的集中，使对社会的整体的监督变得更容易，可以说，这为社会主义的产生创造了组织上的前提。对此，希法亭对自己的思考作出了这样的结论：“金融资本，在它的完成形态上，意味着经济的或政治的权力在资本寡头手上达到完成的最高阶段。它完成了资

---

① [奥]希法亭：《金融资本》，福民等译，商务印书馆 1994 年版，第 386 页。
② [奥]希法亭：《金融资本》，福民等译，商务印书馆 1994 年版，第 397 页。
③ [奥]希法亭：《金融资本》，福民等译，商务印书馆 1994 年版，第 426 页。

本巨头的独裁统治。同时，它使一国民族资本支配者的独裁统治同其它国家的资本主义利益越来越不相容，使国内的资本统治同受金融资本剥削的并起来斗争的人民群众的利益越来越不相容。在这些敌对的利益的暴力冲突中，金融巨头的独裁统治将最终转化为无产阶级专政。”①这是希法亭的主要结论。

第二国际时期的帝国主义理论，力图发展马克思在《资本论》中对资本主义社会的理论分析，使之能够适用于资本主义新阶段，对列宁及后来者产生了一定的影响。但从总体上来说，他们主要着眼于发达资本主义，而看不到资本主义在世界其他地区所造成的影响，这使得他们无法准确地判断资本主义社会的发展以及无产阶级革命的情境。帝国主义不仅是一种经济政策或政治策略，帝国主义是资本主义矛盾发展的结果，它并没有从根本上解决资本主义社会的矛盾，而是使这一矛盾发展到了新的阶段，并为社会形态的更替创造了条件。这正是列宁帝国主义理论所要揭示的问题。

① [奥]希法亭:《金融资本》，福民等译，商务印书馆 1994 年版，第 429—430 页。

第三章　列宁：垄断资本与帝国主义时代

在马克思主义发展史上，列宁对于全球化的研究有其重大的理论建树。列宁一方面继承了马克思的研究方法，始终注意用唯物史观来观照世界历史，并紧紧围绕资本逻辑来解析世界历史；另一方面又结合新的时代特点，根据新的情况、新的变化来研究问题，从而使马克思的世界历史理论发展到一个新的阶段。如果说，马克思的世界历史理论是关于自由资本主义时期的全球化理论，那么，列宁的世界历史理论则是关于垄断资本主义即帝国主义时期的全球化理论。

在列宁一生的理论著述中，有关“全球化”的术语很少看到，对全球化的专门系统论述也不多见，但这丝毫不影响列宁在全球化研究中的理论地位和重要贡献。同马克思一样，列宁不是一般地研究世界历史，或者纯粹从史学意义上研究世界历史，而是结合时代特点、世界形势和斗争需要对世界历史予以具体分析，因而其世界历史理论就体现在相关具体问题的论述之中。有关时代论、帝国主义论、资本主义发展不平衡规律论、一国胜利论、世界革命论、民族主义论、两种社会制度关系论等，共同构成了列宁的世界历史理论。因此，研究这些具体理论，不仅有助于全面深入地理解和把握列宁的世界历史理论，而且对于深刻认识今天的全球化及其相关问题,进而合理应对全球化,都是非常有益的。

一、全球化与时代划分

19世纪末20世纪初,人类社会进入了一个新的时代。如何把握这一时代的基本特征及其走向,这是社会实践提出的迫切课题。为此,时代问题进入列宁的视野,并成为其世界历史理论的一个重要组成部分。

时代问题之所以成为列宁世界历史研究中的一个非常重要的问题,原因就在于它不仅是研究世界经济、政治和国际关系等各种重大问题的基础和前提,而且是领导无产阶级政党制定各种战略和策略的依据。正如列宁所讲:"首先考虑到各个'时代'的基本特征(而不是个别国家的个别历史事件),我们才能够正确地制定自己的策略;只有了解某一时代的基本特征,才能在这一基础之上去考虑这个国家或那个国家的更具体的特点。"①这就是说,列宁研究时代的目的,主要是为了制定正确的策略,并根据时代的走向确定正确的发展道路。或者说,"国情"的了解与处理必须以对"世情"的判断为前提。

"时代"的概念在学术界有不同的理解,而列宁所讲的"时代",则是"大的历史时代,并非某些短暂的个别的过程"②。尽管"每个时代都有而且总会有个别的、局部的、有时前进、有时后退的运动,都有而且总会有各种偏离运动的一般形式和一般速度的情形"③,但其总的方向、趋势和总的运动过程是基本确定的,大的历史阶段是可以划分的。

"大的历史时代"的确定,必须借助全球视野。列宁所讲的时代,不是指某个国家或某个地区的情形,也不是个别国家的个别历史时期,而是就全球范围的整体发展、总体格局而言的。"时代之所以称为时代,就

---

①《列宁全集》第26卷,人民出版社1990年版,第143页。
②《列宁全集》第26卷,人民出版社1990年版,第143页。
③《列宁全集》第26卷,人民出版社1990年版,第143页。

是因为它包括所有的各种各样的现象和战争,这些现象和战争既有典型的也有不典型的,既有大的也有小的,既有先进国家所特有的也有落后国家所特有的。”①用全球的视野来把握时代,并不是要对世界所有历史现象和历史事件都要作详尽研究,而是指必须从世界整体出发才能对时代及其基本特征有一个总体的认识和判断。因为时代就体现在世界的总体联系和总体状况之中,时代的基本特征不过是这种总体联系和总体状况的反映与表现。

实际上,全球化或世界历史的形成,本身就划了一个时代,它是人类历史长期发展的产物,是人类活动和交往不断扩大的结果。在远古时期,人类诞生于世界上的不同地区,人们过着互相隔绝的生活。不同的民族和社会不仅没有联系,甚至彼此不知道对方的存在,因而人类长期处于孤立时代。随着农业文明的出现,人们生产和交往的能力与范围开始逐渐扩大,因而人类开始步出孤立状态,走向相互接触、往来,这就形成了世界上同时存在的几大文明中心。像古埃及文明、两河流域文明、东亚文明、古希腊罗马文明、玛雅文明等的同时出现,就标志着多中心时代的到来。从近代以来,特别是西方工业革命以来,由于生产力的快速发展以及交往的普遍发展,人类历史逐渐从民族历史走向世界历史,从而形成全球化时代。全球化的出现,不仅深刻地改变着人类的经济发展进程,而且对社会形态的演进也产生着重大影响。如果说,在以往社会,某种社会形态在各个国家的实现程度和对各个国家的影响程度还是有限的、差异较大的,其基本特征和演进规律只能在少数国家得到典型的表现,那么,在全球化条件下,社会形态的内在逻辑便在各个国家得到了比较透彻的贯彻,其影响对每个国家、民族的发展都是巨大的。随着全球化进程的加快,世界性的经济、政治、文化联系日益紧密,直接影响到各个国家生产力与生产关系的重新组合,使生产力和生产关系相互联系

① 《列宁全集》第 28 卷,人民出版社 1990 年版,第 127 页。

的民族性和国际性日益交织在一起。这样一来，必然会深刻影响社会形态的内在联系以及生成、演化机制，进而影响社会形态在各个国家的具体实现形式。正因如此，列宁在考察时代及各个国家、民族的具体发展时，始终没有离开全球的视野。

列宁曾在不同场合、针对不同问题谈及时代问题，因而对时代的划分有不同看法。但总体来看，列宁主要是依据以下标准来划分时代的：

一是依据生产力和技术发展水平。时代的划分归根到底是由生产力和技术发展水平决定的。恩格斯曾经指出："一切社会变迁和政治变革的终极原因，不应当到人们的头脑中，到人们对永恒的真理和正义的日益增进的认识中去寻找，而应当到生产方式和交换方式的变更中去寻找；不应当到有关时代的哲学中去寻找，而应当到有关时代的经济中去寻找。"①所谓到生产方式和经济中去寻找，最根本的是到生产力和技术发展水平以及由此决定的劳动方式中去寻找。对此，马克思讲得更清楚："随着新生产力的获得，人们改变自己的生产方式，随着生产方式即谋生的方式的改变，人们也就会改变自己的一切社会关系。手推磨产生的是封建主的社会，蒸汽磨产生的是工业资本家的社会。"②列宁明显继承了马克思和恩格斯的这种基本观点，坚持用这样的观点来看待和划分时代。他十分赞同克尔日扎诺夫斯基的小册子《俄国电气化的基本任务》中所用的题词："蒸汽时代是资产阶级的时代，电气时代是社会主义的时代。"③按照这样的划分，构成俄国社会主义物质基础的只能是"适应最新技术水平并能改造农业的大工业"④，即全国电气化。

二是依据社会形态。按照唯物史观，在一定历史时期，哪种社会形态居于世界历史的主导地位，代表世界历史发展的方向，则是区分历史

---

①《马克思恩格斯选集》第3卷，人民出版社1995年版，第741页。
②《马克思恩格斯选集》第1卷，人民出版社1995年版，第142页。
③《列宁全集》第38卷，人民出版社1986年版，第117页。
④《列宁选集》第4卷，人民出版社1995年版，第542页。

时代的主要标志。在世界历史的总体发展中，各个国家、民族的发展是不平衡的，一些国家、民族走在历史发展的前面，另一些国家、民族则落在历史发展的后面；在同一历史时期中，几种社会形态往往在世界范围内同时并存，但是其中必有一种社会形态走在历史的前面，居于世界历史的主导地位，代表世界历史的发展方向。这种社会形态就是区分历史时代的主要标志。列宁在《什么是“人民之友”?》一书中，主要依据社会经济形态来划分时代，重申了马克思在1859年《〈政治经济学批判〉序言》中关于社会经济形态演进的思想，并且把占主导地位的生产关系(社会形态的骨骼)作为划分国家间不同之处与共同之处的主要标准。他运用这样的方法来考察俄国资本主义的发展，认为19世纪末20世纪初的俄国社会尽管有多种经济成分并存，但资本主义经济成分已居于主导地位，因而俄国社会不能简单地归于“村社”社会，而实际上已进入资本主义社会，不能因“村社”特色而否定了资本主义社会的性质。①

三是依据阶级地位。时代性质的确定与阶级关系密切相关。在阶级社会中，哪个阶级居于中心地位，代表历史发展的方向，也是区分时代的一个重要标志。列宁指出：“我们无法知道，一个时代的各个历史运动的发展会有多快，有多少成就。但是我们能够知道，而且确实知道，哪一个阶级是这个或那个时代的中心，决定着时代的主要内容、时代发展的主要方向、时代的历史背景的主要特点等等。”②实际上，时代的性质、特征、主要内容和发展方向就是为该时代历史活动的主体所左右的。如在资产阶级革命时期和资本主义制度确立以后的时期内，资产阶级属于时代的中心，代表着历史发展的方向，决定着时代的主要特征。在19世纪30—40年代之后，资产阶级开始转变为腐朽反动的阶级，无产阶级则以独立的政治力量登上了历史舞台，开始了新制度的创立活动，因而成了

① 参见列宁《俄国资本主义的发展》，载《列宁选集》第1卷，人民出版社1995年版，第160—238页。

② 《列宁全集》第26卷，人民出版社1990年版，第143页。

时代的中心，代表了历史发展的方向，决定了时代的主要特征。到 20 世纪初期，无产阶级的历史作用尤为突出，因而列宁也常常将此时期称为“无产阶级革命”的时代。

四是依据历史事件。将具有重大的或转折性意义的历史事件作为划分时代的标志也是列宁的一大理论特色。如列宁对于资产阶级开辟的历史时代的三个阶段的划分，就分别以 18 世纪末的法国大革命、19 世纪中叶的普法战争、第一次世界大战爆发和结束等历史事件作为基本标志。列宁认为，资本主义可以划分为三个时代。从时间上，“通常把历史时代划分为：(1) 1789—1871 年；(2) 1871—1914 年；(3) 1914—？”。从内容上，“第一个时代是从法国大革命到普法战争，这是资产阶级崛起的时代，是它获得完全胜利的时代……是已经过时的封建专制制度迅速崩溃的时代。第二个时代是资产阶级取得完全统治而走向完全衰落的时代，是从进步的资产阶级转变为反动的甚至最反动的金融资本的时代。这是新的阶级即现代民主派准备和慢慢聚集力量的时代。第三个时代才刚刚开始；这个时代使资产阶级处于相当于封建主在第一个时代所处的‘地位’。这是帝国主义时代，是帝国主义发生动荡和由帝国主义引起动荡的时代”①。具体到帝国主义时代，列宁也依据重大历史事件，将其划分为不同阶段。“帝国主义，作为美洲和欧洲然后是亚洲的资本主义的最高阶段，截至 1898～1914 年这一时期已完全形成。美西战争(1898 年)，英布战争(1899～1902 年)，日俄战争(1904～1905 年)以及欧洲 1900 年的经济危机——这就是世界历史新时代的主要历史里程碑。”②列宁还认为，十月革命的胜利具有划时代的意义，因为它开辟了“两个具有世界历史意义的时代，即资产阶级时代和社会主义时代，资本家议会制度时代和无产阶级苏维埃国家制度时代的世界性交替的开始”③。

---

①《列宁全集》第 26 卷，人民出版社 1990 年版，第 144 页。

②《列宁选集》第 2 卷，人民出版社 1995 年版，第 706 页。

③《列宁全集》第 36 卷，人民出版社 1985 年版，第 208 页。

确定历史时代，对于研究世界历史及其发展规律有其重要的理论意义和现实意义。恰当地确定历史时代，有助于正确地把握世界历史的性质和基本特征，可以有针对性地制定与调整自己的发展策略和政策；明确历史时代的方位和走向，有助于认清世界历史发展的基本潮流和基本趋势，从而因势利导，加快发展进程；准确地理解和把握历史时代，有助于正确认识当代世界发生的新变化、新特点，从而正确地确定自己的发展道路。也正因如此，列宁在考察世界历史及其发展时，始终关注时代问题的研究。

二、垄断资本与帝国主义

列宁不仅对时代作过一般概括和描述，而且对帝国主义新时代作了非常深入细致的考察和分析。这正是列宁时代观和世界历史观的重点与核心所在。可以说，不了解列宁的帝国主义论，就很难理解列宁的时代理论和世界历史理论。

在列宁之前，有关帝国主义的研究就已经开始出现。由于现代帝国主义首先在英国形成，因而对帝国主义的研究也首先是在英国进行的，尔后扩展到欧洲其他国家。在对帝国主义的研究中，代表性的观点主要有以下几种：

一是以霍布森为代表的从分配与流通出发的帝国主义论。在 1902 年出版的《帝国主义》一书中，霍布森提出这样一种观点，认为帝国主义并不是由垄断产生的，而是由生产与消费的矛盾引起的，其经济根源是资本主义国家的收入分配不均衡，资产阶级占有的份额太多，从而向外投资，导致帝国主义。只要改进收入的分配，消除分配上的不均，消费不足就可以避免，就不会有资本和生产过剩，就可以消除经济危机，争夺海外投资市场也就没有必要，即可避免帝国主义。

二是以考茨基为代表的从资本积累出发的帝国主义论。在 1914 年出版的《帝国主义》一书中，考茨基认为，任何社会生产都要求各部门比例协调，这种协调不仅存在于两大生产部类之间，而且存在于工农业之间。在资本主义制度下，农业生产落后于工业，先进的资本主义国家为解决农产品供应不足的问题，开始是用自由贸易的方法，但由于竞争逐渐激烈，便转而实行帝国主义。因此，在考茨基看来，帝国主义是取代自由贸易的另一种政策，是工业资本主义民族对农业区域民族的一种征服。当帝国主义发展到只有一个卡特尔统治世界时，就达到了超帝国主义阶段。

三是以库诺夫为代表的从资本主义发展阶段来考察的帝国主义论。与把帝国主义仅仅看成是一种政策相反，德国社会民主党领袖库诺夫把帝国主义看成是资本主义的一个发展阶段。在1915年出版的《党破产了吗?》一书中，他认为新的帝国主义的发展阶段同过去那些发展阶段，如大机器工业的形成一样，也是一个从资本主义新的、内部的、金融的生存条件中生长出来的发展时期，一个通向社会主义的必然的过渡阶段。在这个阶段中，真正起作用的不再像以前那样是原有的工业资本，而是已经占统治地位的金融资本。不过，库诺夫又对金融资本的统治作了不合理的解释，认为作为金融资本统治表现的帝国主义既然是资本主义发展的一个阶段，有其历史必然性，那就不能轻易推翻它；工人阶级可以夺取政权，但要使这个政权用于这样的目的：使经济发展的好处不仅对资本寡头政治有利，而且也由国家和工人分享越来越大的份额。这就是说，资本主义的基础可以不必触动。

除了上述观点外，比较有影响的还有希法亭、卢森堡、布哈林等的帝国主义论。[①] 列宁在其研究中，一方面吸收、借鉴了这些思想家的有益研究成果，另一方面又在研究方法上进行了重大变革，形成了特有的方法论。

---

① 有关希法亭、卢森堡、布哈林等人的帝国主义理论已在上一章作过介绍，这里不再具体阐述。

首先,不是从分配或流通领域,而是从生产领域来探寻帝国主义的产生。与霍布森的看法相反,列宁认为帝国主义是垄断的资本主义,但垄断的产生不是由流通和分配引起的,而是由生产中的竞争所导致的集中引起的。当生产发展到一定程度,便产生垄断。生产中的工业垄断,引起流通中的银行垄断,工业和银行垄断资本相结合又形成金融资本,金融资本的统治最后导致帝国主义。“生产的集中;由集中而成长起来的垄断;银行和工业的日益融合或者说长合在一起,——这就是金融资本产生的历史和这一概念的内容。”①帝国主义就是伴随金融资本的发展而形成的。所以,金融资本既不是单纯的工业资本,也不是单纯的银行资本,它既支配工业资本,又支配银行资本,是一种新的资本形态。把帝国主义产生的原因从分配、流通领域转到生产领域,显然抓到了根本。

其次,不是单纯从生产的外部条件或内部条件来研究帝国主义,而是从生产内、外条件的结合上来考察帝国主义的兴起。考茨基等人在研究帝国主义时,虽然不是从分配和流通领域,而是从生产领域出发去探究帝国主义产生的原因,但他们又坚持认为,资本主义生产条件本身不能为它的扩大再生产提供条件,因而就要向非资本主义国家扩张;当几个资本主义国家都这样扩张时,就产生了剧烈的竞争,从而产生帝国主义政策。显然,这是从生产的外部条件来解释帝国主义的起源。列宁不否认外部条件的分析,但更主要的是从内部条件入手并从内、外条件的结合上来对帝国主义进行研究。因为帝国主义的产生和发展是资本逻辑运作的产物,而资本逻辑既有它内在的运作机制和内在动力,又离不开适宜的条件和市场,如世界市场、自由贸易。正因如此,列宁首先从生产的内部竞争讲起,一直讲到国际性垄断及其争夺,从而阐明了帝国主义兴起的原因。列宁认为,商品生产的自由竞争必然造成生产的集中,生产的集中又必然形成垄断,由于垄断企业的目的是攫取垄断利润,而

① 《列宁选集》第2卷,人民出版社1995年版,第613页。

国内投资市场过于狭小，因而垄断企业要达到上述目的，就必须将过剩资本输出到利润率通常较高的落后国家去。这样，垄断资本家也就逐渐组成国际性垄断同盟，在经济上瓜分世界，最后导致按照新的经济实力不断地重新瓜分世界。

正是按照这样的方法，列宁通过对资本主义世界发展的认真观察和潜心研究，批判地继承和改造了已有的理论成果，于1916年完成了《帝国主义是资本主义的最高阶段》一书的创作，全面阐释了帝国主义理论。

从资本逻辑的分析入手，列宁提出一个明确的判断：帝国主义是垄断的资本主义。这是列宁对帝国主义的一个总的观点。列宁同时认为，帝国主义是资本主义的垄断阶段这个简短的定义，虽然很方便，但要从这一定义中推导出对象的那些最重要的特点，那还是不够的。因此，“应当给帝国主义下这样一个定义，其中要包括帝国主义的如下五个基本特征：(1) 生产和资本的集中发展到这样高的程度，以致造成了在经济生活中起决定作用的垄断组织；(2) 银行资本和工业资本已经融合起来，在这个‘金融资本的’基础上形成了金融寡头；(3) 和商品输出不同的资本输出具有特别的意义；(4) 瓜分世界的资本家国际垄断同盟已经形成；(5) 最大资本主义大国已把世界上的领土瓜分完毕”①。按照列宁的看法，这一定义揭示的就是帝国主义“基本的、纯粹经济的概念”，也就是帝国主义的基本经济特征。

上述帝国主义的五个基本经济特征并不是彼此孤立的，而是有其内在联系的。在这些特征中，垄断统治是最根本的特征，它是帝国主义经济的实质和基础，其他特征都是从这个根本特征派生出来的，并形成一个相互作用的链条：正是由于生产集中和垄断的形成，才使银行具有新作用，工业垄断和银行垄断结合起来，形成了金融资本和金融寡头的统治；正是金融资本的统治和发展，造成了大量剩余资本，使资本输出成为

① 《列宁选集》第2卷，人民出版社1995年版，第651页。

必要;正是资本输出的日益加强和国际垄断的逐渐形成,必然会产生国际垄断同盟从经济上对世界的瓜分,进而导致各资本主义列强对世界领土的瓜分。因此,"垄断代替自由竞争,是帝国主义的根本经济特征,是帝国主义的实质"①。"从经济上来看,帝国主义(……)是资本主义发展的最高阶段,即这样一个阶段,此时生产已经达到巨大的和极为巨大的规模,以致垄断代替了自由竞争。帝国主义的经济本质就在于此。垄断既表现为托拉斯、辛迪加等等,也表现为大银行的莫大势力、原料产地的收买和银行资本的集中等等。一切都归结于经济垄断。"②"帝国主义就其经济实质来说,是垄断资本主义。"③

帝国主义作为垄断的资本主义,其发展的根本目的是获取高额垄断利润。追求这种高额垄断利润,是帝国主义经济活动乃至政治活动的决定性的动机和目的,是资本主义基本经济规律——剩余价值规律在帝国主义阶段起主导作用的实现形式。

需要指出的是,虽然垄断是帝国主义的实质,但这并不意味着消除了竞争。因为帝国主义是资本主义的继续和发展,它没有也不可能彻底改造资本主义,只是使资本主义的矛盾更加复杂化和尖锐化;帝国主义只是意味着垄断占统治地位,而不是纯粹的垄断,大量非垄断企业依然存在;而且,垄断资本主义本身也不是高度一致,其垄断组织内部和垄断组织之间同样充满了矛盾和竞争。正因如此,列宁指出:"从自由竞争中生长起来的垄断并不消除自由竞争,而是凌驾于这种竞争之上,与之并存,因而产生许多特别尖锐特别剧烈的矛盾、摩擦和冲突。"④

在列宁看来,随着自由竞争的资本主义转变为垄断资本主义,国家垄断资本主义也逐渐发展起来,第一次世界大战加速了这一进程。国家

---

①《列宁选集》第 2 卷,人民出版社 1995 年版,第 704 页。
②《列宁全集》第 28 卷,人民出版社 1990 年版,第 133 页。
③《列宁选集》第 2 卷,人民出版社 1995 年版,第 683 页。
④《列宁选集》第 2 卷,人民出版社 1995 年版,第 650 页。

垄断资本主义是一般垄断资本主义的直接继续和更高的发展阶段。国家垄断资本主义之所以产生，主要的原因在于：其一，垄断资本特别是金融资本、金融寡头的形成，必然力图与国家政权相结合，这样才便于维护垄断资本的统治和攫取高额垄断利润。其二，帝国主义战争加剧了一般垄断向国际垄断的过渡。在战争期间，由于形势所迫，许多国家实行生产和分配的社会统一管理和调节，加剧了国家垄断的程度。其三，国家垄断的产生，归根到底是资本主义基本矛盾发展的客观要求。生产社会化与财富占有日益集中化的尖锐矛盾及其所导致的种种问题，客观上要求加强国家干预，实现国家与垄断资本的融合。所以，国家垄断资本主义是资本主义国家与垄断资本相结合的垄断资本主义，即“国家同势力极大的资本家同盟日益密切地溶合在一起”①。其实质，就是垄断资本控制国家机构，利用国家权力来保证最大限度地获取高额利润，并且巩固和扩大金融寡头的统治。

垄断资本主义的实质决定了帝国主义在世界历史中的作用和影响。这就是帝国主义在世界范围内进行掠夺、侵略和争夺世界霸权。帝国主义通过资本输出、商品输出等手段进行的对外剥削，特别是对殖民地的瓜分和占领，突出地表现了帝国主义掠夺和侵略的本性。“极少数富国……把垄断扩展到无比广阔的范围，攫取着数亿以至数十亿超额利润，让别国数亿人民‘驮着走’，为瓜分极丰富、极肥美、极稳当的赃物而互相搏斗着。”②由于掠夺和侵略的份额只能以实力为基础，而实力又是不断变化的，因而帝国主义各国不可避免地要为夺取世界霸权而不断斗争，以致发动侵略战争。“帝国主义的重要特点，是几个大国争夺霸权，即争夺领土，其目的与其说是直接为了自己，不如说是为了削弱对方，破坏对方的霸权。”③因而“‘世界霸权’是帝国主义政治的内容，而帝国主义

① 《列宁选集》第 3 卷，人民出版社 1995 年版，第 109 页。
② 《列宁选集》第 2 卷，人民出版社 1995 年版，第 714 页。
③ 《列宁选集》第 2 卷，人民出版社 1995 年版，第 653 页。

政治的继续便是帝国主义战争”①。帝国主义的掠夺、侵略和争夺霸权的斗争,必然驱使帝国主义国家走上军国主义的道路。正如列宁所讲,帝国主义由于它的根本的经济属性,其特征是最不爱和平,最不爱自由,最大限度地到处发展军阀机构。“现代军国主义是资本主义的结果。”②

列宁的帝国主义论,实际上把帝国主义时代的世界历史作了深刻的揭示,特别对当时世界历史的性质和基本特征作了深刻的揭露。正是有了这样一种基本判断,才能更准确、更深刻地认识世界历史的各种具体现象和问题,从而作出合理性的评价。当然,也应当看到,列宁对帝国主义的分析主要依据的是当时的情况,他对资本主义经济的成熟程度估计有些过高,对资本主义的生存和发展能力也估计不足。尽管列宁也讲资本主义的腐朽趋势,“决不排除资本主义在某些工业部门,在某些国家或在某些时期内惊人迅速的发展”③,“如果以为这一腐朽趋势排除了资本主义的迅速发展,那就错了”④,但是,基本倾向还是认为资本主义行将灭亡。面对当今世界资本主义的发展,不能简单地用“垂死”的资本主义来套当代资本主义,应当予以具体分析。不过,列宁分析的基本方法、基本观点直到今天也没有失去其重要价值,必须为世界经济、政治研究引起高度重视。

三、资本主义发展不平衡规律与“一国胜利论”

在垄断资本主义条件下,世界历史的发展出现了重大变化,并且深刻地影响着世界各国之间的关系以及各个国家的发展进程。如何看待世界历史的发展状况及其未来走向,便成为列宁高度关注的重要问题。作为考察和研究的成果,主要是资本主义经济政治发展不平衡规律的理

---

①《列宁全集》第 28 卷,人民出版社 1990 年版,第 125 页。
②《列宁全集》第 17 卷,人民出版社 1988 年版,第 167 页。
③《列宁选集》第 2 卷,人民出版社 1995 年版,第 705 页。
④《列宁选集》第 2 卷,人民出版社 1995 年版,第 685 页。

论和社会主义可能在一国胜利的理论。

对于世界历史发展总体格局的判断，列宁是在分析当时资本主义各国情况的基础上形成的。在19世纪中后期，马克思和恩格斯曾经根据当时的情况，阐明了在自由竞争的资本主义时代由于生产资料私有制和生产无政府状态，各个资本主义国家、各个工业部门的发展开始出现不平衡。但是，相对说来，这时的不平衡发展还不是十分显著的，一些国家要经过很长时期才能逐渐赶上并超过另一些国家。到19世纪末，由于垄断资本主义的兴起以及技术的巨大进步，加剧了资本主义各国发展的不平衡状态。垄断高额利润的驱使，使发展较晚的资本主义国家的垄断资本能够利用当时技术发展的先进成果，促进许多工业部门快速发展。这样一来，原来落在后面的国家便能很快超过原来先进的国家，使资本主义国家的发展形成跳跃式的不平衡发展。如英国走在各国之先曾花费了100年左右的时间，而在垄断资本主义时期，德国只用20年就开始超过英国，而美国则用更短的时间超过了欧洲各国。经济政治发展不平衡的态势明显增强。

为此，列宁在1915年发表的《论欧洲联邦口号》一文中就开始提出："经济和政治发展的不平衡是资本主义的绝对规律。"①"在资本主义制度下，各个经济部门和各个国家在经济上是不可能平衡发展的。在资本主义制度下，除工业中的危机和政治中的战争以外，没有别的办法可以恢复经常遭到破坏的均势"②。在1916年发表的《帝国主义论》中，列宁又根据大量材料对资本主义经济政治发展不平衡规律作了进一步的阐述，认为："在资本主义制度下，各个企业、各个托拉斯、各个工业部门、各个国家的发展不可能是平衡的。"③这种不平衡随着世界领土被瓜分完毕而达到极其尖锐的程度。在这种情况下，帝国主义列强之间为重新分割世

① 《列宁选集》第2卷，人民出版社1995年版，第554页。
② 《列宁选集》第2卷，人民出版社1995年版，第553页。
③ 《列宁选集》第2卷，人民出版社1995年版，第680页。

界领土而斗争,便成为不可避免的趋势。

资本主义发展的不平衡和帝国主义列强的争夺是通过各种具体现象表现出来的。由于铁路是反映煤炭、钢铁等主要工业部门以及世界贸易发展情况的最显著指标,所以列宁特别注意运用世界铁路统计材料来阐述资本主义各国发展的不平衡及其帝国主义战争的不可避免性。列宁指出,在第一次世界大战之前,全世界铁路的80%左右集中于美、英、俄、德、法等五个最大的资本主义国家手中,但这些铁路所有权的集中程度,也就是金融资本集中的程度,远甚于此。例如,美俄等国的铁路的股票和债券,有相当大一部分属于英法两国的金融资本集团所有。在这种严重失衡的情况下,要消除生产力的发展和资本积累同金融资本对殖民地掠夺、势力范围瓜分之间的矛盾,除了战争之外,别无他途。

从对帝国主义时代资本主义经济政治发展不平衡规律的分析出发,列宁对考茨基关于帝国主义列强之间不会发生战争的观点给予严厉反驳。考茨基把帝国主义仅仅看作是金融资本所采取的一种政策,认为只要资本主义采取新的政策,即形成统一的世界托拉斯,或者使所有帝国主义国家之间达成共同剥削全世界的协议,就可以过渡到一个没有贸易战争的永久和平的“超帝国主义”世界。列宁指出,如果把考茨基的“理论”同帝国主义的现实相对照,就会清楚地看到,所谓和平的“超帝国主义”前途是多么的虚假。在垄断资本主义条件下,分割势力范围、利益和殖民地等依靠的是经济、金融、军事的实力,而这些实力又是随着资本主义的不平衡发展而变化的。因此,不管形式如何,帝国主义之间的联盟和协议,都只能是暂时的休战或“喘息”,而矛盾和斗争则是一直存在的。“和平的联盟准备着战争,同时它又是从战争中生长出来的,两者互相制约,在世界经济和世界政治的帝国主义联系和相互关系这个同一基础上,形成和平斗争形式与非和平斗争形式的彼此交替。”①第一次世界大

①《列宁选集》第2卷,人民出版社1995年版,第680页。

战实际上就是帝国主义之间矛盾尖锐化的结果，而战争又促使资本主义更加不平衡地发展，使得帝国主义之间的矛盾更加尖锐化。列宁曾根据战后的形势，深刻地揭示了由于战后资本主义发展不平衡的加剧而引起的帝国主义世界的矛盾。在列宁看来，这些矛盾，首先是资本主义世界中最强大的美国和在这次战争中获得很大利益的日本之间的矛盾；其次是美国和整个资本主义世界之间的矛盾，这中间还包括着除美国以外的各个资本主义国家之间的矛盾；再次是已经战败了的德国和战胜国集团协约国之间的矛盾，等等。

资本主义经济政治发展不平衡的规律，是列宁关于社会主义可能在一国或数国首先取得胜利的理论的重要依据。在 19 世纪中叶，马克思和恩格斯曾经根据当时的情况，认为社会主义革命不可能单独在一个国家内发生，它将至少在几个主要的资本主义国家同时发生并同时取得胜利。这是因为，当时整个资本主义还处在平稳的向上发展的时期，虽然那时资本主义的发展也是不平衡的，但是如前所说，其发展还是相对平稳和缓慢的，一些国家要经过较长时期的发展才可以超过另一些国家，发展不平衡的规律在资本主义世界的作用还不十分显著。因此，马克思和恩格斯根据当时的历史条件作出社会主义革命不可能在个别国家内取得胜利的论断是正确的、符合事实的。这种论断和设想后来被第二国际的一些理论家逐渐教条化。考茨基的观点尤为典型。照考茨基的看法，在帝国主义时期，社会主义革命还没有成为现实的任务。革命何时才能爆发？他认为，必须等到无产阶级占人口的绝大多数时，才有社会主义革命；也只有到这个时候，社会主义革命才是“纯粹的”。也就是说，不具备社会主义革命同时爆发的条件，革命就不应当举行。

列宁对这种僵化的教条主义给予了辛辣的讽刺和深刻的揭露，并从帝国主义时代的经济政治现实出发，开创性地发展了马克思和恩格斯原有的设想。在 1915 年的《论欧洲联邦口号》一文中，列宁根据资本主义经济政治发展不平衡的规律，提出了社会主义革命可能首先在一国或数国取得胜利的论断。列宁指出:“经济政治发展的不平衡是资本主义的绝对规律。由此就应得出结论:社会主义可能首先在少数甚至在单独一个资本主义国家内获得胜利。”①在 1916 年的《无产阶级革命的军事纲领》一文中,列宁进一步肯定了这一结论,明确指出:“资本主义的发展在各个国家是极不平衡的。而且在商品生产下也只能是这样。由此得出一个必然的结论:社会主义不能在所有国家内同时获得胜利。它将首先在一个或几个国家内获得胜利,而其余的国家在一段时间内将仍然是资产阶级的或资产阶级以前的国家。”②

列宁的上述论断主要源于他对帝国主义阶段现实矛盾的分析。列宁认为,资本主义经济政治发展的不平衡必然造成帝国主义体系的薄弱环节,而这种薄弱环节则提供了冲破帝国主义战线、夺取无产阶级革命胜利的机会。所谓帝国主义体系的薄弱环节,一般说来,不一定是发达资本主义国家,因为这里统治阶级的统治能力较强,也不会是经济文化非常落后的国家,因为这样的国家连大工业和现代无产阶级都没有,不具备搞社会主义的起码条件,而往往是那些经济文化比较落后,有一定的大工业和现代无产阶级,阶级矛盾特别尖锐、激烈的国家。列宁认为,形成帝国主义体系的薄弱环节至少要具备这样一些条件:一是要有一定的大工业和现代无产阶级;二是统治阶级的统治基础和统治能力比较薄弱,难以继续统治下去;三是无产阶级和劳动群众具有高度的革命热情;四是有一个政治上成熟的马克思主义政党。当时的俄国就是帝国主义体系的薄弱环节。在 19 世纪末 20 世纪初,俄国经历着巨大的社会变革。虽然俄国总体上是封建专制国家,但在 1861 年废除农奴制之后,资本主义有了很大发展。这样一来,俄国社会的矛盾格外复杂:既有人民群众同沙皇专制制度的矛盾,又有无产阶级同资产阶级的矛盾;既有各

① 《列宁选集》第 2 卷,人民出版社 1995 年版,第 554 页。
② 《列宁选集》第 2 卷,人民出版社 1995 年版,第 722 页。

少数民族同俄罗斯民族的矛盾,又有俄国同西方列强的矛盾,等等。总之,俄国成为一切矛盾集中的焦点。正是这些错综复杂的矛盾,加上帝国主义集团的冲突和战争,形成了世界资本主义体系中最容易突破的一环,从而有可能爆发社会主义革命。

列宁关于社会主义革命首先在一国或数国取得胜利的理论具有极为重要的意义。它不仅以新的理论创新了马克思主义的社会主义革命学说,而且为各国无产阶级指明了革命的前途,增强了他们夺取革命胜利的信心。正是在这一理论指引下,俄国成功地爆发了十月革命。这一革命在占世界六分之一的俄国土地上推翻了资本主义制度,建立了社会主义制度,对以后世界各国的无产阶级革命和民族解放运动产生了深远影响。十月革命确实开辟了世界历史的新时代。对于革命的意义,列宁也作过高度评价:“这个伟大的日子离开我们愈远,俄国无产阶级革命的意义就愈明显。”①他还指出:“我们已经开始了这一事业。至于哪一个国家的无产者在什么时候、在什么期间把这一事业进行到底,这个问题并不重要。重要的是,坚冰已经打破,航路已经开通,道路已经指明。”②

列宁的“一国胜利论”同时是对马克思世界历史理论的丰富和发展。这一理论不仅揭示了帝国主义时代世界历史的发展规律,而且提出了在新的世界历史条件下各个国家的具体发展道路。从时代的总体联系中来把握一个国家的发展出路,制定相关发展战略,这正是该理论给我们的有益启示。

四、“世界体系”与民族问题

谈到世界历史,必然涉及世界体系。虽然“世界体系论”在当代与美国社会学家伊曼纽尔·沃勒斯坦的名字直接联系在一起,但它在列宁那

---

①《列宁选集》第4卷,人民出版社1995年版,第563页。

②《列宁选集》第4卷,人民出版社1995年版,第568—569页。

里就已经得到了较早的而且是较系统的阐发。列宁通过对资本主义统治下的世界历史的具体研究，明确指出："资本主义已成为极少数'先进'国对世界上绝大多数居民实行殖民压迫和金融扼杀的世界体系。"①如果说，马克思所讲的世界体系主要同世界市场相联系，那么，列宁所讲的世界体系主要同帝国主义体系以及民族问题和殖民地问题相联系。因此，在列宁的视野中，世界体系不仅仅是一个经济学概念，同时是一个重要的政治学概念。要准确地理解和把握列宁的世界体系论，必须对其民族理论有一个比较全面深入的了解和把握。

列宁关于世界体系与民族问题关系的论述非常丰富，但主要是通过世界体系与殖民地和民族解放、民族主义、民族文化等关系问题予以阐发的。

1. 世界体系与殖民地和民族解放

殖民地问题是世界历史形成后的一种特殊现象。虽然掠夺殖民地和推行殖民主义自资本主义确立之日起就已出现，但在不同历史阶段，其目的、作用和意义则是不同的。早在 19 世纪 50—60 年代，马克思在《资本论》中就曾研究过资本原始积累时期和自由竞争时期的殖民地问题。马克思认为，资本原始积累时期的殖民问题是和商业资本的统治相适应的。商业资本一方面通过垄断贸易，借助于不等价交换来占有殖民地的财富，另一方面用暴力手段进行直接的劫夺，并在殖民地实行奴隶制和农奴制的剥削。殖民地成为资本原始积累的主要工具。在自由竞争资本主义时期，资产阶级为了适应商品生产和大工业生产的需要，主要把殖民地变成了商品销售市场和原料来源地。相应地，殖民地由商业资本家致富的源泉变成了产业资本家榨取和实现剩余价值的源泉，由资本原始积累的杠杆变成了资本主义积累的主要杠杆。其方法是在"自由

① 《列宁选集》第 2 卷，人民出版社 1995 年版，第 578—579 页。

贸易”的旗帜下，通过在殖民地以高价出售商品、低价收购原料等手段来赚取较高的利润。“投在对外贸易上的资本能提供较高的利润率，首先因为这里是和生产条件较为不利的其他国家所生产的商品进行竞争，所以，比较发达的国家高于商品的价值出售自己的商品，虽然比他的竞争国卖得便宜。只要比较发达的国家的劳动在这里作为比重较高的劳动来实现，利润率就会提高，因为这种劳动没有被作为质量较高的劳动来支付报酬，却被作为质量较高的劳动来出售。”①

与马克思不同，列宁主要探讨的是帝国主义时代的殖民地问题。帝国主义时代就是“一个同‘资本主义发展的最新阶段’即金融资本密切联系的世界殖民政策的特殊时代”②。在这种特殊时代的世界体系中，整个世界基本上分为两极：一极是少数帝国主义宗主国，另一极是广大受剥削压迫的殖民地和半殖民地。“金融资本和同它相适应的国际政策，即归根到底是大国为了在经济上和政治上瓜分世界而斗争的国际政策，造成了许多过渡的国家依附形式。这个时代的典型的国家形式不仅有两大类国家，即殖民地占有国和殖民地，而且有各种形式的附属国，它们在政治上、形式上是独立的，实际上却被金融和外交方面的依附关系的罗网缠绕着。”③这里所讲的“过渡的”、“依附”的国家形式，实际上就是介于宗主国与殖民地之间的半殖民地。因此，殖民地、半殖民地、宗主国及其相互关系共同构成了帝国主义殖民体系的世界图景。

在这样的世界体系里，帝国主义主要是通过资本输出、争夺原料产地和争夺势力范围等方式来进行殖民掠夺的。

资本输出是帝国主义剥削殖民地的重要方法。首先，垄断资本家强制输入资本的国家接受极为苛刻的条件，被迫签订各种奴役性的借款协定，从而控制经济发展落后国家的国民经济，从而榨取较大的利润。其

---

①《马克思恩格斯全集》第25卷，人民出版社1974年版，第264—265页。

②《列宁选集》第2卷，人民出版社1995年版，第640页。

③《列宁选集》第2卷，人民出版社1995年版，第647—648页。

次,垄断资本家对殖民地进行直接投资,开办工厂,设立银行及其分支机构,支配殖民地的经济活动。各帝国主义国家的金融寡头,就是利用这种金融资本的"罗网"每年从殖民地获得大量的超额利润。而资本输出又往往成为鼓励商品输出的手段,输入资本的国家常常是把购买资本输出国的商品作为借款的条件。

争夺原料产地也是帝国主义掠夺殖民地的一种重要方式和重要目的。"最新资本主义的基本特点是最大企业家的垄断同盟的统治。当这种垄断组织独自霸占了所有原料产地的时候,它们就巩固无比了。我们已经看到,资本家国际同盟怎样拼命地致力于剥夺对方进行竞争的一切可能,收买譬如蕴藏铁矿的土地或石油资源等等。只有占领殖民地,才能充分保证垄断组织自如地应付同竞争者的斗争中的各种意外事件,包括对方打算用国家垄断法来实行自卫这样的意外事件。"①这就表明,争夺原料产地的斗争,在垄断组织之间的斗争中占有非常重要的地位。如果通过侵占殖民地垄断了原料来源,便能巩固垄断资本的地位,在竞争中处于优势。所以,"资本主义愈发达,原料愈感缺乏,竞争和追逐全世界原料产地的斗争愈尖锐,抢占殖民地的斗争也就愈激烈"②。

争夺势力范围使各帝国主义国家必然走上掠夺殖民地的道路。帝国主义各国争夺势力范围,归根到底是要从殖民地中获得利益,因而它们不仅要扩大经济领域,而且企图扩大一般的领土,把扩大的殖民地和附属国划入自己的势力范围。势力范围的争夺又必然强化殖民掠夺的倾向。

总之,在帝国主义殖民体系中,形成的是明显的国际剥削、国际压迫关系。既然世界历史已经形成了这样一种严重扭曲的"世界体系",因而此时的民族问题就必然与殖民地问题紧紧交织在一起,民族问题也就由

---

①《列宁选集》第 2 卷,人民出版社 1995 年版,第 645 页。

②《列宁选集》第 2 卷,人民出版社 1995 年版,第 645 页。

此扩大为民族殖民地问题，从一国范围问题发展为世界性问题。列宁正是在新的历史条件下，在总结国际关系经验的基础上，把马克思主义关于民族问题的理论发展为殖民地民族解放运动的理论。

早在19世纪中后期，马克思和恩格斯曾根据工人运动的需要，对欧洲爱尔兰人、匈牙利人、波兰人、塞尔维亚人以及其他文明国家的民族问题给予了高度关注。他们一贯主张支持革命的民族运动，反对反动的民族运动。当19世纪40年代欧洲资产阶级革命还有进步意义，而沙皇俄国起着反动宪兵作用时，马克思和恩格斯拥护波兰人和匈牙利人反对俄国沙皇的运动，反对捷克人和南斯拉夫人充当沙皇俄国马前先锋的民族运动。马克思、恩格斯认为，欧洲一些文明国家存在民族问题的原因，是民族内部的阶级剥削和阶级压迫扩展和延伸到民族之间，造成民族之间的剥削和压迫，产生了民族矛盾和斗争。所以，民族问题的实质是阶级压迫问题。而要消灭民族压迫，关键是要反对压迫民族、抵制民族压迫政策。为此，他们明确提出："任何民族当它还在压迫别的民族时，不能成为自由的民族。"①

列宁对民族问题的考察，主要是将其置于帝国主义的"世界体系"中加以研究。这一体系的一个重要特点，就是全世界的殖民地领土被瓜分完毕，所有殖民地民族都受帝国主义大国的掠夺和压迫，世界各民族已被划分成压迫民族与被压迫民族两部分。1920年，列宁在《民族和殖民地问题委员会的报告》中用数据揭示了第一次世界大战后世界人口的组成情况：当时世界人口约17.5亿人，其中被压迫民族人口总数约12.5亿，占世界人口70%左右。② 这说明，此时的民族问题已经不是一个国家、地区的问题，而是世界性的问题。

压迫民族和被压迫民族的对立必然促进民族解放运动的兴起，促进

---

①《马克思恩格斯全集》第4卷，人民出版社1958年版，第410页。

② 参见《列宁选集》第4卷，人民出版社1995年版，第275—276页。

反对一切民族压迫的斗争。这是民族问题在世界历史发展过程中的一个重要趋势。为此，列宁结合帝国主义时代的特点，提出把争取社会主义的革命斗争同民族问题联系起来，认为民族问题是世界无产阶级革命的一部分。在他看来，帝国主义意味着资本的发展超出了民族国家的范围，意味着民族压迫在新的历史基础上的扩大和加剧，由此可以得出结论："我们应当把争取社会主义的革命斗争同民族问题的革命纲领联系起来。"[①]列宁指出，殖民地民族解放运动，按其性质来说虽然是资产阶级民主主义革命，但其斗争锋芒直接指向帝国主义和国际资产阶级，因而不能不最终卷入世界革命运动的总潮流，成为世界无产阶级革命的一部分。任何反对帝国主义的斗争，都会削弱帝国主义的力量，都是对该帝国主义国家内无产阶级社会主义革命斗争的支持和加强。

殖民地民族解放运动既然是世界无产阶级革命的一部分，那就意味着世界无产者和被压迫民族应当联合起来。"共产国际在民族和殖民地问题上的全部政策，主要应该是使各民族和各国的无产者和劳动群众为共同进行革命斗争、打倒地主和资产阶级而彼此接近起来。这是因为只有这种接近，才能保证战胜资本主义，如果没有这一胜利，便不能消灭民族压迫和不平等的现象。"[②]这就是说，帝国主义国家的无产阶级只有把殖民地被压迫民族看作自己的同盟军，同他们联合起来，共同反对帝国主义，才能取得自己的解放；同样，殖民地被压迫民族只有同帝国主义国家的无产阶级革命运动联合起来，共同斗争，才能求得民族解放。为此，列宁提出了"全世界无产者和被压迫民族联合起来"[③]的口号。这一口号显然是对马克思、恩格斯在《共产党宣言》中提出的"全世界无产者联合起来"的口号在新的历史条件下的补充和发展。

为了实践这一口号，列宁坚决支持东方人民的民族解放运动，热情

①《列宁全集》第 27 卷，人民出版社 1990 年版，第 78 页。
②《列宁全集》第 39 卷，人民出版社 1986 年版，第 161 页。
③《列宁选集》第 4 卷，人民出版社 1995 年版，第 326 页。

赞扬亚洲人民的觉醒和革命运动的高涨。还在第一次世界大战前夕，他就在《亚洲的觉醒》、《先进的亚洲和落后的欧洲》(1913 年 5 月)等文章中，以满腔的热情欢呼亚洲被压迫民族解放运动的发展。他指出："中国不是早就被公认为是长期完全停滞的国家的典型吗？但是现在中国的政治生活沸腾起来了，社会运动和民主主义高潮正在汹涌澎湃地发展。……亚洲的觉醒和欧洲先进无产阶级夺取政权斗争的开始，标志着 20 世纪初所开创的全世界历史的一个新阶段。"①列宁还赞扬中国民主革命先行者孙中山具有革命民主主义的崇高精神和英雄气概，称孙中山的革命纲领是"带有建立共和制度要求的完整的民主主义"，反映了"真正伟大的人民的真正伟大的思想"。② 在十月革命胜利后所写的《在全俄东部各民族共产党组织第二次代表大会上的报告》(1919 年 11 月)、《民族和殖民地问题提纲初稿》、《共产国际第二次代表大会文献》(1920)、《共产国际第三次代表大会：关于俄共的策略的报告》(1921)等著作中，列宁又反复论述了被压迫民族解放运动对于推翻国际帝国主义的积极意义，对这一运动给以坚决的支持。

列宁的这些思想在实践中产生了重大影响。俄国的十月革命把无产阶级革命与被压迫民族的解放运动联结起来，为被压迫民族的解放斗争开辟了新道路；中国人民革命的胜利，为被压迫民族提供了新的典范。从此以后，亚洲、非洲、拉丁美洲广大地区的民族解放运动蓬勃发展起来，国家独立和民族解放成为不可抗拒的历史潮流。

2. 世界体系与民族主义

在全球化问题研究中，全球化与民族化的关系问题是一大热点。在目前国内外的讨论中，主要有这样两种对立的观点：一种是用全球主义

---

①《列宁选集》第 2 卷，人民出版社 1995 年版，第 315—316 页。

② 参见《列宁选集》第 2 卷，人民出版社 1995 年版，第 291 页。

来否定民族主义，认为随着全球化时代的到来，民族主义已经过时；另一种是用民族主义来对抗全球主义，认为全球化无论怎么发展，也不可能取代民族性。这就涉及如何看待全球化与民族主义的关系问题，也就是如何看待全球化条件下的民族主义问题。

民族主义是一个复杂的概念，很难作出唯一的解释。在当代语境下，民族主义至少有这样几种基本含义：一是作为强烈民族意识的民族主义，即对本民族历史和文化表现出来的认同、归属、忠诚等强烈情感和持久意识，它充分反映了本民族的社会心理；二是作为社会思潮的民族主义，即在特定历史时期出于维护本民族利益的需要而表现出来的一种强烈的政治诉求和社会潮流，它在不同时期往往有不同焦点或兴奋点；三是作为意识形态的民族主义，即为谋求民族权益而在处理民族问题和对外关系上形成的一套行动准则和价值观念，它往往成为一个民族对待民族问题和国际问题的重要战略和策略思想。尽管民族主义有多种理解和解释，但有一点是共同的，这就是它一向被看成是维持民族国家存在和发展的精神粘合剂和社会力量。按照捷尔纳(Gellner)的观点，民族主义是把作为想象的团体的民族的概念与作为它的物质体现形式的家的概念联系在一起的桥梁。①

列宁视野中的民族主义，与我们今天所讲的民族主义不尽相同。对于民族主义，列宁不是从一般意义上去理解的，而主要是从特定的意义上来看待的。在列宁看来，民族主义始终是和资产阶级联系在一起的。所谓民族主义，就其基本含义而言，是资产阶级处理民族问题、民族关系的原则和政策。即抹杀阶级矛盾，以全民族的代表自居，把本民族的利益其实是本民族中资产阶级的利益置于其他民族的利益之上，煽动、驱使人民排斥、歧视以致压迫、掠夺其他民族，借以维护资产阶级的统治，谋取资产阶级的利益。民族主义在不同的历史条件下起着不同的作用。

① 参见 Ernest Gellner, *Nations and Nationalism*, Ithaca: Cornell University Press, 1993。

在资本主义上升时期，民族主义在反抗封建的异族统治，争取民族独立和国家统一的运动中，曾经起到了重要的积极作用。“在全世界，资本主义战胜封建主义的时代是同民族运动联系在一起的。这种运动的经济基础就是：为了使商品生产获得完全胜利，资产阶级必须夺得国内市场，必须使操同一种语言的人所居住的地域用国家形式统一起来，同时清除阻碍这种语言发展和阻碍把这种语言用文字固定下来的一切障碍。”①而在资产阶级取得并巩固政权之后，特别是进入帝国主义时代之后，民族主义则与殖民主义、霸权主义日益结合到一起。各帝国主义国家往往以“民族利益”为旗号，一方面加紧对本民族人民的剥削和奴役，另一方面以各种方式侵犯其他民族的利益。它们往往把民族主义作为侵略扩张的思想工具，鼓吹民族歧视，煽动民族仇恨，为其推行民族压迫政策和发动侵略战争辩护。如在 19 世纪末 20 世纪初的俄国，民族主义实际上就蜕变为俄罗斯大国沙文主义，而“这个民族主义在目前恰恰是最可怕的，恰恰是资产阶级色彩较少而封建色彩较浓，恰恰是民主运动和无产阶级斗争的主要障碍”②。

因此，在新的历史条件下，必须旗帜鲜明地反对民族主义。列宁指出：“工人阶级及其反资本主义斗争的利益，要求各民族的工人最充分最紧密地团结一致，要求反击任何民族的资产阶级的民族主义政策”；“反对剥削的斗争要有成效，无产阶级就必须不依赖民族主义”。③ 坚持马克思主义，就必须反对民族主义。因为“马克思主义同民族主义是不能调和的，即使它是最‘公正的’、‘纯洁的’、精致的和文明的民族主义”④。为此，列宁特别警惕民族主义对工人运动的侵袭，认为：“分裂工人，用民族主义愚弄工人，消灭他们的先锋队，以削弱无产阶级的革命运动——这

---

①《列宁选集》第 2 卷，人民出版社 1995 年版，第 370 页。

②《列宁选集》第 2 卷，人民出版社 1995 年版，第 386 页。

③ 参见《列宁选集》第 2 卷，人民出版社 1995 年版，第 397—398 页。

④《列宁选集》第 2 卷，人民出版社 1995 年版，第 346 页。

就是当前这场战争唯一真实的内容、作用和意义。”①

需要指出的是,列宁虽然明确反对民族主义,但他又对民族主义给以具体的分析和评价。首先,必须把压迫民族的民族主义同被压迫民族的民族主义区别开来,把大民族的民族主义和小民族的民族主义区别开来,不能把所有的民族主义混为一谈。为此,必须在原则上区分两种倾向:“在被压迫民族的资产阶级反对压迫民族这一点上,我们在任何时候、任何场合都加以支持,而且比任何人都更坚决,因为我们反对压迫是最大胆最彻底的。当被压迫民族的资产阶级极力主张自己的资产阶级民族主义时,我们就要反对。我们反对压迫民族的特权和暴力,同时丝毫也不纵容被压迫民族谋求特权。”②这就是说,应当支持的是被压迫民族的进步的民族主义,反对的是压迫民族的反动的民族主义。其次,应当注意鉴别资产阶级民族主义的良莠成分,并对其积极因素予以充分肯定和支持。针对卢森堡醉心于反对波兰民族主义而忘记了大俄罗斯民族主义的观点,列宁中肯地指出:“每个被压迫民族的资产阶级民族主义,都有反对压迫的一般民主主义内容,而我们无条件支持的正是这种内容,同时要严格地区分出谋求本民族特殊地位的趋向,反对波兰资产者压迫犹太人的趋向,等等。”③在这里,对资产阶级民族主义应当支持什么,反对什么,谈得一清二楚。因此,不能简单说列宁全盘否定民族主义。④

民族主义涉及民族平等和民族自治。列宁从当时的世界体系状况出发,具体揭示了资本主义时期民族关系发展的两种趋势:一是民族觉醒,反对一切民族压迫,建立民族国家;二是民族间的各种交往日益密切,民族隔阂逐渐消除,经济、政治、科学等领域的世界性联系开始形成。

① 《列宁选集》第 2 卷,人民出版社 1995 年版,第 403 页。

② 《列宁选集》第 2 卷,人民出版社 1995 年版,第 385—386 页。

③ 《列宁选集》第 2 卷,人民出版社 1995 年版,第 386 页。

④ 当然,在新的历史条件下,民族主义已经有了新的内涵,不完全等同于列宁所讲的民族主义,因而不能简单照搬列宁关于民族主义的一些提法和结论。

列宁认为,这两种趋势都是资本主义的世界性规律,都有进步的意义。但是,资本主义世界体系无法克服这两种趋势之间的矛盾。正是考虑到这两种趋势,列宁所领导制定的民族纲领一方面坚决维护民族平等,不容许任何民族特权存在;另一方面坚决维护国际主义原则,反对任何形式的资产阶级民族主义对无产阶级的侵害。在列宁看来,在存在压迫民族和被压迫民族的条件下,民族平等的核心是民族自决权问题。如果没有这种权利,所谓民族平等就是虚假的。而且,在这样的条件下谈论民主,也必须以民族自决为前提,“如果从民主纲领中删去一条,例如删去民族自决这一条……那同样是错误的”[①]。事实上,压迫其他民族的民族也是不能获得解放的。真正的解放和平等,必须是各民族的独立和自决。因此,“无产阶级不能不反对把被压迫民族强制地留在一个国家的疆界以内,这也就是说,要为自决权而斗争。无产阶级应当要求受‘它的’民族压迫的殖民地和民族有政治分离的自由。否则……被压迫民族的工人和压迫民族的工人之间的信任和阶级团结都将无从谈起”[②]。正是出于这样的缘故,列宁明确提出无产阶级负有双重任务:“一方面要反对一切民族主义,首先是反对大俄罗斯民族主义;不仅要一般地承认各民族完全平等,而且要承认建立国家方面的平等,即承认民族自决权,民族分离权;另一方面,正是为了同一切民族的各种民族主义进行有成效的斗争,必须坚持无产阶级斗争和无产阶级组织的统一,不管资产阶级如何力求造成民族隔绝,必须使各无产阶级组织极紧密地结成一个跨民族的共同体。”[③]由这样的双重任务所决定,列宁进一步明确地提出了无产阶级的民族纲领:“各民族完全平等,各民族享有自决权,各民族工人打成一片,——这就是马克思主义教给工人的民族纲领,全世界经验和

---

①《列宁选集》第 2 卷,人民出版社 1995 年版,第 562 页。

②《列宁选集》第 2 卷,人民出版社 1995 年版,第 565—566 页。

③《列宁选集》第 2 卷,人民出版社 1995 年版,第 401 页。

俄国经验教给工人的民族纲领。”①

3. 世界文化与民族文化

在全球化问题的讨论中，文化的全球化与民族化也是一个颇有争议的重要问题。一种观点认为，伴随全球化的发展，文化也将超越各个国家、民族的界限而形成全球化的文化；另一种观点则认为，文化全球化只是反映了各个国家、民族文化相互融合、相互渗透的趋势，它不可能最终超越以至取代民族文化。两种对立的意见主要涉及世界文化与民族文化的关系问题。列宁又是如何看待这一问题的呢？

列宁在研究“世界体系”下的民族问题时，特别关注民族文化。他在1913—1914年期间所写的《关于民族问题的批评意见》、《论民族自决权》等著作中，曾用大量篇幅专门研究了民族文化及其世界性影响问题，从而表明了对民族文化的基本看法。

列宁所讲的“民族文化”，与我们今天所讲的民族文化虽有相近之处，但又有严格区别。与时下通常的理解不同，列宁基本上是在否定意义上来讲“民族文化”的。当时俄国自由派资产阶级总是高喊“民族文化”的口号，却施以狭隘民族主义的勾当，列宁对此深恶痛绝。在列宁看来，之所以不能接受“民族文化”的口号，主要是由如下原因造成的：其一，“民族文化”具有复杂的构成。“每个民族文化，都有一些民主主义的和社会主义的即使是不发达的文化成分，因为每个民族都有被剥削劳动群众，他们的生活条件必然会产生民主主义的和社会主义的意识形态。但是每个民族也都有资产阶级的文化（大多数还是黑帮的和教权派的），而且这不仅表现为一些‘成分’，而表现为占统治地位的文化。”②因此，不能笼统地讲“民族文化”。或者说，笼统的“民族文化”是一个含混不清的

---

①《列宁选集》第2卷，人民出版社1995年版，第401页。

②《列宁选集》第2卷，人民出版社1995年版，第336页。

字眼。其二,“民族文化”执行的是传播资产阶级民族主义的任务。在当时的条件下,“民族文化”并非真正是民族的,而是资产阶级的,是为资产阶级服务的。如强烈维护“民族文化”这一口号的崩得分子,“实际上充当了向工人传播资产阶级民族主义的人”①。所以,“民族文化”这一口号的含义,不取决于它的字面解释,而是“取决于这个国家同世界各国各阶级的客观相互关系”。“民族文化”就是用来“麻醉、愚弄和分化工人,使工人听任资产阶级摆布,——这就是当代的基本事实”②。列宁以俄罗斯为例诘问道:“大俄罗斯的马克思主义者能采纳大俄罗斯的民族文化这个口号吗?不能。这样的人应当请他到民族主义者那儿去,而不应让他躲在马克思主义者当中。”③

正因为“民族文化”代表的是资产阶级民族主义,所以列宁倡导“各民族共同的文化”。“工人民主派的口号不是‘民族文化’,而是民主主义的和全世界工人运动的各民族共同的文化。”④所谓“共同的文化”,并不是超越各个国家、民族的文化而形成的一种文化形态,而是建立在各个国家、民族无产阶级根本利益一致基础上的某些文化观念,即文化共识、文化认同,它是世界工人运动的思想反映和文化表现。正是借助于这样的文化,各个国家、民族的工人运动才能有效地联合起来,才能引领世界社会主义的发展。总的说来,“民族文化的口号是资产阶级的(而且常常是黑帮—教权派的)骗局。我们的口号是民主主义的和全世界工人运动的各民族共同的文化”⑤。

强调各民族共同的文化,是否意味着排斥乃至否定民族的文化?并非如此。对于这一点,列宁也有明显意识:“我们提出‘民主主义的和全世界工人运动的各民族共同的文化’这个口号,只是从每一个民族的文

①《列宁选集》第2卷,人民出版社1995年版,第339页。
②《列宁选集》第2卷,人民出版社1995年版,第337页。
③《列宁选集》第2卷,人民出版社1995年版,第338页。
④《列宁选集》第2卷,人民出版社1995年版,第334页。
⑤《列宁选集》第2卷,人民出版社1995年版,第335页。

化中抽出民主主义和社会主义的成分，我们抽出这些成分只是并且绝对是为了对抗每个民族的资产阶级文化、资产阶级民族主义。”①这就是说，各民族共同的文化只是要把各民族文化中有利于民主主义和社会主义发展的精华加以综合和融合，以形成新的意识形态，促进工人运动的发展，而决不是要否定和取代各民族的文化。实际上，文化再共同，也不可能抹煞文化的民族性和特殊性。一个民族的文化作为该民族的根，它是不可能伴随全球化的出现而消失的。世界性联系的扩展和加强，只是改变着各民族文化的发展方式，而不可能取消这些文化本身。世界文化与民族文化是相互影响、相互促进的，而不是彼此排斥、绝对对立的。

为了正确认识“民族文化”，有必要深刻理解和把握列宁所专门提到的与民族文化直接相关的这样几个问题：

一是同化。按照通常的理解，同化是一个民族失去原有的民族特点而变成另一个民族。按其性质来分，同化有强制性同化和自然性同化。虽然同化的现象在人类文明的远古时期就已经出现，但真正成为一个重要的社会历史问题并引起世人的高度关注，则是在世界历史形成后而出现的，尤其在当代全球化条件下更为凸显。伴随全球化的推进，各个国家、民族的文化一方面得到了广泛的交流、传播，另一方面因不平等的国际经济政治格局的影响，民族文化被同化的现象也日益明显，以致全球化与文化同化的关系问题越来越引起人们的高度重视。如何在全球化的进程中避免文化的同化，自然成为全球化研究中的一大课题。

列宁在对民族文化的研究中，特别谈到“同化”问题。不过，列宁对“同化”的理解与我们今天的理解大不一样。他不是从否定意义上而是从肯定意义上来谈论同化的。为何如此，这与当时谈论问题的对象及其所指密切相关。

在《北方真理报》第 29 号上，列宁曾著文阐述了布尔什维克在民族

---

①《列宁选集》第 2 卷，人民出版社 1995 年版，第 337 页。

文化问题上的基本主张。文章发表后，崩得分子李普曼则把这种将本国的各民族工人必须有组织地统一起来和打成一片的要求叫作“同化的陈词滥调”。在李普曼及其同道者看来，强调各民族及其文化的统一和联合，实际上就是主张各民族文化的同化，而这样的同化发展下去是十分有害的。这种观点显然是民族主义的立场。列宁对此给以有力的驳斥。列宁认为，同化是一种历史进步，是一种现代文明的象征。“谁没有陷进民族主义偏见，谁就不会不把资本主义的民族同化过程看作是极其伟大的历史进步，看作是对各个偏僻角落的民族保守状态的破坏，对俄国这样的落后国家来说尤其如此。”①同化之所以是一种进步和文明，就在于它超越了各个民族文化封闭性、保守性的局限，而用新的思想观念和理想追求将各个民族的文化有机地统一在一起。这样的“同化”无疑有利于社会发展和文化进步，因而“在世界历史上享有盛名的犹太优秀人物，其中出现过世界民主主义和社会主义的先进领袖，他们从未高喊过反对同化。只有那些肃然起敬地注视犹太人‘后背’的人才高喊反对同化”②。列宁以俄罗斯和乌克兰民族为例，说明伴随资本主义的发展，两个民族经济和文化联系日益增强，这大大有助于这些民族的进步以及两大民族无产阶级的联合。“资本主义把大俄罗斯或乌克兰愚蠢、保守、死守在穷乡僻壤的不开化的庄稼汉变为流动的无产者，这些无产者的生活条件既打破了大俄罗斯特有的民族狭隘性，也打破了乌克兰特有的民族狭隘性。假定说，大俄罗斯和乌克兰之间以后要划国界，但是即使在这种情况下，大俄罗斯工人和乌克兰工人‘同化’的历史进步性也是不容置疑的，这和美国的民族界限的磨掉有其进步性一样。”③就工人运动而言，加强这样的同化也是非常重要的。“如果削弱目前存在的乌克兰无产阶级同大俄罗斯无产阶级在一国范围内的联系和联盟，那就是直接背叛社会

①《列宁选集》第2卷，人民出版社1995年版，第342页。
②《列宁选集》第2卷，人民出版社1995年版，第342页。
③《列宁选集》第2卷，人民出版社1995年版，第343—344页。

主义。"[①]不光一国范围内是如此,世界范围也是如此。

"同化"并不仅仅是一种政治主张,而且是历史发展的趋向。如上所述,列宁认为发展中的资本主义在民族问题上有两大历史趋势,即民族国家的建立和各民族彼此间交往的普遍发展;第一种趋势在资本主义发展初期占主导地位,第二种趋势在资本主义成熟时期占主导地位,标志着资本主义向社会主义的转化。正因为各民族交往日益密切,一般经济生活、政治、科学等的国际统一逐渐形成,因而才有"共同的文化"的出现,即"同化"的出现。因此,同化并不是一种主观愿望,而是顺应历史发展潮流的一种必然现象。

赞成同化与坚持国际主义的立场是一致的。因为社会主义和共产主义并不是一个地域性的概念,而是世界历史性的事业。没有国际无产阶级的密切合作,没有"共同的文化"的形成,社会主义是很难实现的。而且,没有这样的合作和联系,一个民族也是很难真正实现解放和自由的。比如,只有大俄罗斯和乌克兰的无产者统一行动,才可能有自由的乌克兰,没有这种统一行动,就根本谈不上这一点。所以,"大骂其他民族的马克思主义者主张'同化',这样的假马克思主义者实际上不过是民族主义的市侩而已",是"想使历史的车轮倒转"。[②]

应当指出,要正确认识和把握列宁关于"同化"的思想,关键是要对"同化"有一个准确的理解。列宁确实大力主张文化的"同化",但他所讲的同化并不是我们今天所说的模式化,并不是用某种文化来代替其他文化,以致取消文化的民族性和多样化的发展。列宁只是从各民族的文化交流、合作以及相互吸收、借鉴的意义上来讲的,而决不是从模式化、格式化的角度来看待的。反对强权文化、反对文化殖民,正是列宁的鲜明立场。这种立场同其民族平等的主张也是完全一致的。因而对其"同

① 《列宁选集》第2卷,人民出版社1995年版,第342页。

② 参见《列宁选集》第2卷,人民出版社1995年版,第341页。

化”的观点，不能作望文生义的理解。

在这方面，应当注意列宁对各民族文化的具体分析。在列宁看来，每一个现代民族中，都有两个民族；每一种民族文化中，都有两种民族文化。如在俄国，“一种是普利什凯维奇、古契柯夫和司徒卢威之流的大俄罗斯文化，但是还有一种是以车尔尼雪夫斯基和普列汉诺夫的名字为代表的大俄罗斯文化。乌克兰同德国、法国、英国和犹太人等等一样，也有这样两种文化。如果说多数乌克兰工人处于大俄罗斯文化的影响下，那么我们就确凿地知道了，除了大俄罗斯神父的和资产阶级的文化思想外，还有大俄罗斯的民主派和社会民主党的思想在产生影响”。因此，列宁强调指出，乌克兰的马克思主义者在同前一种文化作斗争时，必须要与后一种文化区别开来，并且要告诫工人：“必须用全力抓住、利用、巩固一切机会，同大俄罗斯的觉悟工人相交往，阅读他们的书刊，了解他们的思想，乌克兰的工人运动的根本利益和大俄罗斯的工人运动的根本利益都要求这样做。”①这里讲得很明确，就是出于工人运动根本利益的需要，提倡各个民族应当通过积极交往、阅读书刊、了解思想，努力吸取对方的先进文化因素，以改造和完善本民族自己的文化，进而形成一种新的“共同的文化”。这就是列宁所讲的“同化”的要义。不加区分地采纳和推行某种文化，并不是列宁的同化主张。

二是语言特权。语言作为思想的直接现实，是一定文化的具体表现形式。任何民族的文化总是通过特定的语言形式表述出来的，因而语言与民族文化往往纠缠在一起。说到民族文化，不可避免地涉及民族语言。特别是在当代全球化的条件下，语言问题日益突出，成为文化交流与传播中的一大热点。语言问题之所以受到关注，原因在于全球化进程中语言霸权的产生：某些发达国家借助于经济霸权强行地推行语言霸权，又借助语言霸权强行地推行文化霸权。这样，霸权与反霸权的较量

① 《列宁选集》第 2 卷，人民出版社 1995 年版，第 344—345 页。

和斗争必然成为语言领域中的一个突出现象。列宁所处的虽然不是今天这样的背景,但面对的问题则是一样的,只不过是用反对语言特权来表达今天的反对语言霸权。

列宁关于语言特权的看法是在 1913 年的《关于民族问题的批评意见》中阐发的。当时俄国发行最广的自由派报纸之一《俄罗斯言论报》表示反对人为的俄罗斯化,即反对非俄罗斯民族俄罗斯化,并且作了一个具有公正性的结论:在俄国,俄语之所以受到敌视,不是由于俄语自身引起的,而完全是由于人为地或强制地推广俄语引起的。但是,该报很快又打了自己的嘴巴,认为:"就是反对俄罗斯化的人里面也未必会有人反对像俄国这样大的国家应当有一种全国通用的语言,而这种语言……只能是俄语。"①可以看出,自由派报纸是从承认事实开始,以保留语言特权结束。对于自由派对待语言问题的这种态度,列宁深表不满,他非常形象而又辛辣地指出:"自由派对待语言问题也像对待所有的政治问题一样,活像一个虚伪的小商人,一只手(公开地)伸给民主派,另一只手(在背后)却伸给农奴主和警察。自由派分子高喊:我们反对特权;但在背后却向农奴主时而要求这种特权,时而要求那种特权。"②其实,在对待语言问题上,不光俄国的自由派是如此,"一切自由派资产阶级的民族主义都是这样的,不仅大俄罗斯的民族主义(……)是这样,波兰的、犹太的、乌克兰的、格鲁吉亚的以及一切其他的民族主义也是这样"③。它们均借口高扬"民族文化",来保持和维护某种语言特权。

为什么一切资产阶级的民族主义一定要保留一种语言的特权呢?说到底,这是由其阶级利益决定的。资产阶级总是力图通过维护某种语言的特权用以表达自己的意志,巩固和维护自己的统治。因此,资产阶级的趋向是以"民族文化"的口号作掩护的。一切民族的资产者都在大

① 转引自《列宁选集》第 2 卷,人民出版社 1995 年版,第 332 页。
② 《列宁选集》第 2 卷,人民出版社 1995 年版,第 333 页。
③ 《列宁选集》第 2 卷,人民出版社 1995 年版,第 333 页。

俄罗斯的、波兰的、犹太的、乌克兰的等民族文化的幌子下，干着反动肮脏的勾当。①

与这种狭隘的民族主义相反，列宁坚决反对语言特权，主张语言平等。“任何一个民族主义者，特别是任何一个马克思主义者，都不会否认语言平等。”②因为没有语言平等，也就没有正常对话、交流的可能；剥夺了某种语言的权利，也就等于否定和取消了某种文化在世界中的地位。只要真正坚持民族平等，就必须坚持语言平等。尤其是对世界工人运动来说，坚持这样的平等更为重要。世界工人运动的联合和统一必须在语言上取消特权，“工人民主派的民族纲领是：绝不允许任何一个民族，任何一种语言享有任何特权”③。

既然不能允许语言特权的存在，那么，在世界交往日益密切的情况下，究竟使用什么样的语言、怎样使用语言更加有利于交流和社会发展呢？列宁认为，这一问题并不难解决。就斯拉夫的情况来看，如果取消一切特权，如果不再强迫使用一种语言，那么所有的斯拉夫人就会很快而且更容易地学会相互了解，就不用担心在全国议会里和其他正式场合使用不同的语言发言这一“可怕的”主张。语言的使用和确立不是纯粹人为的，而是有其内在规律的。从根本上说，语言的使用和确立是由于长期经济交往的需要而确定下来的。“经济流转的需要本身自然会确定一个国家的哪种语言使用起来对多数人的贸易往来有好处。由于这种确定是各民族的居民自愿接受的，因而它会更加巩固，而且民主制实行得愈彻底，资本主义因此发展得愈迅速，这种确定也就会愈加迅速、愈加广泛。”④这就是说，世界交往中语言的使用和确立并不是靠权力推行的，而是由于经济交往的客观需要自然形成的，而且是各民族自觉自愿的，

---

① 参见《列宁选集》第2卷，人民出版社1995年版，第335页。

②《列宁选集》第2卷，人民出版社1995年版，第337页。

③《列宁选集》第2卷，人民出版社1995年版，第334页。

④《列宁选集》第2卷，人民出版社1995年版，第333页。

不能将语言问题完全政治化。

三是民族文化自治。民族文化自治是由奥地利社会民主党人奥·鲍威尔和卡·伦纳首先提出来的，用以作为解决民族问题的纲领；俄国孟什维克取消派和崩得分子也都提出过民族文化自治的要求。所谓"民族文化自治"，就是强调文化以及其他社会事务应由民族管理，而不应交由国家管理，民族具有绝对权力。对于民族文化自治的纲领和要求，列宁始终持强烈的反对态度。列宁认为，"民族文化自治"纲领主要的、根本的缺陷，就在于它竭力要维护和实现最彻底的民族主义，其核心是将一切民族相隔离，制造分裂。"在某种'公正'划定的范围内巩固民族主义，'确立'民族主义，借助于专门的国家机关牢固而长期地隔离一切民族，——这就是民族文化自治的思想基础和内容。"①这样的民族文化自治，显然不利于增进各民族的联系，也不利于各个民族的文化发展。

列宁以学校教育为例，说明这一纲领的荒谬性和危害性。崩得分子主张教育部门应从社会的经济、政治生活中分离出来，完全交由各个民族自己管理，这就是要实行学校教育的民族自治。列宁认为，把教育部门从社会经济、政治领域中分出来，这是一种荒谬的空想，因为学校脱离经济和政治是不行的，把学校教育这一类事业分出来只能会保持、加剧"纯粹的"教权主义和"纯粹的"资产阶级沙文主义。"使教育这一类事业'不受国家管理'交给各个民族管理，恰恰是企图把社会生活的可以说是最高的意识形态领域同使各民族打成一片的经济分开，在意识形态这一领域中，对'纯粹'民族文化的存在或教权主义和沙文主义在民族中的培植都是极为有利的。"②因此，在文化领域中，无产阶级政党决不能把民族文化自治纳入自己的纲领。

在自治问题上，应当注意民族文化自治与民族区域自治的区分。对

---

①《列宁选集》第2卷，人民出版社1995年版，第348页。

②《列宁选集》第2卷，人民出版社1995年版，第349页。

于前者,列宁是坚决反对的;对于后者,则是肯定的。不能说列宁在所有民族问题上都是反对自治的。

对于现代社会的国家构成,列宁明确主张建立尽可能大、尽可能集中的国家。在其他条件相同的情况下,觉悟的无产阶级始终反对中世纪的部落制度,欢迎各个大地域在经济上尽可能达到紧密的团结,因为只有在这样的地域上,无产阶级反对资产阶级的斗争才能广泛地开展起来。建立这样的集中、统一,不光是斗争的需要,而且是资本主义社会现实发展的客观要求。"资本主义生产力广泛而迅速的发展,要求有广阔的、联合和统一成为国家的地域,只有在这样的地域里,资产者阶级,还有和它必然同时存在的死对头无产者阶级,才能各自团结起来,消灭一切古老的、中世纪的、等级的、狭隘地方性的、小民族的、宗教信仰的以及其他的隔阂。"①事实正是这样,资本主义的确立和发展离不开国家的集中和统一。一方面,建立中央集权的国家是从封建社会走向现代社会的重要环节。没有中央集权国家的形成,就没有封建割据的结束和现代社会条件的创造。另一方面,资本主义的形成和发展必须依靠统一的国内市场和世界市场。离开这样的市场,资本主义的发展也就失去了土壤和基础。因此,资本主义的产生和发展,自始至终是同国家的统一和"世界历史"联系在一起的。社会主义也是如此。列宁认为:"中央集权制的大国是从中世纪的分散状态向将来全世界社会主义的统一迈出的巨大的历史性的一步,除了通过这样的国家(同资本主义紧密相联的)外,没有也不可能有别的通向社会主义的道路。"②这一思想同马克思关于共产主义是世界历史性的事业的思想是完全一致的。

正是基于上述考虑,列宁反对分权制的主张。"在各种不同的民族组成一个统一的国家的情况下,并且正是由于这种情况,马克思主义者

---

①《列宁选集》第2卷,人民出版社1995年版,第358页。
②《列宁选集》第2卷,人民出版社1995年版,第358页。

是决不会主张实行任何联邦制原则,也不会主张实行任何分权制的。"[①] 但是,列宁所强调的集中制是民主集中制而不是官僚主义的集中制。这种集中制不仅不排斥地方自治和民族区域自治,而且要求实行这种自治,"既要求地方自治,也要求区域自治。"

四是民族自豪感。民族文化必然涉及民族心理、民族情感。尤其是在全球化条件下,民族心理、情感的作用日渐突出,以致强烈地影响着一个民族的发展以及与其他民族的交往。因此,如何正确对待民族心理、情感,自然成为合理引导民族文化发展以至整个社会发展的重要一环。列宁正是从当时的世界历史背景下来思考这一问题的,其主要思想集中反映在 1914 年所写的《论大俄罗斯人的民族自豪感》一文中。

列宁认为,任何一个民族都有自己的自尊、自爱和自豪,否则这一民族就很难维系并正常发展延续。就俄国的无产者来说,也不例外。"我们,大俄罗斯的觉悟的无产者,是不是根本没有民族自豪感呢?当然不是!我们爱自己的语言和自己的祖国,我们正竭尽全力把祖国的劳动群众(即祖国十分之九的居民)的觉悟提高到民主主义者和社会主义者的程度。"[②]在这里,爱阶级与爱祖国是一致的。爱祖国,就要推翻阶级压迫,实现真正的平等、自由。

民族自豪感是同对民族命运的深刻关切联系在一起的。对民族的忧患意识越强,对民族的爱就越深,民族自豪感也就越高涨。列宁举例说,曾经献身于革命事业的大俄罗斯民主主义者车尔尼雪夫斯基在半个世纪前就说过:"可怜的民族,奴隶的民族,上上下下都是奴隶。"[③]俄罗斯许多人是不喜欢这些话的。"然而我们认为,这些话表达了他对祖国的真正的爱,这种爱使他因大俄罗斯民众缺乏革命精神而忧心忡忡。当时,这种革命精神确实还没有。现在,这种革命精神也还不多,但毕竟是

---

① 《列宁选集》第 2 卷,人民出版社 1995 年版,第 358 页。

② 《列宁选集》第 2 卷,人民出版社 1995 年版,第 450 页。

③ 转引自《列宁选集》第 2 卷,人民出版社 1995 年版,第 450 页。

有了。我们满怀民族自豪感，因为大俄罗斯民族也造就了革命阶级，也证明了它能给人类提供为自由和为社会主义而斗争的伟大榜样……”①

增强民族自豪感同维护霸权、维护反动统治是不能混为一谈的。借口“保卫祖国”来加强扩张势力，维护沙皇统治地位，决不是增强民族自豪感的真正含义。因此，列宁认为，不能在“民族自豪感”的煽动下，再去奴隶般地屈从于沙皇政权的驱使。“我们满怀民族自豪感，正因为这样，我们特别痛恨自己奴隶般的过去（过去地主贵族为了扼杀匈牙利、波兰、波斯和中国的自由，经常驱使农夫去打仗）和自己奴隶般的现在，因为现在这些地主在资本家协助下又驱使我们去打仗，去扼杀波兰和乌克兰，镇压波斯和中国的民主运动。”②既然不能盲目地、奴隶般地树立这样的民族自豪感，那就需要对自己的行为、角色加以深刻的反省，自觉确立正确的民族意识。诚如列宁所说：“谁都不会因为生下来是奴隶而有罪；但是，如果一个奴隶不但不去追求自己的自由，反而为自己的奴隶地位进行辩护和粉饰（例如，把扼杀波兰和乌克兰等等叫作大俄罗斯人的‘保卫祖国’），那他就是理应受到憎恨、鄙视和唾弃的下贱奴才了。”③

要树立正确的民族自豪感，列宁认为有这样两个问题是值得注意的：一是确立民族自豪感的原则，即平等的人道原则。民族自豪感总是在民族与民族之间体现出来的，而这样的自豪感决不能有悖于平等的准则。破坏平等的自豪，绝不是正常的自豪，毋宁说是无耻、野蛮。所以，列宁热切希望大俄罗斯无论如何要成为一个自由的和独立自主的、民主的、共和的、足以自豪的国家，按照平等这一人道的原则来对待邻国。“正因为我们抱有这样的希望，所以我们说：20世纪在欧洲（即使是在欧洲的最东部）‘保卫祖国’的唯一办法，就是用一切革命手段反对自己祖国的君主制度、地主和资本家，反对我们祖国的这些最可恶的敌人；大俄

①《列宁选集》第2卷，人民出版社1995年版，第450页。
②《列宁选集》第2卷，人民出版社1995年版，第451页。
③《列宁选集》第2卷，人民出版社1995年版，第451页。

罗斯人'保卫祖国',只能是希望沙皇政府在一切战争中遭到失败。"①二是确立民族自豪感的价值取向。价值取向,说到底就是某种民族意识和行为究竟对谁有利的问题,或者说,究竟是以实现什么样的利益为旨归。为此,列宁提出,在新的历史条件下,俄罗斯无产者必须从世界社会主义的利益出发,以最坚决的态度去捍卫一切受大俄罗斯人压迫的民族的完全平等和自决的权利。"大俄罗斯人的民族自豪感(不是奴才心目中的那种自豪感)的利益是同大俄罗斯(以及其他一切民族)无产者的社会主义利益一致的。马克思永远是我们学习的榜样,他在英国住了几十年,已经成了半个英国人,但是,为了英国工人社会主义运动的利益,他仍然要求保障爱尔兰的自由和民族独立。"②列宁在这里讲得很明白,不能离开世界社会主义运动的整体利益来抽象地谈论民族自豪感,它必然是特定利益的具体表达。

列宁上述有关民族文化的具体思想虽然是在当时背景下针对特定问题而阐发的,但其所显示的价值与意义对于我们今天研究全球化与民族文化关系问题也是重大而深远的。要合理地推进民族文化的发展,必须在这些问题上有一个高度的理论自觉。

五、世界历史与社会主义

十月革命胜利后,列宁关于世界历史的理论主要是围绕社会主义革命和建设这两大问题展开的,因而有关社会主义革命的经验总结和社会主义建设的积极探索便成为列宁世界历史理论的重要组成部分。

列宁关于社会主义革命的论述,主要是从新的世界格局出发,针对十月革命与世界社会主义革命的关系来阐发的。俄国十月革命是在特殊的环境下用独特的方式发动并取得胜利的,但它又具有划时代的意

①《列宁选集》第2卷,人民出版社1995年版,第451页。
②《列宁选集》第2卷,人民出版社1995年版,第453页。

义，它开创了帝国主义和无产阶级革命的时代。列宁在充分肯定其时代意义的基础上又明确指出，俄国革命的胜利仅仅是世界社会主义革命的开始。这是因为，它只是完成了夺取政权的任务，还没有用社会主义生产关系代替资本主义生产关系，实现社会的根本变革；而且，它只是世界局部的胜利，而非全局性的胜利。因此，说十月革命是世界社会主义革命的开始，确实如此。列宁在1920年《庆祝十月革命三周年的讲话》中指出，我们胜利了，但“不应当忘记，我们至多才获得一半的胜利”，“我们的胜利还远不是完全的胜利”，“现在我们担负着另一半的、更艰苦的任务”，这就是进行经济建设。他还说：“我们一向懂得并且不会忘记，我们的事业是国际的事业，因此在一切国家（包括最富有和最文明的国家）的革命还没有完成以前，我们的胜利只是一半，也许一半还不到。”①

既然俄国革命只是一个开始，那么要取得最终的彻底的胜利，就必须把这一革命引向世界，依靠各国工人的共同努力。列宁反复讲过类似的道理：“我们也从不隐讳我们的革命只是一个开端，只有当我们在全世界点燃同样的革命火焰的时候，这个革命才会到达胜利的终点。”②“革命在一个国家虽以辉煌的成就开始，但以后可能要经历痛苦的时期，因为只有在全世界范围内，只有靠各国工人的共同努力，才能够最终取得胜利。”③

列宁认为，俄国一国之所以不能全部完成社会主义革命的任务，原因就在于资本是一种国际力量。资本的国际性决定了革命的国际性。“只有联合其他许多国家战胜国际资本，才能顺利地把革命进行到底，取得绝对的胜利”④，即彻底消灭国际资本主义。因此，列宁提出，社会主义国家的历史使命就是要把一国革命转变为世界革命。俄国革命“最大的

①《列宁全集》第40卷，人民出版社1986年版，第3页。
②《列宁全集》第38卷，人民出版社1986年版，第180页。
③《列宁全集》第34卷，人民出版社1985年版，第313页。
④《列宁全集》第39卷，人民出版社1986年版，第74页。

历史课题就是：必须解决国际任务，必须唤起国际革命，必须从我们仅仅一国的革命转变成世界革命”①。为了推进世界革命，必须保持住苏俄这个社会主义的火炬；而苏维埃俄国在争取国际革命的同时，也应当而且必须加强国内的社会主义建设。

就其实际情况来看，十月革命的胜利，只是为俄国走向社会主义开辟了道路。然而，建设社会主义不仅需要政治条件，而且需要经济、文化条件。如何在经济、文化落后的基础上快速赶上资本主义国家，加快社会主义发展进程呢？这是列宁苦苦思索的问题，也是摆在俄国布尔什维克面前的严峻课题。

列宁从全球视野出发，明确意识到，在世界历史条件下，一个国家的发展根本不可能离开世界的整体联系。单枪匹马地进行现代化建设，事实上是不可能、不现实的。为此，列宁特别重视苏俄同世界各国包括资本主义国家的经济交往，强调：“社会主义共和国不同世界发生联系是不能生存下去的，在目前情况下应当把自己的生存同资本主义的关系联系起来。”②可以说，这是列宁关于世界历史条件下社会主义发展的基本方略，也是实际开展社会主义建设的指导方针。

列宁的一个基本观点是，在经济文化落后的国家，必须充分利用资本主义来发展和建设社会主义。按照这样的基本观点，列宁围绕建设社会主义的问题主要阐述了这样一些思想：

一是利用资本主义的有效组织形式。在《论“左派”幼稚性和小资产阶级性》中就国内问题同“左派”论战时，列宁对苏俄的经济建设作了深刻的阐释。他深谙苏俄国情，认为苏俄当时是一个社会经济结构错综复杂的国家，在多种经济成分中，“国家资本主义较之我们苏维埃共和国目前的情况，将是一个进步”③，它大大高于苏俄当时的经济，没有什么使苏

① 《列宁全集》第34卷，人民出版社1985年版，第6页。

② 《列宁全集》第41卷，人民出版社1986年版，第167页。

③ 《列宁选集》第3卷，人民出版社1995年版，第521页。

维埃政权感到可怕的东西。列宁视当时的德国为实行这种资本主义的样板:那里有达到最新成就的现代资本主义技术和服从于帝国主义国家的有计划的经济组织。列宁形象地把德国和苏俄比作一个蛋壳中两只未来的鸡雏,体现出分成了两半的社会主义:德国是实现社会主义的经济、生产、社会条件,苏俄是实现社会主义的政治条件。列宁认为,苏俄既然还不具备实现社会主义所需的全部条件,就应该向德国学习在经营和管理资本主义上所取得的成就。列宁由此反对抽象地把资本主义和社会主义对立起来,认为:"只有那些懂得不向托拉斯的组织者学习就不能建立或实施社会主义的人,才配称为共产主义者。"①

在新经济政策实行之后,苏俄的资本主义经济有了一定程度的发展。党内有一些人惧怕资本主义的发展,简单化地把资本主义作为祸害来看待。列宁纠正了这种看法,从历史观的高度提出了一个非常深刻的观点:"同社会主义比较,资本主义是祸害。但同中世纪制度、同小生产、同小生产者涣散性引起的官僚主义比较,资本主义则是幸福。既然我们还不能实现从小生产到社会主义的直接过渡,所以作为小生产和交换的自发产物的资本主义,在一定程度上是不可避免的,所以我们应该利用资本主义(特别是要把它纳入国家资本主义的轨道)作为小生产和社会主义之间的中间环节,作为提高生产力的手段、途径、方法和方式。"②在这里,列宁明确地提出了利用资本主义特别是国家资本主义来为社会主义服务。这同马克思所提出的利用资本来消灭资本的观点是完全一致的,是应对全球化发展趋势、推进社会主义快速发展的合理选择。

二是借鉴和吸收资本主义国家创造的文明成果。列宁指出,社会主义能否实现,就取决于我们把苏维埃政权和苏维埃管理组织同资本主义

---

①《列宁选集》第3卷,人民出版社1995年版,第536页。

②《列宁选集》第4卷,人民出版社1995年版,第510页。

最新的进步的东西结合的好坏。他还讲，我不知道别的什么社会主义，只知道有一种社会主义，即接受了资本主义一切优秀成果的那样一种社会主义。为此，苏维埃俄国必须继承资本主义社会所创造的巨大生产力，充分利用和学习其科学、技术和组织社会化大生产的先进手段与方法，一句话，要“乐于吸取外国的好东西”。为了生动、形象地说明这一点，他还提出了这样一个有意义的公式：“苏维埃政权＋普鲁士的铁路秩序＋美国的技术和托拉斯组织＋美国的国民教育等等等等＋＋＝总和＝社会主义。”①

三是充分发挥资产阶级专家们的作用。在论证利用资产阶级专家的重要性时，列宁指出，没有各种学术、技术和实际工作领域的专家的指导，向社会主义过渡是不可能的。要吸收资本主义国家创造的文明成果为社会主义服务，就必须充分发挥专家们的作用。如何发挥？这就是政治上要团结他们，工作上要信任和使用他们，生活上要关心他们。列宁把那些具有丰富知识、学有专长的知识分子和专家当作宝贵财富，要求党和国家的各级领导干部既要领导和指导专家们工作，又要爱护和尊重他们，虚心向专家们学习。他严厉批评了那些只会在办公室里发号施令而不与专家合作共事的领导者，称他们为“共产党员自大狂”，并认为那些出身于资产阶级的科学技术专家要比妄自尊大的共产党员宝贵十倍。

四是与资本主义和平共处并展开经济竞赛。十月革命后苏俄国家政治格局的一个显著特点，是形成了各种政治力量的“均势”。1921 年 6 月，列宁在共产国际第三次代表大会上分析当时的国际形势时就指出：“目前俄罗斯联邦所面临的国际形势的特点是存在着某种均势，这种均势虽然极不稳定，但毕竟造成了世界政治中一种特殊的局面。”②此后他又多次谈到过这种均势。既然国际上进步力量与反动力量形成某种均

① 《列宁全集》第 34 卷，人民出版社 1985 年版，第 520 页。
② 《列宁全集》第 42 卷，人民出版社 1987 年版，第 1 页。

势，那么苏俄就应采取积极的姿态与资本主义"和平共处"，并利用这一机会进行国内建设。由此出发，列宁提出了两种社会制度展开经济竞赛的思想。列宁认为，和平共处必然造成经济竞赛的局面，因为社会主义制度要显示出自己的优越性，而资本主义制度也力图表现自己的"生命力"，由此会形成激烈的竞赛。在这种竞赛过程中，双方都会提升自己，增强自己的实力。苏维埃俄国应当充分利用这种竞赛来扩大社会主义的影响，使其受到全世界人民的广泛支持。

在对社会主义建设问题的探索上，列宁有关世界历史发展一般规律与个别国家具体发展道路关系的思想值得高度重视。按照列宁的看法，在资本主义时代，由于"人类的整个经济、政治和精神生活在资本主义制度下就已经愈来愈国际化了"①，因而作为总体性的世界历史发展，必然会形成特有的一般发展规律。但是，世界历史发展的一般规律不仅不排斥各个国家在个别发展阶段中在发展形式上或顺序上的特殊性，反而是以此为前提的。列宁指出："一切民族都将走向社会主义，这是不可避免的，但是一切民族的走法却不会完全一样，在民主的这种或那种形式上，在无产阶级专政的这种或那种形态上，在社会生活各方面的社会主义改造的速度上，每个民族都会有自己的特点。"②列宁的这一思想，对于我们今天在全球化条件下进行社会主义发展道路的探索，意义不言而喻。

---

①《列宁全集》第23卷，人民出版社1990年版，第332页。

②《列宁全集》第28卷，人民出版社1990年版，第163页。

第四章　全球化与中国特色社会主义

全球化浪潮最初兴起于西方，尔后又逐渐扩展到东方以至世界各国。在这一浪潮中，任何一个国家和民族只要不甘落后，都必须对其作出积极的回应。中国化马克思主义作为马克思主义基本原理同中国具体实践相结合的产物，自然要对这一重大时代课题作出自己特有的理论审视，并自觉引导全球化潮流。

中国化马克思主义是从中国共产党创建起，历经党的三代领导集体不断丰富、发展、完善的适合中国国情的马克思主义理论体系。由于每一代领导集体所处的历史条件、所面临的时代主题和所要解决的主要问题不同，因而对全球化问题作出反映的角度和论述的重点也不完全相同。透过对不同领导集体全球化观点的考察，不仅可以把握中国化马克思主义有关全球化的基本立场、观点，而且可以看到认识上的不断深化和发展。

一、世界历史与新民主主义革命和社会主义建设

中国共产党从其创立之日起，面临的首要任务就是通过新民主主义革命，建立无产阶级政权。这一任务是在复杂的国际背景下进行的，因

而世界历史问题自然被纳入中国革命理论的探索之中。以毛泽东为代表的中国共产党人，就是在准确把握世界历史发展规律和特点的基础上，从中国的实际情况出发，创造性地提出了新民主主义革命理论，进而提出了社会主义建设理论，指导中国人民在革命和建设中取得了历史性的重大胜利，同时也丰富和发展了马克思主义的世界历史理论。

毛泽东关于世界历史的思想主要是围绕着中国革命和建设的这样一些重大问题加以阐发的：

1. 中国的特殊国情与社会性质

在中国这样一个东方大国中进行革命，首先需要正确地认识和判断中国的基本国情，认清中国国情是认清一切革命问题的基本依据。从党成立时候起，毛泽东就十分重视对国情的研究。为了搞清中国的基本国情，他还非常注意调查研究，实地考察农村社会状况，像《兴国调查》、《湖南农民运动考察报告》等就是这种考察的结果。

认清国情，最重要的是认清中国的社会性质。如何看待中国的社会性质？仔细考察中国的实际情况固然是非常重要和必要的，但仅仅限于本国、本土的状况又是远远不够的。因为自 1840 年以来，中国社会的发展已经失去了独立自主的特性，其社会事务、社会问题的解决并不完全掌握在中国人的手里。因此，中国社会的性质并不完全是由中国自身的情况决定的，同时也是为国际环境、国际力量左右的。在党创立后不久和大革命时期，党就依据当时国际、国内的情况，指出中国是一个"半独立的封建国家"、"半殖民地半封建的国家"，这可以说是对中国社会性质的最早判断和基本认识。后来毛泽东经过多次调查和对国情的深入研究，并根据日本帝国主义侵略中国的新情况，在 1939 年写的《中国革命和中国共产党》一文中对中国社会的性质作了全面系统的阐述。他指出："帝国主义列强侵略中国，在一方面促使中国封建社会解体，促使中国发生了资本主义因素，把一个封建社会变成了一个半封建的社会；但是在另一方面，它们又残酷地统治了中国，把一个独立的中国变成了一个半殖民地和殖民地的中国。”①在这一总的判断的基础上，毛泽东又具体分析了中国这一半殖民地、半封建社会的特点：其一，封建时代自给自足的自然经济基础被破坏了，但封建剥削制度的根基——地主阶级对农民的剥削不仅依旧保持着，而且同买办资本和高利贷资本的剥削结合在一起，在社会经济生活中占有明显的优势。其二，民族资本主义有了某些发展，但没有成为中国社会经济的主要形式，其力量是很软弱的，对外国帝国主义和国内封建主义都有或多或少的联系。其三，封建专制政权被推翻了，代之而起的先是地主阶级的军阀官僚统治，接着是地主阶级和大资产阶级联盟的统治，在沦陷区则是日本帝国主义及其傀儡的统治。其四，帝国主义不但操纵了中国的财政和经济的命脉，而且操纵了中国的政治和军事的力量。在沦陷区，则是一切被日本帝国主义所独占。其五，中国置于许多帝国主义国家的统治或半统治之下，长期处于不统一状态，加上地广人多，因而其经济、政治、文化的发展表现出极端的不平衡。其六，由于帝国主义和封建主义的双重压迫，特别是日本帝国主义的大举进攻，中国的广大人民尤其是农民日益贫困化以至大批破产，其贫困和不自由的程度是世界所少见的。这样的分析，是对中国社会性质深刻的揭示和说明。

既然中国是一个半殖民地半封建的社会，那么，这样的社会性质必然决定中国社会的主要矛盾是帝国主义和中华民族的矛盾、封建主义和人民大众的矛盾。这些矛盾的存在及其尖锐化，不能不造成日益发展的革命运动。近代以来的中国革命，就是在这些基本矛盾的基础上发生和发展起来的。当然，这种主要矛盾在不同历史时期有其不同的重点和特点，如：在土地革命时期，主要矛盾是人民大众同国民党反动派的阶级矛盾；在抗日战争时期，中日矛盾则压倒国内的阶级矛盾及中国人民同其

①《毛泽东选集》第2卷，人民出版社1991年版，第630页。

他帝国主义的矛盾,成为中国社会的主要矛盾。不同的矛盾当然需要不同的解决办法。中国革命的领导与实施,就是从这种实际出发的。

2. 新型资产阶级民主革命的特点与道路

中国近代以来在世界历史中所处的特殊地位和特殊国情,决定了中国共产党领导的民主革命既不同于一般的资产阶级民主革命,又不同于无产阶级领导的社会主义革命,而是一种新型的资产阶级民主革命。

在世界近代历史进程中,除了俄国 1905 年的革命之外,主要出现过两种类型的革命:一种是由资产阶级领导的反对封建专制统治的革命,即资产阶级民主革命;另一种是由无产阶级领导的反对资本主义统治的革命,即社会主义革命。中国革命应该属于什么性质的革命?对于这一问题的探讨和回答,使中国革命付出了沉重的代价。中国作为一个半殖民地半封建的国家,曾经尝试过旧式的资产阶级民主革命,但行不通,孙中山领导的辛亥革命证明了这一点;直接进行社会主义革命,条件不成熟,严重脱离实际,因而也行不通,党内"左"倾冒险主义所带来的严重危害使人们记忆犹新。在此问题上,毛泽东作出了正确的探索和回答。从大革命时期始,毛泽东就对中国革命开始进行认真的研究,通过对近代以来世界各国不同革命的比较分析,认为中国当时进行的资产阶级民主革命,与 18、19 世纪欧美、日本的资产阶级民主革命的性质完全不同。因为中国目前进行的革命,是小资产阶级、半无产阶级、无产阶级这三个阶级合作的革命,对象是国际帝国主义及其工具——官僚、军阀、买办、地主阶级。这种革命与辛亥革命的性质也不相同,主要体现在革命的目标不同以及国内革命势力的扩大和国际社会对革命的支援方面。这是一种具有特殊性质的资产阶级革命。毛泽东指出,"中国现时确实还是处在资产阶级民权革命的阶段。中国彻底的民权主义革命的纲领,包括对外推翻帝国主义,求得彻底的民族解放;对内肃清买办阶级在城市的势力,完成土地革命,消灭乡村的封建关系,推翻军阀政府。必定要经过这样的民权主义革命，方能造成过渡到社会主义的真正基础"①。这就是毛泽东对中国革命性质的最初认识。

抗日战争爆发之后，世界格局发生了新的变化，帝国主义与殖民地、半殖民地的矛盾日益加深。这样的矛盾必然会对殖民地、半殖民地国家革命的性质产生重要影响。在认真分析国际、国内情况的基础上，毛泽东于1940年前后发表了《中国革命和中国共产党》、《新民主主义论》等著作，明确提出了"新民主主义革命"的概念，对中国革命的基本问题作了系统的阐述。毛泽东指出："既然中国社会还是一个殖民地、半殖民地、半封建的社会，既然中国革命的敌人主要的还是帝国主义和封建势力，既然中国革命的任务是为了推翻这两个主要敌人的民族革命和民主革命，而推翻这两个敌人的革命，有时还有资产阶级参加，即使大资产阶级背叛革命而成了革命的敌人，革命的锋芒也不是向着一般的资本主义和资本主义的私有财产，而是向着帝国主义和封建主义，既然如此，所以，现阶段中国革命的性质，不是无产阶级社会主义的，而是资产阶级民主主义的。"②但是，这样的革命"已不是旧式的一般的资产阶级民主主义的革命，这种革命已经过时了，而是新式的特殊的资产阶级民主主义的革命"，即"新民主主义的革命"。③

这种革命何以是一种新型的资产阶级民主革命呢？毛泽东在《新民主主义论》中，首先从世界历史发展的高度对时代作了基本划分，尔后依据时代的划分，对中国革命的性质作了明确的概括。在他看来，第一次世界大战和俄国十月革命改变了整个世界历史的方向，划分了整个世界历史的时代。"在世界资本主义战线已在地球的一角（这一角占全世界六分之一的土地）崩溃，而在其余的角上又已经充分显露其腐朽性的时代，在这些尚存的资本主义部分非更加依赖殖民地半殖民地便不能过活

① 《毛泽东选集》第1卷，人民出版社1991年版，第77页。

② 《毛泽东选集》第2卷，人民出版社1991年版，第646—647页。

③ 参见《毛泽东选集》第2卷，人民出版社1991年版，第647页。

的时代，在社会主义国家已经建立并宣布它愿意为了扶助一切殖民地半殖民地的解放运动而斗争的时代，在各个资本主义国家的无产阶级一天一天从社会帝国主义的社会民主党的影响下面解放出来并宣布他们赞助殖民地半殖民地解放运动的时代，在这种时代，任何殖民地半殖民地国家，如果发生了反对帝国主义，即反对国际资产阶级、反对国际资本主义的革命，它就不再是属于旧的世界资产阶级民主主义革命的范畴，而属于新的范畴了；它就不再是旧的资产阶级和资本主义的世界革命的一部分，而是新的世界革命的一部分，即无产阶级社会主义世界革命的一部分了。”①毛泽东关于中国革命是世界无产阶级社会主义革命一部分的论断，既是对中国革命性质的一种概括，也是对时代的一种界说。将世界历史、时代、中国革命性质联系在一起来考察，这正是毛泽东新民主主义革命论的独特方法论。

在对新民主主义革命作出总体判断的基础上，毛泽东又分别从下述两个方面对新民主主义革命作了具体规定：第一，革命不再由资产阶级来领导，而是由无产阶级来领导，是在无产阶级领导之下的人民大众的反帝反封建的革命。第二，革命的前途不再是造成资产阶级专政，而是造成各革命阶级在无产阶级领导之下的统一战线的专政，并最终过渡到社会主义。由此出发，毛泽东提出了中国革命分“两步走”的战略思想：第一步先进行新民主主义革命，第二步再进行社会主义革命。之所以要分两步走，主要是由中国的社会性质决定的。中国现时的社会是殖民地、半殖民地、半封建的性质，这就要求中国革命只能分为两个步骤：第一步，改变这种殖民地、半殖民地、半封建的社会形态，使其成为一个独立的民主主义的社会；第二步，使革命向前发展，建立一个社会主义的社会。而且，从国际环境看，也必须如此。由于中国革命处于社会主义高涨、资本主义低落的国际环境中，因而中国革命的最终目标，不是资本主

① 《毛泽东选集》第2卷，人民出版社1991年版，第667—668页。

义的，而是社会主义的。

明确了中国革命的性质和中国的国情，事实上也就明确了中国革命的道路。以毛泽东为代表的中国共产党人，正是在总结国内外革命经验的基础上，创造性地开辟了一条“农村包围城市，武装夺取政权”的道路。毛泽东指出，革命的中心任务和最高形式是武装夺取政权，是战争解决问题，这一马克思主义革命原则是普遍地对的。但是，中国与其他资本主义国家不同。在资本主义各国，国家内部没有封建制度，有的是资产阶级民主制度；外部没有民族压迫，有的是自己民族压迫别的民族。这样，资本主义各国的无产阶级政党的任务，在于经过长期的合法斗争，教育工人，生息力量，准备最后推翻资本主义。然而，中国不是一个独立的民主的国家，在内部没有民主制度，在外部受帝国主义压迫，无议会可以利用，无组织工人举行罢工的合法权利。因此，在中国，“共产党的任务，基本地不是经过长期合法斗争以进入起义和战争，也不是先占城市后取农村，而是走相反的道路”①。可以说，这一道路是在国内外复杂的联系中寻找出来的。

3. 新民主主义社会的构想

如果说，新民主主义革命的理论是在分析当时国际环境和国内条件的基础上制定出来的，那么，新民主主义社会建设的理论也是同毛泽东的世界史观连在一起的。

在《新民主主义论》中，毛泽东明确提出，新民主主义革命的目的，就是要建立一个新民主主义的社会，新的民主共和国。在这个新社会中，不但有新政治、新经济，而且有新文化。新中国的任务，就是要把一个政治上受压迫、经济上受剥削的中国，变为一个政治上自由和经济上繁荣的中国；把一个被旧文化统治而愚昧落后的中国，变为一个被新文化统

① 《毛泽东选集》第 2 卷，人民出版社 1991 年版，第 542 页。

治而文明先进的中国，一句话，要建立一个新中国。“新民主主义的政治、新民主主义的经济和新民主主义的文化相结合，这就是新民主主义共和国，这就是名副其实的中华民国，这就是我们要造成的新中国。”①按照这样的蓝图，毛泽东具体提出了新民主主义的政治、经济、文化构想。

新民主主义的政治。毛泽东指出，在政治上，要建立无产阶级领导下的一切反帝反封建的人们联合专政的共和国，即新民主主义的共和国。这种新民主主义共和国在世界史上是没有先例的，它一方面和旧式的、欧美式的、资产阶级专政的、资本主义的共和国相区别，另一方面也和苏联式的、无产阶级专政的、社会主义的共和国相区别。它是一个以全国绝大多数人民为基础而在工人阶级领导之下的统一战线的民主联盟的国家制度，是实行彻底的民主制度与不破坏私有财产原则下的国家和政府。总的说来，“国体——各革命阶级联合专政。政体——民主集中制。这就是新民主主义的政治，这就是新民主主义的共和国……”②这种新民主主义共和国，是在特定历史时期内所采取的国家形式，是由半殖民地半封建社会向社会主义社会转变过程中的过渡性的国家形式，但是是一个必要的形式。

新民主主义的经济。对于新民主主义经济，毛泽东的基本观点是：一定要走“节制资本”和“平均地权”的路，决不能是“少数人所得而私”，决不能建立欧美式的资本主义社会，也决不能还是旧的半封建社会。按照这样的指导思想，毛泽东具体阐述了新民主主义经济的内容：一是没收大银行、大工业、大商业归共和国的国家所有，建立具有社会主义性质的国营经济，但不没收其他形式的资本主义私有财产，并不禁止“不能操纵国民之生计”的资本主义生产的发展。二是采取某种必要的方法，没收地主的土地，分配给无地或少地的农民，实现“耕者有其田”，扫除农村

①《毛泽东选集》第2卷，人民出版社1991年版，第709页。

②《毛泽东选集》第2卷，人民出版社1991年版，第677页。

中的封建关系，把土地变为农民的私产，但富农经济也是允许存在的。总之，没收封建阶级的土地归农民所有，没收官僚垄断资本归国家所有，保护民族工商业，这就是新民主主义革命的三大经济纲领。

特别需要指出的是，毛泽东在论述新民主主义经济时，非常注意与资本主义的联系问题。毛泽东明确意识到世界性经济联系以及资本主义文明对一个国家经济发展的深刻影响，因而对资本主义也给予合理的评价和对待。他认为，要发展新民主主义经济，实现工业化，应当允许资本主义的发展。在《论联合政府》的报告中，他强调指出：在中国，没有私人资本主义经济以及新民主主义的国家经济和合作社经济的发展等等，要想在半殖民地半封建的废墟上建立起社会主义社会来，那只是完全的空想。现在的中国是多了一个外国的帝国主义和本国的封建主义，而不是多了一个本国的资本主义，相反地，我们的资本主义是太少了。我们共产党人根据自己对于马克思主义的社会发展规律的认识，明确地知道，在中国的条件下，在新民主主义的国家制度下，除了国家自己的经济、劳动人民的个体经济和合作社经济之外，一定要让私人资本主义经济在不能操纵国民生计的范围内获得发展的便利，才能有益于社会的发展。

为了发展经济，毛泽东还专门提出要吸收外资。他认为，为了发展工业，需要大批资本。资本从何而来？不外两方面：主要地依靠中国人民自己积累资本，同时借助于外援。在服从中国法令、有益中国经济的条件下，外国投资是我们所欢迎的、对于中国人民与外国人民都有利的事业，中国在得到一个巩固的国内和平与国际和平，得到一个彻底的政治改革与土地改革之后，在蓬蓬勃勃地发展大规模的轻重工业与近代化农业这一基础上，外国投资的容纳量将是非常广大的。而且，他还多次谈到，要在平等互利的原则下，与外国包括资本主义国家进行贸易往来。这一切，都是毛泽东的世界史观在经济研究中的具体体现。

新民主主义的文化。对于这一文化的内容和方针，毛泽东在《新民主主义论》中作过这样的概括:“所谓新民主主义的文化,一句话,就是无产阶级领导的人民大众的反帝反封建的文化”①,即“民族的科学的大众的文化”②。这种文化纲领的提出,本身就是一种开放的世界历史性的视野。

对于民族文化,毛泽东有其特有的见解。他认为,民族文化是反对帝国主义压迫,主张中华民族尊严和独立的文化。它是属于我们民族的,自然带有民族的特性。但是,强调文化的民族性,并不是要排斥文化的世界性。尤其在全球化条件下更是如此。所以,毛泽东讲,中华民族文化应同一切别的民族的社会主义文化和新民主主义文化相联合,建立互相吸收和互相发展的关系,共同形成世界的新文化。为此,中国应该大量地吸收外国的进步文化,作为自己文化食粮的原料;凡属我们今天用得着的东西,都应该吸收。但是一切外国的东西,如同我们对于食物一样,必须经过自己的口腔咀嚼和胃肠运动,送进唾液、胃液、肠液,把它分解为精华和糟粕两部分,然后排泄其糟粕,吸取其精华,才能对我们的身体有益,决不能生吞活剥地、毫无批判地吸收。所谓“全盘西化”的主张,乃是一种错误的观点。民族的形式、新民主主义的内容,这就是我们今天的新文化。

4. 从“中间地带”到“三个世界”

在新的历史条件下,要积极应对世界历史发展各种力量、各种关系的挑战,必须对世界局势和世界格局有一个正确的判断和把握。只有这样,才能找到自己在整个世界格局中的准确方位,才能确定有利的对外战略和对外政策,从而有利于自己的发展。毛泽东的“中间地带”论和“三个世界”论就是关于国际局势、国际格局的战略思考,因而是其世界

---

①《毛泽东选集》第2卷,人民出版社1991年版,第698页。
②《毛泽东选集》第2卷,人民出版社1991年版,第706页。

历史思想的重要组成部分。

第二次世界大战后，美苏之间的紧张关系成为国际社会面临的突出问题。对于这样的紧张关系，中国共产党基本上采取的是“一边倒”，即倒向社会主义的苏联。针对当时美国散布的反苏战争的传言，毛泽东一针见血地指出，这种宣传“是美国反动派用以掩盖当前美国帝国主义所直接面对着的许多实际矛盾，所放的烟幕”，“美国和苏联中间隔着极其辽阔的地带，这里有欧、亚、非三洲的许多资本主义国家和殖民地、半殖民地国家。美国反动派在没有压服这些国家之前，是谈不到进攻苏联的”。① 对于这种国际战略态势，毛泽东提出一切受到美国侵略威胁的人民团结起来。这就是“中间地带”论的提出。

到了60年代，随着世界各种政治力量的分化和改组，毛泽东对“中间地带”又有了新的认识。1962年1月3日，毛泽东在与日本客人安井郁的谈话中指出：“中间地带国家的性质也各不相同：有些国家有殖民地，如英、法、比、荷等国；有些国家被剥夺了殖民地，但仍有强大的垄断资本，如西德、日本；有些国家取得了真正的独立，如几内亚、阿联、马里、加纳；还有一些取得了名义上的独立，实际上仍是附属国。”②在这里，毛泽东把“中间地带”具体划分为四种类型的国家：一是有殖民地的国家；二是虽被剥夺了殖民地但仍有强大垄断资本的国家；三是真正取得独立的国家；四是名义上独立，但实际上仍是附属国的国家。

从1963年起，毛泽东又进一步把这四类国家概括成“两个中间地带”：一个是指亚、非、拉，另一个是指欧洲。后来他又进一步明确指出，第二个“中间地带”是指欧洲、加拿大、澳洲、新西兰和日本。对于这样的划分，毛泽东在1964年7月10日会见佐佐木更三等日本社会党人士的谈话中又作了具体的说明：“整个亚洲、非洲、拉丁美洲的人民都反对美

---

① 参见《毛泽东选集》第4卷，人民出版社1991年版，第1193页。

②《毛泽东外交文选》，中央文献出版社、世界知识出版社1994年版，第487页。

帝国主义。欧洲、北美、大洋洲也有许多人反对帝国主义。有的帝国主义者也反对美帝国主义,戴高乐反对美国就是证明。我们现在提出这么一个看法,就是有两个中间地带:亚洲、非洲、拉丁美洲是第一个中间地带;欧洲、北美加拿大、大洋洲是第二个中间地带。日本也属于第二个中间地带。日本的垄断资本是不满意美国的。现在已经有一部分人公开反对美国;另一部分人依靠美国,但我看,随着时间的延长,日本这一部分人中的许多人也会把骑在头上的美国赶走。"①

毛泽东的"两个中间地带"理论,为建立国际反对美帝国主义统一战线奠定了理论基础。这一理论所表达的意图在于:为了反对对中国和世界和平威胁最大的美国,应当利用帝国主义营垒中的矛盾,建立起广泛的反对美帝国主义的统一战线。而在这条统一战线中,"第一中间地带"的亚、非、拉国家是反对美帝国主义的主力军,"第二中间地带"的西方国家是"间接的同盟者"。按照这样的力量构成,中国在国际关系的处理上也进行了合理的调整,这就是不仅对发展与亚、非、拉国家的关系继续采取积极的态度,同时对建立和改善同一些西方国家的关系也给予了高度重视。为此,我国与法国于 1964 年 1 月排除各种障碍,正式宣布建立外交关系,这对打破美国孤立中国的政策具有重大的意义。此后,中国又先后同意大利和奥地利达成了互设贸易机构的协议。

60 年代末 70 年代初,国际形势又出现了新的变化。苏联霸权主义膨胀,加强对我国的军事威胁;美苏争霸的态势也出现了苏攻美守的重要变化;日本、西欧、中国的国际地位日益上升,加之发展中国家的兴起,世界开始呈现出多极化的苗头。正是根据新的形势,毛泽东提出了"三个世界"的理论。1974 年 2 月 22 日,毛泽东在会见赞比亚总统卡翁达时指出:"我看美国、苏联是第一世界。中间派,日本、欧洲、澳大利亚、加拿

---

①《毛泽东外交文选》,中央文献出版社、世界知识出版社 1994 年版,第 508—509 页。

大，是第二世界。咱们是第三世界。”①

“三个世界”理论的提出，有着重大的战略意义和理论意义。首先，它为建立国际斗争新格局、形成国际统一战线指明了方向。三个世界的划分，已经不再依据每个国家的社会制度或意识形态，而是根据每个国家在国际社会中处于什么样的政治和经济地位。美苏两国之所以并称为第一世界，不仅仅是由于这两个国家“原子弹多，也比较富”，更重要的是由于这两个超级大国都企图称霸世界，对世界和平构成严重威胁。把处于美苏超级大国与发展中国家之间的资本主义发达国家称之为第二世界，就在于它们仍继续保持着帝国主义特征，但同时又受到霸权主义的控制、威胁，因而可以成为反霸权斗争中可以争取的中间势力。而占世界人口绝大多数的第三世界虽然力量分散，经济不够发达，但在反对超级大国、维护世界和平、推动人类事业进步的过程中则是一支强大的生力军。这样的分析，对于确立依靠谁、团结谁的发展战略至关重要。

其次，它突出了被压迫民族和社会主义国家在国际斗争中的重要地位。第三世界中既有属于社会主义的中国，又有属于世界资本主义体系的被压迫民族国家。它们都是反帝反霸权的主要力量，在国际斗争中具有同等重要的地位。把被压迫民族国家同社会主义国家放在同一“世界”中，注意发展同其他第三世界国家的关系，既符合国际无产阶级的根本利益，又有助于维护中国自身的利益。对于这样的战略思想，邓小平后来也作过高度评价，认为“毛泽东同志关于三个世界划分的战略思想，给我们开辟了道路”②。“三个世界”国际战略原则，“对于团结世界人民反对霸权主义，改变世界政治力量对比，对于打破苏联霸权主义企图在国际上孤立我们的狂妄计划，改善我们的国际环境，提高我们的国际威望，起了不可估量的作用”③。

---

①《毛泽东外交文选》，中央文献出版社、世界知识出版社 1994 年版，第 60 页。

②《邓小平文选》第 2 卷，人民出版社 1994 年版，第 127 页。

③《邓小平文选》第 2 卷，人民出版社 1994 年版，第 160 页。

再次,它也是对马克思主义世界社会主义运动理论的丰富和发展。在 19 世纪 40 年代末,马克思和恩格斯首先从资本主义世界历史的现状出发,第一次提出“全世界无产者联合起来”的伟大口号,指出被压迫民族的解放斗争是国际无产阶级取得胜利的重要前提和可靠保证。他们还把为符合工人阶级利益的对外政策而进行的斗争作为争取工人阶级解放的总斗争的一部分,并以此来划分欧洲政治力量,根据欧洲民族运动的不同类型来确定是否应受到国际无产阶级的支持。列宁在资本主义发展到帝国主义的形势下,进一步提出了“全世界无产者和被压迫民族联合起来”的口号,把被压迫民族反对帝国主义的斗争看作是世界社会主义运动的一部分。他把当时的整个世界大致分为两极,一极是少数帝国主义宗主国,另一极是广大受剥削受压迫的殖民地和半殖民地,同时也看到还有介于这两大类国家之间的国家的存在:“这个时代的典型的国家形式不仅有两大类国家,即殖民地占有国和殖民地,而且有各种形式的附属国,它们在政治上、形式上是独立的,实际上却被金融和外交方面的依附关系的罗网缠绕着。”①这就相当于三类国家的划分。毛泽东“三个世界”的思想,正是依据马克思主义有关世界划分的基本观点,从不同时期国际国内的实际情况出发,把握不同政治力量的分化、组合,以发展进步势力,争取中间势力,孤立敌对势力。它既体现了美苏争霸、“三个世界”是当时世界政治格局的基本特点,又指明了世界多极化发展的必然趋势和第三世界在国际斗争中的重要作用,以对世界政治格局深刻变化的科学总结和高度概括,为世界社会主义运动理论的发展作出了重要贡献。

5. 维护和平,反对霸权

经过两次世界大战,一方面是国际政治格局得到了新的分化、改组,另一方面是全球化的程度日益提高。在世界经济、政治联系日益紧密的

---

①《列宁选集》第 2 卷,人民出版社 1995 年版,第 647—648 页。

条件下，一个国家能否快速发展，很大程度上依赖于国际环境和国际交往。对于刚刚成立的新中国来说，争取一个和平、稳定的国际环境，对于加快经济发展至关重要。为此，毛泽东在谈及中国的发展与建设时，非常注重缓和国际紧张局势，维护世界的和平与稳定，认为这是中国人民和世界人民的最大利益所在。为了实现这样的目的和愿望，毛泽东提出了"和平为上"的外交主张。1955 年 5 月 26 日，毛泽东在会见印度尼西亚客人的谈话中指出："就是西方国家，只要它们愿意，我们也愿意同它们合作。我们愿意用和平的方法来解决存在的问题。打仗总是不好的，特别是对西方国家没有好结果的，历史已经证明了这一点。……第一次世界大战后，苏俄摆脱了旧有的关系；第二次大战后，中国和许多国家得到了解放。"正是考虑到这一点，我们主张"用谈判来解决问题……因此，结论还是一个：和平为上"。① 他对世界和平充满信心，提出："为了和平和建设的利益，我们愿意和世界上一切国家，包括美国在内，建立友好关系。我相信这一点，总有一天会做到的。"②

按照"和平为上"的理念，毛泽东具体分析了国际形势的发展变化以及战争与和平两种力量的消长情况，提出了世界战争特别是原子战争有可能被推迟或被制止、和平可以得到维持的观点，认为整个国际形势是向好的方面发展，争取比较长的和平时间是可能的。在当时那种错综复杂的国际环境中，这种观点、看法对于坚定中国人民和世界人民争取和平、制止战争的信心，推动世界和平发展，有其重大影响。

中国的发展需要和平，但世界并不那么太平。帝国主义、霸权主义和强权政治成为当代战争和国际局势紧张的根源。第二次世界大战结束后，一方面亚、非、拉民族解放运动风起云涌，成为不可阻挡的历史潮流；另一方面，美国取代了德、日的地位，到处侵略扩张，妄图称霸世界。

---

① 参见《毛泽东外交文选》，中央文献出版社、世界知识出版社 1994 年版，第 210—212 页。
② 《毛泽东外交文选》，中央文献出版社、世界知识出版社 1994 年版，第 246 页。

毛泽东坚决支持世界广大地区和国家的人民争取和维护民族独立、捍卫国家主权、发展民族经济的正义斗争，坚决反对以美国为首的帝国主义推行的侵略政策和战争政策。新中国成立之初，中国人民积极进行了抗美援朝，同时开展了援越抗法。1956 年中国支持埃及人民收回苏伊士运河主权的正义斗争。进入 60 年代，非洲出现更多新独立的国家，中国不但立即宣布予以承认，而且与其中不少国家签订友好条约和经济技术合作协定，加深了相互之间的友好合作关系。与此同时，毛泽东一直密切注视拉丁美洲人民的斗争并给予积极支持。正是由于中国在一系列重大国际事务中表明了与广大亚非拉国家同呼吸共命运的基本立场，并在维护国家主权、民族独立和领土完整、发展民族经济的斗争中与亚非拉国家相互支持、共同奋斗，因而赢得了这些国家的信赖和支持。1971 年恢复中国在联合国合法席位的表决就是有力的证明。

毛泽东不仅反对美国的侵略政策和霸权主义，而且批评、反对苏联的大国沙文主义和霸权主义。在 20 世纪 50 年代，毛泽东严肃地批评苏联领导人在处理苏联和东欧社会主义国家关系上的大国沙文主义的错误，坚决抵制苏联领导人在处理中苏关系上有损中国主权的某些主张。在六七十年代，毛泽东尖锐地揭露和反对当时苏联领导人的霸权主义政策。他在不同场合多次提醒各个国家，要特别警惕和提防苏联的霸权主义。

在反对霸权主义的斗争中，毛泽东明确提出“不称霸”的思想，向全世界表明中国永远不做超级大国，永远不称霸的鲜明立场。毛泽东指出，中国现状属于第三世界，将来即使强大了，经济发达了，仍然属于第三世界。1974 年 4 月 9 日，邓小平在联合国第六届特别会议上代表中国政府和中国人民庄严宣告：“如果中国有朝一日变了颜色，变成了一个超级大国，也在世界上称王称霸，到处欺负人家，侵略人家，剥削人家，那么，世界人民就应当揭露它，反对它，并同中国人民一道，打倒它。”①

① 邓小平:《在联合国第六届特别大会上的发言》，载《人民日报》1974 年 4 月 11 日。

6. 独立自主，力争外援

在世界历史条件下，一个国家的发展往往要借助于两种力量：一种是国内力量，另一种是国际力量。一般说来，两种力量都是需要发挥和利用的，但是，这里也有一个基点的问题，即重点如何放的问题。在这方面，毛泽东的立场始终是：独立自主、力争外援；或者说，自力更生为主，力争外援为辅。

独立自主的基本内涵是：一个国家的革命和建设主要是依靠本国人民的力量，要把立足点放在自力更生的基础上。早在 1945 年，毛泽东在总结大生产运动时就说过："我们不能学国民党那样，自己不动手专靠外国人，连棉布这样的日用品也要依赖外国。我们是主张自力更生的。我们希望有外援，但是我们不能依赖它，我们依靠自己的努力，依靠全体军民的创造力。"①抗战胜利后，国民党依仗美帝国主义的支持，实行独裁、内战和卖国的反动方针，毛泽东精辟地分析抗战胜利后的形势，教育全党认清蒋介石发动内战的阴谋，强调应有足够的准备。他指出："我们的方针要放在什么基点上？放在自己力量的基点上，叫做自力更生。我们并不孤立，全世界一切反对帝国主义的国家和人民都是我们的朋友。但是我们强调自力更生，我们能够依靠自己组织的力量，打败一切中外反动派。"②

革命是这样，建设同样如此。在 20 世纪 50 年代国际环境不利的情况下，毛泽东提出要破除迷信，打掉自卑感，独立自主搞建设，搞科学技术革命。为此，他响亮地提出："自力更生为主，争取外援为辅"③。正是在自力更生为主、争取外援为辅路线的指引下，我们建立了一个独立完整的工业体系和国民经济体系，为现代化奠定了一定的基础。

---

①《毛泽东选集》第 3 卷，人民出版社 1991 年版，第 1016 页。

②《毛泽东选集》第 4 卷，人民出版社 1991 年版，第 1132 页。

③《毛泽东文集》第 7 卷，人民出版社 1999 年版，第 380 页。

中国革命和建设的胜利固然是独立自主、自力更生方针的胜利，但这并不意味着革命和建设可以无须国际援助。毛泽东在强调独立自主、自力更生时，始终注意争取尽可能多的国际援助。在革命问题上，他认为国际援助是中国抗日战争和中国革命取得胜利的一个必要条件。当然，援助是相互的。在建设方面，还在民主革命时期，他就谈到胜利后利用外资的问题。建国以后，西方国家对我国实行封锁、孤立政策；20世纪60年代初，苏联又撕毁合同，撤走专家。在这样的情况下，毛泽东还是想办法利用矛盾，打开了中国与美、日、欧关系的大门，引进外国先进的技术装备，开展同西方发达国家在经济、技术、文化等方面的交流。毛泽东反复讲过，我们愿意向世界上所有国家学习，"我们的方针是，一切民族、一切国家的长处都要学，政治、经济、科学、技术、文学、艺术的一切真正好的东西都要学"①。当然，这种学习不是照搬、照抄，而是有分析的、以我为主，将学习与创造相结合。在全球化日益发展的今天，利用国际援助，开展国际合作交流，已成为一个国家、民族发展的重要环节，简单地套用内外关系的原理会给理论与实践带来很大误区。因此，对毛泽东独立自主、力争外援的思想应给以全面的理解。

二、世界历史与中国特色社会主义道路

邓小平理论作为当代中国的马克思主义，是在改革开放和现代化建设的实践中形成和发展起来的。它首先是源于中国的历史和现实，同时又反映了鲜明的时代特点。无论是邓小平理论本身，还是邓小平考虑各种重大问题的视野与方法，都充分体现了面向世界的精神和气魄。可以说，离开了邓小平的全球观、世界史观，就很难准确把握他的基本思想和观点。因此，江泽民指出，邓小平"最突出的贡献就在于，不仅领导我们

①《毛泽东外交文选》，中央文献出版社、世界知识出版社1994年版，第236页。

的党和国家从‘文化大革命’造成的深重灾难中走了出来，而且还以对当代中国和世界的深刻了解，为党和国家重新走在时代潮流前面，为中华民族以更强大的力量自立于世界民族之林，规划了崭新的和切合实际的宏伟蓝图。他立足中国大地而又面向世界，正视国情现实而又放眼未来，在研究新情况、解决新问题的过程中，高瞻远瞩地构思和设计了有中国特色社会主义的一整套发展战略”①。

1. 和平与发展成为时代的两大主题

正确认识时代，是研究世界经济、政治等关系的前提和基础，也是制定各种具体发展方针、政策的依据。邓小平审时度势，不断依据 70 年代以来国际形势变化的新情况、新特点，对时代问题有了新的认识和思考。邓小平多次表达过这样的意思，十一届三中全会以后，我们对国际形势的判断，对战争与和平问题的认识，有了变化。我们改变了原来认为战争不可避免而且迫在眉睫的看法，得出新的结论：争取比较长期的和平是可能的，在较长时期内不发生大规模的世界战争是可能的。② 正是根据这样的形势判断，1984 年 5 月，在会见南美贵宾时，邓小平首次提出和平与发展是世界上最根本的两大问题。尔后，他又多次重申并进一步发挥了这一看法。特别是 1985 年 3 月在会见日本客人时，他不仅对这一重要论断作了更为完整和清晰的表述，而且用“东西南北”作了形象的概括。他指出：“现在世界上真正大的问题，带全球性的战略问题，一个是和平问题，一个是经济问题或者说发展问题。和平问题是东西问题，发展问题是南北问题。概括起来，就是东西南北四个字。南北问题是核心问题。”③正是根据邓小平对时代的这种基本论断，党的十四大确认“和平与发展仍然是当今世界的两大主题”，并且作出了邓小平理论是“在和平

① 江泽民：《在学习〈邓小平文选〉第 3 卷报告会上的讲话》，人民出版社 1993 年版，第 9 页。
② 参见《邓小平文选》第 3 卷，人民出版社 1993 年版，第 233 页。
③《邓小平文选》第 3 卷，人民出版社 1993 年版，第 105 页。

与发展成为时代主题的历史条件下”形成和发展起来的论断。党的十五大再一次确认了这些观点。

和平与发展为什么会成为当今世界的两大主题？根据邓小平的论述，主要是由如下两大原因决定的：

首先，和平是当今世界的基本趋势和潮流。这里所讲的和平，主要是指世界大战可以避免，国际形势总体趋向缓和。为什么新的世界大战可以避免？原因在于：其一，随着核武器的出现，任何国家对于现代战争都不敢轻举妄动。美苏都是核大国，但谁也没有把握完全消灭对手。因而双方都明确意识到，核战争打不赢，也不能打，结果就形成了核僵局。正如邓小平所说，“现在有核武器，一旦发生战争，核武器就会给人类带来巨大的损失”①。“打世界大战只有两个超级大国有资格，别人没有资格”②，“美苏两家打不起来，就没有世界大战”③。其二，美苏发动世界大战的全球战略部署还没有布置好，而且受到了多方牵制。邓小平指出：“苏美两家都在努力进行全球战略部署，但却受到了挫折，都没有完成，因此都不敢动。”④20世纪六七十年代以后，美苏为争夺世界霸权，互有攻守，但由于实力的限制和各国人民的反对，美苏的全球战略部署多次被打乱。其三，随着国际局势的变动，和平力量的增长超过了战争力量的增长。和平力量首先是包括中国在内的第三世界国家。这些国家占世界人口的四分之三，是反对战争威胁、维护世界和平的主要力量，是“真正的维护世界和平、反对霸权主义的主力”⑤。其次是除美苏之外的其他发达资本主义国家，这些国家也是制约战争的力量。“欧洲是决定和平与战争的关键地区”，“西欧和东欧都是维护和平的力量”，“只要欧

①《邓小平文选》第3卷，人民出版社1993年版，第56页。
②《邓小平文选》第3卷，人民出版社1993年版，第104页。
③《邓小平文选》第3卷，人民出版社1993年版，第319页。
④《邓小平文选》第3卷，人民出版社1993年版，第127页。
⑤《邓小平文选》第2卷，人民出版社1994年版，第416页。

洲，包括东欧和西欧，不绑在别人的战车上，战争就打不起来”。① 其四，世界新科技革命的快速发展，使国际争端的解决办法也出现了新的变化。在新技术革命的浪潮中，以科技和经济为基础的综合国力竞争日趋激烈，而用战争解决国际争端的做法日益受到谴责。因而“这种形势，无论美国、苏联、其他发达国家和发展中国家都不能不认真对待”②。

其次，发展已成为当今世界的核心问题。之所以成为核心问题，是因为发展无论对于发展中国家还是对于发达国家都具有首要的意义。对于发展中国家来说，发展是其第一要务，是真正实现独立自主、加快现代化步伐的迫切要求。只有加强自己的经济实力，才能真正自立于世界民族之林。所以，邓小平讲：“人们都在讲南北问题很突出，我看这个问题就是发展问题。”③现在的情况是，“发达国家越来越富，相对的是发展中国家越来越穷。南北问题不解决，就会对世界经济的发展带来障碍”④。对于发达国家来说，也同样存在着一个再发展问题。如何再发展？重要的一条，就是依赖发展中国家的发展。邓小平指出：“现在世界上北方发达、富裕，南方不发达、贫困，而且相对地说，富的愈来愈富，穷的愈来愈穷。……南方不发展，北方还有什么市场？资本主义发达国家遇到的最大问题是发展速度问题，再发展问题。”⑤“欧美国家和日本是发达国家，继续发展下去，面临的是什么问题？你们的资本要找出路，贸易要找出路，市场要找出路，不解决这个问题，你们的发展总是要受到限制的……总之，南方得不到适当的发展，北方的资本和商品出路就有限得很，如果南方继续贫困下去，北方就可能没有出路。”⑥总的说来，发展具有全人类的性质，应当把发展问题提高到全人类的高度来认识，要从这

---

① 参见《邓小平文选》第3卷，人民出版社1993年版，第233页。
②《邓小平文选》第3卷，人民出版社1993年版，第127页。
③《邓小平文选》第3卷，人民出版社1993年版，第281页。
④《邓小平文选》第3卷，人民出版社1993年版，第56页。
⑤《邓小平文选》第3卷，人民出版社1993年版，第96页。
⑥《邓小平文选》第3卷，人民出版社1993年版，第105—106页。

个高度去观察问题和解决问题。而且，进一步讲，发展之所以成为当今世界的核心问题，还因为发展需要和平，和平更需要发展。没有发展中国家的普遍发展，没有这些国家综合国力的增强，和平实际上是靠不住的。邓小平讲："如果下一个世纪五十年里，第三世界包括中国有一个可喜的发展，整个欧洲有一个可喜的发展，我看那个时候可以真正消除战争的危险。"①"如果世界和平的力量发展起来，第三世界国家发展起来，可以避免世界大战"②。

和平与发展是当今世界两大主题的观点，一方面准确地概括了当今时代的基本性质、发展趋势和面临的主题，另一方面也指明了世界人民包括中国人民需要奋斗的目标和任务。在冷战结束后的几次谈话中，邓小平肯定地讲："看起来，我们过去对国际问题的许多提法，还是站得住的。"但他同时认为，形势的发展并不那么乐观，"和平与发展两大问题，和平问题没有得到解决，发展问题，更加严重"；③"世界和平与发展这两大问题，至今一个也没有解决。"④所谓和平问题没有解决，主要指霸权主义、强权政治还存在，局部战争和军事冲突不断发生，天下并不太平；所谓发展问题更加严重，是指随着形势的发展和变化，南北差距不仅没有缩小，反而更加扩大了，解决发展问题比预想的要困难得多。正因为时代是这样一个结局，所以发展中国家所要努力实现的目标和任务，只能是在维护世界和平的条件下不断加快自身的发展，加速现代化建设的步伐。

2. 中国的发展离不开世界

中国要加快自己的发展，必须正确对待和处理好中国与世界的关系

①《邓小平文选》第3卷，人民出版社1993年版，第233页。
②《邓小平文选》第3卷，人民出版社1993年版，第249页。
③ 参见《邓小平文选》第3卷，人民出版社1993年版，第353页。
④《邓小平文选》第3卷，人民出版社1993年版，第383页。

问题。这就要求对世界本身有一个基本认识。从总体状况来看，自第二次世界大战结束以来，尤其是从20世纪70年代新技术革命以来，伴随资金、资本、技术、信息的快速流动，世界经济联系日益密切，经济全球化的程度越来越高，因而经济全球化成为世界发展不可逆转的客观进程。这就是今天世界的基本状况。邓小平敏锐地把握这一客观历史进程和基本状况，明确指出"现在的世界是开放的世界"①。

既然世界是一个开放的世界，是一个相互依存度不断提高的世界，那么，任何一个国家的发展都离不开世界，"中国的发展离不开世界"②。这就是邓小平对于全球化条件下中国发展的基本看法。

正是基于这样的基本看法，邓小平提出了对外开放的理论。他通过总结中国长期发展的经验教训，深刻阐述了对外开放的重要意义。邓小平讲："现在任何国家要发达起来，闭关自守都不可能。我们吃过这个苦头，我们的老祖宗吃过这个苦头。"③他还讲过，我们建国以来长期处于同世界隔绝的状态，这在相当长一个时期不是我们自己的原因，因为国际上反对中国的势力迫使我们处于隔绝、孤立状态。60年代我们有了同国际上加强交往合作的条件，但是我们自己孤立自己。现在我们算是学会利用这个国际条件了。④ 历史经验教训表明，加快发展必须对外开放。因为只有开放，才能利用国外的资源、技术和管理经验，更好地提高我国的生产力；只有开放，才能更好地利用世界市场，配置资源，赢得比较利益；只有开放，才能紧跟世界科技革命潮流，提高国民经济整体素质，增强综合国力。所以，"我们最大的经验就是不要脱离世界，否则就会信息不灵，睡大觉，而世界技术革命却在蓬勃发展"⑤。

对外开放之所以具有特别重要的意义，也是从社会主义国家发展的

---

①《邓小平文选》第3卷，人民出版社1993年版，第64页。
②《邓小平文选》第3卷，人民出版社1993年版，第78页。
③《邓小平文选》第3卷，人民出版社1993年版，第90页。
④ 参见《邓小平文选》第2卷，人民出版社1994年版，第232页。
⑤《邓小平文选》第3卷，人民出版社1993年版，第290页。

经验教训中总结出来的。社会主义在世界历史的地平线上出现之后，就遇到如何处理与外部世界的关系问题，尤其是与资本主义国家的关系问题。不容否认，社会主义国家从其创立伊始，就不断遇到资本主义国家的封锁、压制、遏制等。这在客观上造成了不利于社会主义对外联系的外部环境。但是，资本主义国家出于自身发展的需要，也不可能完全封闭与社会主义各国交往的渠道，这就给后者留下了对外开放的空间。由于历史条件和主观认识等原因，不少社会主义国家都曾经把国门关得较严，结果是社会主义的发展受到很大影响。实践证明，社会主义作为人类文明发展的一个新阶段，也不能离开整个人类文明发展的大道。社会主义必须继承资本主义时代创造和积累的文明成果，必须大胆吸取不同国家适应时代要求的新的文明创造。只有这样，才能充分发挥自身的优越性，走在人类文明前列，才能保持生机活力，加快发展进程。

由于对外开放是走向现代化的必由之路，因而坚持对外开放便成为我们的一项基本国策。邓小平说，我们的对外开放政策，“是一项长期持久的政策，本世纪内不能变，下个世纪前五十年也不能变。五十年以后中国同外国在经济上将更加紧密地联系起来”①。经济全球化的发展，不仅决定了对外开放的必然性，而且决定了对外开放的长期性。且不说在经济不发达的阶段要实行开放，就是到了发达阶段也必须坚持开放，甚至是更加开放，因为全球化的程度越高，开放的程度也必然越高。邓小平在 20 世纪 80 年代中期就预见性地指出：“我国年国民生产总值达到一万亿美元的时候，我们的产品怎么办？统统在国内销？什么都自己造？还不是要从外面买进来一批，自己的卖出去一批？所以说，没有对外开放政策这一着，翻两番困难，翻两番之后再前进就更困难。”②为此，必须把对外开放作为一项长期坚持的基本国策。

---

①《邓小平思想年谱》(1995—1997)，中央文献出版社 1998 年版，第 308 页。

②《邓小平文选》第 3 卷，人民出版社 1993 年版，第 90 页。

按照这样一项基本国策，中国的对外开放不断向纵深发展。首先是全方位的开放。“我们是三个方面的开放，一个是对西方发达国家的开放，我们吸收外资、引进技术等等主要从那里来。一个是对苏联和东欧国家的开放，这也是一个方面。……还有一个是对第三世界发展中国家的开放……”①其次是多层次的开放。即由点到线、由线到面，通过试点逐步扩大、因地制宜、多层次发展的开放。再次是宽领域的开放。即以经济领域的开放为重点，包括文化、教育、科技以及政治等许多领域的开放。对外开放力度的不断加大，使中国的发展取得前所未有的巨大成绩。

值得指出的是，如同毛泽东一样，邓小平在强调对外开放的同时，始终没有忘记独立自主、自力更生。他一再申明这样的主张：“我们一方面实行开放政策，另一方面仍坚持建国以来毛泽东主席一贯倡导的自力更生为主的方针。必须在自力更生的基础上争取外援，主要依靠自己的艰苦奋斗。”②实际上，独立自主、自力更生与对外开放是相互影响的，“独立自主不是闭关自守，自力更生不是盲目排外”。全面把握二者的关系，是顺利推进开放的重要一环。

3. 走自己的路

中国的发展离不开世界，这是就其一般情况而言的。但是，中国究竟如何发展，还是需要由中国自己来决定。坚持从实际出发，走自己的路，这就是邓小平面对世界复杂多变的情况所作出的理论回答。

社会主义和共产主义作为一项世界历史性的事业，必然会兴起国际共产主义运动。然而，在国际共产主义运动中，长期以来逐渐形成了一种僵化的模式和观念，苏联在 20 世纪 30 年代建立的社会主义体制被凝

①《邓小平文选》第 3 卷，人民出版社 1993 年版，第 99 页。
②《邓小平文选》第 2 卷，人民出版社 1994 年版，第 406 页。

固化和迷信化，以致成为任何国家实行社会主义必须效仿的模式。这种情况不仅严重束缚了人们的思想，而且使社会主义在不少国家受到挫折。毛泽东对此早有警惕，曾经指出对苏联的教训要引以为鉴，并为探索中国自己的社会主义道路作出了重大努力。在新的历史条件下，邓小平重新提出并正确地解决了这一问题。他指出，各个国家无疑应当相互学习，但革命和建设都应当走自己的路，“总之，各国的事情，一定要尊重各国的党、各国的人民，由他们自己去寻找道路，去探索，去解决问题，不能由别的党充当老子党，去发号施令。我们反对人家对我们发号施令，我们也决不能对人家发号施令。这应该成为一条重要的原则”①。“任何国家的革命道路问题，都要由本国的共产党人自己去思考和解决，别国的人对情况不熟悉，指手画脚，是要犯错误的”②。就社会主义的体制来说，我们原来都是从苏联学来的，但这个模式在苏联也是不成功的，搬到其他国家更是难以适用。所以，邓小平讲：“各国必须根据自己的条件建设社会主义。固定的模式是没有的，也不可能有。墨守陈规的观点只能导致落后，甚至失败。”③从长远来看，“我们的现代化建设，必须从中国的实际出发。无论是革命还是建设，都要注意学习和借鉴外国经验。但是，照抄照搬别国经验、别国模式，从来不能得到成功。这方面我们有过不少教训。把马克思主义的普遍原理同我国的具体实际结合起来，走自己的道路，建设有中国特色的社会主义，这就是我们总结长期历史经验得出的基本结论”④。也正是根据这样的结论，邓小平逐渐形成了一整套关于中国特色的社会主义理论。

建设中国特色的社会主义，是一项前无古人的事业，马克思主义经典作家没有讲过，前人也没有搞过。怎样才能在新的世界历史条件下走出这

---

①《邓小平文选》第 2 卷，人民出版社 1994 年版，第 319 页。
②《邓小平文选》第 3 卷，人民出版社 1993 年版，第 27 页。
③《邓小平文选》第 3 卷，人民出版社 1993 年版，第 292 页。
④《邓小平文选》第 3 卷，人民出版社 1993 年版，第 2—3 页。

样一条道路？邓小平认为：要尊重实践，尊重群众，大胆地试，大胆地闯。在试和闯的过程中，难免有不同的意见和争论，但是，不要紧，实践是检验真理的标准。一种观点、一种路线是否正确，要由实践来检验，要“拿事实来说话”，不能从原则出发，抽象争论。“不争论，大胆地试，大胆地闯。农村改革是如此，城市改革也应如此。”①因此，在发展道路上，应当摸着石头过河，“对的就坚持，不对的赶快改，新问题出来抓紧解决”②。

中国特色社会主义道路的提出，是对马克思主义社会发展理论的新贡献、新发展。谈到社会发展，马克思在其生活的年代，更多关注的是社会发展的规律问题。由于要创立唯物史观，因而马克思主要是从世界历史出发，探寻社会历史发展的一般规律以及资本主义社会的特殊规律，由此形成了“两大发现”。邓小平在新的历史条件下，继承马克思的唯物史观，重点突出的是社会发展道路的探索，由此推进了社会发展理论和世界历史理论的研究。实际上，规律和道路并不是彼此分离的，而是内在联系在一起的。可以这么认为：规律作为世界历史的内在的本质联系，是道路产生的基本依据，而道路则是规律的具体实现方式，有什么样的实现方式，就形成什么样的道路。由于规律在不同国家、民族以及这些国家、民族的不同历史发展阶段上所实现的方式不同，因而所形成的道路也不同。任何规律的实现总是以一定的条件开辟道路的，人们虽然不能创造、取消规律，但可以利用和改造规律借以发生作用的条件，使规律为自己服务，这样的规律实现方式体现在社会发展上，便形成了一定社会独特的发展道路。所以，道路是依赖于条件的，独特的道路产生于独特的条件。中国特色社会主义道路就是从中国现阶段的条件出发，依据社会发展的一般规律尤其是“五形态”规律而总结、探索出来的。坚持走社会主义道路，这是历史发展之必然；而且在目前的世界历史格局中，

---

①《邓小平文选》第3卷，人民出版社1993年版，第374页。

②《邓小平文选》第3卷，人民出版社1993年版，第372页。

中国走社会主义道路只能是唯一的选择。但是，这一道路究竟怎么走，并非是“五形态”规律本身决定的，而是由现阶段中国的历史条件决定的，或者说，这一道路的“特色”是由中国现阶段的实际情况赋予的。规律与条件的有机结合，便形成了中国特色的社会主义道路。换句话说，这一道路正是“五形态”依次更替的普遍规律在中国国度的特殊体现。

4. 抓住机遇，发展自己

用宽广的眼光来看待机遇问题，这也是邓小平全球化思想的一大特点。邓小平在谈论全球经济、政治形势时，常常提到机遇并将其作为发展的一个重要问题来看待。由此，机遇、发展、全球化是内在联系在一起的。

机遇，也称时机，即对事物发展具有特殊意义的际遇时会。我国古代就有“敕天之命，惟时惟几(机)”和“精识时机，达幽究微”的说法，足见古人对把握时机已有重要认识。邓小平所说的发展时机，主要是指现阶段出现的有利于我国经济发展和社会发展的特殊境遇与条件。

机遇何以形成？主要是由新形势下国际局势、国际环境的状况决定的。首先，世界格局从两极化向多极化发展，新的世界大战在较长时间内不可能出现，这就为我国发展提供了难得的机遇。进入20世纪90年代以来，冷战结束，世界局势正在向多极化发展。尽管和平与发展两大问题都未得到解决，但由于世界和平的力量超过战争的力量，因而使我们有可能争取到一个长期的和平环境来集中精力从事经济建设。其次，两极对立的世界格局虽然不复存在，但美、欧、日之间的矛盾以及其他国际矛盾加剧，这也为我们利用矛盾发展自己扩大了回旋余地，提供了宝贵的历史机遇。邓小平明确指出：“世界上矛盾多得很，大得很，一些深刻的矛盾刚刚暴露出来。我们可利用的矛盾存在着，对我们有利的条件存在着，机遇存在着，问题是要善于把握。”①再次，世界范围内新技术革

①《邓小平文选》第3卷，人民出版社1993年版，第354页。

命的不断兴起，国际间产业结构的调整和重组，亚太地区经济持续、快速的发展，以及我国与日本、美国、前苏联地区和某些周边国家关系的调整等，都为我们发展经济提供了良好的机遇和条件。

从国内的情况来看，改革开放以来，我国也处于一个史无前例的良好发展时机。首先，经过几十年建设，经济、社会发展取得了举世瞩目的伟大成就，人民生活水平大为提高，综合国力明显增强，人心安定，社会稳定。其次，我们已经建立起了比较雄厚的物质基础，这必然在以后的经济高速发展中发挥重要的作用，提供起飞的前提条件。此外，我们通过改革，逐渐建立了社会主义市场经济体制，随着金融、外贸、财政、外汇管理体制的改革，世界贸易组织的加入，香港、澳门的回归，海峡两岸经济合作的发展等，都会给我国的发展带来新的机遇。

总体来说，中国现阶段的发展，确实是面临着良好的机遇。能否抓住机遇，对于中国的发展至关重要。抓住机遇，就会缩小与发达国家的距离，跻身于世界强国之林；反之，丧失机遇，不仅会继续拉大与发达国家的差距，而且社会主义也会有得而复失的危险。因此，抓住机遇是一个重大的战略问题。要致力于发展，必须有强烈的机遇意识。

如何抓住机遇？从邓小平的相关论述来看，关键是做好这样两点：一是善于捕捉和把握好机遇。在人类史上，真正机遇的出现可以说是近代以来的事情。在传统社会，各个国家、民族基本上是封闭的，经济联系比较简单且变化缓慢，因而出现发展机遇的时候并不多。自近代以来，历史日益变为世界历史，经济联系日益社会化、国际化，这就造成了较多机遇的出现。但是，这样讲，并不意味着现代社会机遇随处可见，随手可抓。事实上，真正有利于自己发展的机遇并不多。一方面机遇对所有国家并不是等值的，对有的国家来说是机遇，而对其他国家来说则可能无机遇价值可言。另一方面，世界经济关系的发展也有一个阶梯式的递进发展过程，隔一段调整一次，可能出现机遇；隔一段又恢复正常，机遇随之丧失。所以，机遇是有限的。能否抓住机遇，就看反应能力如何。邓小平非常重视这一点，“我就担心丧失机会。不抓呀，看到的机会就丢掉了，时间一晃就过去了”①。“要研究一下，我总觉得有这么一个问题。机会难得呀！”②二是充分利用好机遇。发现机遇固然是重要的，而利用好机遇则更为重要。要不然，即使是发现了机遇，也会白白溜掉或丧失掉。为此，邓小平早在改革之初就指出：“准备有个抢时间的问题，不能不认真对待。”③尔后又专门指出：“要善于把握时机来解决我们的发展问题。”④要利用好机遇，重要的是增强利用的能力，使机遇真正发挥其应有的作用。另外，要抓好、用好机遇，也要以合理的经济运行机制和社会运行机制为前提，使得机遇的利用能够切实变为经济与社会的内在行为。如市场运行机制的确立，必然要求关注世界市场的动向和世界技术、产业结构的变动，这就为发展和利用机遇铺平了道路。

5. 国际格局的变化与国际新秩序的建立

中国要加快发展，必须有一个稳定的和平国际环境。正确把握国际格局的新变化，推动国际新秩序的建立，是顺利实施现代化建设战略的重要一环。有鉴于此，邓小平在考虑发展问题时，始终对国际形势的变化予以高度关注。

国际格局是指国际舞台上各个国家或国家集团在一定历史时期内相互联系又相互制约，并依据一定的规则所形成的结构和态势。国际格局由两大基本要素构成：一是实力分布，二是国家间的关系结构。一般说来，国家间的实力分布是更为基础性的因素，而国际格局往往是随着国家间实力对比的变化而变化的。

就实际情况来看，以 20 世纪 80 年代末为转折点，国际局势发生了

---

①《邓小平文选》第 3 卷，人民出版社 1993 年版，第 375 页。
②《邓小平文选》第 3 卷，人民出版社 1993 年版，第 369 页。
③《邓小平文选》第 3 卷，人民出版社 1993 年版，第 16 页。
④《邓小平文选》第 3 卷，人民出版社 1993 年版，第 365 页。

重大变动。东欧剧变，苏联解体，两极格局被打破，多极化趋势迅速发展。整个世界出现了美国一个超级大国与几大力量并存，互相竞争、互相借重、互相制衡的新格局。在多极化发展趋势中，美国可以说是当今世界唯一的超级大国，欧盟、日本、俄罗斯、中国几大力量相对突出，发展中国家整体实力日渐增强，各种区域性、全球性组织空前活跃，这都是多极化的重要表现。但是，应当注意到，目前世界各种力量的实力对比是很不平衡的。美国尽管受到各方面的牵制，但在现在和今后一个较长时期内，仍将在世界经济、政治、科技和军事等方面保持明显优势。欧盟随着一体化进程的不断深入，其整体经济实力明显增强，在经济方面日益成为美国的竞争对手。俄罗斯虽然在经济发展中经历了重大挫折，但在军事和科技方面仍拥有相当的实力和优势。日本以其经济和技术优势，在世界舞台上也有重要地位。中国经过改革开放，综合国力大大增强，其国际地位也得到了显著提高。正如邓小平所说："所谓多极，中国算一极。中国不要贬低自己，怎么样也算一极。"①总之，世界向多极化发展，这是一个必然趋势，但世界新格局的最终形成还是一个相当长的过程。

世界多极化趋势的发展，对维护世界和平、促进人类社会繁荣进步是有益的。它使世界各大力量之间能够形成一种制约与制衡的关系，有利于避免新的世界大战的爆发，有利于世界的安全、稳定，也有利于广大发展中国家扩大在国际舞台上的活动空间。但是，目前的世界格局并不是那么稳定的，其间充满了复杂的矛盾和斗争，强权政治和霸权主义还在横行。面对这样的格局，究竟如何建立和建立一种什么样的国际新秩序？对此，不同国家有着不同的主张。美国作为超级大国，主张建立一个由美国领导的"自由世界"；西欧国家则主张建立一个由西方大国相互制约、共同主宰的世界新秩序；日本主张未来世界是多极世界，由美、日、欧主导。这些国家和集团的主张都是各自强调自己的力量和优势，希望

---

①《邓小平文选》第3卷，人民出版社1993年版，第353页。

凭借这种优势建立有利于自己发展的国际新秩序，而根本无视其他发展中国家的权益。这实际上都是霸权主义的主张。

对于这些主张，邓小平明确予以反对。他指出："在新的国际形势下，超级大国的霸权主义和地区性霸权主义应该停止了，他们应该用和平共处五项原则来代替霸权政治。不管国与国也好，还是一部分与另一部分也好，都应该按和平共处五项原则来处理国际事务。"[1]按照这样的原则，邓小平对建立国际新秩序提出了这样一些具体的思想：

第一，各国都有权根据本国国情选择自己的政治制度和发展道路，任何国家不得干涉别国内政，不应把自己的价值观和意识形态强加于人。"国际关系新秩序的最主要的原则，应该是不干涉别国的内政，不干涉别国的社会制度。要求全世界所有国家都照搬美、英、法的模式是办不到的。"[2]

第二，各国不论大小、强弱、贫富，都应该作为平等成员参与国际事务，互相尊重，求同存异，平等对待，友好相处，反对霸权主义和强权政治。只要各个国家相互尊重，平等相待，"什么问题都可以妥善解决"[3]。邓小平反复强调，中国即使在强大以后也绝不当"超级大国"。

第三，各国相互尊重主权和领土完整，国际争端应通过和平谈判合理解决，反对诉诸武力或以武力相威胁。就中国来讲，"中国人民珍惜同其他国家和人民的友谊和合作，更加珍惜自己经过长期奋斗而得来的独立自主权利。任何外国不要指望中国做他们的附庸，不要指望中国会吞下损害我国利益的苦果"[4]。国际新秩序的建立，必须维护和尊重各国主权。

第四，在公正合理、平等互利的基础上，建立国际经济新秩序，以求

① 转引自《人民日报》1988年12月3日。
② 《邓小平文选》第3卷，人民出版社1993年版，第359—360页。
③ 《邓小平文选》第3卷，人民出版社1993年版，第330页。
④ 《邓小平文选》第3卷，人民出版社1993年版，第3页。

得世界发展问题的改善和解决，实现世界共同繁荣。这就要求改变发展中国家受发达国家控制和剥削的旧秩序。发达国家与发展中国家之间的贸易应当平等互惠；发展中国家之间要加强“南南合作”，并同发达国家开展“南北对话”。

邓小平的国际秩序理论与实践为推动国际新秩序的建立树立了光辉的典范。在推动世界和平与发展中，中国始终是一种中坚力量。中国越发展，中国作为维护世界和平与促进世界共同发展的力量就会越强大，公平、公正、合理的国际政治经济新秩序就会更快地确立起来。今天，在国际政治领域，新干涉主义又成为霸权主义和强权政治的一种新形式，这对建立国际政治新秩序有严重影响。用邓小平国际新秩序思想来研究这种新情况、新变化，有其重要的现实意义。

6. 全球化的发展与国家利益的维护

20 世纪 70 年代以来，伴随着资金、资本、技术、贸易等的快速流动，经济全球化的浪潮蓬勃兴起。经济全球化一方面为各个国家带来了重要的发展机会，另一方面也置发展中国家于更为不利的地位，进一步扩大了南北差距。就整体而言，目前的全球化仍然是由发达国家主导的，各种国际经济组织如世界银行、世界贸易组织、国际货币基金组织等是由发达国家控制的，世界经济规则也基本上是由少数发达国家制定的。同时，发达国家垄断着新技术革命的成果，严密控制着新技术，并以知识产权保护为由阻止发展中国家获得新技术，这就成为发展中国家难以逾越的门槛。跨国公司的发展与民族国家主权之间形成了复杂的关系，后者受到前者的冲击与挑战。各种问题表明，全球化的发展使全球化与民族国家之间的关系变得越来越复杂。如何看待这样的关系，自然也成为邓小平思考发展问题的一大重点。

邓小平始终将国家利益作为其理论的出发点，维护国家利益是其国际关系理论的核心。邓小平始终是从中国的国家利益来分析和看待全球化问题的,并以此来提出处理国家间关系的原则和方法。其国家利益观主要涉及国家利益的地位,国家利益的内容和特点,国家利益与全球利益的关系,维护国家利益的基本原则,等等。

国家利益是处理国家间关系的主要准则。邓小平认为,中国过去处理国家间关系是以社会制度划线,而现在这种情况应当发生改变,社会制度的差异不应当成为影响国家间关系的因素,"中国观察国家关系问题不是看社会制度"①。在他看来,国家间的关系应以国家利益为重,"考虑国与国之间的关系主要应该从国家自身的战略利益出发。着眼于自身长远的战略利益,同时也尊重对方的利益,而不去计较历史的恩怨,不去计较社会制度和意识形态的差别,并且国家不分大小强弱都相互尊重,平等相待"。"我们都是以自己的国家利益为最高准则来谈问题和处理问题的"。"用这样的思想来处理国家关系,没有战略勇气是不行的。"②

强调国家利益,并不是要排斥甚至损害国家间利益和全球利益。邓小平认为,国家利益之间应该是一种平等的关系,维护本国利益时不能侵害他国的国家主权利益。"中国要维护自己国家的利益、主权和领土完整,中国同样认为,社会主义国家不能侵犯别国的利益、主权和领土。"③当国家间利益发生矛盾时,要用和平手段来解决争端,特别是要注意发现各国的共同利益,求同存异,协商解决。"搁置争议,共同开发",就是这样的解决方法。在国家利益与全球利益关系问题上,二者也是相互渗透、相互促进的。一方面,每个国家的利益都内含着全球利益。因为在全球化时代,每个国家的发展都离不开世界,假如世界整体发展不顺利,世界整体利益受到损害,那么,作为这一机体的"器官"的每一国家的利益必然受到损害。就此而言,全球利益确实是存在的,维护全球利

① 《邓小平文选》第3卷,人民出版社1993年版,第168页。
② 参见《邓小平文选》第3卷,人民出版社1993年版,第330页。
③ 《邓小平文选》第3卷,人民出版社1993年版,第328—329页。

益是非常必要和重要的。另一方面，国家利益的增强也有利于全球利益的扩大。因为全球利益并不是抽象的，并不是孤立存在的，而是各国人民共同努力的结果。只有当各个国家为人类文明进步做出更多的贡献，全球利益才会得到进一步的发展和完善。国家利益的增强，同时意味着全球利益的增强。当然，全球利益并非是国家利益的简单相加，而是各种国家利益相互协调的产物。

维护国家利益要通过相互尊重、相互合作的方式来解决。每个国家在其发展过程中都要维护自己的利益，但在特定条件下、特定场合中，各个国家的利益又难免发生矛盾与冲突。在这种情况下，如何合理地维护国家利益？邓小平坚持自己的一贯主张：相互尊重，加强合作。“两国相处，要彼此尊重对方，尽可能照顾对方，这样来解决纠葛。只照顾一方是不行的。双方都让点步，总能找到好的都可以接受的办法”①。加强合作也是维护国家利益行之有效的方法，因为“合作不是只对一方有利，而是对双方、对两国、对两国人民都有利”②。在“双赢”、“共赢”的同时，每个国家的利益也得到了实现。为此，邓小平在讲到国家利益时，总是特别强调加强同世界各国的合作，尤其是同第三世界国家的合作。所以，邓小平的国家利益观同狭隘民族主义是有原则区别的，它是同开放的全球观内在联系在一起的。

三、全球化与当代中国社会发展

虽说全球化自近代以来就已出现，特别是在第二次世界大战后得到较快发展，但真正意义上的全球化则是在20世纪70年代后形成的。究其原因，主要有以下几方面：一是90年代初冷战的结束，使各个国家的交流和交往大大加强；二是以信息技术为核心的新一轮科技革命，以及

---

①《邓小平文选》第3卷，人民出版社1993年版，第351页。

②《邓小平文选》第3卷，人民出版社1993年版，第53页。

由此引起的投资、贸易、金融等的快速发展，大大推动了全球经济一体化的进程；三是市场经济的扩展和推进，使各种生产要素在世界范围内得到重新配置，新的国际分工开始形成，全球经济的联系日益加强和提高。所有这一切，都使全球化的力量凸显出来，并将全球化问题提到重要议事日程。正因为全球化对社会发展以及社会生活具有重大的影响和冲击，因而今天谈论社会发展、考虑各种问题，不可能离开这一深刻背景。在新的历史条件下，我们党的历届领导集体就是以这样的全球观来提出和考虑各种社会问题、具体制定发展战略的，其许多思想和观点本身就内含着重要的全球化立场和观点，同时是对马克思主义全球化理论的丰富和发展。

1. 观察世界的宽广眼界

“不谋全局者，不足以谋一域”。没有对世界历史的整体把握，不了解世界正在发生什么，就很难认识和判断自己所要做的事情。因而善于观察世界，是推进社会主义现代化建设事业的内在要求。正因如此，在领导建设中国特色社会主义的实践过程中，领导干部必须具有“世界眼光”，要学会运用马克思主义的宽广眼界观察世界。何谓宽广眼界？江泽民对此作了具体解释：“所谓宽广的眼界，一是要有历史的深远眼光，一是要有世界的全局眼光。这样来观察问题，我们就能更深刻更全面地认识当代中国和当今世界，更加清醒和主动地掌握我们自己发展的命运。”①在这里，用宽广眼界观察世界，实际上就具有了两层含义：一是要用历史的深远眼光看问题，二是要用世界的全局眼光看问题。二者结合在一起，便是立体地、全方位地看问题。

用历史的深远眼光看问题，就是要自觉地把握世界历史发展的规律和潮流，善于总结经验教训，尽量在实践中少走弯路，减少代价。能否自

---

①《江泽民论有中国特色社会主义（专题摘编）》，中央文献出版社2002年版，第701页。

觉地把握时代发展的脉搏和历史发展的潮流，直接关系到一个国家、民族发展的前途命运。纵观“二战”以来的世界发展，战败后的日本、德国之所以成为后来的世界经济强国，正是由于它们瞄准了世界经济变动和产业结构转移的契机，致力于经济调整，实行经济转型，从而加快了战后经济恢复和现代化的进程；20 世纪六七十年代东南亚的一些国家、地区之所以很快跃入“新兴工业化经济”行列，也是由于它们及时捕捉到世界范围产业结构调整的时机，大力转换原有的产业结构，从而使得经济发展呈现出超常发展的势头。事实表明，善于把握世界历史发展潮流的国家，一般是发展比较快的国家。

从一个国家、民族的具体发展来看，自觉把握世界历史潮流至少是从以下方面提出要求的：首先，这是全面、清醒地认识本国实际，进而采取相应对策之所必需。只有通过对世界历史的总体把握，才能看到自己在世界发展中所处的阶段、位置；只有用世界历史发展的当代水平来衡量，才能看到本国社会发展的弱点和差距；只有关注世界发展的新情况、新动向、新趋势，才能有目的地采取各种措施，采取有效的应对策略。总之，只有把自己放到世界历史发展的大潮中来思考、研究问题，才能从中加深对本国的认识，明确自己的方向目标，选择适合自己的发展方式与途径。其次，这是正确制定社会发展战略之所必需。我们强调走自己的路，前提是要首先看清世界历史所走的路，因为要走出成功之路，只能顺应世界历史大潮，融入世界文明大道。将整个世界历史进程作为参照系来考察，我们至少可以从这样几条路来得到启发，进而作出合理选择：一是别的国家走过的路。由于许多国家与我国具有许多可比的因素，因而在某种程度上他们所走过的路对于我国具有“先期试验”的意义。这种“试验”既可以作为经验来接受，又可以作为教训来吸取。二是别的国家正在走的路。每个国家正在走的路固然各不相同，但在某些起码的走法上还是相同的，如在推行市场经济的过程中注意加强宏观调控，在从工业经济向知识经济的过渡中注意适时调整产业结构等，均是现代经济发展中具有共性的因素，必须为各国发展所借鉴和吸收。三是前面将要走的路。前面的路不可能完全设定好，而是需要适时调整。这就要求注意研究未来经济发展的新趋势、新情况，以便提前采取对策，争取主动，防患于未然。因此，注意看清上述这些路，目的就是少走弯路，加快自己的发展速度。

用世界的全局眼光看问题，就是要自觉地把中国的发展同世界的发展紧密结合起来，从世界格局的高度来回答具有时代性、战略性、全局性的重大问题，促进经济与社会健康发展。人类社会发展到今天，随着以数字化、网络化为特征的现代信息产业革命日益成为经济、社会发展的强大推动力，世界变得越来越小，人们的时空观念也在发生急剧的变革。在此条件下，任何一个国家的经济、文化、社会的发展，都不可能脱离世界整体的发展；任何一个民族未来的历史，都不再可能与世隔绝、独立成篇。既然不能离开世界的发展来谋求一个国家、民族的发展，那么，正确认识世界，对时代作出正确的判断，便是实现发展的重要前提。

坚持用世界的全局眼光看问题，最重要的是从世界历史的整体发展状况及其经验教训中获得一种醒悟和警觉。这就是要通过对"世情"的研究和了解，对我们的国情有更为深刻的把握，从而更好地面对世界、走向世界。应当看到，经过30多年的改革开放，我国的社会生产力、综合国力和人民生活水平有了很大的发展和提高，现代化建设事业取得了重大胜利，但是，我们也必须清醒地认识到自己的差距与不足，认识落后才能去改变落后，学习先进才有可能赶超先进。为此，必须切实增强全社会成员的历史责任感和时代使命感，自觉把强烈的忧患意识与开拓进取的实干精神结合起来，开拓进取，艰苦创业。

加快中国的经济与社会发展，不光是要用全球性的宽广眼界看问题，而且要对全球化本身有一个清醒的认识。自觉地适应和参与全球化，并运用全球化来加速自己的发展，这就是认识和把握全球化的最终目的。按照这样的目的、要求，我们党对新形势下的经济全球化问题予以特别关注，并形成了许多富有理论价值和实践价值的理论、观点，为应对经济全球化指明了正确的方向。

经济全球化是随同社会生产力发展而产生的一种客观趋势，是当今世界经济和科技发展的产物。既然是经济自身发展的客观趋势和产物，那就要正视它、适应它、参与它，而不能回避和排斥它。“经济全球化趋势已经和正在给各国经济发展带来深刻的影响，我们既面临着新的发展机遇，也面临着严峻挑战，一定要增强紧迫感，努力使自己发展得更快、更好。”①作为机遇，经济全球化对于发展中国家的发展来说主要表现在这样一些方面：一是使资源在世界范围内得以优化配置，为发展中国家有效地利用国内外两种资源提供了有利条件；二是加速了全球产业结构的调整，发展中国家可以利用发达国家的产业向全球梯度转移的机会，改善和提升自己的产业结构，加速工业化进程；三是使科学技术活动趋于全球化，这为发展中国家引进国外先进科学技术、管理经验，推动技术进步和经济发展提供了有利时机；四是使市场空前扩大，可以使发展中国家能够自主地参与和利用世界市场，推进市场经济的发展。所有这些，都是重要的发展机遇。

然而，经济全球化在创造发展机遇的同时，也不可避免地带来严峻挑战。这种挑战主要体现在：其一，发展中国家日益受到严重挤压。现在，经济全球化是由西方发达国家主导的，它们的经济、科技实力雄厚，掌握着国际经贸组织以及国际经济规则的主导权，在全球化中获益最大，而广大发展中国家总体上处于不利的地位。其二，生产、投资、贸易、金融的全球化，一方面密切了国际经济联系，另一方面也加剧了国际竞争，这就使得发展中国家的发展承受的压力更大，发展更为艰难。其三，随着资金的快速流动，国际金融市场的不稳定因素越来越多，一旦出现金融震荡，就会对世界各国特别是发展中国家造成强烈冲击。其四，在

①《江泽民论有中国特色社会主义（专题摘编）》，中央文献出版社 2002 年版，第 517 页。

全球化过程中,发展中国家的安全也受到严重威胁。西方发达国家通过跨国公司和受它们控制的国际经济组织,加紧向发展中国家进行经济渗透和扩张,在全世界争夺资源和市场,同时极力推行它们的发展模式、政治制度和价值观念,企图通过经济全球化实现资本主义的一统天下,这使广大发展中国家的经济主权、国家安全面临着严峻挑战和威胁。

对于经济全球化所带来的机遇和挑战,不可能作非此即彼的选择,只能是在参与全球化的过程中尽量发挥其积极作用,限制其负面作用。江泽民同志指出:"我们需要世界各国'共赢'的经济全球化,所有国家,无论南方还是北方,不管是大国还是小国,都应是全球化的受益者;我们需要世界各国平等的经济全球化,少数国家的富裕不应该也不能够建立在广大南方国家的贫困之上;我们需要世界各国公平的经济全球化,世界的贫富差距应逐步缩小,而不是不断扩大,否则人类将为此付出沉重的代价;我们需要世界各国共存的经济全球化,只有相互尊重,相互促进,保持经济发展模式、文化和价值观念的多样性,世界文明才能生机盎然地发展。"①要实现这样的经济全球化,必须根据自身的情况作出相应的努力。

首先,要积极参与经济全球化的竞争,自觉融入和利用世界市场。"从政治上看,从 21 世纪国际竞争日趋激烈的大环境看,我们搞现代化建设,必须到国际市场的大海中去游泳,虽然我们这方面的能力还不强,但是要奋力地去游,并且要力争上游,不断提高我们搏击风浪的本领。这对提高我国的国际竞争力、在国际综合国力的较量中掌握主动有利。也有的同志担心,到国际市场的汪洋大海中去游泳了,弄得不好会呛水,甚至被淹死,还是稳妥一点好。这种担心不是完全没有道理的。但是,如果我们总是不到国际市场去经风雨、见世面,我们经济和现代化建设

---

①《党的第三代领导集体治国决策述要》,红旗出版社 2001 年版,第 616 页。

就很难更快地推进。”①如加入世贸组织，符合我国根本利益和长远利益，有利于改善我国经济发展的外部环境，可以直接参与国际经济规则的制定，维护我国权益；有利于增强对外资的吸引力，更好地利用外资；有利于促进国内经济体制改革，推进经济结构调整和技术进步，提高国民经济的整体素质和竞争力；有利于提升我国在国际分工中的地位，最大限度地获得经济全球化带来的利益。当然，加入世贸组织既有机遇，也有挑战。在一定时期内，某些行业和产品会受到很大冲击，还可能出现一些难以预料的困难和问题。能否扬长避短，趋利避害，关键在于我们自己的努力。可以说，加入世贸组织，对我们全党来说，是一次新的学习，也是一场新的考试。考什么？就是考我们的学习能力、应对能力、竞争能力、决策能力、创新能力，一句话，这将是对全党同志智慧和力量的一次很实际很具体的检验。

其次，要进一步扩大对外开放，实施“引进来”和“走出去”相结合的对外开放战略。对外开放，首先是从“引进来”开始的。通过引进，我们的产品、技术、管理水平得到明显提高，我们的外资投入也得到明显增长，经济与社会发展明显加快。但是，“引进来”发展到一定程度，必然要求“走出去”，以获得更大的发展空间。因为只有“走出去”，才能真正充分利用国内和国外两种资源、两个市场。为此，必须实施“引进来”和“走出去”相结合的开放战略，这如同对外开放的两个轮子，必须同时转动起来。“走出去”就是要进一步扩大商品和服务贸易，实施市场多元化战略，发挥我国的比较优势，巩固传统市场，开拓新兴市场，扩大出口，并提高出口商品和服务的竞争力；鼓励和支持有条件的各种所有制企业对外投资、跨国经营；鼓励和支持企业走出去投资办厂，开展各种各样的经济技术合作，带动技术、设备、商品和劳务出口。“走出去”战略的成功实施，对于增强我国经济发展的动力和后劲，促进我国稳定、健康地发展，

---

①《党的第三代领导集体治国决策述要》，红旗出版社 2001 年版，第 195 页。

具有极为重要的意义。“走出去”和“引进来”是对外开放政策相辅相成的两个方面，两者缺一不可。

再次，要在参与经济全球化的过程中，注意维护国家主权和经济社会安全。经济全球化的发展，使各国经济的依存度、影响度日益加深，一旦某些国家和地区发生经济危机，另一些国家特别是发展中国家就会深受其害。因此，经济全球化是一把双刃剑，既给各国的发展提供了新的条件，也不同程度地带来了风险。尤其值得注意的是，目前的经济全球化是由西方发达国家主导的，他们掌握着国际经济贸易组织以及国际经济规则的主导权。而发展中国家由于经济发展水平较低，利用机遇和防范风险的能力较弱，处于相对不利的地位，如果把握不当，就会在经济和社会发展中面临重大风险和冲击。在经济全球化过程中，由于西方国家的渗透、扩张和控制，使得不少发展中国家的经济主权、国家安全都面临着严峻的挑战和威胁，发展颇为艰难。因此，维护国家主权和经济社会安全，对于发展中国家的发展来说至关重要。

2. 全球意识与“三个代表”

新的理论的创立总是与时代发展、历史条件变化密切相关。“三个代表”重要思想作为马克思主义在当代中国发展的新成果，就是适应时代要求而产生的。

20 世纪 90 年代以来，国际形势发生了非常深刻的变化。苏联解体，东欧剧变，由此导致“冷战”结束，两极格局被打破，世界开始向多极化发展。世界多极化与经济全球化又是相伴而生的，这两种社会现象极大地影响着各个国家、民族的社会生活，以致影响到各个国家、民族的社会发展和前途命运。在这样一个多极化、全球化的进程中，如何才能抓住机遇、发展自己，在复杂多变的国际局势和激烈的国际竞争中始终立于不败之地，是摆在中国共产党人面前所要解决的重大课题。正是对时代问题的这种自觉意识，催生了“三个代表”重要思想。江泽民同志集中全党的智慧，高瞻远瞩地提出："时代在发展，形势在变化，我们党要不断巩固自己的执政地位，必须紧跟世界发展进步的激流，始终代表中国先进生产力的发展要求、先进文化的前进方向和最广大人民的根本利益。"①从一定意义上说，"三个代表"重要思想的提出，就是全球意识的产物。

"三个代表"蕴含着深刻的全球化思想：

第一，代表中国先进生产力的发展要求，就是立足时代潮头提出和论述的。一般说来，体现新的生产技术、代表同时期最高发展水平、充分反映生产力发展趋势的生产力，就是先进生产力。由于科学技术对于先进生产力的形成具有决定性的作用，因而科学技术"是先进生产力的集中体现和主要标志"。先进生产力的划分和确定是具体的、历史的。在一定历史时期是先进生产力，随着社会的发展，在另一个历史时期就成了落后的生产力；同一种生产力，在一个国家可能是先进的，而在另一个国家则可能是落后的。生产力的先进性往往随着时间、地点和条件的变化而发生变化。这样，在看待先进生产力问题时，应当有纵、横双向比较，即既要把现有的生产力同以往的生产力加以比较，又要把本国现有的生产力放到国际格局中加以比较。虽然这两种考察方法都是必要的，但后一种方法即横向比较的方法更为重要。因为在全球化条件下，生产力的发展逐渐冲破了原有国家、民族的界限，日益具有世界的性质；相应的，衡量先进生产力也应当具有这样的世界性标准。因此，不仅要历史地看待生产力，而且要特别注意从世界历史的视野中来考察生产力。这就是要把一个国家、民族的生产力放到整个世界范围中去比较，看其先进与否。只有这样，才能发现一个国家、民族的生产力在当代世界生产力格局中所处的地位，在世界范围内所达到的发展水平，从而有助于对先进性的理解和把握；也只有这样，才能审时度势，制定相应的发展战略，推进先进生产力的发展。所以，代表中国先进生产力的发展要求，必

---

①《党的第三代领导集体治国决策述要》，红旗出版社 2001 年版，第 579 页。

须具有全球的眼光。

第二,代表中国先进文化的前进方向,也反映了宽广的文化视野。所谓先进文化,简要说来,就是充分体现社会进步方向的文化。虽然在不同历史时期和不同历史阶段,先进文化具有不同的内容,但从总体上说,先进文化体现了世界历史发展的潮流。一个民族的文化要成为先进文化,决不能仅仅囿于本民族的狭小圈子。只有善于交往、开放和综合的文化,才有可能成为先进的文化。当今世界激烈的综合国力竞争,不仅包括经济实力、科技实力、国防实力等方面的竞争,也包括文化方面的竞争。世界多极化、经济全球化的深入发展,引起世界各种思想文化的相互激荡,其间有吸纳又有排斥,有融合又有斗争,有渗透又有抵御。总体上处于弱势地位的广大发展中国家,不仅在经济发展上面临严峻挑战,在文化发展上也面临严峻挑战。但尽管如此,要增强文化的先进性,必须在保持和发展本民族文化优良传统的基础上,积极吸取世界其他民族的优秀文化成果,实现文化的创新。因此,“发展社会主义文化,必须继承和发扬一切优秀的文化,必须充分体现时代精神和创造精神,必须具有世界眼光,增强感召力。”①而要增强这样的吸引力和感召力,就要求认真确定和借鉴世界各国的文明成果,善于从其他国家和民族的文化中吸取营养,发展自己。只有建设面向现代化、面向世界、面向未来的,民族的科学的大众的文化,才能成为真正的先进文化。总的说来,中国先进文化的前进方向是建立在对人类所创造的一切优秀文化成果利用的基础之上的。当然,对于外来的文化,要采取分析的态度,区分先进和落后、科学和腐朽、有益和有害。吸取先进的、科学的和有益的文化,抵制落后的、腐朽的和有害的文化,这就是代表中国先进文化前进方向的基本要求。

第三,代表最广大人民的根本利益,又是在总结国内外经验教训中

① 《党的第三代领导集体治国决策述要》,红旗出版社 2001 年版,第 390 页。

得到明确认识的。一个政党究竟“做什么”固然是由它“是什么”决定的，但“是什么”却必须通过其“做什么”才能体现出来。“三个代表”重要思想的本质是立党为公，执政为民。实现人民的愿望，满足人民的需要，维护人民的利益，是“三个代表”重要思想的根本出发点和落脚点。纵观历史，不少政治组织和政治集团，在夺取政权的阶段，其政策主张或多或少地代表了人民群众的利益，但是在取得政权之后，就忘乎所以，骄傲起来，久而久之，就脱离了人民群众，不再代表人民群众的利益，最后被群众所抛弃。它们垮台的真正原因尽管很复杂，但人心向背是一个根本原因。“中国历史上一个个王朝的覆灭，世界历史上一个个不可一世的大帝国的崩溃，当今世界一些长期执政的政党的下台，都与人心向背的变化有很大的关系。”①我们党作为执政党，必须注意吸取历史经验教训，高度关注人心向背问题，始终坚持人民的利益高于一切。只有这样，党才能跳出以往的“历史周期率”。胡锦涛在谈及党的立党之本、执政之机、力量之源时，也深刻地指出：“这里的‘本’、‘基’、‘源’，说到底就是人民群众的支持和拥护。‘乐民之乐者，民亦乐其乐；忧民之忧者，民亦忧其忧。’人心向背，是决定一个政党、一个政权盛衰的根本因素。马克思主义政党的理论路线和方针政策以及全部工作，只有顺民意、谋民利、得民心，才能得到人民群众的支持和拥护，才能永远立于不败之地。”②

“三个代表”重要思想不光是从全球视野提出并加以具体阐发的，而且它本身也代表了中国共产党人关于全球化发展方向的基本立场和态度。促进先进生产力的发展，促进先进文化的发展，实现和满足最广大人民的根本利益，这就是推进全球化发展的基本方向和基本价值取向。离开了这一方向和价值取向，参与和融入全球化就失去了起码的意义。就此而言，“三个代表”重要思想就反映了中国共产党人的全球化观。

---

① 江泽民：《论“三个代表”》，中央文献出版社 2001 年版，第 111 页。

② 胡锦涛：《在“三个代表”重要思想理论研讨会上的讲话》，人民出版社 2003 年版，第 17 页。

3. 全球意识与科学发展

发展是当代世界的主题,也是当代中国的主题。现阶段中国各种问题的出现与解决都同发展这一主题密切相关。因此,在今天的中国语境下来谈论全球化,不可能离开这一主题。也正因此,谈论当代中国马克思主义关于全球化的新观点、新看法,不可能离开对科学发展观的深刻理解和把握。

发展观是关于发展的本质、目的、内涵和要求的总体看法和根本观点。有什么样的发展观,就会有什么样的发展道路、发展模式和发展战略,就会对发展的实践产生根本性、全局性的重大影响。以胡锦涛为总书记的党中央领导集体提出的科学发展观,就是立足中国的现实,站在历史和时代的高度,对新世纪、新阶段我国为什么发展、怎样发展的重大问题的科学认识和正确回答。通过科学发展观,也可以看到深刻的世界史观。

树立科学的发展观,是在总结世界范围内发展经验教训的基础上提出来的。从总体来看,发展实践主要是伴随世界性的民族独立解放而展开的。这一浪潮最初兴起于拉美国家,尔后逐渐扩展到世界范围,以致形成包括所有发展中国家在内的全球性现代化浪潮。尽管发展中国家经过长期努力取得了重大成就,但其发展实践并不是那么顺利,而是经历了种种磨难与曲折。这在一些拉美国家尤为典型。在获得民族独立解放后,这些国家迫于民族振兴的压力,都把经济发展作为当务之急,因而经济增长成为发展的首要目标。但这样做的结果,虽然经济总量增加了,但并没有带来整个经济的普遍繁荣,也没有带来社会生活的根本改变,反之,贫富悬殊、两极分化、社会腐败、债务累累等现象愈演愈烈。正是这种有增长而无发展的客观现实,促使一些拉美学者在 20 世纪 60 年代以后逐渐认识到,发展并不纯粹是一种经济现象,而是涉及包括经济在内的政治、文化、社会等的全面变革过程,由此形成了经济增长加社会变革的综合发展观。但是,综合发展观只是提出了发展的全面性,解决了各个领域发展相互制约的问题,而并没有最后回答发展为了什么、为了谁的问题。在现实发展过程中,人的生活处境与人的发展仍然是一个悬而未决的问题。这样,通过反思原有的发展,到 20 世纪 80 年代,在综合发展观的基础上又形成了以人为中心的发展观,强调发展应以人的价值、人的需要和人的潜力的发挥为首要目标,发展的最终目的是为了人。这样的发展观逐渐得到世界各国的首肯。可以看出,从经济发展观到综合发展观再到以人为中心的发展观这样一个思想进程,实际上是从发展中国家发展的经验教训中摸索出来的,它反映了现代化进程的客观要求和内在逻辑。我们党提出的科学发展观无疑是对这种新的发展理念的继承和发展。

树立科学的发展观,同时源于中国现阶段的发展现实。中国的发展现实事实上又同世界发展进程及其规律紧紧联系在一起。从目前的现状来看,我国人均国内生产总值已达 1 000 美元,按既定的部署和现行汇率计算,到 2020 年将达到 3 000 美元。这是现代化进程中一个非常关键的阶段,也是经济社会结构将发生深刻变化的重要阶段。世界上许多国家的发展进程表明,在这一阶段,有可能出现两种发展结果:一种是搞得好,经济社会继续向前发展,顺利实现工业化、现代化;另一种是搞得不好,往往是出现贫富悬殊、失业人口增多、城乡和地区差距拉大、社会矛盾加剧、生态环境恶化等问题,导致经济社会发展徘徊不前,甚至出现社会动荡和倒退。正反两方面的经验教训说明,在这个重要阶段,一定要处理好经济发展与社会发展的关系,处理好城乡发展、地区发展的关系,处理好不同利益群体的关系,处理好经济增长同资源、环境的关系等。因此,中国现阶段面临的矛盾及其发展趋向也是有前车之鉴的,是受世界发展一般规律制约的。

不仅是科学发展观的确立充分体现了强烈的全球意识,而且其一些具体内容和基本要求也深刻反映了这样的全球意识。统筹国内发展和对外开放，是落实科学发展观的一项重要内容。按照这样的统筹要求，在新的发展阶段，必须适应经济全球化深入发展和我国加入世贸组织的新形势，在更大范围、更广领域和更高层次上参与国际经济技术合作和竞争，提高对外开放水平；要统筹利用国内国外两种资源、两个市场，更好地促进我国的现代化建设；要把利用外部有利条件和发挥自身优势结合起来，充分发挥我国市场广阔、劳动力资源丰富的优势；要处理好内需与外需、利用外资与利用内资的关系，注意引进先进技术、管理经验和高素质人才，提高自身创新能力；要扬长避短，趋利避害，既要敢于扩大开放，又要善于保护自己，在扩大开放中注意维护我国企业利益和国家经济安全。所有这一切，都是从全球视角出发看待问题的，是从利用和参与全球化的角度来提出问题的。

既然要在全球化条件下实现社会发展，那就不可避免地涉及与国际环境密切相关的发展方式问题。正是基于对复杂的国际环境和不公正的国际政治经济秩序的考虑，我们党明确提出走和平发展的道路。胡锦涛指出："我们要高举和平、发展、合作的旗帜，坚定不移地走和平发展道路。人类的发展进步，民族的繁荣富强，应该也只有通过和平发展道路才能实现。"①历史表明，一切通过武力或以武力相威胁来实现本国利益的行为，一切把本民族利益凌驾于其他民族利益之上的做法，都是行不通的，都不符合人类历史发展的潮流，不符合世界各国人民的根本利益。中国的发展始终是与和平连在一起的，既利用世界和平与发展的有利时机发展自己，又以自己的发展促进世界和平与发展，努力争取互利共赢。"中国人民将同世界各国人民一道，共同推进人类和平与发展的崇高事业，努力为人类做出更大贡献。"②这就是中国共产党和中国人民面对全

---

① 胡锦涛：《在纪念中国人民抗日战争暨世界反法西斯战争胜利 60 周年大会上的讲话》，载《求是》2005 年第 18 期，第 9 页。

② 胡锦涛：《在纪念中国人民抗日战争暨世界反法西斯战争胜利 60 周年大会上的讲话》，载《求是》2005 年第 18 期，第 9 页。

球化的庄严声明。

4. 全球意识与和平发展

面对全球化的深入发展，今天的人类比以往任何时候都需要、都更有条件来维护世界和平、促进共同发展。如何合理应对全球化，实现和平发展？在新时期，以习近平同志为核心的党中央主要突出强调了如下观念和方略，开创了全球意识与和平发展的新境界。

第一，打造人类命运共同体。全球化的深入发展，使各个国家的联系日益紧密，以致任何一个国家与世界的关系不再仅仅是部分与整体的关系，而是器官与机体的关系。特别是全球化的挑战和全球性问题的出现，把各个国家紧紧地“捆绑”在一起，没有哪个国家可以置身事外、独善其身。人类确实生活在一个“地球村”，各国相互联系、相互依存、相互合作、相互促进的程度空前加深，国际社会日益成为一个你中有我、我中有你的命运共同体。因此，习近平同志明确指出：“当今世界，各国相互依存、休戚与共。我们要继承和弘扬联合国宪章的宗旨和原则，构建以合作共赢为核心的新型国际关系，打造命运共同体。”①

打造命运共同体，不是一个国家、一个民族的事情，而是需要世界上所有国家共同努力。为此，必须树立合作共赢的理念。在全球化条件下，各种重要问题的出现，直接涉及的是人类的共同利益，而不仅仅是哪个国家的利益，命运共同体实质上是利益共同体。在这样的共同体里面，各个国家不是零和博弈，而是互利共赢。按照这样的理念，各个国家一律平等，不能以大压小、以强凌弱、以富欺贫；要坚持多边主义，建设全球伙伴关系，走出一条“对话而不对抗”的国与国交往新路；推进各国经济全方位的良性互动，减少全球发展不平等、不平衡现象，使各国享有世界经济增长带来的利益；促进不同文明、不同发展模式之间的交流对话，

① 2015 年 9 月 29 日新华网。

在交流互鉴中共同发展。为了打造人类命运共同体，中国将始终做世界和平的建设者、全球发展的贡献者、国际秩序的维护者。

第二，积极实施“一带一路”战略。2013 年，习近平同志在访问中亚和东南亚时，分别提出建设丝绸之路经济带和 21 世纪海上丝绸之路的倡议。建设“一带一路”，是积极参与全球化的重大战略决策，也是助推世界经济繁荣发展的重要举措。

“一带一路”贯穿欧亚大陆，东接亚太经济圈，西接欧洲经济圈。在历史上，陆上和海上两大丝绸之路就是我国同中亚、东南亚、东亚、西亚、东非、欧洲经贸和文化交流的通道。“一带一路”的倡议是对古代丝绸之路的传承和提升，顺应了时代要求和各国加快发展的愿望，提供了一个包容性巨大的发展平台，具有深远的历史意义和现实意义。“一带一路”的主要内容是互联互通：一是政策沟通，即各国可以就经济发展战略和对策进行充分交流，在政策和法律上为区域经济融合“开绿灯”。二是道路联通，即愿同各方积极探讨完善跨境交通基础设施，逐步形成四通八达的交通运输网络，为各国经济发展和人员往来提供方便。三是贸易畅通，即各方应就贸易和投资便利化问题进行探讨并作出适当安排，消除贸易壁垒，降低贸易和投资成本，提高区域经济循环速度和质量，实现互利共赢。四是货币流通，即力求逐步实现各国在经济项下和资本项下实现本币兑换和结算，以便大大降低流通成本，增强抵御金融风险能力，提高本地区经济国际竞争力。五是民心相通，即要实现上述领域合作，必须得到各国人民支持，必须加强人民友好往来，增进相互了解和传统友谊，为开展区域合作奠定坚实民意基础和社会基础。可以看出，“一带一路”所要建设的互联互通，不光是修路架桥，不光是平面化、单线条的联通，而是全方位、立体化、网络化的大联通，体现的是共商、共建、共享的平等互利原则。因此，“一带一路”是开放的、共赢的，将给沿线各国人民带来实实在在的利益，将为中国和沿线国家共同发展带来巨大机遇。

第三，推进全球治理体系变革。在全球化条件下，各种重要社会问题和社会现象都带有全球的性质，其出现是全球性的，解决同样是全球性的。这就客观上突出了全球治理。习近平同志指出："我们参与全球治理的根本目的，就是服从服务于实现'两个一百年'奋斗目标、实现中华民族伟大复兴的中国梦。要审时度势，努力抓住机遇，妥善应对挑战，统筹国内国际两个大局，推动全球治理体制向着更加公正合理方向发展，为我国发展和世界和平创造更加有利的条件。"①推动全球治理体系朝着更加公正合理方向发展，符合世界各国的普遍要求和共同利益。由于不少事情越来越需要各国共同协商解决，因而建立国际机制、遵守国际规则、追求国际公平正义成为多数国家的共识。

既然全球治理涉及的对象和问题是全球性的，那么，实现全球治理也必须是全球参与，共建共享，不可能由哪一个国家独自操控。为此，要使全球治理体系更好地反映国际格局的变化，更加平衡地反映大多数国家特别是发展中国家的意愿和利益；要坚定维护以联合国宪章宗旨和原则为核心的国际秩序和国际体系，维护和巩固"二战"胜利成果，积极维护开放型世界经济体制，提高国际法在全球治理中的地位和作用。中国是现行国际体系的参与者和建设者，在全球治理中应发挥重大作用。这就是要积极发掘中华文化中积极的处世之道和治理理念同当今时代的契合点，努力为完善全球治理贡献中国智慧、中国力量；坚持从我国国情出发，坚持权利和义务相平衡，在各项重要工作的实施中把维护我国利益同维护全球各国共同利益结合起来，为人类文明作出更大贡献。

第四，坚持开放发展。在新的历史发展时期，以习近平同志为核心的党中央响亮地提出了"创新、协调、绿色、开放、共享"的发展理念。之所以要把"开放"作为其中的重要发展理念，这是在科学分析国内外经济形势、准确把握我国基本国情的基础上提出来的。历经 30 多年的改革

---

①《人民日报》2015 年 10 月 14 日。

发展,我国的经济取得了举世瞩目的成绩,令世界刮目相看。取得这一成绩,一条重要的经验就是坚持开放。在全球化深入发展的条件下,要推进我国经济社会持续、健康发展,必须进一步扩大开放;不仅仅是一般的开放,而是深度的开放。尤其值得注意的是,今天之所以重申并突出开放的发展理念,并不是从发展需要开放的一般意义上提出来的,更重要的是从人类发展的高度提出来的。这就是现在所有的国家都生活在同一个世界上,都处于一个命运共同体,坚持开放发展,有利于互利共赢,增强人类福祉。为此,我们需要坚定不移提高开放型经济水平,坚定不移引进外资和外来技术,坚定不移完善对外开放体制,为经济发展注入新动力、增添新活力、拓展新空间。这就需要我们以更加开放的胸襟、更加包容的心态、更加宽广的视角,大力开展合作交流,促进开放发展。

第五,坚决维护国家核心利益。中国坚持走和平发展道路是有底线的,这就是坚决维护国家核心利益。习近平同志在建党 95 周年大会上的讲话中指出:"我们要坚持走和平发展道路,但决不能放弃我们的正当权益,决不能牺牲国家核心利益。任何外国不要指望我们会拿自己的核心利益做交易,不要指望我们会吞下损害我国主权、安全、发展利益的苦果。"①坚决维护国家的核心利益,这是非常严肃而庄重的课题。伴随中国的发展进步,国际舆论对中国给予了极大的关注,赞赏者有之,贬低者有之,支持者有之,反对者也有之,各种声音都得到了释放。一些人把中国维护合法权益说成是"咄咄逼人"、"傲慢"、"强硬",甚至是"威胁",这是别有用心的。中国始终不惹事,也不怕事。在涉及我国核心利益的问题上,必须坚持底线。要始终把坚决维护国家主权、安全、发展利益作为国际交往的出发点和落脚点。既要坚持用和平方式解决各种争端,又要做好应对各种复杂局面的准备;既要不回避矛盾和问题,积极应对,又要

---

①《人民日报》2016 年 7 月 2 日。

妥善处理各种分歧和摩擦，推动各领域交流合作，扩大共同利益的汇合点。伴随我国和平发展进程的不断深入，我国维护国家利益的资源和手段将会越来越多，维护国家利益的地位也会越来越主动。

上述这些观念和方略，深刻体现了新时期关于全球化的新思想、新认识，同时也是对马克思主义全球化理论的新发展，无论在理论上还是实践上都会产生重大而深远的影响。

第五章　西方马克思主义与晚期资本主义批判

在帝国主义批判与当代的全球化反思之间，西方马克思主义关于资本主义的批判反思，构成了走向全球化批判理论的一个重要中介。在对资本主义的反思中，西方马克思主义提出了一些重要的理论范畴，如福特主义、单向度的社会、合法性危机等，正是通过这些范畴，对资本主义的发展进行了哲学层面的批判，本章借用波洛克的“晚期资本主义”来指称资本主义的这一阶段。这种批判一方面是对当时马克思主义解释中正统理论的反拨，另一方面又构成了资本全球化时代理论反省的重要来源。

一、福特主义的理论反思

在西方马克思主义创始人卢卡奇与葛兰西看来，对马克思主义的最新解释必须结合对资本主义最新进展的考察才是可能的。对此的批判分析，在卢卡奇那里表现为对泰勒制所具有的物化倾向的反思，正是在这一理论空间中，卢卡奇才能提出新的理论思路。与卢卡奇对泰勒制的否定性批判相反，葛兰西对以美国为首的福特主义的分析，构成了他的霸权理论的前提。本节主要是对他们两人思想的分析，以揭示他们的理论思路在西方马克思主义后来发展中的影响。

1. 泰勒制与物化

卢卡奇的物化理论是以马克思关于商品拜物教的分析为前提的。在他看来,“商品拜物教问题是我们这个时代、即现代资本主义的一个特有的问题”①。但卢卡奇对物化的批判,已经融合了韦伯关于科层制的分析以及泰勒制所带来的人类活动方式的变化,这使得他的物化理论已经进入到对现代管理活动特别是人的活动的技术结构的分析与批判,这是研究思路的推进。

在卢卡奇看来,物化的第一个表现在于,随着泰勒制的推广,人的劳动活动被分解为技术碎片,人越来越成为技术体系的附庸。现代技术发展所造就的工业体系,使作为中介的工业体系变成了一个自律性的连动过程,特别是在泰勒制被推广之后,劳动过程被分割化与重新连接,机器活动越来越与人类的具体劳动活动相对立,并构成了与人对立的自律性体系,这在 20 世纪 20 年代已经较为普遍了。从劳动过程来看,这种合理性一方面使整个劳动过程分解为一些抽象合理的局部操作,将工作机械化、碎片化,同时也使之更合乎合理的计算过程,这是劳动过程本身的合理化原则的确立,也是其自身存在合法化的证明。当劳动过程外在于人的主体活动时,参与劳动过程的人的活动即与劳动活动人相对立。“人自己的活动,人自己的劳动,作为某种客观的东西,某种不依赖于人的东西,某种通过异于人的自律性来控制人的东西,同人相对立。”②一句话,人的活动与人相对立,卢卡奇的这个分析,与马克思在《1844 年经济学哲学手稿》中关于异化劳动与人的活动的对立的分析是一致的。

物化的第二个层面在于人的意识的物化。劳动活动的自律性与人

---

① 卢卡奇:《历史与阶级意识》,杜章智译,商务印书馆 1992 年版,第 144 页。
② 卢卡奇:《历史与阶级意识》,杜章智译,商务印书馆 1992 年版,第 147 页。

的异化,既发生在客观过程中,也发生在人的主观意识中。这种客观的过程反映到人的意识结构中,使人们越来越意识到自己的活动必须适应自律性的技术结构,当时的各种职业教育使人的主观意识越来越符合这个过程。卢卡奇认为这是商品普遍化之后的必然结果。“商品形式的普遍性在主观方面和客观方面都制约着在商品中对象化的人类劳动的抽象。”①这种抽象化导致了物化活动合理性原则的确立。在卢卡奇看来,人自己的活动的自律性,是根据计算即可计算性来加以调节的合理化的原则来调整的,劳动过程的这种合理化是与主体的碎片化及人的心理分析的合理化相一致的。“随着对劳动过程的现代‘心理’分析(泰罗制),这种合理的机械化一直推行到工人的‘灵魂’里:甚至他的心理特性也同他的整个人格相分离,同这种人格相对立地被客体化,以便能够被结合到合理的专门系统里去,并在这里归入计算的概念。”②这使得人只能采取与合理化过程相一致的直观的态度来面对劳动过程,“因为合理计算的本质最终是——不依赖于个人的‘任性’——以认识到和计算出一定事情的必然的有规律的过程为基础的”③。这形成了劳动力与人的人格的对立,工人作为主体的人越来越成为导致劳动过程中错误的根源,劳动过程的机械化分割使人变成了机器运转中的原子附件,人与人之间的联系也是靠机器的联结完成的,“他们不再直接——有机地通过他们的劳动成果属于一个整体,相反,他们的联系越来越仅仅由他们所结合进去的机械过程的抽象规律来中介”④。面对这样的过程,人们只能以直观态度面对机器体系,并将这种态度物化到自己的心理结构中去。这种心理结构的物化也是一种合理化的过程,只有当劳动过程的合理化深入人的意识结构中时,这种合理化才能真正地得到人们的认可。卢卡奇的这

① 卢卡奇:《历史与阶级意识》,杜章智译,商务印书馆1992年版,第148页。
② 卢卡奇:《历史与阶级意识》,杜章智译,商务印书馆1992年版,第149页。
③ 卢卡奇:《历史与阶级意识》,杜章智译,商务印书馆1992年版,第161页。
④ 卢卡奇:《历史与阶级意识》,杜章智译,商务印书馆1992年版,第152页。

个分析是早年马克思的异化劳动理论所没有的维度。理论上的这种差别来自于工厂内部的技术结构以及商品交换普遍化程度的差别，这是历史的差别。

物化的第三个表现在于人与物以及人与人之间的关系的物化。在卢卡奇看来，商品交换的普遍化，首先导致了物性的物化。物性的物化意味着物所具有的质的和原初的物性被一种新的物化的物性所取代。在商品普遍化的时代，真正的物性被合理化计算的商品特性所取代，这造成了人与物的关系的物化存在方式，当真正的物性被消灭时，人与物的真实关系也就被消灭了，存在的只能是物化关系。这种物化关系是物化了的人的本性与物化了的物的本性之间的关系，人与人的关系被物化了的人与物的关系所取代，社会关系最终也就通过一种物表现出来，结合前面的关于马克思的讨论，这种物就是货币。

物化的第四个方面就是整体性图景的消失。商品生产与交换的普遍化和社会分工的细化，使得社会结构本身被划分为不同的领域，社会的真正结构表现为各种独立的、合理化的、形式上的局部规律，它们之间的联系仅仅在形式上是必然的（也就是说，它们在形式上的联系能在形式上被系统化），但实际上它们相互之间只有偶然的联系。现代科学越发展，局部领域的规律也就越来越封闭化，这个领域的现实基础也就越来越无法把握。这种物化不仅表现在各门学科中，也表现在社会结构的不同层面，即从经济结构到政治法律结构和思想观念领域，都受到了物化意识的影响，造成了整体性图景的消失，而且无法真正地提出为什么整体性图景消失了的问题。同样，企图从“主观”行为出发来理解与把握这个世界，也只是把问题降到了物化意识的水平上。在卢卡奇看来，这构成了近代哲学发展中的核心难题。回到资本主义生产结构，一方面，一切个别现象中存在着严格合乎规律的必然性，另一方面，总过程却具有相对的不合理性，类似于自然性的规定，因为当整个社会的确切的、合理的、合乎规律起作用的形态也同个别现象的合理性相符合时，不同商品所有者的竞争也就可能了。要获得对资本主义社会的总体认识,就必须改变问题的提法。“只有当哲学通过对问题的完全另外一种提法,通过专注于可认识事物、被认识事物的具体的、物质的总体来突破这种陷入支离破碎的形式主义限制时,才是可能的。”①从这一思路出发我们能够理解卢卡奇后来借助于主客体辩证法,提出了整体性阶级意识作为超越物化意识的途径,因为只有阶级意识才能达到对整体的认识。

2. 福特主义的辩证理解

与卢卡奇对泰勒制的激进批判不同,面对以美国为首的福特主义,葛兰西的思考更接近于马克思理解资本主义社会的方法。他既看到福特主义的问题,也看到福特主义对欧洲历史的意义,以及它对工人革命的重要作用。

在葛兰西看来,美国实施福特主义与欧洲实施福特主义具有不同的历史情境。在欧洲,特别是在意大利,由于存在着许多寄生阶级,因此实施福特主义是为了更好地使寄生生活继续下去。而在美国,由于没有历史与文化的传统负担,福特主义是使生产与劳动合理化并使这种合理化上升到上层建筑中,成为提高效益的重要方法。“美国化要求一定的环境,一定的社会结构(或建立这种结构的决心)和一定型式的国家。这种型式的国家——是自由的,但不是指关税自由或实际的政治自由而言,而是指更为深刻意义的自由的首创精神和经济的个人主义而言。这种自由的首创精神和经济的个人主义由于历史发展本身和借助自己的力量,作为‘市民社会’,能达成一种工业集中和垄断制度。”②而在意大利,由于国家保护着旧基础所产生的利益,这种寄生性导致了国家的封闭状态,在一定意义上,这将阻碍福特主义的应用。对于福特主义和美国主

---

① 卢卡奇:《历史与阶级意识》,杜章智译,商务印书馆 1992 年版,第 175 页。
② 葛兰西:《狱中札记》,葆煦译,人民出版社 1983 年版,第 395 页。

义，欧洲当时存在着一种价值性的批判，即认为这是对传统文化的消解。对于这种理解，葛兰西持一种批评的态度，在他看来，问题不在于美国的福特主义是否是一种新文化，或者美国是否存在着文化，这种文化是否会侵入到欧洲，而在于福特主义体现了社会发展的一种新标准[①]，一种未来发展的方向，特别是随着组织化生产体系的建构，一种新的政治主体开始形成，即中间阶级的形成。

在走向福特主义的过程中，存在着一种强制的暴力，对于像意大利这样一个传统沉重的国家，更是如此。对于这种暴力，葛兰西持一种历史主义的观点，在他看来，这种生活方式的转变必然伴随着残酷性，“直到现在，每次生活方式的改换，都是通过残酷的强制，通过树立一个社会集团对社会一切生产力量的统治而实现的。遴选或‘造就’适合于新型文明的、也就是适合于新的生产和劳动形式的人，势必带有空前的残酷性，势必把一些能力弱的和不驯服的人投到社会的‘沉渊’，或完全消灭。每次在新型文明得势的时候，或者在它发展的过程中，都是要有一个痛苦的转变的时期”[②]。福特主义不仅是一种劳动过程的合理化，它更是一种生活方式的转变，当这种转变与传统的生活方式相悖时，残酷性就会显现出来。比如在实施福特主义过程中所颁布的禁酒法，以及对性的规制等，这些都是形成与劳动合理化相一致的生活方式的内容，形成合乎福特主义的人。如对禁欲主义，葛兰西指出：“真理在于生产和劳动合理化所要求的新型人物，在性的本能没有得到相应的调节以前，没有像其余的一切问题得到合理化以前，是不能发展的。”[③]对于当时颁布的禁酒令，葛兰西认为：“夜里‘纵饮’的工人，白天到工作岗位上不会是好工人：感情兴奋同那种与最完善的自动化机构有联系的时间准确测定的生产

---

① 参见 Antonio Gramsci, *Selections from the Prison Notebooks*, ed. and trans. by Quintin Hoare and Geoffrey Nowell Smith, London, 1971, p. 317。

② 葛兰西：《狱中札记》，葆煦译，人民出版社 1983 年版，第 399 页。

③ 葛兰西：《狱中札记》，葆煦译，人民出版社 1983 年版，第 398—399 页。

运动相抵触。”①表面看来，这些往往是不人道的，美国主义者似乎也不关心这种人道的内容，但如果从历史的观点来看：“这种‘人道’和这些‘精神需要’只能在劳动者和生产世界实现，在生产的‘创造’中实现。”②

在对福特主义进行分析时，不能不涉及泰勒制。在卢卡奇的讨论中，泰勒制是一种物化的劳动过程，这是对人的生活内容的剥夺。对于葛兰西来说：“泰勒的确极端恬不知耻地表达了美国社会的目的：在劳动者中间发展机器的和自动的技能到于最大程度，打破要求一定程度地发挥劳动者智力、幻想和主动精神的熟练和专业劳动的旧的心理生产关系，把一切生产作业都归结到它们的体力和机器的一面。实际上，这里并没有任何独创的新东西，这里所讲的只不过是自有工业主义以来就已经开始了的漫长过程的一个最新阶段，——这一阶段所不同于以前各个阶段的是具有很大的紧张性，而且表现的形式更为粗野。这一阶段也将随着不同于以前类型的而且无疑比它们更高的新的心理生理关系的造成而被打破。一种强制的淘汰将是不可免的：旧的劳动阶级的某一部分将无情地被排挤出劳动范围，或许将被根本从生活中勾销。”③但这种机械化并不都一无是处，从历史过程来看，这不仅是造就新型文明的重要一环，而且就个人而言，机械化劳动也不都是枯燥无味的，相反，它是走向自由的一个重要条件。葛兰西以印刷工人为例对此进行了分析。在现代社会，印刷工人只是“抄写”已有的内容，但这种抄写与中世纪的抄写工人存在着根本的差别。在中世纪，由于抄写工人关注所抄写的内容，因此，他会将自己的理解加入抄写过程中，当自己对原文不能理解时，就会加入自己的错误看法。“中世纪书写艺术所固有的过程缓慢性可以说明许多这样的缺点：有过多的时间可以思索，从而‘机械化’就要比较困难。”而在机械化操作中，工人不再关注内容，只是完成复制的过

① 葛兰西：《狱中札记》，葆煦译，人民出版社 1983 年版，第 405—406 页。

② 葛兰西：《狱中札记》，葆煦译，人民出版社 1983 年版，第 403—404 页。

③ 葛兰西：《狱中札记》，葆煦译，人民出版社 1983 年版，第 403 页。

程，这个过程一旦完成，“在事实上工人的脑子原来不仅没有木乃伊化和枯竭，反而达到完全自由的状态。完全机械化了的只是身体的姿势……而脑子则被解脱出来进行其他思维活动”①。在这个意义上，对于福特主义所导致的机械化与物化，并不能简单地批判了事。对于葛兰西来说，在看到这些东西对人所造成的压抑的同时，他也看到了事物的另一面，即向人的自由发展的可能性。

在葛兰西看来，福特主义的发展，导致了国家与市民社会关系的变化。在自由资本主义时期，国家与市民社会之间处于一种外在的关系中，按照斯密等人的看法，国家只是市民社会的守夜人，只要按照自由竞争的原则，“看不见的手”会使竞争无序的市场有序化。这也是资本主义自由竞争时期关于国家与市民社会关系的主导性观念。福特制的发展，生产过程的转变，导致了组织结构的转变。福特生产线要求大量的原材料，对零件的尺寸偏差和交货日期都有要求，自由市场式的采购已不再适合于生产的需要，这推动着工厂的联合化与体系化，这是大型的康采恩与托拉斯产生的现实条件。生产过程的组织化必须要求机构的组织化，“看不见的手”必须转变为“看得见的手”，自由市场的竞争让位于有计划的生产与管理，这是市民社会向国家化的发展。另一方面，自由竞争的资本主义导致的矛盾与冲突，要求国家从外部进行干预，通过法律和措施，国家深入到商品流通与社会劳动领域，使相互竞争的社会力量的利益转变为政治动力，这就是哈贝马斯所说的国家社会化的过程。福特制使企业规模越来越大，正如希法亭分析过的，这使得大规模资本的融聚越来越必要，“国家好像变成一种企业，把储蓄集中起来，以便供给工业、私人企业使用，做长期投资或一般期限的投资”。“因此，国家根据必要就不得不进行干涉，以便检查通过它所进行的投资在使用上是否妥

① 葛兰西：《狱中札记》，葆煦译，人民出版社 1983 年版，第 408 页。

善。”①这也使国家与市民社会从过去的分离走向了融合，国家已经将市民社会包纳在自身之中。也正是因为国家与市民社会的相互渗透，葛兰西才提出作为无产阶级革命的“霸权”策略。

3. 面对福特制资本主义的革命策略

对于资本主义现状的不同的判断，使卢卡奇与葛兰西提出了不同的革命策略。

在卢卡奇看来，泰勒制导致了劳动过程中人与劳动过程以及人的心理结构自身的物化，这种物化随着科层制的发展而延伸到社会生活的所有层面，即从日常生活的劳动领域延伸到政治、文化结构，这导致了现代资本主义的全面物化。物化的过程同时也是社会结构总体性消失的过程，总体性的消失才导致了近代以来的思想特别是自康德以来的古典哲学处于二律背反之中：一方面，这些思想对物化的现实进行了深入的分析，体现了被物化的意识；另一方面，这些思想又想超越物化意识，达到对社会生活的总体性透视，而这种透视由于其基础是物化的意识，实际上又不可能真正地完成。通过这一讨论，卢卡奇实际上将福特制资本主义看作是一个整体上被物化的世界，因此，资产阶级思想的物化状态是由这一物化世界本身决定的。他们每天都处于一种物化的世界中，而且在这个物化世界中是作为获利者存在的，这决定了他们不可能真正地反对这个物化世界。

那么这种物化世界是否有可能被超越呢？卢卡奇认为，只有无产阶级才可能实现这一点。无产阶级虽然也同资产阶级一样，每天都处于物化的过程之中，但与资产阶级相比，无产阶级在物化过程中是以自己的被奴役为条件的，越是物化，无产阶级就越能认识到自己的生存状态。更为重要的是，无产阶级处于生产劳动之中，按照黑格尔式的辩证法，只

---

① 葛兰西：《狱中札记》，葆煦译，人民出版社1983年版，第413页。

有在生产劳动之中，人们才能真正认识和征服自然，并获得自我意识，这也是黑格尔在《精神现象学》第四章中讨论的一个核心主题。受黑格尔影响的卢卡奇也认为，无产阶级在劳动之中才能获得这种自我意识。无产阶级通过劳动过程，获得了对历史中介性的认识，这不再是一种直接性的物化过程，而是对历史过程的揭示。在卢卡奇这里，历史体现为一种劳动创造的结果，只有在历史之中，无产阶级才能真正地获得自我意识，这种自我意识不只是工人自身的意识，同时也是商品社会的真正的自我意识，它使工人意识到，现实生活中的物化并不是事物的天然状态，而是社会历史的产物。“由于这种直接性表明自己是形形色色的中介的结果，由于一切都是以这种直接性为前提的这一点开始变得清楚明白，商品结构的拜物教形式也就开始崩溃了：工人认识了自身，认识了在商品中，他自己和资本的关系。只要他实际上还不能够使自己超过这种客体地位，他的意识就是商品的自我意识；或者换言之，就是建立在商品生产、商品交换基础上的资本主义社会的自我认识、自我揭露。”①只有当工人能够获得这样的自我意识时，无产阶级才能将对商品世界的认识转化为革命的实践。“但工人认识到自己是商品，已经是一种实践的认识。就是说，这种认识使它所认识的客体发生了一种对象的、结构的变化。”②无产阶级在历史劳动过程中获得阶级意识，这构成了超越物化现实的前提。

卢卡奇的这一思考在理论逻辑上是较为深刻的。但在卢卡奇这里蕴含着理论上的难题：卢卡奇虽然看到了劳动在历史中的意识，但劳动这个概念在资本主义社会中的地位需要辨别。按照马克思的分析，劳动从一般的意义上的确是历史存在的条件，也是人获得自我意识的条件。这种一般意义上的劳动并不是资本主义社会所需要的劳动，在资本主义

① 卢卡奇：《历史与阶级意识》，杜章智译，商务印书馆1992年版，第252页。
② 卢卡奇：《历史与阶级意识》，杜章智译，商务印书馆1992年版，第253页。

社会中需要的是创造价值的劳动，创造使用价值的劳动只具有中介性的意义，而工人在日常生活中其劳动实际上是被规划于创造价值的社会劳动框架之中的。这时，如果物化是当下历史的全面存在方式，而这种物化现实的基础恰恰就是创造价值的劳动，这种劳动受到了资本的制约。这些正是在物化一章中讨论的主题。当卢卡奇以物化概念来概括整个历史存在状态时，复杂的历史结构本身就被简单化了，这使得他求助于阶级意识的策略具有一定的空想成分。在这一点上，他没有葛兰西更加接近历史现实。

在葛兰西看来，由于福特制的发展，国家与市民社会之间的关系从过去的分离走向了融合，国家与市民社会之间具有了结构整体性的特征。随着技术的发展在经济中的作用日益明显，这也导致了科学文化与经济、政治之间的关系具有越来越统一化的特征。葛兰西关于社会结构的整体性理解，与卢卡奇关于社会生活的物化判断具有不同的意义。社会结构的整体化，使得政治、经济与文化的联系越来越紧密，这时革命本身就不再是一次突击，而是对社会结构的全面改造，葛兰西将这种革命比喻为“阵地战”。阵地战与运动战相对应，后者更多具有一次性攻击的含义，而阵地战则是从前沿向纵深的全面打击。“从政治艺术的角度来看，现代民主国家的坚固结构，无论作为国家组织还是作为市民社会中各种组织的复合体，仿佛是阵地战中的前沿‘堑壕’和永久性工事网：它们只是运动的‘局部’因素，而在过去却是战争的‘全部’，等等。”①也就是说，今天的斗争除了直接针对国家政权外，还必须从国家深入到市民社会之中，市民社会构成了现代国家体制的深层掩体，这决定了仅从政治层面来实现革命是远远不够的。葛兰西的这一论述，相比于卢卡奇而言，更为现实。

但葛兰西与卢卡奇一样，面对正统的马克思主义解释框架，他也强

---

①《葛兰西文选》，中央编译局编译，人民出版社1992年版，第425页。

调无产阶级革命意识的培育，从而提出了“霸权”概念。对于葛兰西来说，霸权概念更多指的是文化霸权，是与政治支配相对应意义上的霸权，这个意义上的霸权概念是《狱中札记》中讨论的重要主题。“我们目前可以确定两个上层建筑‘层面’：一个可称作‘市民社会’，这是‘私人’组织的总和，另一个是‘政治社会’或‘国家’。这两个层面一方面相当于支配集团通过社会行使的‘霸权’职能，另一方面相当于通过国家和‘司法’政府所行使的‘直接支配’或管辖职能。这些职能都是有组织的、相互关联的。”①也就是说，随着福特制资本主义的发展，资产阶级的统治不再简单地像过去那样实行暴力支配，而且通过文化教育与纪律规训以实现合法性的论证。为了强调这种新的统治方式及相应的斗争策略，葛兰西提出了霸权概念。现代无产阶级的斗争，从根本上来说需要建构自己的霸权。

在讨论霸权的建构中，葛兰西对福特主义的认识使他强调与劳动生产过程结合在一起的“有机知识分子”，这是与过去强调人文传统的知识分子不同的新型阶层。在葛兰西看来，只有在现代化的生产过程中才能形成“总体的人”，因此有机知识分子在“总体的人”的培育过程中起着重要的作用。“在当代世界上，一致的趋势比过去任何时候都更为广泛和深刻：思想和行动的统一不但表现为全国范围甚或具有整个大陆的性质。‘总体的人’的经济基础是：大工厂、泰罗制、合理化，等等……关于社会‘一致’，应该强调指出，这不是一个新问题，某些知识分子对此表示大惊小怪实在令人好笑。一致是始终存在的：当前的问题是‘两种一致’之间的斗争，就是说，争夺领导权的斗争，是一场市民社会的危机。社会上原来的精神道德领袖们感到脚底下的基础摇摇欲坠；他们觉察到自己的‘说教’已经变成纯粹的‘说教’，就是说，与现实格格不入，成为毫无内容的单纯的形式，没有灵魂的躯壳。正因为如此，才说他们是反动保守

① Antonio Gramsci, *Selections from the Prison Notebooks*, ed. and trans. by Quintin Hoare and Geoffrey Nowell Smith, London, 1971, p. 12.

的势力;因为他们所代表的那种文明、文化和道德一天比一天腐败,他们声嘶力竭地宣布一切文明、一切文化和一切道德的死亡;他们呼吁国家采取镇压措施,组织抵抗机构、切断实际的历史进程,从而使危机长期化,因为只有凭借危机才能遮蔽某种生活方式和思想方式的光辉。但是,酝酿中的新制度的代表人物,在'理性主义'对旧的仇视的启迪下,则大力宣传理想的空想的改良计划。所谓在酝酿中的新世界又指何而言呢?指生产的世界,指劳动。最大的功利主义对于创立任何分析都是必需的,它有助于说明应该建立什么样的精神道德结构和应该宣传什么样的原理和准则。必须从最大限度地提高生产机构的效率出发来组织集体的和个人的生活。经济力量在新的基础上的发展以及新结构的进步设施,将使必然存在的矛盾得到调和,当建立起一种自下而上的新的'一致'的时候,也就为实现自我纪律提供了新的可能性,也就是说,可以实现自由,包括个人自由。"①当然有机知识分子也只有在政党的有力领导下,才能真正实现建构霸权。

在我看来,卢卡奇对福特制的认识,更多关注的是其哲学思辨意义,葛兰西对此的认识更具有现实历史的内涵。这两种不同的讨论,虽然都有着新黑格尔主义与马克思的背景,但产生的影响是不同的:从卢卡奇那里,可以形成一种哲学批判,这种哲学批判在后来的法兰克福学派那里较为突出;而从葛兰西这里,可以形成一种哲学—政治的批判,这种批判会更多地指向斗争策略的思考。后一点在新葛兰西主义那里表现得较为明显。在某种意义上也可以说,后马克思主义的许多思考也有不少这方面的内容。

二、技术理性与晚期资本主义的哲学反思

随着福特制在西方资本主义国家的全面推广,资本主义进入了一个

① 《葛兰西文选》,中央编译局编译,人民出版社 1992 年版,第 615—616 页,注 118。

高速发展阶段，技术的变革在这一发展中起着至关重要的作用。资本主义的高速发展，技术变革对人的整合作用，使革命难以直接发生。在这种情况下，西方马克思主义通过对技术理性的反思，对资本主义的发展提出了哲学批判。这构成了法兰克福学派的主题之一。

1. 晚期资本主义

"晚期资本主义"这个概念虽然是通过杰姆逊才得以流行的，但这个词却是早期法兰克福学派对当时资本主义社会的抽象概括，也是他们阐发批判理论的历史与社会基础。技术理性批判正是在晚期资本主义社会这一基础上提出来的。

"晚期资本主义"(Spätkapitalismus)是德国新历史学派经济学家维尔纳·桑巴特最先提出来的。深受马克思影响的桑巴特，在"一战"之后开始修订已出版的两卷本《现代资本主义》，并在续写的第三卷导言中说："由我观测并命名的三个概念，即早期资本主义、高度资本主义和晚期资本主义，如今已经成为科学的共同财产，且在日常语言中流行起来了。"[①]在桑巴特看来，迄今为止的资本主义经济发展已经经历了早期资本主义(约从 16 世纪到 18 世纪中叶)、高度资本主义(1760—1914)和晚期资本主义(第一次世界大战爆发以后)三个阶段。晚期资本主义指的是资本主义经济发展的最后一个阶段，不过在桑巴特看来，这个最后的发展阶段才刚刚开始。

在 1929 年的"大萧条"之后，"晚期资本主义"这个概念开始被德国的个别马克思主义经济学家所使用。在他们看来，1929 年的经济危机表明资本主义已经遭遇到自身无法解决的问题，同时也表明资本主义发展到了一个新的阶段。不过，真正对晚期资本主义术语的采用起到决定性

① Werner Sombart, *Der Moderne Kapitalismus* [M]. Band 3 Berlin: Duncker & Humblot, 1928, p. XI.

作用的德国马克思主义经济学家是法兰克福学派的波洛克。通过对苏联与资本主义的研究，波洛克认为目前的资本主义社会正在将计划引进资本主义经济中，形成了国家资本主义。① 这正是晚期资本主义的形式。在波洛克的影响下，霍克海默在1937年发表的《传统理论与批判理论》一文中，引入了“晚期资本主义”一词。霍克海默在谈到真理的变化与现实的联系时指出：“真理的持久性也与现实的星宿相联系着。在18世纪，经济上已经得到发展的资产阶级曾经站在真理一边。但由于晚期资本主义的情况，由于工人面对独裁国家的压迫机器软弱无力，真理不得不在一小群令人敬佩的人那里寻找庇护所。但这些人被恐怖主义大批屠杀了，他们很少有时间推敲理论。”②在这里，晚期资本主义是一个带有悲观性意味的概念，它意味着国家独裁的力量日益明显，而改变现实的革命越来越不可能。应该说，这也是法兰克福学派的整个历史语境。

对于晚期资本主义的特征，1941年波洛克在《国家资本主义：它的可能性及其界限》一文中进行了说明。波洛克认为，国家资本主义是私人资本主义的继承人，国家承担着私人资本家的职能，它以计划与市场相整合的规则取代了原先只依靠市场的规则，从而体现出以下特征：第一，用普遍的计划对生产、消费、储蓄和投资进行指导；第二，对价格进行管理；第三，私人的和集团的利益都严格服从于普遍的计划，并在这一计划中找到自己的位置；第四，在国家活动中，一切都以科学管理原则为主；第五，计划的实施被国家权力所强化。在波洛克的描述中，工具理性的作用日益明显，这也是法兰克福学派赞同的分析。同时，由于国家资本主义的强制性作用，过去的乐观主义被悲观主义所代替。这种悲观主义在法兰克福学派迁到美国之后，表现得更为明显。霍克海默、阿多诺等学派其他成员通过对当代资本主义的政治模式和文化模式的研究认识

---

① 关于波洛克对晚期资本主义的讨论，参见张亮《“崩溃的逻辑”的历史建构——阿多诺早中期哲学思想的文本学解读》，江苏人民出版社2014年版，第178—186页。

② 霍克海默：《批判理论》，李小兵等译，重庆出版社1989年版，第225页。

到，资本已经从经济的组织方式扩散为整个资产阶级社会的组织方式，这个“被管理的社会”已经变成一个均质同一的整体，无产阶级的社会主义革命事实上已经不再可能。如果说在一开始波洛克的“晚期资本主义”还带有革命的乐观主义情绪的话，而现实的发展却使这一概念打上了悲观的色彩。大概因为这个原因，在很长的一段时间里，这个词不再被法兰克福学派所运用。但对晚期资本主义社会的批判性研究却更加深入了。

在 1968 年德国社会学学会第 16 届年会上，阿多诺发表了题为“是晚期资本主义还是工业社会”的著名演讲，指出虽然当代发达资本主义社会出现了一系列重大变化，但并没有从根本上改变它的本质，现时代并不是什么后工业社会而不过是晚期资本主义社会。[①] 阿多诺的这个讨论针对的是“后工业社会”的学说。按照后工业社会理论，20 世纪 60 年代之后，资本主义生产结构实现了全面转型，从而进入一个新的社会阶段。在这种学说的影响下，资本主义似乎是一个变得陈旧不堪的词。正是在这样的语境中，阿多诺强调，后工业社会只是晚期资本主义社会的一种现象描述。在这里，晚期资本主义变成为一个激进的术语，体现的是对当代资本主义的激进批判。

在这之后，“晚期资本主义”这个术语的运用体现为两个方面：一是法兰克福学派的第二代领袖哈贝马斯的讨论。在 1973 年出版的《晚期资本主义合法性危机》一书中，哈贝马斯认为晚期资本主义已经达到了极限，其政治、经济与文化的结构都在发生巨大变化，晚期资本主义的危机体现为一种合法性的危机，如何解决这种合法性的危机构成了当下的主题，但这时革命已不再可能。哈贝马斯虽然还处于法兰克福学派的理论传统之中，但他在论述中已经体现出从左派立场向右派立场的转变。

---

① 参见 Theodor W. Adorno, “Spätkapitalismus oder Industriegesellschaft?” Theodor W. Adorno, *Gesammelte Schriften*, Band Ⅷ, Frankfurt am Main: Suhrkamp, 1972。

与哈贝马斯的右转不同,曼德尔以《晚期资本主义》为题的论著,却在批判法兰克福学派的悲观看法,而强调列宁的分析在当下的历史意义。经过曼德尔的中介,"晚期资本主义"这个术语在左派学者杰姆逊那里再次被作为中心范畴提出来,并在此基础上建构他自己的文化批判理论。

上面我们简要论述了法兰克福学派使用"晚期资本主义"这个概念的变化过程。在法兰克福学派的讨论中,对晚期资本主义的批判主要体现为技术理性批判,这构成了法兰克福学派的理论主题。

2. 单向度社会与技术理性批判

对于技术理性,早年的海德格尔曾作出过非常精深的分析。在海德格尔看来,自苏格拉底以来,随着主客体思维方式的产生,主体就与作为对象的客体分离开来,在认识对象的过程中,以数学为基础实现对对象的控制,构成了近代思维的主题。也正是在这个意义上,我们进入了"图像时代"。在图像时代,技术构成一切存在的座架。受海德格尔的影响,早年的马尔库塞对技术理性进行了深入的分析。他认为:"技术作为一种生产方式,作为工具、装置和器械的总体性,标示着机器时代,它同时也是组织和维持(或改变)社会关系的一种方式,它体现了主导性的思考和行为模式,是控制和支配的工具。"①对技术的批判反思也是法兰克福学派哲学理论建构中的一个焦点。

在《启蒙辩证法》中,霍克海默与阿多诺首先批判的就是知识与理性工具主义。在他们看来,近代以来,启蒙有两个重要的命题:第一是培根所说的,知识就是力量,要用知识替代幻想,使理智战胜迷信。第二,"技术是知识的本质,它的目的不再是概念和图景,也不是偶然的认识,而是方法,对他人劳动的剥削以及资本。"②启蒙的这两个纲领,使得知识一开

---

① Herbert Marcuse, "Some Social Implications of Modern Technology", *Technology, War and Fascism*, ed. by Douglas Kellner, London and New York, 1998, p. 41.

② 霍克海默、阿多诺:《启蒙辩证法》,渠敬东、曹卫东译,上海人民出版社 2003 年版,第 2 页。

始就具有了操作性的特征。通过知识来唤醒世界，就是对世界的祛魅。在知识的技术化过程中，人们放弃了任何对意义的探求，人们用公式替代概念，用规则和概率替代原因和动机。在对启蒙运动的这一分析中，他们像海德格尔一样，将启蒙的纲领回溯到古希腊时代。海德格尔在批判传统形而上学时，将形而上学的起源界定为古希腊柏拉图时代关于存在与存在者的区分，这个区分使存在者占据着首要的地位，而在存在者的分析中，出现了后来形而上学的问题，规定存在者在场的存在被遮蔽了。对于霍克海默与阿多诺来说，古希腊哲学中关于自然始基的分析，就体现了理性战胜神话的过程，使整个神灵家族打上了逻各斯的烙印。启蒙反对的是神话，是想使世界理性化，成为可计算的对象，使之合乎规则。

启蒙的这种技术主义，在数学理性中得到了最为根本的表现。启蒙想以数学理性来取代神话，在这个设定中，启蒙的非真实性在于，任何事物在未知之前就已经被设定为数学等式的未知数，数学等式会通过其等式将未知数推论出来。这使数学步骤变成了思维仪式，“尽管有着自我限定的公理，数学还是认定自身有着必然性和客观性：它把思想变成了物，变成了工具”①。将思维还原为数学公式，这使思维本身成为抽象的自我同一性，与这种抽象的自我同一性相对应的对象，就是抽象的材料，即物质。因此抽象的自我同一性与抽象的物质性有着同质性，所有具体的丰富性被删除了，这是人的主体性在世界上的胜利，但这种胜利以逻辑形式主义的实在为标准，以理性对既定事物的直接顺从为代价，导致的结果就是，“真实性凯旋得胜，认识却被限定在其重复性之中，思想则成了同义反复。思想机器越是拘泥于存在物，便越是盲目地满足于再现这些存在物。这样启蒙便返回到了神话学中，知道了摆脱神话的途径。因为神话学形式包含着现存事物的本质：世界的循环、命运和统治都被

---

① 霍克海默、阿多诺：《启蒙辩证法》，渠敬东、曹卫东译，上海人民出版社 2003 年版，第 22 页。

当成了真理，并且放弃了希望。”“神话过程的独特性就在于将事实合法化，这是一种欺骗！本质而言，对女神的劫持和自然的死亡是一回事。”[①]所以在启蒙的胜利背后，蕴含的是更大的悲剧，是一种无希望的结局。霍克海默与阿多诺将理性的技术化称为工具理性。

工具理性的作用在于对自然的支配，这是人类自我保存能力在现代得以保证的基础。但是，对自然的支配也就是对人的支配。在启蒙的辩证法中，本真的自然是被支配的自然，这种对自然的遮蔽，也是对人本身的自然本性的遮蔽。正是自我持存，才有计算思维把世界当作自我持存的手段，并且为了征服世界，它从单纯的感性材料中确认了客体的筹划功能，存在也能被按照制造和管理的角度去理解。“一旦人们不再意识到其本身就是自然，那么，他维持自身生命的所有目的，包括社会的进步、一切物质力量和精神力量的增强，一句话，就是其自我意识本身就都变得毫无意义了，手段变成了目的，并达到了登峰造极的地步”[②]。工具理性在促进社会发展和提高人的技术能力的同时，造就的是人的自我退化。这是对卢梭主题的当代回应，也是对弗洛伊德文明理论的回应。在文明的历史中，任何自我持存都是对生命的放弃，因为自我持存所支配、压迫和破坏的实体，正是生命。越是想自我持存，人们失去的也就越多，而在现代社会中，人们又无法逃脱这一困境。如果有人企图逃脱普遍的、不等价的和不公平的交换，或者不想放弃，而是想一丝不漏地控制所有的交换，那么，社会必定会让他一无所有，甚至连他用来维持自己生存的一点点剩余都会被社会剥夺掉，这是这个社会中自我持存所必须遵循的原则。自我持存走向了自己的反面，我们似乎只有在自我持存的社会中才能自我保留。

可见，在自我持存中，理性变成了计算与筹划的工具，人与自然都变

---

① 霍克海默、阿多诺：《启蒙辩证法》，渠敬东、曹卫东译，上海人民出版社 2003 年版，第 24 页。
② 霍克海默、阿多诺：《启蒙辩证法》，渠敬东、曹卫东译，上海人民出版社 2003 年版，第 54 页。

成了单纯的物质，理性就是在人与人、人与自然的关系中起着协调作用的东西。启蒙的过程就是将和谐完满的观念从宗教世界的彼岸中分离出来，并在统治化的形式中，将这些观念变成人类渴望建立的范畴。但随着经济的发展，在通过私人集团把人们分离开来的经济机构的控制下，由理性确定的自我持存的力量，即资产阶级个体的对象化冲动变成了具有破坏性的自然力，这种力量已无法与自我毁灭区别开来。这两种破坏力相互紧密地交织在一起。过去带有乌托邦理想的纯粹理性变成了非理性，变成了一种完美无缺却又虚幻无实的操作方式。确立现代资本主义制度的理性日益功能化了，甚至成为极权国家操纵国民的方法。资本主义社会越是总体化，这种支配与控制也就越加深入人们的心灵深处，形而上学的权力关系也就越来越不为人所觉察。可以说，我们是从无意识层面认可了这种技术理性的支配。

马尔库塞在一定意义上承继了“社会研究所”的早期计划，从实践政治的角度来发展社会批判理论，在这样的研究方案下，技术与社会变化的关系当然会成为他讨论的重要主题。与海德格尔相似的是，马尔库塞将对技术的分析提升到了“本体论”的层面。在1959—1961年期间，马尔库塞曾与法国的“争论”团体有着较为密切的接触，并在其杂志《争论》(*Arguments*)上发表了《技术本体论》一文。在这篇文本中，马尔库塞认为，在现代社会，技术替代了本体论，传统形而上学的主体、客体概念已经被技术理性代替。① 在马尔库塞的讨论中，他将海德格尔的主题进行了转变。在海德格尔那里，主客体二分的思路决定了技术座架的必然性，而在马尔库塞看来，这种主体与客体二分的思路，对应于早期的资本主义或者说自由资本主义，它保证了主体对对象的批判性，这也是人能够超越客体的内在可能性。但随着现代技术的发展，主体越来越依附于

① 参见 Douglas Kellner, *Herbert Marcuse and The Crisis of Marxism*, London, 1984, pp. 234, 442, note 7。

技术机器，变成了机器的附庸。这时，原初主体与客体二分的局面被打破了，解放的可能性空间也就闭合了，人越来越单向度化了。当人与机器之间的关系变成了以机器为主体的协调关系时，人的自主性也就转化为机器自主性，也就是洛维·蒙福特所谓的“客观的个性”，即个体将其所有的主体自发性转变为机器所需要的特性，使自己的生活服从于事实性的物质世界，而在这个世界中机器是主体。当技术理性取得自己的主导性地位时，支撑着人们行为的理性基础不再是那个要被征服的人和要被改变的社会，而是已经建立起来的机器化过程；人们的理想也不再是充分地实现理性和真理，充分地发挥个体的潜能，实现真正的自由，而是如何与这个机器化过程实现协调一致。世界不再被追问“是什么?”，人们关注的是世界的“如何?”，传统形而上学的历史基础与理论内容都已被置换，技术的世界取代了形而上学的世界，技术理性获得了自己的支配性地位。

3. 无望的救赎：革命理论的失落

面对技术理性的全面统治，法兰克福学派的学者们感到无能为力。第一代西方马克思主义者那里存在的革命激情，在这里变成了一种哲学批判，在这种批判的背后，除了理论的激情之外，还有的就是无望中的救赎，这种无望中的救赎在悲观的氛围中具有了美学的意味。

在晚年的《工具理性批判》中，霍克海默一方面继续沿续着批判理性与启蒙辩证法中的批判精神，但这种批判精神在理论的激情上却有所退却，具有了一种宗教救赎的倾向。霍克海默认为，随着福特制的推广和组织化资本主义的全面展开，“在我们这个时代，感情泛滥成灾，自由思想却孤立无援。控制自然并未带来人的自我实现；社会现状依旧表现出其客观的强制。在当代，人口日益增加，技术全面自动化，经济权力和政治权力日益集中，作为工厂工作的结果之个体不断地理性化，这一切都在某种程度上把组织化和操纵化强加给生活，使个体只能自发地沿着他人为他指定的道路前进"①。这个社会通过技术已经将个体的生活预先安排好了，任何逃避的退路都被堵死了，个体在总体化的机器面前只能保持着一种孤立无援的状态。面对这样的局面，霍克海默求助于叔本华，认为叔本华才体现了这个时代的哲学精神。在这里，需要做一个思想上的说明。早年的霍克海默是从康德哲学出发的，他在批判理论中所阐述的思想，也是想通过重建一种批判的主体达到对社会生活的总体性批判与提升。但在《启蒙的辩证法》之后，霍克海默越来越感到这是一种乌托邦，这种乌托邦在今天并不能真正地有益于观察与反思这个社会，这使他转向了叔本华。在他看来，叔本华打破了传统哲学中的总体性乌托邦思想，这种乌托邦提供的是一种虚假的安慰。"在打碎虚假的安慰之后，叔本华拒不承认包括整个世界体系的统一性，拒不承认人类的发展能够达到哲学的洞见，将这些视为神化的存在基础，因而最终超越了黑格尔。"②但叔本华又坚持了一种批判的态度，这种态度是以悲观主义为底色的，而在霍克海默看来，这种悲观主义正是我们认识这个世界的重要条件。"为了人类的利益，真正的哲学是批判的、悲观的"③。"今天，世界所最需要的是叔本华的观念——因为他的观念正视绝望，所以面对绝望时，反而更知道希望。"④只有在悲观之中，我们才能够被拯救。在悲观之后，才能真正地体验基督教的博爱所具有的意义。霍克海默所谓的宗教，当然不是被世俗化了的宗教，而是重新强调对他人的顺从，强调博爱，强调应该期望上帝的拯救怜悯。这是霍克海默的期望。

其实，霍克海默是想通过对神学的重新思考，为这个世界上已没有安身之所的"人"提供一种本体论的承诺。与这种思路相似，马尔库塞也想通过重新恢复形而上学传统来解决问题。在马尔库塞看来，随着技术

---

①《霍克海默集》，曹卫东编，上海远东出版社 2004 年版，第 231 页。
②《霍克海默集》，曹卫东编，上海远东出版社 2004 年版，第 287 页。
③《霍克海默集》，曹卫东编，上海远东出版社 2004 年版，第 288 页。
④《霍克海默集》，曹卫东编，上海远东出版社 2004 年版，第 290 页。

理性的发展，传统哲学中二元区分的原则变成了由技术理性主导的单向度原则，由二元区分所产生的否定性批判张力也不再存在，这是思想走向单向度化的重要原因。为了重申对社会历史的思想批判能力，马尔库塞认为，必须重新确立价值判断的标准："第一个判断是，人类生活是有意义的生活，或者说是应该而且也能够变得是有意义的生活。这个判断支撑着所有智性的努力；这是社会理论的前提，对此的拒绝就是拒绝理论本身。第二个判断是，在既定的社会中，存在着改善人类生活的特殊的可能性，并存在着实现这些可能性的道路和方法。批判分析必须证明这些判断的客观有效性，而且必须将这些证明置于经验的基础上。"①但问题在于，当资本主义社会从日常生活到哲学抽象思维都被单向度化的时候，何以能够获得另一种不同于单向度思维的批判思维呢？这构成了马尔库塞思想中的一个难题。按照我的看法，在马尔库塞看来：第一，实现对当下历史与生活的总体性拒绝，这就是他所谓的"大拒绝"，唯有拒绝，才可能产生希望。第二，实现新感性的培育。当人们从感性生活到抽象思维都被单向度化时，要超越这种单向度化的思维，就必须从感性上重新加以培育。在这里，马尔库塞将美学之维引进到了哲学之中，认为新感性的培育是一件美学的事业，而这种美学的基础在于：将劳动改造为一种游戏式的活动，只有在这样的情境中，才可能将人从支配中解放出来。美学成为最后的救赎。

这种美学的底色，实际上也是阿多诺的理论旨趣。以晚期资本主义的组织化为现实基础，阿多诺反对卢卡奇式的总体性理论，认为这种以主体—客体辩证法为主题的总体性理论恰好构成了晚期资本主义的内在要求。他将对总体性的反思与奥斯威辛集中营的批判联系在一起，认为正是这种总体性的同一性，才导致了现代性中的大屠杀。在以总体性

① Herbert Marcuse, *One-Dimensional Man*, *Studies in the ideology of advanced industrial society*, Beacon Press, 1991, p. XI.

为境域的主体—客体辩证法中，客体成为一种功能性的存在，主体将自己从客体中超越出来变成一种独立和统治的力量，完成了主体同一性的意识形态。“主体一旦从客体中分离出来，就以自身作为衡量客体的尺度；主体吞没了客体，在很大程度上忘记了它还是客体自身。”[①]而“星丛”就是对这种主客体二元观念的批判与走出。如果与马尔库塞加以比较就可以看出，在马尔库塞想重新恢复主体与客体的区分以强调批判张力时，阿多诺反对的正是这种二元论。同是法兰克福学派成员的两个重要代表，虽然在理论的总体追求上具有相同的因素，但在理论的运演上却存在着对立。但一种美学想象却是他们共同的旨趣。

法兰克福学派的学者们所面对的是高度组织化的晚期资本主义，这也是从自由竞争的资本主义到全球资本主义的过渡阶段。由于在这个过程中发生着许多的悲剧，因此他们的思考更多是从哲学之思来完成的，这也使他们对资本主义的批判打上了更多的思辨色彩，而在理论的深层上，面对日益组织化的资本主义社会，他们更多感受到的是一种无奈，这种无奈也体现在他们的哲学思考之中，这也是法兰克福学派陷入理论困境的表现。

相对于正统马克思主义的研究，西方马克思主义者没有简单地以生产力与生产方式等概念来说明资本主义的生产过程，而是深入到生产方式的具体形式中来揭示资本在世界历史进程中的特定阶段，揭示新的生产形式所具有的哲学意义。虽然他们的理论不是直接意义上的“全球化”理论，但他们对于后来关于全球化的思考提出了两个重要的观念：一是揭示资本世界进程中的具体生产形式，一是揭示资本世界进程所展示的哲学意义。这两点对于我们今天思考全球化来说，都是非常重要的。

① Adorno, “subject and object”, *The Essential Frankfurt School Reader*, Oxford: Basil Blackwell, 1978, p. 499.

第六章　资本的全球规划与全球化时代的资本帝国

自20世纪70年代之后，现代资本主义的发展进入了一个新的历史阶段。在20世纪60年代时，有的学者称这个阶段为“后工业社会”，这个称谓关注的主要还是资本主义在一国或其他发达国家经济生产与消费方式的转变。但更为重要的是，资本主义生产越来越具有了跨国界的特征，形成了一种世界性的经济联合体，这就是后来所谓的全球化。对全球化进行反思，构成了马克思主义者在新的历史阶段所面临的问题。

一、沃勒斯坦的世界体系理论

马克思在考察资本主义时，世界历史构成了他论述资本主义的理论视野，马克思的这一思想是当代马克思主义反思全球化的重要理论前提，这在沃勒斯坦的世界体系理论中表现得较为充分。在沃勒斯坦那里，世界体系并不是帝国，而是一个经济实体，这是自15世纪末16世纪初由于资本主义的兴起而产生的。作为世界体系的资本主义，它并不是一个既成的事实，而是指其潜在的世界体系的能力，对民族国家的超越性力量。“在资本主义世界体系中，政治力量被用来保证垄断权利（或尽可能如此）。国家减弱了作为中央的经济机构的作用，而更多地变成在其他经济交易中保证一定的进出口交换比率的手段。这样,市场的运行(不是自由运行,但毕竟是市场运行)刺激了生产率的提高,产生了现代经济发展所带来的各种后果。世界经济体系就是这些过程发生的舞台。"①作者讨论的入口是社会结构的变迁,这涉及生产组织、国家机器以及社会集团之间的关系。欧洲世界经济体系的发展,源起于封建社会的危机。在资本主义世界经济体系发展中,有三个因素起着至关重要的作用。"一是我们所研究的这个世界在地理规模上的扩张;二是世界经济体的不同区域的不同产品的劳动力管理方式多样化的发展变化;三是后来成为这个资本主义世界经济体的诸中心国家中相对强大的国家机器的建立。"②后两个因素的解释有赖于第一个因素的解释。正是地理扩张与其他因素的共同作用,在欧洲形成了世界经济体系。这个体系分为中心、边缘和半边缘三大地带,而其结构性的要素在于世界范围内的分工以及某些地区的国家官僚机构的建立。这构成了沃勒斯坦讨论的起点。

1. 欧洲世界经济体系的形成

沃勒斯坦的讨论从16世纪开始。对于年代意义上精确的16世纪,从学术的角度来看,意味着不同的含义。对于资本主义世界经济体系而言,从15世纪50年代到17世纪40年代,这是非常重要的阶段,在这个阶段,欧洲开始形成一种世界经济体系。这里的欧洲,并不是地理意义上那个明确的欧洲,而是由两个分离的体系构成:一是以意大利北部各城市为中心区的基督教地中海体系;一是欧洲北部、西北部的佛兰德—汉萨商业网。附属于这个综合体的,一边是东埃尔比亚、波兰和其他一些东欧地区,另一边是大西洋岛屿和部分新大陆。从这里可以看出,为了讨论世界历史体系,沃勒斯坦对欧洲进行了一种新的时间与空间定

① [美]沃勒斯坦:《现代世界体系》第一卷,罗荣渠等译,高等教育出版社1998年版,第13页。
② [美]沃勒斯坦:《现代世界体系》第一卷,罗荣渠等译,高等教育出版社1998年版,第29页。

位，并将这一定位同经济化的过程联系在一起，中心—半边缘—边缘的构局是在这一时空定位中得到分析的。中心指的是能否在世界经济体系中处于中心地位，作者对西班牙的衰落的分析说明了这种中心位置。西班牙的衰落在于，想以一种传统的帝国方式在世界经济体系中获得支配地位，这当然是不可能的，这使得西班牙处于世界经济体系之外。“西班牙衰败的原因似乎是没有建立（也许因为它不能建立）能使西班牙统治阶级从欧洲经济体系的创立中获利的那种国家机器，尽管16世纪西班牙在这个世界经济体中居于中心的地理经济位置。这表明‘中心’地区不必是那些不论就地理方面还是就贸易活动方面而言都位于最‘中心’的地区。”①判断一个地区是否处于现代世界体系的中心，关键是看它是否处于现代世界体系的经济中心，这种中心并不是通过传统的政治力量能够保证的。

这一新的中心是如何兴起的？沃勒斯坦首先分析的是通货膨胀与工资之间的关系。从当时的数据来看，意大利北部的工人的工资最高，东欧地区最低，英国、西班牙居中，工资从总体上落后于价格上涨，这使得土地所有者的财富积累得较快。通货膨胀是资本积累的重要环节，但这种利润的分配，如果按照上述工资的分配而言，在一个世界经济体系内是按照不平衡的方式完成的。“这个体系的休戚相关最终建立在这种不平衡发展现象上，由于这种多层次结构的复杂性，为多层次的身份及各政治力量的经济重新组合提供了可能性；同时，这还提供了潜在的允许技术发展和政治转变的动荡，并且还允许包括各种反抗的意识形态混合，不管这种反抗是消极怠工、暴力还是逃避。这样一种社会地位和社会报酬的多层体系大体上与一套分配生产任务的复杂体系相互关联：粗略说来，那些养育劳力的人支撑着生产粮食的人，生产粮食的人支撑着

① [美]沃勒斯坦：《现代世界体系》第一卷，罗荣渠等译，高等教育出版社1998年版，第230页。

生产其他原料的人，生产其他原料的人支撑着那些搞工业生产的人。"①从这里可以看出，实际上在资本主义世界经济体系中存在着一种劳动的世界分工，在这种分工体系中，各种不同的劳动组织方式，如奴隶制的、封建制的、雇佣劳动制的和自我经营式的劳动方式同时存在。在边缘区，如东欧与美洲，奴隶制的强制劳动构成了主要的劳动组织形式；在半边缘区，在庄园经济中半分成制增加，即将土地小块出租；在中心地区，自由劳动增多。不同的劳动组织方式，在不同的地区内被采用，这构成了世界经济体系的内在结构层次，而资本主义世界经济体系的建立，正是建立在这样一种差异互补的基础上的。这个讨论，使人容易想到卢森堡的论述，即农业地区的存在是资本主义经济发展的重要条件。当中心地区走向工业化时，边缘地区则为中心地区提供了谷物补充，而半边缘地区则朝向半自主化农业发展。在这一劳动分工过程中，世界经济构成了劳动分工的构架，只有在这样的分工体系中，才可能出现一个工业部门。因此，从劳动的性质来说，"不是所有这些资本主义'形式'都建立在'自由'劳动的基础上——只有在经济中心地区才是这样。但在非'自由'生产部门的地主和劳动者的促进因素，同中心地区的这种促进因素一样，都是资本主义性质的。"②在中心地区，自由劳动构成了生产部门的主要劳动形式，在边缘地区，劳动则是被强制的，但这并不意味着这些奴隶制或封建制的劳动本身加固了这些地区的封建主义形式，因为在世界经济体系中，这些劳动形式都是资本主义性质的，与中心地区的劳动组织形式构成了一种互补关系。

与经济上的世界体系似乎相悖的是，在政治形式上，则是民族国家在绝对王权统治下国家官僚机器的加强，这是经济世界体系的另一个重要构成条件，两者互为因果。"一方面，若不是由于商业的扩张和资本主

① [美]沃勒斯坦：《现代世界体系》第一卷，罗荣渠等译，高等教育出版社 1998 年版，第 97—98 页。

② [美]沃勒斯坦：《现代世界体系》第一卷，罗荣渠等译，高等教育出版社 1998 年版，第 125 页。

义农业的兴起，扩大了的官僚国家机构就得不到足以资助它的经济基础。但是另一方面，国家机构本身就是新资本主义体系的主要经济基础（更不用说是其政治保障了）。”①随着封建统治的危机，国王对国家的控制日益明显，这主要是通过四种机制来完成的：“官僚化、垄断武装、创立法统、所属臣民均匀化。”②在封建制中，王国内履行行政和军事职能的人，由于自身或家族的利益，并不依附于国王。但随着官职被买卖，一些专业性的官僚就从中下层中被选拔出来，使行政成为一种重要的力量。同时，由于当时人口增长所导致的流浪者增多，通过买卖方式建立了雇佣军，这既为国王提供了控制贵族的军事力量，又解决了就业问题，军需问题又给企业家提供了机会。但政体要想稳定，就必须具有合法性，在16世纪，这种新的合法性是通过君权神授的方式完成的，沃勒斯坦称这种新政权合法化的手段为“绝对王权”。由于在16世纪资产阶级的利益与国家利益并不是很明显地联系在一起，所以还谈不上民族国家问题。这里王权的绝对性是相对于传统封建权利分散而言的，实际上王权非常有限，表达的主要是一种意识形态要求。但中央集权化作为一个过程逐渐地形成了，其主要标志和重要的机制在于：“人口按某种方式被改造成具有文化同一性的集团的程度。”③王权的发展，才可能向民族国家的方向前进。

在民族国家的发展中，涉及传统的封建贵族与新兴资产阶级在国家中的地位与在权力结构中的作用的问题。沃勒斯坦认为，随着商业与工业生产的发展，这个过程在不同国家体现为不同的作用方式。在英国，虽然封建贵族一直起着政治上的主导作用，但随着商业的发展和新兴资产阶级的产生，贵族感受到了一种生活方式的压力，国王也开始向资产阶级大献殷勤，这使得贵族不得不学习资产阶级从而融入资产阶级中；

① [美]沃勒斯坦：《现代世界体系》第一卷，罗荣渠等译，高等教育出版社1998年版，第173页。
② [美]沃勒斯坦：《现代世界体系》第一卷，罗荣渠等译，高等教育出版社1998年版，第176页。
③ [美]沃勒斯坦：《现代世界体系》第一卷，罗荣渠等译，高等教育出版社1998年版，第184页。

而在法国，情形则相反，为了遏制生性蛮横的资产阶级，法国君主一方面要加强自己的权力，另一方面要通过官吏的贪污受贿来收买他们，这使得资产阶级受到了压制。这是中心地带中资本主义与资产阶级发展中的路向区别。虽然路向不同，但在国家权力的建构上，都有助于民族国家的形成。

在沃勒斯坦对现代世界体系发生的论述中可以看出，这一体系的产生主要有两大条件：一是世界范围内的劳动分工体系的建立，使得中心—边缘的区划得以形成；一是现代意义上的民族国家的建立，它与经济之间保持着一种必要的联系，这个问题在吉登斯关于现代社会的讨论中得到了充分的强调。

2. 现代世界经济体系的巩固

在沃勒斯坦的世界体系理论中，他和马克思一样认为，现代资本主义社会经济体系的产生源自于 15 世纪，这也是文艺复兴之后西方社会的结构性转变的开始，到 17 世纪时，现代经济体系在重商主义的作用下已经得到了巩固。从技术方面来看，马克思在《资本论》中指出，从工场手工业到机器大工业的转变，这是资本主义经济体系内部技术结构的转变，而不是指社会性质本身的转变。沃勒斯坦也认为，在备受争议的 17 世纪，已经建立的经济世界体系得到了进一步的发展和巩固，虽然这个阶段存在着紧缩与扩张。沃勒斯坦采纳了西米昂德将 17 世纪划分为阶段 A 与 B 的思想，他将 1450 或 1500 至 1650 年称为 A 阶段，而将 1600 至 1750 年称为 B 阶段。显然这个区别不只是一种时间上的，而是根据社会性质来加以分解的。

对于 B 阶段，学界存在着一种“危机”说。在沃勒斯坦看来，这并不是一种结构性意义上的危机，“1600 年和 1750 年之间的萧条，不像 1300 年和 1450 年间的那样，并不是一场‘危机’，因为难关已经越过，困境已经避开，封建制度危机已基本得到解决。因此，17 世纪的萧条发生在一个活跃的、前进的资本主义世界经济之中。它是这种体系以后将经历的多次世界性紧缩或萧条的第一次”①。在萧条之中，首先，国家在强化机构，特别是在中心地区和半边缘地区是如此；其次，经济在萧条中积累，资本主义世界经济体系在这个过程中慢慢稳定下来；再次，在这个时期，在文化上出现了对理智的重视或对体系的追求，以及对欲望的压制，这是一种追求社会稳定的精神。“也正是由于这一原因，17 世纪——在经济上、政治上、精神上和社会上——才能为所谓的工业革命的迸发铺平道路。”②

在 17 世纪，由于在世界体系中所处的位置不同，不同区域的经济发展也呈现出不同的样态。在荷兰，由于没有受到内战之苦，加上本身的自由主义制度，特别是造船业和内河贸易的发展，使它在 17 世纪初期占据了中心的位置。但随着英法两国战争的结束，在英国，贵族与新兴商业阶级结成联盟，并由于造船业的发展，很快在海上形成了与荷兰对抗的能力。加上英国的农业生产中土地的集中和耕作方式的变化，促进了资本主义经济结构的发展。法国在结束了战争之后，贵族虽然在总体上还在压抑着资本主义经济，但随着民族国家的形成，在政治结构上已经形成了中央集权的官僚结构。在这两个国家(在法国主要体现在北部地区)，工业体系在这一时期也得到了发展。而荷兰则在 17 世纪中期之后开始衰落。这是新的中心地区经济带的形成过程。而在边缘地区，即使是在经济收缩时期，也没有脱离资本主义世界经济体系。“其一，边缘区占主导地位的资本家希望留在世界经济体中；他们为留在那里而奋斗。其二，中心区的资本家精英必定要期盼作为整体的世界经济体最终的周期性上升，为此，他们需要边缘地区的土地和人口所代表的自然区域和潜能。其三，中心国家即使在经济衰退时期，仍需要某些边缘地区的产

① [美]沃勒斯坦:《现代世界体系》第二卷，庞卓恒等译，高等教育出版社 1998 年版，第 17 页。
② [美]沃勒斯坦:《现代世界体系》第二卷，庞卓恒等译，高等教育出版社 1998 年版，第 27 页。

品”①,边缘地区的经济发展有着依附性特征,主要表现为带有农奴制特征的种植园经济。在中心地区,新兴资本家与贵族之间可能通过妥协的方式来获取利润,但在边缘地区,旧的贵族却在抵制新兴资产阶级,这也限制了这些地区资本主义工业体系的发展。在半边缘地区,一种分散加工的体制构成了其生存的关键。虽然分散加工在中世纪就已经存在,但进入到 16—17 世纪之后,这种分散加工深入到各种工业生产之中,并从城市深入到农村,这就使得包销商取得了支配性的地位,行会作用日益减弱,但这种工业有渐被外国集团控制的趋势。在沃勒斯坦的描述中,实际上是以中心地区的经济体系发展来说明半边缘与边缘地区的经济发展和社会形态特征。

在沃勒斯坦的研究中,时间与空间共同构成了社会建构的内在要素,但在这两个要素中,时间依赖于空间而被规划,空间本身的区分又与社会体系的内在结构相一致,关于中心、半边缘与边缘的区分,就体现了一种空间与社会结构的同构性,时间依赖于这种同构性而加以区别。在上面讨论的 B 阶段,沃勒斯坦又对之进行了划分,区分为 1651—1689 年和 1689—1763 年两个不同时期,上面讨论的实际上属于前一阶段。在后一阶段,英国经历了九年的国内战争。战争之后,英国的海军力量日益壮大,并控制了海上的霸权,使荷兰的海上控制能力下降。而法国则主要发展陆军力量,海上势力基本上被摧毁。在英国,加上圈地运动的展开,大农场主阶级开始形成,这对于农业生产的集中化和资本的积累有着重要的意义,并在农业中也产生了生产方式的革命。而在工业生产上,毛纺织业和棉布生产成为英格兰的专有产品,形成了面向出口的工业,并在技术上居世界首位。在政治上英国走向了统一,上层阶层之间实现了一种联合,完全控制了国家,这些都是其他国家并不具备的。可以说,正是在这一阶段,英国获得了与其他国家相比较的优势,正是这种

---

① [美]沃勒斯坦:《现代世界体系》第二卷,庞卓恒等译,高等教育出版社 1998 年版,第 169 页。

优势使之成为一个新中心。这个新中心为后来的资本主义发展，特别是19世纪中期之前的资本主义发展奠定了格局。

从沃勒斯坦的论述中可以看出，现代世界经济体系的建立过程并不是一个固定化的外推过程，而是一个中心—边缘区域不断变换的过程，在这个过程中，现代工业体系与民族国家权力问题解决得较好的地方，就会改变自己在世界体系割据中的位置。这也表明，现代资本主义的建立与发展，实际上依赖于经济力量与国家力量之间的结合与相互补充。

3. 现代世界经济体系的扩张

从上面两个阶段的分析来看，世界经济体系在其建构时期，主要体现为中心区与边缘区之间的相互影响关系，这种关系还无法真正地表现从中心区发动的世界体系在世界范围内的推广。在沃勒斯坦看来，世界体系的这一扩张过程，与中心区的斗争有关。

在过去的研究中，有两个根本性的解释概念，即工业革命与资产阶级。18世纪末19世纪初发生的工业革命，使英国的生产体制发生了根本性变化：一方面是机械力的运用节省了劳动力，这在纺织业中率先开始并推动了其他领域的劳动力变革；另一方面，随着冶铁等行业的革命，化学技术方面的发明得到提高，而钢铁业的发展为铁路的建构提供了条件，铁路建设节省了资本。随着革命的深度展开，一方面体现出生产中心从农村向城市的转移，另一方面也体现出从城市向农村的转换。这是经济层面的生产方式的转变。而从政治层面来看，法国大革命被看成是资本主义政治意识形态得以确立的事件。虽然对法国大革命的解释存在着不同的观点，但法国的生产发展落后于英国，这基本上是大众认同的事实。在这个意义上，作为世界体系的中心区应该是英国。那么从英国发生的斗争何以在19世纪推动了世界体系的全球扩张呢？这是沃勒斯坦需要解决的理论问题。

对于英国为什么领先于法国实现资本主义的发展，沃勒斯坦不再运用工业革命与资产阶级这两个概念来加以解释。在他看来，英国领先于法国的主要原因在于：第一，18 世纪 50 年代由于人口的增长，供应达到了一个转折点，造成了粮食价格的增长，一个直接的结果就是圈地运动的高涨。这个过程对英国与法国有着不同的结果，法国大土地所有者没能获得与英国大土地所有者同样的成功。究其原因，在沃勒斯坦看来主要有两个："在法国，资本主义价值观具有更为广泛的传统（企业家支配权的神圣性）；在英国，则与之相反，传统的价值观有更大的坚韧性（原租户续租的权利）。另一方面，法国国家能力（与英国相比）较为软弱，无力强行推进变革。"①当粮食价格增长、圈地规模扩大时，农业生产中的技术化程度也就越高，产品也就越加丰富。第二，经济贸易上的差别。在 18 世纪 50 年代以前，英法两国在欧洲的贸易上，法国占有优势，在 18 世纪 50 年代的技术变革后，这种情况才开始有所改变。但这里的差别在于，英国在海外如美洲等拥有更大的殖民地，这就可以更为直接地把贸易推广到边缘地带。第三，19 世纪 80 年代英国在棉纺工业中的技术发明，使英国的工业化进程才开始超越法国，造成了产品的增长。另外由于法国国内市场利润较大，这也使得两个国家开拓市场的方式不同，这也说明了为什么在这个时段，英国人更为看重对殖民地的开拓。第四，北美独立战争虽然表面上看来使英国失去了殖民地，但由于英国在世界体系中贸易地位的确立，这使得英国不用支付管理费，而贸易收入却增加了。正是这些原因，使得英国在 19 世纪 80 年代取得了在世界体系中的支配地位。从这个解释中可以看出，沃勒斯坦对世界历史过程的解释，关注的是一种复杂性因素的集合所产生的效果。

对于法国大革命，过去的解释认为这是资产阶级在政治制度上的胜利，这种胜利与工业革命一起，在世界图景中完成了资产阶级革命的总体意图。沃勒斯坦反对仅从工业革命这个角度来讨论英国的进步，同

① [美]沃勒斯坦：《现代世界体系》第三卷，庞卓恒等译，高等教育出版社 2000 年版，第 85 页。

样，他也反对将法国大革命理解为是一种纯粹的资产阶级革命。在他的分析中，一个核心的问题在于：法国大革命从根本上来说，核心的阶层是农民，以及由无产阶级化的农民为主体所构成的第四等级。在这个过程中，贵族与资产阶级联合起来，反对的也正是这个第四等级。在沃勒斯坦看来，这个结果使得法国农民的政治力量减缓了所有权集中，而这正是英国借助于较为集中的国家力量完成的过程。另外，在战争期间，英国工业发展也更为集中，原料来源也更有保证，更为重要的是，战争本身使英国的贸易扩张更为迅速。这些使得在英法争霸中，英国成为现代世界经济体系的中心区。

自16世纪开始，现代世界经济体系初步形成，在其形成过程中，处于这个体系之外的部分，也经历着自身相对于这一体系的位置的变化。对于这一变化，沃勒斯坦将之划分为三个阶段："处于外部领域、被融入、最后被边缘化。"①在他看来，在16、17世纪处于外部地区的区域，如印度次大陆、奥斯曼帝国、俄罗斯帝国以及西非等，在18世纪后期、19世纪前期，已经从外部区域变成了现代世界经济体系的边缘地区。沃勒斯坦从生产过程的角度，认为这种变化体现在三个方面："(1) 一种新的进出口模式的形成；(2) 较大的经济'企业'(或经济决策体)的建立；(3) 对劳动力的强制显著加强。"②这种边缘地区的建构，实际上是将原来资本主义经济体系内部分工中出现的中心—边缘模式推广到了资本主义与非资本主义地区，边缘区变成了原料供应地，同时本地的制造业减少甚至消除，这使得边缘区在经济上更为依赖中心区。经济上的融入使这些国家在政治制度上也嵌入到国际体系之中。其实，当中心—边缘的割据形成之后，现代资本主义世界经济体系也就更加稳固了。

在英国成为中心的时候，在世界历史上产生的重要事件就是北美殖

① [美]沃勒斯坦：《现代世界体系》第三卷，庞卓恒等译，高等教育出版社2000年版，第182页。
② [美]沃勒斯坦：《现代世界体系》第三卷，庞卓恒等译，高等教育出版社2000年版，第189页。

民地的独立，这个独立是否影响到以英国为中心的世界经济体系的结构呢？在沃勒斯坦看来，事情并非如此。上面已经讨论过，就英法的争霸过程而言，北美战争的结果使英国先损后利。对于美国而言，虽然在独立战争后经济贸易上还依赖于英国，但随着拿破仑战争的展开，特别是美英1812年战争，美国逐渐改变了自己的从属地位，它既是英国的对手又是其合作者。正是这种地位的转变，为美国后来的崛起创造了条件。"18世纪末期的伟大革命，即所谓的工业革命、法国革命、美洲居民之独立，其中没有一个是对世界资本主义体系的根本挑战，反而标志着这一体系的进一步巩固与确立。民众的力量被压制，其潜能实际上受到政治转型的限制。到19世纪，这些力量（或者更准确地说是这些力量的继承者）将反思其失败并设想出全新的斗争策略。这种策略将更有组织，更系统，也更自觉。"①在这个意义上，现代世界经济体系牢固地确立了。

沃勒斯坦的理论，在我看来，构成了从世界历史理论到全球化理论中的一个重要的理论过渡，在以下几点上具有理论的启发性：第一，他将马克思的世界历史理论更加具体化了。马克思从生产方式的角度出发，讨论了资本主义社会从历史向世界历史转变的内在本性，但在这一转变过程中，马克思并没有详细讨论不同地区在不同时段的历史变化，《资本论》主要提供的是一个现代资本主义带有扩张特性的模型。沃勒斯坦通过详细的资料揭示了这一过程的动态格局，特别是中心—边缘模式的提出，不仅揭示了资本主义扩张中资本主义社会与非资本主义社会的矛盾，也揭示了资本主义社会内部的利益矛盾。第二，沃勒斯坦的讨论将民族国家作为资本主义世界体系的外部条件，而这正是传统马克思主义解释中被忽视的问题。沃勒斯理的这一讨论，实际上吸收了当时社会科学研究中的重要成果，在当时的研究中，民族国家问题越来越具有着重要的地位，以致吉登斯在20世纪80年代早期认为，对民族国家在现代

---

① ［美］沃勒斯坦：《现代世界体系》第三卷，庞卓恒等译，高等教育出版社2000年版，第329页。

性进程中所处地位的忽视,是马克思主义理论的重要缺陷之一。第三,沃勒斯坦力图揭示的是资本世界体系形成的内在动力与原因。他的世界体系理论是中心—边缘之间的复杂的关系建构,并将这种世界体系的构成与资本世界的构成联系起来。这是我们今天分析全球化需要着力的东西。第四,在马克思的世界历史理论中,时间构成了其分析的境域。在沃勒斯坦这里,空间的规划开始被突现出来。他关于世界劳动分工的分析,实际上是对资本构成空间的讨论。这也是后来者从哲学视角批判分析全球化的重要维度,哈维就是这样提出自己的理论的。

二、哈维:弹性生产与资本的全球空间规划

对于全球化,哈维从历史唯物主义空间理论的视角这样来描述:"全球化可以被视作一个过程、一项条件或者一个特定的政治规划。""它创建了独特的地理景观,一个由交通和通讯、基础设施和领土组织构成的人造空间,这促进了它在一个历史阶段其间的资本积累,但结果仅仅是必须被摧毁并被重塑,从而为下一个阶段更进一步的积累让路。所以,如果说'全球化'这个词表示任何有关近期历史地理的东西,那它则最有可能是资本主义空间生产这一完全相同的基本过程的一个新的阶段。"①在这个意义上,对全球化的反思离不开对资本在全球时代的积累方式及其空间政治的思考,这构成了哈维学术的核心主题。

1. 从福特制到弹性生产

按照马克思的方式,哈维以分析现代资本主义生产方式的变化为起点。在20世纪70年代,福特主义的危机酝酿着资本主义生产方式的转变。一方面,福特主义所激发的生产力的增长,引起了世界范围的资源

---

① [美]哈维:《希望的空间》,胡大平译,南京大学出版社2006年版,第53页。

危机和资本危机；另一方面，当年的石油危机导致了所有经济部门必须通过技术和体制变革来寻找节约能源的出路，这就导致了资本空间布局的改变，即由福特主义的大规模集中生产向世界各地的分布。应对这种危机就必须探索新的生产方式，正是在这个转变过程中，产生了以弹性生产为主导的后福特主义生产方式。①

按照哈维的论述，弹性生产主要体现在以下几个方面：第一，劳动力市场的变化。福特主义时代的全日制劳动，转向了非全日的、不定期的、固定条件的合同工作人员，以及临时的、转包合同的和公共津贴资助的受训人员，劳动力市场的这一转变是同技术的发展分不开的，特别是微电子技术的发展，使这种弹性工作方式越来越具有发展的空间。第二，劳动力市场的结构性转变，伴随着工业结构中的变化，最根本的是已经增加了的转包的转变，这个转变使传统的家庭劳动、手工业劳动得以生长起来，这也导致了第三世界国家的发展与发达资本主义社会的发展相趋同的倾向。而家庭劳动体制的恢复使妇女劳动力代替其他劳动力的机会更多。第三，上述转变导致了经济空间的变化，即区域经济已经开始压倒规模经济，这是小批量生产的结果。与大公司相比，专业化和灵活的设备削弱了规模经济的冲击力，更善于掌握微观市场的细节变化，并迅速作出反应。“小批量生产和转负肯定具有绕过福特主义体制的刻

---

① 对于这个新的阶段，法国的调节学派称之为后福特主义，有的学者称之为新福特主义。在学术讨论中，后福特主义与新福特主义有着不同的含义。按照李佩兹的讨论，走出福特主义的危机有两条道路：一条道路是降低工资，提高雇主的利润，这是一条“柔性化”道路，消灭了社会妥协，坚持泰勒主义劳动组织原则，并得到了计算机技术的帮助，但工人不再享有福特主义带来的好处；另一条道路是建立在人力资源动员或者提高工人劳动生产率和质量水平的运动基础之上的新型劳资关系，主动提高劳动生产率，而不必然地依赖日益复杂和昂贵的机器化，如日本的精细生产方式就是如此(参见李佩兹《后福特主义的运气与不幸》，载《资本主义发展阶段——繁荣、危机和全球化》，阿尔布里坦等编，张余文等译，经济科学出版社 2003 年版，第 26—28 页)。沿着这一讨论，前一条走出危机之路是一种新福特主义的方式，这也是新自由主义者所采取的方式；后一种是后福特主义方式(参见谢富胜、黄蕾《福特主义、新福特主义和后福特主义》，载《教学与研究》2005 年第 8 期)。但不管怎样界定，新的生产方式更加注重弹性生产，所以从生产方式的角度以“弹性生产”来界定。

板、满足更大范围的市场需求包括快速变化的需求的优点。”①也正是在这种转包和微电子技术的支持下，才能产生全球化的经济模式，各种具有地方性特征的经济均被纳入全球经济的规划之中，但又保持着区域性的特征。第四，在文化上，灵活积累在消费方面更加密切地关注快速变化的时尚、调动一切引诱需求的技巧和它们所包含的文化转变，追求时尚成为现代文化的重要规定。“福特主义的现代主义相对稳定的美学，已经让位于后现代主义美学的一切骚动、不稳定和短暂的特质，这种美学赞美差异、短暂、表演、时尚和各种文化形式的商品化。”②

弹性生产方式的产生，使资本主义积累方式发生了变化。在福特制资本主义社会，建构一个工厂帝国，是解决生产无政府状态的重要条件。但帝国化的工厂，会导致固定资本越来越大，利润率也就随之下降，而在弹性生产方式中，资本主义“通过”劳动力市场、劳动过程和消费者市场上的分散、地理上的流动和灵活回应来降低生产成本，与这种劳动组织相应的，就是大量机构上的、产品方面的和技术上的创新。更加紧密的组织和正在剧减的集中化事实上是通过两方面的平行发展取得的。“首先，准确的和最新的信息现在成了一种具有很高价值的商品。接近和控制信息，加以及时分析数据的强大能力，已经成了集中协调广泛的企业利益的根本。对汇率、时尚、趣味和竞争者动向的变化作出及时回应的能力，对于企业的生存来说比在福特主义之下更加具有实质性。”③其次是全球金融体系的彻底重组和金融调整极大强化了的势力的出现。一方面是朝着金融集团的形成和惊人的全球势力的经纪人的形成发展，另一方面是金融活动的迅速激增和分散以及通过创造全新的金融工具和市场而进行的流动。这种金融体制给了银行等更多的自主权，而且向着与国家相对的金融资本的授权转变，加上集装箱化、大型喷气式飞机货

① [美]哈维:《后现代的状况》，阎嘉译，商务印书馆 2003 年版，第 201 页。
② [美]哈维:《后现代的状况》，阎嘉译，商务印书馆 2003 年版，第 202 页。
③ [美]哈维:《后现代的状况》，阎嘉译，商务印书馆 2003 年版，第 205 页。

物运输和卫星通信，它们使生产和设计指令能及时地发送到全世界的任何地方。这使民族国家与跨国资本之间产生了矛盾，国家的干预方式发生了变化，但并不意味着国家不再起作用了。也正是在这一资本重组中，产生了资本的全球化。

在《空间的希望》中，哈维将资本积累的全球转变进一步概括为四个方面：第一，由于美国国内滞胀和布雷顿森林体系崩溃，20 世纪 70 年代美国开始取消金融管制；第二，20 世纪 60 年代中期之后，科学技术的进步与产品创新构成了世界经济发生转变的中心动力；第三，电子媒介与信息革命，大大改变了生产和消费组织并带来了全新的要求和需要定义；第四，在这个过程中，资本与人员都从传统的空间中解放出来，使资本得以在全球空间调整自己的积累方式与战略。① 也正是在这个意义上，我们需要重新建构关于资本的转变理论。在这个过程中，资本的空间规划起着十分重要的作用。

2. 全球化与资本的空间规划

在马克思的政治经济学批判中，特别是在《资本论》及其手稿中，马克思对资本的时间与空间问题进行过较为丰富的讨论，这些讨论不仅涉及生产与流通过程，而且涉及资本在地理空间上的规划。应该说，马克思的讨论构成了哈维讨论的基础。

在我看来，马克思关于资本逻辑与时空规划问题的阐述可以综合为以下几个方面：

第一，剩余价值的获得直接在于对时间—空间的规划，特别是必要劳动时间的缩短与剩余劳动时间的延长。在关于剩余价值的讨论中，马克思首先讨论的是绝对剩余价值的获得问题，在绝对剩余价值的获得中缩短必要劳动时间是唯一的方法。将时间作为价值来规划，这表明了时

---

① 参见[美]哈维《空间的希望》，胡大平译，南京大学出版社 2006 年版，第 59—61 页。

间本身并非就是与人无关的容器,特别是在社会活动过程中,时间本身打上了人类实践的特征,而在资本逻辑的作用下,时间本身就是资本规划的重要内容。剩余价值的另一种形式就是相对剩余价值,而在相对剩余价值的取得中,时间与空间同时被置于资本逻辑的规划之中。马克思在关于相对剩余价值的分析中,集中讨论了从协作、分工、工场手工业到机器大工业的过程,这些都是生产结合方式与技术模式的改变。在这些改变中,除了时间的维度规划之外,一个重要的方面就是时间与空间之间的转换关系,当空间规划较为合理时,也就同时缩短了必要劳动时间。比如在讨论到协作时,马克思这样说:“较多的工人在同一时间、同一空间(或者说同一劳动场所),为了生产同种商品,在同一资本家的指挥下工作,这在历史上和逻辑上都是资本主义生产的起点。”①协作本身就是一种空间规划,当这种规划与分工的发展相结合,并形成工场手工业时,空间结合本身的优势就直接体现出来。这种优势不仅在于,工人不仅可以减少工作过程中由于距离而消耗的时间,而且可以降低不变资本的价值组成部分。正是这种空间的结合,才能更好地形成资本在生产过程中所需要的时间的连续性。在我看来,这里还有一个重要的问题在于,通过这种空间规划,建构出来的不仅是体现为有形资本的空间结合问题,而且建构出了另一种空间,即社会空间,或者说,当资本逻辑展开时,原初意义上的自然空间与社会空间已经结合在一起了。

第二,资本流通过程中的时间—空间规划。马克思曾指出,资本的生产与流通实际上是同一个过程,资本在生产中增殖,但只有在流通中才能实现增殖,马克思称这个过程为“惊险的一跳”。资本的流通时间直接决定了资本的周转过程,而资本的周转又直接同资本的增殖相关联。这时,为了保证资本增殖的快速实现,必须要解决两个问题:一是使资本的流通时间趋向于“0”。“流通时间本身不是生产力,而是对资本生产力

① 马克思:《资本论》第一卷,人民出版社 1975 年版,第 358 页。

的限制……由于加速或减少流通时间——流通过程——而可能发生的一切,都归结为由资本本性所造成的限制的减少。”①“因此,资本一方面要力求用时间去消灭空间,就是说,把商品从一个地方转移到另一个地方所花费的时间减少到最低程度。”②这是资本流通的必然要求,这个要求实际上在电脑时代才真正得以实现。在工业时代,信息只是为了更快更好地生产,主要起到引导的作用,而在信息时代,信息本身就成为产业,成为利润的来源,而且信息的生产与流通在一定意义上同一化了,信息一生产出来就可以直接流通,“这种传输将以光速来进行。在新的形式中,信息将成为举世共享的资源。”③流通时间的“0”化,使经济模式发生了转变:“工业时代可以说是原子的时代,它给我们带来了机器大生产的观念,以及在任何一个特定的时间和地点以统一的标准化方式重复生产的经济形态。信息时代,也就是电脑时代,显现了相同的经济规模,但时间和空间与经济的相关性减弱了。”④数字化的生活将越来越不需要依赖特定的时间和地点,这才是全球化时代的理想时空结构。资本流通时间的消失,使资本的活动空间才真正具有了全球化的意义,实现了自由资本主义时期世界历史的理想。只有在数字化生存时代,地上、空间、全球才成为一个整体,传递时间的消失,使任何一个地点发生的事情同时可以在其他地点发生,而且比亲临现场还要身临其境。

第三,资本在社会建构中的空间规划,这是马克思在《资本论》第一卷中阐述“资本主义积累的一般规律”时提出来的。马克思在讨论资本积累的规律时分析了工人住宅区的建构以及这种建构与资本的空间布局的关系。“生产资料越是大量集中,工人也就越要相应地聚集在同一个空间,因此,资本主义的积累越迅速,工人的居住状况就越悲惨。随着

① 《马克思恩格斯全集》第46卷(下),人民出版社1980年版,第39页。
② 《马克思恩格斯全集》第46卷(下),人民出版社1980年版,第33页。
③ [美]尼葛洛庞蒂:《数字化生存》,胡泳等译,海南出版社1996年版,第12页。
④ [美]尼葛洛庞蒂:《数字化生存》,胡泳等译,海南出版社1996年版,第191页。

财富的增长而实行的城市'改良'是通过下列方法进行的:拆除建筑低劣地区的房屋,建造供银行和百货商店等等用的高楼大厦,为交易往来和豪华马车而加宽街道,修建铁轨马车路等等;这种改良明目张胆地把贫农赶到越来越坏、越来越挤的角落里去。"①这样的讨论在马克思的著作中非常多,需要对此进行专门的讨论。

哈维的讨论从一般理论形态上继承了马克思的问题。在他看来,时间和空间的客观性在各种情况下都是由社会再生产的物质实践活动所赋予的,由于后者在地理上和历史上变化着,因而我们发现社会时间和空间的建构有着很大的差别。每种独特的生产方式或者社会构成方式,都将体现出一系列独特的时间与空间的实践活动和概念。哈维认为,在以进步自居的现代化的进程中,历史时间成了它的主要的尺度,这也合乎现代性的内在规定。以进步为尺度的现代性,必须征服空间,拆毁一切空间障碍,最终通过时间消灭空间来实现自己,把空间变成一个附带的范畴,隐含在进步概念的本身之中。这是历史进程中的时间问题。在艺术中,则是相反的过程,以一种永恒的空间来取消时间,构成了现代艺术的重要主题之一。不管是对空间的消灭还是对空间的美学留恋,一个基本的事实就是,在现代资本的建构以及人的生活意识的建构中,空间发生着重要的作用。但这一空间并不是一个先验的容器,而是与人的活动以及资本的逻辑展开结合在一起的。"我将探究的总的论点是:在一般的金钱经济中,尤其是在资本主义社会里,金钱、时间和空间的相互控制形成了我们无法忽视的社会力量的一种实质性的连结系列。"②而在这种连结中,权力关系随同资本逻辑的展开一同被包容在空间关系之中。其实,上面关于马克思思想的讨论实际上已经讲到这一问题,即现代意义上的空间规划与资本是联系在一起的,资本通过控制空间而控制着有

---

① 马克思:《资本论》第一卷,人民出版社 1975 年版,第 722 页。

② [美]哈维:《后现代的状况》,阎嘉译,商务印书馆 2003 年版,第 282 页。

利于自己发展要求的政治权力。哈维通过分析资本主义的发展指出："那些支配着空间的人可能始终控制着地方的政治，即使对某个地方的控制要首先控制空间，这是一条至关重要的定理。"①在这个意义上，任何资本主义生产方式的转变，都是一次空间的重组。空间的规划在不同的实践活动中体现为不同的样式，哈维关注的是关于弹性生产时代的空间规划问题。

自文艺复兴以来，随着资本的发展，空间的障碍日益被克服，在前资本主义社会具有权威与神秘性的外部空间，变成了人们所征服的对象，通过时间征服空间，形成了资本主义社会的"时空压缩"现象。特别是在1850年之后，随着资本主义的稳定发展，以及对外贸易和资本投资的扩张，资本主义把主要力量放到了全球性扩张的道路上，这在第一次世界大战左右达到了顶点。进入到弹性生产时代，空间障碍的消除，使得空间中的任何一个地方都被纳入了资本的全球规划之中。当每一地区都被纳入资本的空间规划时，"场所"由此在日益增强的空间抽象之中处于被突出的地位。积极地创造具有空间特质的各种场所，成了地方、城市、地区和国家之间的空间竞争方面的重要标志。这就使得场所规划之中既有同一性，又存在着差别，但这种差别并不是根本本质的不同，而只是处于空间系列中的差异。"强化了的场所内部的竞争，将导致在日益增加的国际交流的同质性之内造成更加多样化的空间。"所以，"空间障碍越不重要，资本对空间内部场所的多样性就越敏感，对各个场所以不同的方式吸引资本的刺激就越大。"②这也是地方性的反全球化斗争得以兴起的原因，但在人们强调地方性的差异时，是否在更深的层面上陷入了资本的全球空间规划之中了呢？哈维的分析提出了这一问题。出于对弹性生产时代资本空间的思考，哈维强调历史唯物主义的规划在今天受

① [美]哈维：《后现代的状况》，阎嘉译，商务印书馆2003年版，第292页。
② [美]哈维：《后现代的状况》，阎嘉译，商务印书馆2003年版，第370页。

到了挑战,必须在历史—地理的基础上重新规划历史唯物主义,同时建构一种新的替代性方案。

3. 辩证乌托邦与新替代方案的可能性建构

哈维认为,在西方现代化历史上,乌托邦主要体现为一种理想空间的规划,这种空间的规划带有一种永恒性,在这个意义上乌托邦是对历史过程的排斥。"'乌托邦'通常与某个地方相联系,这是一个既快乐又不存在的地方。地点的特性(可以被称为'地点性')是重要的,这意味着再现并密切关注作为社会过程容器的空间形式和作为精神秩序表达的空间形式。相反,社会过程的理想化样式通常以纯时间术语来表达,它们在字面上束缚于任何不存在的地点,并且典型地被指定为一个在空间性约束之外的地方。"①在现实的意义上,存在着两种乌托邦:一个是作为永恒空间的乌托邦,这种乌托邦带有极权主义的特征;一个是作为过程的乌托邦,这是被自由市场的支持者所看重的。在现代化的进程中,这两种乌托邦以一种相互妥协的方式结合在一起,这主要体现为两个方面:第一,国家权力与自由市场之间的矛盾结合;第二,人工环境的建设是商业活动所依赖的资源复合体。也正是在这样的结合中,哈维认为,乌托邦的理想退化了,强迫性的协作模式加深了政治与经济活动中不平衡地理的发展。因此,如何重新思考乌托邦,这构成了哈维重构空间规划的理论想象力基础,也是建构替代性方案的前提。"没有乌托邦的理想,就没有办法来确定我们可能想要驶向哪个港口。"②

过去的乌托邦,有着各自不同的规划。针对空间乌托邦的不足,福柯强调一种空间异质性的"异托邦",强调空间游戏的共时性观念,突出选择、多样性和异质性。在这种多样性的空间中,"'他性'、变易性和替

① [美]哈维:《希望的空间》,胡大平译,南京大学出版社 2006 年版,第 168 页。
② [美]哈维:《希望的空间》,胡大平译,南京大学出版社 2006 年版,第 183 页。

代方案可以不被当作纯粹虚构事物来研究，而是通过与已经存在的社会过程的联系来研究。”①但哈维认为，福柯所谓的“异托邦”，他所强调的各种混乱的、异质性的空间，或者是平庸的，或者是排他而封闭的，无法真正地为替代方案提供线索。相比较而言，哈维认为，在今天，空间的重建面临的问题是：如何推翻由自由市场所建构的具有社会相对永久性特征的这些结构。因此，乌托邦的规划不是自由主义式的“非此即彼”问题，而是“既又”的问题，实际上也就是对上述两种乌托邦的辩证超越，这正是“辩证乌托邦”一词的含义，也是重建替代方案的基础。

哈维的论述强调的是一种总体性的替代观念，这种观念是从社会结构与人类行为技术的关系，或者说是在两者的协调配置中产生的。马克思曾指出，人是历史的创造者，但这种创造是在特定的自然条件与社会条件下完成的，这是人类得以解放的内在循环关系。哈维也认为，人类在其生物进化过程中，由于与社会建构过程相一致，形成了一些基本的技能，他把这些技术概括为六个方面：第一，生存竞争和斗争（经由自然选择，或者在人类历史中经由经济、政治和文化的选择，产生等级制和同质性）。第二，适应生态环境（经由经济、政治和文化方面的增殖和创新而产生差异性）。第三，协作、合作和互助（依赖交流和转化的能力，形成社会组织、制度安排和一致同意的政治—话语形式）。第四，改造环境（将“自然”改造成与人类的需要广泛一致的人性化的自然——虽然常常会有一些无意识的后果）。第五，安排空间秩序（与空间的生产相伴的出于特殊目的的流动和迁移，诸如逃跑、防卫、组织合并、交通和通讯以及对个人、集体和物种生命的物质支持系统在空间上接合起来的组织）。第六，安排时间秩序（设置有助于生存的生物、社会和文化的“时钟”，再配上为生物和社会目的而使用的各种不同的时间秩序安排——在人类社会中，时间秩序安排多种多样，从几乎即时传递的计算机秩序到通过

① [美]哈维：《希望的空间》，胡大平译，南京大学出版社 2006 年版，第 179 页。

文化而发展成为精神规则、传统和法律的长期约定等)。① 社会构型的特征就是这些技术要素如何根据特定的力量得以组合起来,也就是说,在这种构型中,没有任何一个要素处于支配地位,替代是否可能取决于我们如何重组全部的技术要素。

在这种总体性的替代方案中,哈维将之区分为两个层面的责任,即人对自然的责任以及人对人的责任。就人与自然的关系而言,要将自然看作是一张生命之网,我们需要关注的是自己的行动如何慢慢地影响着那张相互影响之网,以及这种联系在形形色色的无意识后果下织成的活生生的世界。这需要将自己的行动置于全球问题的微观领域之中。在人与人的责任问题上,他关注的是这个社会本身的问题,并将这些问题与资本的现代积累模式联系起来。而要在这些方面做到一种总体性的替代规划,一种统一性的知识就非常重要。哈维的这一论述反对的正是后现代的话语,正是后现代对统一性知识话语的拒绝,使得一种整体性的规划显得可笑。“从 20 世纪 70 年代中期开始,对所有形式的‘元叙事’所进行的正面攻击与马克思主义传统深层次的内在质疑结合在一起,导致马克思主义抱负的厄运。”②知识的统一性并不是直接强调知识的固定的一致,而是在进化之中的统一性,“辩证研究必然会把伦理、道德和政治选择(价值)纳入自己的过程中,并且把因此产生的推定知识作为追求这样或那样目标的权力游戏中的话语。价值和目标(我们可能会把它们称为反思性思想的‘目的论’和‘乌托邦’要素)不是作为从外面提取的一般抽象概念而强加的,而是通过生存过程(包括知识研究)来达到,这个生存过程被嵌入在不同的权力游戏和实践形式中,伴随着这样或那样的潜能探索(在我们自身中和我们所栖息的世界中)。”③在我看来,这也是中国的马克思主义哲学需要研究的问题。没有这种整体性的

① 参见[美]哈维《希望的空间》,胡大平译,南京大学出版社 2006 年版,第 205 页。

② [美]哈维:《希望的空间》,胡大平译,南京大学出版社 2006 年版,第 221 页。

③ [美]哈维:《希望的空间》,胡大平译,南京大学出版社 2006 年版,第 225 页。

知识理念,我们就无法真正地透视这个社会,更无法建构一种替代性的方案。

作为整体性的替代方案,在空间规划上,一方面体现为对从事批判的政治个人的建构,在这一过程中,实际上是对个人的活动空间做出另一种想象,想象一个与当下的政治结构中完全不同的生活与工作关系、财产制度以及政治安排。在这个意义上,辩证研究又是一种"非此即彼"的选择。但作为一种替代性的活动,它又从来不是个人的活动,因此另一方面要建构一种集体政治学,哈维将这种集体的政治学落实到"社区"的规划上,社区是从日常生活层面将个人的能动实践与集体身份、归属意识的建构结合起来的特定场所,也是对全球资本规划进行激进抵抗的区域。但这种区域的规划,必须与前面所说的资本在空间规划中所追求的地方特色意义上的规划区别开来,否则,哈维就会陷入自己所批判过的理论陷阱中。

其实哈维并没有给我们替代的方案,他所论述的主题是,面对资本的全球空间规划,我们如何才能真正地达到一种激进的批判意识,对于他来说,这种批判意识才是建构规划的基础,也正是在这一维度中,必须把乌托邦的理想与空间的规划重新结合起来加以思考,以实现对资本全球化的替代性批判。

三、《帝国》与全球化批判

"帝国"这个概念是继帝国主义之后来描述全球化最新进程的一个概念。在哈特与奈格里看来,帝国主义是与民族—国家主权的时代所对应的,而随着全球化的进程,在一定意义上,民族—国家的主权已经衰退,全球性的市场与生产的全球性流水线产生了新的规则和结构,但"民族—国家主权的衰落并不意味着字面意义上的'主权'已经衰落。在整个当代的变革期间,政治的控制、国家的功能,以及管理的机制已经在继续统治着经济和社会的生产和交换。我们基本的假设是主权已经拥有新的形式，它由一系列国家的和超国家的机体构成，这些机体在统治的单一逻辑下整合。新的全球的主权形式就是我们所称的帝国”①。与帝国主义相比，帝国无中心，也没有固定的疆界，它通过指挥的调节网络管理着混合的身份、富有弹性的等级制和多元的交流。在福特制时代，帝国主义的世界地图带有明显的民族—国家色彩，但今天已经被合并、混合在全球帝国的彩虹中。在这个意义上，没有哪个国家在今天可以构成帝国的中心权力，沃勒斯坦所谓的中心—边缘模式不再能够真正地说明全球化时代的权力结构。与此相应的是，在全球化时代，财富的创造也不再只是物质财富的积累，而是体现为经济、政治、文化的相互投资和相互交织，正是在这种交织之中，形成了一种新的体制，这正是现代帝国发生作用的场所。“进一步说，帝国只是一个概念，它主要是要求一种理论研究。帝国的概念的基本特征是没有边境，它的规则是没有限定。首先也是最为重要的，帝国的概念假定了一个体制，这一体制成功地包括了空间的整一性，或者说真正地统治了整个‘文明的’世界。没有国界限定它的统治权。其次，帝国的概念表示它自身与其是一个发源于征服的历史的政权，不如说它是一个成功地终止历史并因此永远固定正在存在的事态的秩序。……第三，帝国的规则操纵着所有延伸到群体世界每个层面的社会秩序的登记注册。”②作者认为他对帝国的分析继承了马克思与德勒兹的方法：在马克思那里，作者吸收了资本的生产模式理论，认为在今天生产的王国是社会不平等清晰的表现之所在，也是对帝国力量最有效的抵抗和替代出现之所在。这是一种生态政治的生产。从德勒兹那里，作者吸收了其关于无器官的欲望机器的讨论以及关于块茎延伸的理论，将帝国看作是一处庞大的机器网络。作者要追踪的就是以生产为基

① [美]哈特、奈格里：《帝国》，杨建国等译，江苏人民出版社 2003 年版，第 1—2 页。

② [美]哈特、奈格里：《帝国》，杨建国等译，江苏人民出版社 2003 年版，第 4 页。

础的帝国的形成谱系。

1. 帝国的政治构造

对于帝国的产生，在一般意义上可以说这是民族—国家的衰落，是国家市场摆脱传统管制以及国家主体之间的抗争所导致的结果。那么现代意义上的民族国家是怎么产生的，这一政治谱系为何从帝国主义走向了帝国统治？作者对现代性的讨论揭示了这一过程。

在他们看来，欧洲的现代性体现为两种形态：一是以内在性作为世界和生产的新样式，这是对传统的打破，是对民主的赞扬。在这里，民众获得了一种力量，权威也不是来自于高高在上的东西。但这种打破一切的力量立刻遭到了另一种力量的反抗，这是现代性的第二种形态，即当新生力量无法消除而又无法回到过去时，就会寻求一种压制性的力量来制约它，这就是超验性问题的提出。“这第二种现代性推出超验以对抗内在，推出秩序以对抗欲望。”①在这个过程中，最重要的一点就是截断民众与神性和自然的直接联系，以一种新的方式重新组织人与自然的关系。在新的思想方式中，自然不再只是神才能认识的对象，透过现象的滤镜，自然和经验能够被认识，借助于智性的沉思，人类能够获取知识，通过理性的图式，道德的世界也可能实现交流沟通。笛卡儿确立了这个过程，康德将这一中介推到一种中心位置，“把经验空泛化为现象，把知识削弱为智性思考，把道德行动在理性图式中中和。”②黑格尔则完成了这个过程。在黑格尔那里，政治与形而上学有着密切的联系，政治处在形而上学的中心，因为现代欧洲形而上学本就是为了应对个体解放和民众的革命而兴起的。形而上学成为现代性第二种形态的主要武器，因为它能提供一件超验工具，阻止民众自发组织起来，使民众的创造性受到

---

① [美]哈特、奈格里：《帝国》，杨建国等译，江苏人民出版社 2003 年版，第 79 页。

② [美]哈特、奈格里：《帝国》，杨建国等译，江苏人民出版社 2003 年版，第 85 页。

束缚。最为重要的是，现代性的第二种形态要确保它能控制出现于欧洲本土和欧洲殖民地的新生力量，并从中渔利。因此，政治同形而上学一样，其核心主题就是根除中世纪的超验形式，因为它阻碍了生产和消费。同时，它又要以适应于新人类的生产形态的形式维持着超验的支配地位。因而，现代性问题的核心在政治哲学中得到体现。也正是在形而上学中，新的中介形式找到了应付内在性革命的最适合的方式，打造了一件超验的政治工具。这种形而上学的超验维度，在经济层面上与资本的现实展开过程相对应，主权与资本实现了结合，现代主权正是在这样的理论维度中得以确立起来的。

在现代性发展中，与主权同时建构的还有一个重要的东西，那就是民族国家。由于新的生产力的发展，传统专制式的父权制的统治方式也发生了改变，民族的精神认同不再是君主的神圣之体，而是领土和民众，它们成为理想的抽象和认同的对象。现代国家继承了传统的君主制国家的父权—君权之体，并对之进行了新的改装，这种改装借助于两方面的势力来完成：一方面是新兴的资本主义生产力，另一方面则是旧有的绝对主义行政网络。随着民族统一体的建立，过去的臣民也变成了公民，民族成为一种主动力量，是社会和政治关系的生成形式。在民族国家的建立中，现代性所具有的革命性冲动被民族国家的意识形态所制约，人民与国家的同一性使认同感得以产生出来，这是自雅各宾派之后的一个重要理念。但人民的这种同一性是建立在一个想象的层面之上的，这一层面隐藏并消除差异，以同种族压迫和社会清洗的现实层面相呼应。与人民概念相应的是让一个拥有霸权的集体、种族或阶级代表全部人口，以此遮掩内部的分歧，而这第二种行为亦得到了第一种行为的帮助。“在国家和人民的同一性中，也就是在它们的精神实质中，有一片饱含文化意义的领域，一个共同的历史，以及一个语言共同体。但更重要的是，那里有一个阶级的胜利的巩固，有一个稳定的市场，有经济扩张的潜能，有投放资本、文明教化的新空间。简而言之，国家同一性的建立保障了合法性不断得到加强,也保障了不可亵渎、不可压抑的统一的权力。在主权概念发展过程中,这是决定性的一个转变。凭借着同国家概念和同人民概念的结合,现代主权概念转变了自己的中心,它从冲突和危机的调和一跃变为国家—主体,和想象中的共同体的共同经验。"①在这种同一性的想象中,民族国家就已经蕴含着一种极权主义的逻辑。民族国家的建构体现了对同一性的追求,为了实现这一点,在内部就是要实现人民的纯洁性,在外部就是要外部制造一个他者,创造出种族差异,划定疆界,这就是殖民主义的策略。可见,现代社会的自我同一性是被制造出来的。

随着全球化的兴起,殖民主义和民族国家的式微,显示出从帝国主义的主权范式向全球帝国的主权范式的转变。这种新的主权范式是怎样的呢? 在近代以来的主权建构中,一种二元分立的方法是理论的基础,如自我与他者、主体与客体、白人与黑人、内部与外部等,都构成了现代主权建构的重要构件。这样一种二元对立的辩证法,遭到了后现代主义与后殖民主义的批判。但对于哈特与奈格里来说,这种批判本身是有问题的。在现代性的讨论中,现代性实际上呈现出一种双重面貌:一方面是对内在性与个性的颂扬,另一方面是对绝对与超验性的追求,后者才构成了后现代主义与后殖民主义批判的对象。与现代性追求一种总体的辩证法相对立,后现代主义与后殖民主义强调一种差异的政治,以一种碎片化的、边缘化的主体力量作为解放的力量。对于这种解放的逻辑,哈特与奈格里的反问是值得我们注意的:"假如一种新的权力范式、一种后现代主权已取代了现代主权,通过向混杂的、零碎的主体性构成的等级结构(这正是后现代主义所颂扬的结构)来实施统治,该怎么办? 如果上述一切假设是事实,那么现代主权形式就已不再是要解决的问题,而那些看上去具有解放性的后现代主义、后殖民主义策略已不再是

① [美]哈特、奈格里:《帝国》,杨建国等译,江苏人民出版社 2003 年版,第 109 页。

挑战，而成了新统治策略的实际同属，甚至不自知地强化了新的统治策略。”①这实际上说明，后现代主义与后殖民主义的批评，在根本的意义上陷入的正是自己所要批判的逻辑中。随着全球化的展开和资本的全球空间布展，对于资本主义生产过程而言，需要的不再是过去完全同质的生产主体，而是结合各地具体情境的新的生产主体，这种新主体正是以地域性的、碎片化的方式存在的。可见，后现代主义和后殖民主义所颂扬的东西，正好合乎全球生产模式的要求。可以说，后现代主义与后殖民主义的逻辑实际上是对主权范式转变的一种揭示，体现了主权转变的迹象，体现了资本全球化的内在要求。

那么帝国主权范式体现为何种特征呢？在帝国主权时代，内在与外在的现代区分已经不再有意义，从内在而来的批判理论也已经失去了批判的对象。同样，与民族相关的种族主义理论也发生了变化。过去的种族主义建立在生理差异的基础上，这是一种本体论的永恒差异，而今天，种族的差异被归结为文化的差异，所以现代反种族主义理论基于如下信念：社会构成论可以把我们从生理决定论的桎梏下解放出来。如果人们间的差异是由社会和文化因素决定的，那么所有人在原则上都是平等的，在本体论上都属于同一类别，都具有相同的本质。但这种反传统的种族主义，仍然坚持一种隔离原则，“帝国式种族主义，或曰差别性种族主义，将他者融入自己的秩序中，然后再在一个控制系统中对差异进行协调统一。这样，固定的、生理的民族观就趋于消融，化为一个流动的、无定形的民众。”②与种族主义的改变同步，主体性也发生了改变。在现代性中，主体性生产是一个恒常的社会历史过程，具体的物质环境构成了主体性生产的外部条件，各种制度则为主体性的生产提供了具体的地点。在帝国时代，主体性仍然在生产，但生产的制度环境发生了变化，它

---

① [美]哈特、奈格里：《帝国》，杨建国等译，江苏人民出版社 2003 年版，第 143 页。
② [美]哈特、奈格里：《帝国》，杨建国等译，江苏人民出版社 2003 年版，第 196 页。

不再是一种封闭的空间，由于内部与外部的边界不再存在，主体的生产与控制变得无处不在。这使得主权不再围绕着一个核心展开，而是依据许多微小冲突的网络建立起来，权力变得更具流动性。“一方面，帝国不纯净，是个混合体；另一方面，帝国规则主要通过分裂、解构而发挥其功能。分裂和解构发生于帝国社会的每时、每地，但并不意味着帝国正在奔向毁灭。”①

对于全球意义上的帝国主权而言，其控制由三种手段构成，即包容、区别和操控。在包容阶段，差异被放在一边，这也意味着抽离了主体的潜能，这种无差异的包容使帝国成为一架普遍融合的机器，使帝国成为一个平滑的空间。在区别阶段，差异也就意味着一种文化的差异，这是一种文化的区别，伴随着这个区别的，就是对差异本身进行等级化。这种等级化是操控的重要条件。

这样的说明实际上还是一种事后的界定，对于哈特与奈格里而言，帝国的产生是一个历史的过程，在法律的意义上，联合国建立时期的国际法律观念的产生，就使得一种全球性的法律理念具有了雏形。康德所谓的全球公民则为帝国提供了一种较早的伦理观念。自此之后，帝国从一开始就发动起设于它的法律概念核心的伦理—政治机器。“这一法律概念涉及到两种倾向：(1) 一种以建立新秩序之名而得到认可的权力观，这种权力观包容它认定的文明世界的每一寸土地，包容一个无边无际、四海如一的空间；(2) 一种在它的伦理基础之内涵盖了所有时间的权力观。帝国竭尽了历史时间，悬置起历史、将过去与将来统统汇集于它的伦理秩序之中。换句话说，帝国将它的秩序展现为永久的、恒定的、必须的。”②这个分析与福山所讨论的“历史的终结”非常相似，自由资本主义的发展，在今天的帝国形态中达到了其最终的结构。在这样一种全球伦

① [美]哈特、奈格里：《帝国》，杨建国等译，江苏人民出版社 2003 年版，第 202 页。
② [美]哈特、奈格里：《帝国》，杨建国等译，江苏人民出版社 2003 年版，第 8 页。

理观念中，一种全球正义就会呈现出来。作为帝国的权威模式，全球正义不仅体现为一种伦理观念，更体现为将武力展现为服务于正义与和平的手段，这就使得帝国本身具有了干涉权。“今天，帝国正作为一种中心出现于世界，它支撑起生产全球化之网，试图把所有权力关系都笼罩在它的世界秩序之下。可同时，它又运用强力警察功能，压制威胁到它的秩序的野蛮人和具有反抗意识的奴隶。”①

按照马克思的方法，法律理念的转变必须以一种物质形态的转变为基础，对于《帝国》的作者们而言，就是要找出生产社会实在的各种力量和途径，同时我们也要确定激活那些力量的主体，即一种生态政治的生产问题。生态政治这个概念是对福柯思想的延伸。在福柯的讨论中，非常强调从资本主义原始时代的规训社会向当下的控制社会的转变，规训社会的统治方式是建构思想和行为的参数与极限，这是一个庞大的社会网络体系完成的，而控制社会则是规训手段的强化，它实现于更为灵活、多变的网络之中，这是一种更为日常化的权力建构，因此，在生态权力所指向的生存状态中，生活本身的生产和再生产已成了权力追逐的猎物。在规训社会中，权力体现为对个人的侵入以及个体的反抗，而当生态权力得以建构时，权力已经进入社会的每一个神经之中，深入民众的意识和肉体的深处。当市民社会与国家之间的界线消失时，传统马克思主义所谓的上层建筑意义上的权力生产，置身于生活与身体层面进行，这是福柯生态政治的主题内容。单一性的分析框架，被日常生活再生产的复杂性所取代，“巨大的工业和金融力量不仅生产出商品，也生产出主体。它们生产出生态政治环境中的行为主体。它们生产出需求、社会关系、肉体和心灵——也就是说，它们生产出生产者。在生态政治领域，生命以生产为目的，生产也以生命为目的。”“权力，在生产之同时，也在组织，在组织之同时，也在自我表述，宣称自己为权威。语言，在实现交流之同

① [美]哈特、奈格里:《帝国》，杨建国等译，江苏人民出版社2003年版，第17页。

时，不仅在生产商品，更在创造主体，把他们固定在各种关系中，向他们发布命令。"①在帝国结构中，生产与政治不再属于两个不同的领域，它们日趋契合，处于一种对等与交织状态之中。

2. 全球化时代的帝国辩证法

对于哈特与奈格里来说，帝国虽然一方面是资本逻辑发展的结果，另一方面也正是民众对资本的反抗唤出了帝国，而这个新帝国，比起它摧毁的帝国主义来说，更具剥削性，也更加野蛮。但正如马克思的辩证法在批判资本主义时所揭示的一样：虽然帝国更具剥削性，但是帝国也为未来的解放创造了更大的潜能。这正是帝国的辩证法。

很多学者认为，在全球化的巨大压力下，一种地方主义的观念成长起来，并将之看作是解除全球压力的一种途径。对于哈特与奈格里来说，这种理论的方法论建立在一种二分法上，将事物分为全球和地方，并认定全球就包含着同质化和无差别同一性，而地方则保存异质性和差别，这本身就是一种带有怀旧的浪漫主义。"真正需要注意的恰恰是地方性如何产生的这一问题，也就是说，社会机器如何生产、再生产出认同感和差别，使它们被理解为地方。地方性中所具有的差别既非早已存在，亦非自然天成，而是生产的统治的结果。同样，全球性也不应被理解为文化、政治和经济的同质化。同地方性一样，全球性应被理解为认同和差别的生产的统治，更确切地说是同质化和异质化的生产的统治。"②如果地方性和全球性是同时被生产出来的，那么保护地方性的做法正好掩盖了问题的实质，并没有将自己的斗争指向真正的敌人。在他看来，真正的敌人是一种特定的全球关系统治形式，即帝国。当地方性的斗争处于帝国范式之内时，那种保卫地方的策略的危害性正在于它模糊了甚

① [美]哈特、奈格里：《帝国》，杨建国等译，江苏人民出版社 2003 年版，第 32—33 页。

② [美]哈特、奈格里：《帝国》，杨建国等译，江苏人民出版社 2003 年版，第 50 页。

至否定了确实存在于帝国之内的异端另类和解放的潜能。用马克思的话说,这只是用另一种方式解释了这个现实。

其实从现代性批判算起,哲学家与理论家都将矛盾指向了西方理性的迷雾,这在学理的层面当然是深刻的,但这种批判本身,说到底是一种精英主义的话语。历史本身的灾难,从焚尸炉到越战中地毯式的轰炸,在现实的层面都是民众在遭受痛苦,所以在一种政治策略的讨论中,哈特与奈格里认为需要考虑到民众。他们认为正是民众的力量使历史得以延续,并使它在今日的帝国之中重新成型。但这里存在的难题是:怎样把强加到民众头上的"必须"转化为解放的"可能性",开辟人类新的可能性发展空间。从民众与帝国本身的内在悖论出发,一种政治解放策略必须从两个方面着手:"第一条是一条批判和解构之途,其目的是颠覆霸权语言和社会结构,并由此出发,展现建立在民众的创造性和生产性实践之上的另类本体论基础;第二条是一条构建和伦理—政治之途,它寻求领导主体性的生产过程,走向一个有效的社会、政治另类,走向一个全新的生成力量。"①在这里,哈特与奈格里继承了马克思的劳动的辩证法。在他看来,正是活劳动对死劳动的抗争,把自己从强加到自己头上的地域限制中解放出来的抗争,使帝国成为无产阶级斗争的反应物,在这个意义上,帝国的形成与活劳动的解放策略是联系在一起的。劳动要解放自己,这种解放在更深的层面上却加深了对自身的奴役,但在另一层面,这种全球化的过程也构成了民众解放的条件。将民众作为解放的力量,这也是从生产模式出发必然得出的结论。

但在今天,过去的解放主体——无产阶级的构成已经发生了改变,以生产为基础的无产阶级的传统定义在今天已不再适用,无产阶级也不再是无差别的贫穷者。今天界定无产者,关键就在于将之看成是被资本容纳、受资本支配的人。但由于内部差别的原因,无产阶级的斗争已难

① [美]哈特、奈格里:《帝国》,杨建国等译,江苏人民出版社 2003 年版,第 53 页。

在其他斗争中得到沟通和回应，虽然所有的斗争都在媒体中得到充分的曝光。造成这种情况的原因在于：第一，人们找不到一个共同的斗争对象。施密特在谈到政治的本质时曾指出：政治的本质就在于分清敌我。但如果敌人不再显现，当敌人不再以一个具体的形象展示于人时，那么敌人也就不再具体地存在于某处，斗争也就失去了目标。这是福特主义所造成的结果，而在后福特主义时代，这种"匿名性"更是难以觉察。第二，没有一种共同的语言将每次斗争所使用的语言转译为一种国际性话语。在这个意义上，哈特与奈格里认为，"明确共同敌手、创建共同语言，这些理所当然是重要的政治任务"①。

其实，在资本与主权之间也存在着一种内在冲突。正如前面在讨论现代性时所指出的，现代主权是通过创造和维护区域、人口和社会功能间的固定疆界来进行运作的，它将社会领域加以细分，以一个超验的法则来进行统治。与现代主权的运行功能相反，"资本通过各种统治关系的中转系统和网络在'内在化'的层面上运作，不依靠一个超越的权力中心。它历史性地倾向于破坏传统的社会疆界，跨区域扩张，并且总是将新的人群囊括入其进程之中。……我们能够将资本的功能理解为是非区域化的，并内在于马克思自己分析过的三个基本方面之中。首先，在原始积累的过程中，资本将人口从特别规范化的区域中分离开去，使它们处于运动之中。它清除了'产业'，从而创造了一个'自由'的无产阶级。……其次，资本将各种形式的价值带到一个共同的层面上，通过它们的普遍等价物金钱将它们全部联结在一起。资本倾向于将以前所有的既得的地位、名衔与特权削减在现金交易关系的水平，即量化的与相应的经济程度。再次，资本运作所依靠的规则并不是凌驾于资本之上且从高处指导资本运作的独立和固定的规则，而是内在于资本自身运作的具有历史性变化的规则：利润率的规则，剥削率的规则，实现剩余价值的

① [美]哈特、奈格里：《帝国》，杨建国等译，江苏人民出版社2003年版，第62页。

规则等等"①。可以说,资本需求并不是超越的权力,而是一种内在化层面的控制机制。虽然主权在每一个阶段都与资本的运行相协调,但又限制着资本的发展。在资本的内在力量和国家的主权之间,存在着一个中介,这就是黑格尔所说的市民社会。按照哈特与奈格里的理解,传统的市民社会主要存在于规训型社会,随着由规训社会向控制型社会网络的转型,传统的市民社会开始消解。规训社会的控制并不是一个从高处向我们的控制,而是内在于主体之中的控制。"规训型的机构本身并不具有主权,但它对主体性生产的社会领域的抽象或超越则构成了规训型社会中主权实施的关键要素。主权已变得虚拟化了(但此方面并非不真实),它总是到处通过实施规训予以实现。"②这种内在主体性的生产,与资本的内在性是互容的。在现代控制社会中,也存在着主体性的生产,但这种生产不再像规训社会那样,是一种固定身份的生产,而更具杂交和调节性,这使得帝国的主权治理变得分散化了,不再通过一个统一的体制而是通过控制差异来实现整合。

对于这种帝国主权的治理,哈特与奈格里将之概括为四个原则:第一,政治目标的管理趋势同官僚手段的运作分离开来。新模式不同于甚至对立于现代国家的旧的公共管理模式,它不断地致力于使其官僚手段的系统同政治目标相协调,所以治理的问题不是统一性问题,而是工具的功能性问题。第二,帝国的治理没有对社会整合作出贡献,相反起到一个分散和分化机制的作用。第三,治理的自主性和统一性不再以程序化的方式运作,而是通过遵循在帝国建设中活跃的结构性逻辑,如警察与军事逻辑、经济逻辑以及意识形态和交流的逻辑等运作。第四,帝国治理的统一性的本源和最主要的价值在于它在本土上的有效性。在这种治理中,过去在规训社会中的人民,被具有流动性的民众所替代,治理

---

① [美]哈特、奈格里:《帝国》,杨建国等译,江苏人民出版社 2003 年版,第 310—311 页。
② [美]哈特、奈格里:《帝国》,杨建国等译,江苏人民出版社 2003 年版,第 314 页。

不再将它们加以规制，而是让他们自治。这是现代生态政治的特征。

3. 生产理论与帝国时代的解放策略

对于哈特与奈格里而言，生产是重新分析帝国及解放策略的基础。那么，在帝国时代，生产何以能够构成解放之基呢？

他们认为，在劳工组织的泰勒主义、工资体制的福特主义和社会的宏观经济的凯恩斯主义的综合下，资本主义想变成一种透明的体制，这是朝向帝国发展的重要一步。新政产生了一个规训社会。"在一个规训性的社会中，随着所有生产与再生产的有机系统的发展，整个社会都处在资本与国家的规训之下；而且整个社会会逐渐的带着不可抑制的持续性被资本主义生产的标准所单独规训。一个规训性的社会因而是一个工厂式的社会。规训随即是一种生产形式和政府形式，结果规训性生产和规训性社会趋向于完全合而为一。"①这种新政模式，在战后直接影响到了全世界，形成了全球性的规训社会。在美国的影响下，战后主要资本主义国家的帝国主义政治得到改造，并围绕着以下三个机制形成和组织起来：第一，沿着从美国衍生开来的等级关系，逐步解构世界市场的反殖民化进程；第二，生产的逐步反中心化；第三，建构一个国际关系的框架，向全球推广规训的生产体制和持续演进的规训性社会。这构成了从帝国主义向帝国转变的一个步骤。新的规训社会产生了全球市场，产生了全球性的福特主义，但在全球性的劳动力市场背后，也生产出躲避规训体制的欲望，并潜在地造就出一批向往自由的人。在20世纪60年代，全球兴起了反对帝国主义的斗争、反对超额利润的斗争，当时的危机由于无产阶级的斗争而直接影响到了规训社会的存在。为了解决危机，资本主义社会试图以两条道路来解决问题。第一是一种压制性策略。技术的压制性使用，使得自动化和计算机化成为技术改造的核心，并将

① [美]哈特、奈格里：《帝国》，杨建国等译，江苏人民出版社2003年版，第228页。

一些劳动者归属于自身的结构之下，拿到有保障的工资，这是一种新的等级化。第二是对无产阶级的构成进行改造，无产阶级不再是一个单一同质化的阶层，不仅仅指大工业化的工人阶级，而是指附属和产生于资本的统治并为其所剥削的所有人。劳动者不再满足于一种重复的规训性社会，而是创造出更有弹性的劳动与工作方式，对现有的文化与经济体系进行一种价值重估，正是在这一重组过程中，完成了从福特主义到后福特主义的转变。“生产的结构重组，从福特主义到后福特主义，从现代化到后现代化，均源自于一种新的主体性的上升。从完善规训性体制的阶段到随后的转变生产模式的阶段的这一历程的发展动力来自于下层的构成已经变化了无产阶级。资本并不需要发明一种新的范式，因为真正开创性的时刻业已产生。”①

在后福特主义时代，信息的生产构成了生产的主导范式。信息化并不意味着工业生产被抛弃或不再重要，而是意味着对之进行重新改造，将生产本身也变成了一种服务。生产范式的转变，涉及劳动力本质的变迁。在工业生产时代，如福特主义时代，生产和消费之间虽然已经建立了一种规划关系，但主要局限于生产的标准化和产品的丰裕，使之满足市场的要求。而丰田模式则使得生产更为依赖于市场的信息，这是一种生产与消费之间更为互动和快速的交流，以信息和知识为中介的持续交换的服务部分，展现了一个生产交流的更加丰富的模式，也就是说，非物质劳动越来越起着重要的作用。生产的计算机化和通讯革命真正改变了劳动实践，“以至于它们都趋向于信息与通讯技术的模式。互动的和控制论的机器融入我们的身体、思想和眼球晶体，从而成为了一种新的修补术，通过它们对我们的身体和思想本身进行了再定义”②。在计算化的劳动中，劳动的异质性被控制信息与符号所替代，这是同一种具体的

① [美]哈特、奈格里：《帝国》，杨建国等译，江苏人民出版社 2003 年版，第 260 页。
② [美]哈特、奈格里：《帝国》，杨建国等译，江苏人民出版社 2003 年版，第 227 页。

劳动，同时这也是劳动的更为抽象的发展。这种非物质性劳动的另一面，则是情感性劳动，这也是一种人类交际和互动，是一种身体模式上的劳动。依据这些转变，作者将非物质劳动分为三种：第一种出现在已被信息化和已经融汇了通讯技术的大工业生产中，这种融汇的方式改造了生产过程本身。生产被视为一种服务，生产耐用物品的物质劳动和非物质劳动相混合并趋向于非物质劳动。第二种非物质劳动带有分析的创造性和象征的任务，一方面自身分解成为创造性和智能的控制，另一方面成为日常的象征性任务。第三种非物质劳动涉及感情的生产与控制，并要求（虚拟的或实际的）人际交往，即身体模式上的劳动。这些就是成为全球经济的后现代化劳动力的三种劳动。① 与过去的劳动模式相比，非物质劳动的合作完全内在于劳动过程本身，而不是由外部强加的，哈特与奈格里认为，这使得非物质劳动在展现其自身的创造性能量中似乎为一种自发和基本的共产主义提供了潜力。

在生产的信息化过程中，过去的流水线已被一种网络化所替代，这是一种非中心化的生产模式。信息生产和组织的网络，使得传统生产中的空间制约因素越来越不重要，工人们在相距遥远的地方也可以进行交流与合作，生产地址由此可以被非地区化并趋向于一种虚拟的存在，这在通讯网络中起到了协调的作用，合作也更为抽象。在工业化大生产的福特主义时代，资本还受制于一个具体的区域，而且必须按合同与一个有限的劳动人口打交道。随着生产的信息化与非物质生产的增长，资本已经从地域与交易的束缚中摆脱出来，这才是全球化在今天真正能够形成的关键。这里，信息公路构成了优先发展的对象之一，“铁路在帝国主义和工业生产中只起着外在的作用，将其通讯与交通线路延伸到新的原材料、市场和劳动力。新的信息基础设施的独特之处在于事实上它完全包含和内在于新的生产过程之中在当代生产的顶端，信息和通讯是生产

---

① 参见[美]哈特、奈格里《帝国》，杨建国等译，江苏人民出版社 2003 年版，第 279 页。

的真正商品;网络自身则是生产和流通二者的场所”①。

虽然信息起着越来越重要的作用,但在全球化的情境中,劳动始终是社会最核心的构成基石。在信息虚拟生产的过程中,强加于劳动之上的经济与政治监控都已经失效了,“活生生的劳动建构了从虚拟到真实的历程;它是可能性的手段。劳动业已打破经济、社会和政治控制的牢笼并超越了现代资本主义及其国家形式的每一个规范的特征,如今显现为普遍的社会活动。劳动是和现存秩序及其再生产的规律相关的生产性超越。这种生产性超越既是一种集体的解放力量的产物,又是劳动在生产与解放的能力上的新型社会虚拟实体”②。在信息化时代,劳动成为由知识、情感、科学和语言的力量激活的一种社会力量,它是社会民众普遍心智和普遍肉体的生产性活动,并建构出民众的行动力量。

在劳动的解放力量中,政治与经济的完全混合将出生产出一种生态政治的空间,在这个空间中,欲望在历史中建构着人类合作的现实性。作者将欲望的这种能力称之为生育。“欲望的生产即生育,或者更是劳动的过度和一种力量的积累,这种力量被融入到单一本质的集体运动之中,既有它的起因,又有它的终结。”③欲望的这一解放力量的主体,就是民众。有欲望的民众是一种混合的杂交主体,它生产与再生产着整个生活的世界,有着潜在的自治性。在民众的存在中,生产与生命趋于重合,并反抗着帝国的压制。在民众的斗争中,第一,是语言与交际的意识问题,这是因为在现代的物质生产中,语言与交际已经成为生产的物质存在的结构,并且也成为政治斗争的中心事件。第二,是机器系统和机器问题。在帝国时代,交际和语言的网络是机器,机器不再是一个中性的存在和独立的实体,民众的实践必须构想出对机器和技术应用的新的可能性,人与机器的杂交不再单纯发生于社会边缘的过程,而是处于民众

① [美]哈特、奈格里:《帝国》,杨建国等译,江苏人民出版社 2003 年版,第 283 页。
② [美]哈特、奈格里:《帝国》,杨建国等译,江苏人民出版社 2003 年版,第 337 页。
③ [美]哈特、奈格里:《帝国》,杨建国等译,江苏人民出版社 2003 年版,第 367 页。

及其力量构成的中心。第三，将语言和机器、意识和意志建构为支撑历史的集体性创造力量，这有赖于民众的经验和斗争实践。第四，劳动的主体性在对语言和支持的意识的斗争中表明，当人说到构成新世界的集体手段时，实际上说出了权力与政治组织间的联系，这是生态政治组织向基本的组成权力敞开的所在。第五，民众的创造性想象力促生着民众的组织力量。在本体的意义上，现代民众体现的是存在—认知—占有力的三位一体，这三位一体随着文艺复兴与现代性的建构被遮蔽了。在这些论述中，欲望—(信息)生产—民众构成了作者讨论生产理论的核心。生产不再是马克思原初意义上的物质生产，作者借用了马克思的这一概念，但赋予了其新的内容，使之成为建构帝国批判的策略基础。

哈特与奈格里所谓的帝国，其实是全球化时代的政治模式，他们对帝国的批判分析也就是对全球化的批判分析。在他们看来，这些分析继承了马克思《资本论》的某些传统，在实际的理论建构中我们也可以看到，他们对资本扩张与劳动辩证法的讨论的确具有马克思主义的传统。这些讨论对于我们今天面对全球化的经济与政治实践，具有理论的借鉴意义。

下　篇

第七章　全球化的普遍与特殊

普遍与特殊或共相与殊相、一般与个别的关系问题，是最古老的哲学问题之一。这个问题早在古希腊哲学家柏拉图和亚里士多德那里就有过论述，在中世纪哲学和近现代西方哲学中也起着重要作用。虽然随着后现代主义思潮的兴起，差异、多元、偶然等得到前所未有的凸显，而以某种最高普遍性为追求目标的传统西方哲学则被贴上了基础主义、本质主义、逻各斯中心主义等标签，但普遍性并没有事实上也不可能被颠覆。在《矛盾论》中，毛泽东把这个问题看作"矛盾问题的精髓"，甚至说"不懂得它，就等于抛弃了辩证法"①。冯友兰在《中国现代哲学史》中高度评价毛泽东的这个洞见，说它接触到了"真正的哲学问题"②。在全球化时代，这个问题又重新焕发了活力，全球化研究中的各种分歧，焦点似乎都可归结为两种不同的应对之策：是普遍主义还是特殊主义？进而言之，我们应该接受和为之辩护的是何种普遍主义？应该警惕和拒斥的又是何

① 《毛泽东选集》第1卷，人民出版社1991年版，第320页。

② 冯先生的原话是："这篇文章，本来是毛泽东为了克服党内的严重教条主义思想而作的。其中接触到两个真正的哲学问题：其一是两个对立面的统一和斗争的问题，其二是一般与特殊、共相与殊相的关系的问题。"（参见冯友兰《中国现代哲学史》，广东人民出版社1999年版，第151页）

种特殊主义？

一、全球化中普遍与特殊的悖论

全球化无疑是我们这个时代最显著的特征①。由于这个术语从宏观和总体上描述了当今时代的特点，而其他名称如“知识经济时代”、“网络时代”或“信息社会”、“后工业社会”等，都只能描述当今时代某一方面的特征，因此远不及“全球化”一词更有概括力。从最一般的意义上说，全球化是指世界各个部分（个人、群体、民族、国家）之间相互联系和相互依赖日益密切，相互渗透与融合不断加强，全球一致性因素不断增长的过程和发展趋势。如果省略主语，单就过程和结果而言，全球化是指某种或某些要素（商品、资本、技术、文化等）超越了民族国家和地理区域的界限而扩展到全球范围，成为全球流通的要素。正如德国著名社会学家乌尔利希·贝克（Ulrich Beck）所说：“全球化指的是在经济、信息、生态、技术、跨国文化冲突与市民社会的各种不同范畴内可以感觉到的、人们的日常行动，日益失去了国界的限制。……金钱、技术、商品、信息、毒品都超越了国境。按照这种理解，全球化指的是空间距离的死亡。人们被投入往往是很不希望、很不理解的跨国生活形式中。根据安东尼·吉登斯的解释，这是超越空间距离（由不同民族国家、宗教、区域、大陆组成的似乎是相互隔绝）的世界。”②

然而问题在于，今天的全球化虽然已经超越了“国际化”的水平，但又还没有达到“一体化”的程度。如果说“国际化”是较低程度的概念，“一体化”是最高程度的概念，那么“全球化”就是介于二者之间的概念。

---

① 20世纪60年代特别是80年代以来的新一波全球化浪潮，是近代开始的全球化在当今时代的继续和发展。这种发展是如此之迅猛，以致前联合国秘书长加利1992年在联合国日致辞时宣布：“第一个真正的全球化的时代已经到来了。”

② [德]乌尔利希·贝克：《什么是全球化？》，常和芳译，华东师范大学出版社2008年版，第65页。

首先，“国际化”(international)是个一般的概念，只要人类的相互交往跨越了国界的限制，就可以说是国际化。从这种意义上说，国际化并不是什么新现象，甚至不是近代才出现的现象，而是在很早的古代就存在了。正如里斯本小组(The Group of Lisbon)的研究所提示的：“最近15至20年，在如此众多的领域之内变化如此巨大(财政金融、通讯交往网络、基础设施、公司企业的组织、交通运输业、商品与服务的流动、消费行为、价值体系、民族国家的作用、人口增长、土地政策等)，诸如国际化与跨国化之类的老的概念已经不能准确地描述目前发展进程以及全面概括这种发展的重要意义。全球化这个新概念的普遍流行绝对不仅仅是一种时髦现象。它反映了人们要求理解目前发展进程的需求，这个进程使得传统概念已经变得毫无意义，或者变得很不明确。”①“国际化”重在描述以民族国家为主体的国家间的交往，而“全球化”所强调的则是非国家的国际主体的行为和全球共同规范的作用。可见，“全球化”是作为超越“国际化”的概念出现的，如果把它等同于“国际化”，就使得这个概念失去了其独特的意义，而变得没有必要了。

其次，“一体化”(integration)是指世界各国在全球范围内普遍趋同，形成高度整合的全球社会的过程。“一体化”作为一种发展趋势，在确切理解的意义上也许并非毫无根据；但就全球化在当今所达到的程度而言，它又是一个十分超前的概念。同样如里斯本小组的研究所指出的：“全球化并不意味着这个世界从政治上已经实现了统一，经济上已经实现了一体化，或者文化上已经实现了同一化。全球化在很大程度上是一个十分矛盾的过程，它的影响范围十分广大，结果又是多种多样的。”②

全球化在目前所达到的发展程度和水平，必然蕴含着普遍化和特殊

① 里斯本小组：《竞争的极限——经济全球化与人类的未来》，张世鹏译，中央编译出版社2000年版，第39页。

② 里斯本小组：《竞争的极限——经济全球化与人类的未来》，张世鹏译，中央编译出版社2000年版，第40页。

化双向运动的趋势。全球化作为各民族国家相互联系和相互依赖日益密切、相互渗透与融合不断加强的过程,并不是一个单一化的过程,而是一个充满内在矛盾的过程。一方面,全球化确实表现为各国、各民族和各种不同的文明体系之间在生产方式、生活方式和价值观念上的某种趋同化。例如,市场经济体制正在超越其欧洲的起源,而成为全球的惯例或通则;民主政治日益成为世界各国共同的政治追求,对人权的尊重、对自由和平等的向往已经成为普遍的政治价值,而专制政治越来越不得人心。但是另一方面,与上述过程相伴随的则是特殊化和多样化。市场经济虽然正在成为世界的惯例,但各国的市场经济体制却极不相同,其差异并不见得随着市场经济的发展而缩小。德国的市场经济体制被称为社会市场经济,极不同于英美的自由放任经济;东亚的市场经济则由于其严重的政府干预而有别于其他的市场经济体制。民主政治也一样,日本和韩国实行的是代议民主,但若严格按照英美的标准来衡量,则难说是真正的民主;世界上找不出两个政治制度完全相同的国家,虽然它们都属于民主国家,都奉行主权在民的基本制度。①

与这种趋同化(同质化)和多样化(异质化)趋势相并行乃至成为其典型表现的,是国际化和本土化之间的矛盾。一方面,全球化正在冲破传统的民族国家壁垒,随之而来的是越来越多的国际性标准和国际性规范为世界各国所共同接纳和遵守,"与国际接轨"已经成为许多国家的共同口号,许多国际通用的标准和准则到现在才第一次获得了真正的全球意义。但是,各国在接纳和遵守这些普遍的国际准则时,始终没有忘记其本国的传统和本国的特征,而是将国际准则与本国传统结合起来,使国际准则本土化。例如世界上多数国家都同意接受与遵守有关环境保护和人权保护的国际公约,但是在解释这些公约的意义,特别是在本国实施这些公约时,都深深地带有每一个民族国家的特

① 参见俞可平《全球化的二律背反》,载《全球化的悖论》,中央编译出版社 1998 年版,第 21 页。

殊烙印。①

以法国为例，经济贸易的全球化是法国无力阻挡的趋势，也是法国政府经常鼓吹的口号，但在召开西方首脑尼斯峰会时街头的反全球化示威多少反映了一部分法国人对这个话题的态度，表明经济贸易的全球化远未得到所有西方人的认同；在政治制度方面，西方各国都服膺多元民主的理念，但在社会制度方面，法国与美国却大相径庭，在这个层面谈全球化，在法国无异于痴人说梦；"而文化意义上的全球化，则只能是法国人眼里的闹剧。法国政府在无力阻止经济全球化的情况下，强调的是法国的文化特殊性。到过法国的同胞们大概都有感受，如果你用英语问路，十有八九会无功而返。在我们这里英语已经成为了外语的代名词，教育部还明文规定鼓励教师用英语授课；而在法国，20 世纪 80 年代个别理科的博士论文还可以用英文写作，而到了 90 年代，国民议会通过立法，一切授课及一切论文都必须使用法语。他们甚至在巴黎网球公开赛上把通用的 net 或 deuce 改成了法语版本"②。

二、普遍化与特殊化：全球化的双向运动

全球化包含各种不同层次，如经济贸易的全球化、政治—社会制度的全球化、文化的全球化等，这几个层次的含义不尽相同，其可行性和前途也不完全一致。因此，对于全球化所包含的内在悖论，即同质化和异质化、普遍化和特殊化的对峙，也可以分别从经济、政治和文化三个层面来加以说明。

全球化首先是经济全球化，这也是今天能够现实地讨论的领域。马克思曾指出，"世界历史"时代的形成，是以"世界市场"的开拓为基本途

---

① 参见俞可平《全球化的二律背反》，载《全球化的悖论》，中央编译出版社 1998 年版，第 23 页。

② 参见许振洲《西方抵抗西方》，载庞中英主编《全球化、反全球化与中国》，上海人民出版社 2002 年版，第 16—19 页。

径的。大工业“把世界各国人民相互联系起来,把所有地方性的小市场联合成为一个统一的世界市场,到处为文明和进步作好了准备,使各文明国家里发生的一切必然影响到其余各国”①。“单是大工业建立了世界市场这一点,就把全球各国人民,尤其是各文明国家的人民,彼此紧紧地联系起来,以致每一国家的人民都受到另一国家发生的事情的影响。”②而驱动世界市场形成的力量是资本运动的逻辑。“创造世界市场的趋势已经直接包含在资本的概念本身中。”③“资本一方面要力求摧毁交往即交换的一切地方限制,夺得整个地球作为它的市场。另一方面,它又力求用时间去消灭空间,就是说,把商品从一个地方转移到另一个地方的时间缩减到最低限度。资本越发展……也就越是力求在空间上更加扩大市场,力求用时间去更多地消灭空间。”④“以资本为基础的生产,其条件是创造一个不断扩大的流通范围,不管是直接扩大这个范围,还是在这个范围内把更多的地点创造为生产地点。”⑤资本是天生的国际派,资本的本性驱使资本家奔走于世界各地,他们到处落户,到处开发,到处建立联系。这样,工业所加工的,就已经不是本地的原料,而是来自极其遥远的地区的原料;它们的产品不仅供本国消费,而且同时供世界各地消费。正是由于世界市场的开拓,才使一切国家的生产和消费都成为世界性的了。时至今日,由于经济、科技的发展,现代交通运输工具、现代信息通讯工具的迅速进步,已经把世界各地紧密地联结在一起,今天世界上能够完全躲避这种作用的“世外桃源”几乎不存在了,马克思所预言的“世界市场”、“全球市场”终于成为现实。商品、服务、劳务、资本、信息等的充分交易,中介环节的简化,生产者和消费者的合二为一,使得全球化经济网络不可避免地进入了人们的生活。每一

①《马克思恩格斯选集》第1卷,人民出版社1995年版,第234页。
②《马克思恩格斯选集》第1卷,人民出版社1995年版,第241页。
③《马克思恩格斯全集》第46卷(上),人民出版社1979年版,第391页。
④《马克思恩格斯全集》第46卷(下),人民出版社1980年版,第33页。
⑤《马克思恩格斯全集》第46卷(下),人民出版社1980年版,第390页。

个消费者需要的商品，都是全球范围内所可能提供的、最合意的价廉物美的商品；每一个企业，都要在全球市场中竞争与合作，为全世界提供产品和服务，以求得生存和发展。

当代美国著名马克思主义评论家阿里夫·德里克在冷战结束以后所写的一部总结性著作中对此作了分析。他认为，马克思把经济全球化理解为资本主义的世界经济。对马克思而言，所谓“世界空间”是由欧洲资本主义经济的扩张形成的，这种扩张使其势力所及的所有社会成为同质(homogenization)的社会。虽然后来的民族解放运动(殖民地争取独立的斗争)使这一趋势有所缓解，但 20 世纪 70 年代以来资本主义普遍化的趋势又重新得到加强。其基础不仅是商品交换和金融交易的全球化，而且更重要的是通过一种“新的国际劳动分工”而实现的生产的跨国化。① 当然，德里克也注意到，资本主义的普遍化是以一种奇特的方式表现出来的，即资本主义的普遍化不是资本主义的地域中心化。当代资本主义的跨国化发展通过在全球范围制造资本主义发展的新起点，而使资本主义非中心化了，它结束了欧美在世界上的经济霸权，并且使资本主义第一次脱离了欧洲中心主义。

资本主义的全球化撕裂了民族国家的边界线，削弱了民族国家的经济主权，并使资本主义从作为发展单位的民族国家中抽离出来。新的全球性经济单位(微观主体)是跨国公司。有人将这种新的世界经济形态描述为“全球性的区域主义”或“全球性的民族主义”，这种描述捕捉住了经济全球化中同质化与散裂化同时并存的趋势。资本主义的跨国化也排除了按照以前的框架把世界划分为三个世界的做法，因为第三世界的某些区域已经变成了资本运作的中心，而第一世界中的某些区域已经落到第三世界的地位上。换言之，原来那种“中心—外围”关系已经不再是

① 参见[美]阿里夫·德里克《革命之后》第四章“弹性生产时代的马克思主义”，载俞可平、黄卫平主编《全球化的悖论》，中央编译出版社 1998 年版，第 263 页。

国与国关系的主要特征，而逐渐变成了“走资本主义道路的国家—地区与被资本主义边缘化的国家—地区”之间的全球关系特征，这样就造成了现在世界主义与地方主义同时并存的悖论，呈现出“全球化与地方化”两极对峙的格局。[①] 实际情况是，与经济全球化、世界经济一体化相伴随的，是区域经济集团的大量涌现，其中欧盟、北美自由贸易区、亚太经合组织等的影响最为显著。

如果说经济全球化过程中已经凸显出“全球化与地方化”的悖论，那么对无论就已经达到的程度还是就未来可预期的实现程度看都远远低于经济全球化的政治全球化和文化全球化而言，普遍化和特殊化的紧张关系就更为突出。

实际上，政治领域不仅远没有实现全球一体化，相反，在经济全球化加速发展的同时，政治上的民族中心主义、种族分裂主义、种族排斥主义、霸权主义的强权政策、新干涉主义的战争行动却日益升级。因此，在缺乏现实基础和条件的情况下，过分超前地侈谈政治全球化无疑是天真和幼稚的。在当今国际社会中，包括中国在内的发展中国家反对把全球化无限制地扩大到政治领域，实质上是反对把发达国家的政治制度和意识形态推广给其他国家，这是在发达国家主导全球化进程的条件下的明智选择。当然，事实上我们也无法忽视正在加强相互联系和相互依存的世界政治的变迁，也许全球性政治力量的相对增强和民族国家主权的维护很可能是 21 世纪并行不悖的两个趋势。但真正的政治全球化、世界政治、全球政府，至少在目前看来还是一个遥远的想象。尽管国际性的政治规范的作用越来越明显，非政府组织在全球交往中扮演的角色和发挥的作用越来越重要，但只要作为国际交往主体的民族国家没有消亡，政治全球化就不可能走一条无视国家主权的道路。

至于文化全球化，马克思早就指出，在世界历史时代，各民族的精神

---

① 参见王宁、薛晓源主编《全球化与后殖民主义批评》，中央编译出版社 1998 年版，第 9—21 页。

产品将成为全人类公共的财产。不过马克思并未因此否定文化的民族性,他认为所谓"世界文学"是由许多种"民族的和地方的文学"形成的。普遍存在于特殊之中,共性存在于个性之中,任何世界性的文化共性,都存在于文化的民族个性及其相互作用之中。除了存在于各民族文化之中并相互交流的世界文化,并没有与任何民族都不相干的所谓"世界文化"独立存在。就是说,这里仍然有一个文化的民族性和世界性的关系问题。"越是民族的就越是世界的",这种主张或许失之偏颇,但完全没有民族特色的同质文化,也肯定希望渺茫。

综上所述,全球化并没有使全球同质化和单一化,并没有也不可能消灭多样性和民族性。正如美国康奈尔大学校长杰弗里·莱曼所说:"我们要跨越而不是放弃民族特性。……人们对别的国家、民族和社会感兴趣,是相信通过更多地了解别的文化如何解决社会问题,可以使我们对自己产生全新的认识。即便我们尊重国界的重要性,大部分人都赞同全人类是一个整体。每当我们在另一种文化中找到共识,我们会感觉获得了认同。虽然误解和冲突会持续存在,我相信,我们正在见证真正跨国多元文化的发展。这种文化既包括全球共同愿望,也包括地域、民族和地方差异。……它必须承认世界文化从根本上存在差异,但又不能武断地认为某些文化比另外的文化更优越。超越国界的视角与全球视角有所不同,前者超越了民族主义的同时也不主张用一元化的全球主义取而代之。超越国界的视角还意味着参与的愿望:参与各地人民认识世界和改善生活环境的活动。"①

三、全球化就是西方化吗?

全球化研究中最大的分歧,莫过于对全球化实质的认识,这也是对

---

① [美]莱曼:《社会责任与跨国研究大学》,载《参考消息》2005年2月14日第6版。

待全球化的各种态度分歧的枢纽。而对全球化实质的不同认识分歧的焦点,又被归结为"全球化是否就是西方化"这样一个问题。

一些人认为,在经济全球化过程中,世界各国被纳入国际经济体系,按照统一的经济规则从事活动。这一切看起来似乎很公平,但目前通行的经济规则是由占据国际市场领先地位的发达国家操纵制定的,其立足点和着眼点是为了保护和扩大发达国家的利益。经济落后的广大发展中国家为了求得自身生存,不得不按照有利于别人的规则行事,处处受制于人。美国等西方强国既是全球化游戏的主角,又是全球化游戏规则的制定者。全球化是西方强国实现本国利益最大化的手段,超级大国要扩大本国利益,就必须建立、推进全球化机制。经济全球化实际上就是资本主义经济体系对世界的主宰和控制。不仅如此,伴随着经济全球化,西方的意识形态、价值观念、生活方式也几乎遍布世界的每一个角落。因此,全球化的实质就是西方化。有的论者更进一步指出,作为当今世界的唯一超级大国和对全球化的发展方向具有举足轻重影响的国家,美国要的并不是各国平等、相互尊重的全球化,而是要使全球化变成"全球的美国化"(global America)。经济全球化的过程实际上就是世界统一大市场形成的过程,在美国看来,这个过程会促进西方式的民主政治在全球的推广,最终实现政治全球化。"隐藏于全球化背后的无疑是一种强权政治和经济霸权主义,它不仅对于第三世界国家是这样,对于发达的欧洲国家也是如此,因此实际上全球化所要求的正是以美国为标准的全球范围的趋同性。"

基于这种看法,他们对全球化的发展持悲观的态度,认为全球化对于发展中国家来说,是一个充满迷幻色彩和具有极大欺骗性的"陷阱",如果信以为真,不幸掉入这个"陷阱",就会大祸临头。在他们看来,全球化是资本主义生产方式发展的内在要求和资本主义对外扩张的必然结果,是资本主义发展的一个新阶段。全球化意味着资本主义在全球范围的扩展,或"全球资本主义"时代的到来。他们还认为,资本主义不仅在全球化进程中将其生产方式和经济体制扩展到全球范围，而且将其政治价值和文化观念扩散到其他国家。所以，全球化本质上是一种新资本主义，甚至是一种新帝国主义和新殖民主义，其目的是要让资本主义统治全世界。

值得注意的是，对全球化持悲观态度的并不限于发展中国家的一些公众和学者，也包括一些西方人士。例如，德国的马丁和舒曼在其所著《全球化陷阱》一书中指出，世界市场是强者和冒险家的游戏场，是由"富裕沙文主义者"开办和操纵的"资本赌场"。国际金融体系则是经济强国制定的游戏规则体系，对于弱国或处于资本饥渴中的发展中国家来说，这一规则体系无异于一纸"浮士德契约"。按照这种规则进行的全球化游戏，只会"把民主推向陷阱"。在缺乏平等前提的全球化自由竞争中，"正义不是市场问题，而是权力问题"，其目的所指也不是正义秩序的重建，而是利润和权力的争夺，其最终结果"仅仅意味着实现强者的权力"。①

在悲观派中，最极端的是抵御派或坚决反对派。在我们所接触的大量文献中，一篇给"全球化"加上引号再打上问号的文章很具有代表性。这篇文章引用了大量报刊媒体以及政治家、学者和作家反对全球化的言论，并加了评论，鲜明地表达了作者的立场和态度。其中写道："1998 年 9 月 3 日美国《纽约时报》的文章一语道破：'全球化的意思是，资本主义正在向一度是社会主义统治的地区扩展。'同年 7 月 26 日墨西哥《至上报》的文章则从另一个角度点明：'全球化是无意识形态边界的资本主义'，'资本主义已扩张到各个方面，变成了当前惟一的经济体制'。1997 年问世的布热津斯基的《大棋局》一书，则是讲得更加透彻了。他说：'今天美国全球力量的范围和无所不在的状况是独一无二的。''伴随着美国

---

① 参见[德]汉斯-彼得·马丁、哈拉尔特·舒曼《全球化陷阱》，张世鹏等译，中央编译出版社 1998 年版。

民主政治制度的吸引力和影响的还有美国以企业为中心的经济模式的吸引力的增长。美国的经济模式强调全球贸易和不受约束的竞争。’它迫使欧洲和日本也得仿效。‘当对美国方式的模仿逐渐遍及全世界时，它为美国发挥行使间接的和似乎是经双方同意的霸权创造了一个更加适宜的环境。……美国在全球至高无上的地位，是由一个的确覆盖全球的同盟和联盟所组成的精细体系支撑的。’如北约、美日安全条约等。‘另外，人们还必须把全球性的专门组织网，特别是国际金融机构，看作是美国体系的一部分。国际货币基金组织和世界银行，可以说是代表全球利益，而且它们的构成成分可以解释为世界性。但实际上它们在很大程度上受美国的左右’。这样，我们说，所谓‘全球化’，在当今世界，其实质含义就是‘美国化’，恐怕不是言过其实吧？”文章接着分析了全球化给中国带来的风险和挑战：“特别值得我们警醒的是，在这样一个‘全球化’浪潮中，仍然坚持社会主义制度的中国，是美国为首的西方国家首先要化解的一个重大目标。1998 年 6 月 3 日，美国总统克林顿建议延长与中国的正常贸易关系时就说：‘贸易是促使中国变革的一种力量，使中国容易接受我们的思想和我们的理想，并使中国融入全球经济之中。’1999 年 3 月 23 日，曾在克林顿首届政府中担任商业部副部长的杰弗里·加藤，在《纽约时报》上发表文章，认为国会一些领导人阻挠中国加入世贸组织，将是一个严重的错误。政府应该与之斗争。而‘这场斗争的结果将表明华盛顿是否认识到了为全球资本主义建立一个牢固的基础的重要性’。因为，‘中国坚持经济改革的道路对美国是有益的，而世贸组织能促使北京更加坚持这样一条道路。不管你对中国还有什么别的评论，单就它从共产主义制度转向资本主义这一举动的规模和范围而言，这就有可能成为历史上最了不起的转变之一。’……可见，中国确实面临着‘全球化’的严峻挑战。”文章最后带着不无情绪色彩的笔调写道：“对‘全球化’这样一个客观存在的趋势，对‘全球化’这样一个不容回避的话题，作为处在帝国主义包围中的社会主义的发展中的大国，中国的学者，中国的马克思主义者，理所当然地应该认真研究，严肃探讨，给予马克思主义的回答，这似乎是没有什么可异议的吧？遗憾的是，正如在其他许多方面一样，我们不少号称‘当代（中国）马克思主义’的学者和权威，在‘全球化’问题上，也是如痴如醉，跟在资产阶级蛊惑家屁股后面颠三倒四地瞎聒噪。在他们那里，‘全球化’既化掉了马克思列宁主义有关理论，也化掉了当今‘全球化——资本帝国主义化——美国化’的客观现实，还化掉了世界上一些并非马克思主义者、却有科学良知的学者的见解，只剩下了一厢情愿的‘世界主义’和‘天下主义’”。①

我们认为，把全球化等同于西方化乃至美国化是片面的，但这种看法的产生有深刻的原因和背景，并非空穴来风。

首先，无论是在历史上还是现实中，西方资本主义的全球扩张一直在全球化过程中发挥着重要的作用，就是说，全球化与西方化的历史是部分重合的。从历史上看，正是资本追逐利润的扩张本性推动和开启了全球化的进程，并在人类历史上首次建立了一个囊括全球的世界体系——帝国主义的殖民体系。对此，马克思早在100多年前揭示资本主义的全球扩张所带来的“历史向世界历史转变”的发展趋势时，就有明确的认识。马克思指出，“挖掉工业脚下的民族基础”，使“地方的和民族的自给自足和闭关自守状态”解体，从而使“民族的片面性和局限性日益成为不可能”的不是别的，而是资产阶级开拓世界市场的经济扩张；“摧毁一切万里长城、征服野蛮人最顽强的仇外心理”的“重炮”不是别的，而是资本主义的生产方式所代表的生产力和廉价的商品；“迫使一切民族”“推行它们的文明”，“使农民的民族从属于资产阶级的民族”的力量不是别的，同样是资产阶级的生产方式。② 这样，马克思就从生产方式的角度揭示了资本创造世界市场，进而将世界联为一体的内在逻辑与发展趋

① 参见蔡仲德《“全球化”?》，载俞可平主编《全球化：西方化还是中国化》，社会科学文献出版社2002年版，第28—38页。

② 参见《马克思恩格斯选集》第1卷，人民出版社1995年版，第276—277页。

势，实际上是在全球化萌芽和发展的早期对全球化的动力和实质的深刻的经济分析。伴随着全球化进程的发展和加速，在新全球化时代，存在于全球资本主义背后的驱动力仍然是占主导地位的驱动力。无论是市场经济制度的普遍化、国际经济协调机制的建立与运转，还是生产的国际化、世界贸易自由化以及资本与金融的全球化，西方资本与西方国家的力量在其中都发挥着主导性作用。①

正因为全球化的过程与西方资本主义的发展及其在世界范围内的扩张是同步的，西方世界在全球化进程中一直发挥着主导性的作用，才使一些人得出了全球化的实质就是西方化，是西方资本主义的全球化的结论。

但是，把全球化归结为西方化又是片面的。就拿经济全球化来说，经济全球化包括生产力和生产关系两个方面，分析经济全球化无疑也应当从生产力和生产关系两个方面进行考察。从生产力角度考察，经济发展超越了国界，通过跨国公司把生产、分配、交换、消费转移到异国异地，从而使整个生产活动在全球展开，发达资本主义国家为世界市场而生产，这是生产力的全球化。从生产关系角度考察，跨国公司经济活动的本质是追逐最大化利润，从而导致资本主义生产关系的全球化。世界市场的形成过程经历了三个阶段：第一阶段是商业资本的全球化，形成全球商品市场；第二阶段是借贷资本的全球化，形成跨国界筹资、国际债券等，形成全球借贷市场；第三阶段是“二战”以后以跨国公司为中心的产业资本全球化，形成国际直接资本投资市场，并进一步带动了商业资本和借贷资本的国际化。而现代经济全球化其实就是上述三种资本形态完备的全球化。②

既然经济全球化包括生产力和生产关系两个方面，我们在分析经济

① 参见罗天虹《全球化是西方化吗?》，载俞可平主编《全球化：西方化还是中国化》，社会科学文献出版社 2002 年版，第 66—67 页。

② 参见钟亚平《“关于全球化问题”理论研讨会综述》，载《哲学研究》2000 年第 4 期。

全球化的实质时就不能只看到生产关系的层面而忽视生产力的层面。实际上，经济分析中存在着多个分析的角度和层面，既包括物质的、技术的层面，也包括社会关系（首先是生产关系及其所派生的阶级关系）的、制度的层面。从后一个方面看，经济全球化确实带有资本主义生产关系全球扩张的性质，或者至少使迄今为止的全球化打上了西方资本主义的烙印，但这毕竟只是事情的一个方面。生产力决定生产关系，对于历史发展更具有根本意义的还是其背后的物质力量，科学技术和生产力是历史发展过程中具有最终决定意义的力量。从这种角度来分析全球化就会发现，虽然全球化的直接动力是资本无限增殖和扩张的本性，但其背后更深层的动因则是生产力发展水平所提供的可能和提出的要求。工业革命与科技革命所造就的技术进步和社会化大生产既要求一个广阔的世界范围的活动空间，同时也为资本家走向世界开拓市场提供了可能与条件。所以从生产力这个角度看，全球化所具有的深刻历史内涵就在于它是现代化的工业生产力的全球化过程，是世界的各个部分由农业文明迈向工业文明的过程，是以西方国家为先导、随后又传播到世界其他国家和地区的全球现代化过程。“工业革命标志着迄今为止人类社会发展最大的分水岭，它是资本主义生产方式在西欧对前资本主义生产方式的决定性胜利，它改变了历史的方向，引导人类社会从农业文明时代进入到崭新的工业文明时代。”①因此，我们需要把这个过程中所蕴含的现代性实质内涵与其资本主义制度形式在恰当的意义上剥离开来，避免片面化的理解。

今天的全球化是近代以来的全球化趋势的新发展，因此是全球现代化发展的新阶段。在这个全球现代化过程中，“美国人和欧洲人曾经在其中起过主要作用，但它的产生毕竟是由于采用现代科学、技术、医学、

---

① 罗荣渠：《现代化新论》，北京大学出版社 1993 年版，第 131 页。

运输以及电子通讯工具等的结果;哪里采用这一切,哪里便出现这种过程。"①这说明科学技术和生产力在全球化过程中起着更具有决定性的作用。正是在这种意义上,马克思甚至把罪恶的殖民主义视为"历史的不自觉的工具"。可见,我们不仅要看到全球化与资本扩张的内在联系,而且更应该看到全球化进程中所蕴含的生产力发展、科技进步和社会进化的根本内容及其意义,否则就会因为全球化具有西方资本主义主导的历史外貌而得出全球化就是西方化的片面结论,无视或否认全球化所内含的现代化的内容及其历史进步意义。将全球化等同于西方化,不能把全球化所蕴含的现代化的深刻内涵从中剥离出来,因为全球化具有西方发源和西方主导的特点而采取简单拒绝的态度,其结果有可能是在拒绝西方化的同时自觉或不自觉地拒斥现代化。

四、全球化:现代性的全球扩展

为了与把全球化归结为西方化的片面看法相区别,我们毋宁借用吉登斯(A. Giddens)的一个提法,把全球化看作"现代性的后果"。吉登斯曾经出版过一本以此为题的专著,在他看来:"现代性指社会生活或组织模式,大约十七世纪出现在欧洲,并且在后来的岁月里,程度不同地在世界范围内产生着影响。"②针对种种关于"后现代"的描述,吉登斯说:"我们实际上并没有迈进一个所谓的后现代性时期,而是正在进入这样一个阶段,在其中现代性的后果比从前任何一个时期都更加剧烈化更加普遍化了。"③吉登斯主要从制度转变的角度对现代性作了考察,在他看来,应该把资本主义和工业主义看成现代性制度的两个彼此不同的"组织类型"。具体地说,他概括了现代性的四个基本制度性维度:(1) 资

① [美]帕尔默、科尔顿:《近现代世界史》,孙福生等译,商务印书馆 1988 年版,第 1145 页。
② [英]吉登斯:《现代性的后果》,田禾译,译林出版社 2000 年版,第 1 页。
③ [英]吉登斯:《现代性的后果》,田禾译,译林出版社 2000 年版,第 3 页。

本主义(在竞争性劳动和产品市场情境下的资本积累),(2) 工业主义(自然的改变:“人化环境”的发展),(3) 监督(对信息和社会督导的控制),(4) 军事力量(在战争工业化情境下对暴力工具的控制)。其关系参见下图[①]:

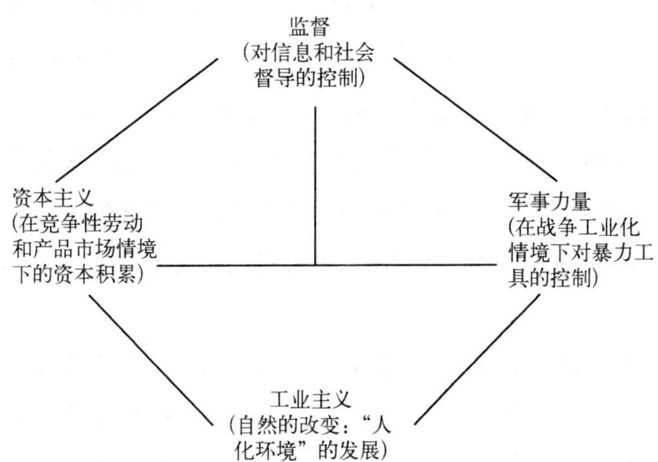

在吉登斯看来,现代性内在地经历着全球化的过程,相应地,他把全球化的维度也概括为四个方面,见下图[②]:

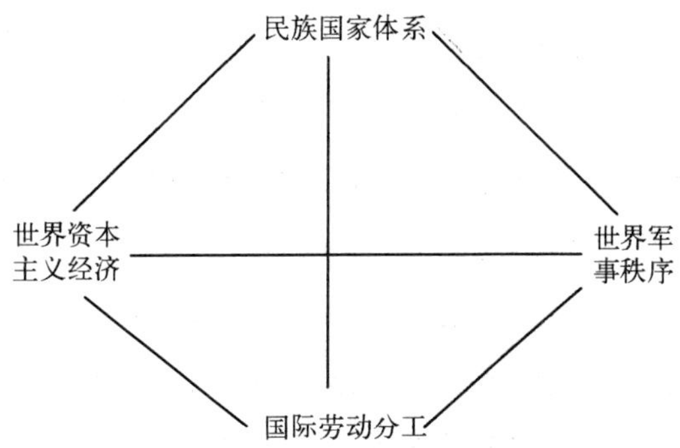

借用吉登斯的说法,我们认为,从世界范围来看,全球化是产生于西方的以工业文明为标志的现代性的全球扩展过程。事实上,马克思早在

① 参见[英]吉登斯《现代性的后果》,田禾译,译林出版社 2000 年版,第 49—56 页。
② 参见[英]吉登斯《现代性的后果》,田禾译,译林出版社 2000 年版,第 61—68 页。

吉登斯之前就对工业革命和资本主义全球扩张的后果进行过深刻的分析。

一般认为,现代性发源于文艺复兴和宗教改革,到18、19世纪初步形成。这是一个摆脱迷信、愚昧和专制的过程,也是一个追求理性、科学和自由的过程,一个充满进步和乐观氛围的过程。我们知道,这个被称为现代性发生和发展的过程,实际上就是资本主义起源和发展的过程。马克思在他的著作中并没有直接谈论"现代性",但他经常使用"现代社会"(modern society)一词。他所谓的"现代社会",实际指称的就是资本主义社会。从这种意义上看,马克思主义本身就是现代性初步确立而其内部矛盾逐渐暴露的时代的产物,马克思也是首先对现代性及其后果作出深刻反思的思想家之一。

在马克思看来,资本主义所代表的文明主要就是工业文明。借助于这种文明,资本主义创造了以前所不曾有过的奇迹,它创造了庞大的生产资料和交换手段,在它不到一百年的统治中所创造的生产力,比过去一切时代所创造的生产力的总和还要多、还要大。

> 资产阶级,由于开拓了世界市场,使一切国家的生产和消费都成为世界性的了。使反动派大为惋惜的是,资产阶级挖掉了工业脚下的民族基础。古老的民族工业被消灭了,并且每天都还在被消灭。它们被新的工业排挤掉了,新的工业的建立已经成为一切文明民族的生命攸关的问题;这些工业所加工的,已经不是本地的原料,而是来自极其遥远的地区的原料;它们的产品不仅供本国消费,而且同时供世界各地消费。旧的、靠本国产品来满足的需要,被新的、要靠极其遥远的国家和地带的产品来满足的需要所代替了。过去那种地方的和民族的自给自足和闭关自守状态,被各民族的各方面的互相往来和各方面的互相依赖所代替了。
>
> 它迫使一切民族——如果它们不想灭亡的话——采用资产阶级的生产方式;它迫使它们在自己那里推行所谓的文明,即变成资

> 产者。一句话,它按照自己的面貌为自己创造出一个世界。
>
> 资产阶级使农村屈服于城市的统治。它创立了巨大的城市,使城市人口比农村人口大大增加起来,因而使很大一部分居民脱离了农村生活的愚昧状态。正像它使农村从属于城市一样,它使未开化和半开化的国家从属于文明的国家,使农民的民族从属于资产阶级的民族,使东方从属于西方。①

在上面这些段落中,马克思并没有使用“现代性”这个术语,但现在为人们所公认的现代性的一些基本特征都得到了很好的说明,如大工业、城市化、世界市场等。特别是,马克思还深刻揭示了资本主义不断求变的本性——

> 资产阶级除非对生产工具,从而对生产关系,从而对全部社会关系不断进行革命,否则就不能生存下去。……生产的不断变革,一切社会状况不停的动荡,永远的不安定和变动,这就是资产阶级时代不同于过去一切时代的地方。一切固定的僵化的关系以及与之相适应的素被尊崇的观念和见解都被消除了,一切新形成的关系等不到固定下来就陈旧了。一切等级的和固定的东西都烟消云散了,一切神圣的东西都被亵渎了。②

这与波德莱尔通过艺术的方式所描述的现代性所具有的短暂性、瞬间性和过渡性特点如出一辙。③

然而,我们看到,资本主义的发展一方面带来了物质财富的空前增长,另一方面又导致了它所固有的各种矛盾的尖锐化。启蒙思想家曾经在他们的著作中许诺了自由、平等、博爱的理想,然而在现实生活中这些华美约言竟然是令人失望的讽刺画。这就是说,现代性和全球化本身都充满着内在矛盾。

---

①《马克思恩格斯选集》第1卷,人民出版社1995年版,第276—277页。

②《马克思恩格斯选集》第1卷,人民出版社1995年版,第275页。

③ 参见《波德莱尔美学论文选》,郭宏安译,人民文学出版社1987年版,第485页。

五、全球化的内在悖论

如前所述，从最一般的意义上说，全球化是指世界各个国家和地区之间相互联系和相互依赖日益密切，相互渗透与融合不断加强，全球一致性因素不断增长的过程和发展趋势。单就其过程而言，全球化是指某种或某些要素（商品、资本、人员、技术、文化等）超越民族国家和地理区域的界限而扩展到全球范围，成为全球流通的要素；而在更高层次上，则是指某种或某些规则在全球范围内被普遍奉行和遵从（所谓"国际惯例"）。因此，在一定意义上，全球化（globalization）本身即意味着普遍化（universalization）。无论是某种（些）地方性事物在发展过程中获得了全球性的普遍意义，还是某种（些）规则在全球范围内被普遍奉行和遵从，都意味着或要求某种普遍性；反过来说，某种事物或规则具有普遍性，是其得以在全球流通或奉行的"通行证"。如果某种事物只在一定的地域范围内流行，某种规则只在某个民族国家范围内奉行，则都标志着它们还没有"全球化"。

这样看来，似乎把全球化理解为同质化是顺理成章的。有的学者认为，全球化的发展是与西方文明的全球性扩张联系在一起的，它过去被叫作"现代化"，现在被称为"全球化"，实际上只是把考察问题的视角从民族国家转移到全球体系。人们怀抱着一种或许是朴素的或许是精心设计的信念和价值观：全球化发展程度越高，全球同质性也将日益加强；全球同质性实质上就是全球范围的趋同化。随着全球化和市场原则普遍化的发展，世界各国之间的经济、政治、文化交流日益频繁，相互依存日益密切，这种趋势必然导致同一性的增强，似乎一切都要以是否符合市场经济的要求和国际准则来决定取舍。

然而，把全球化归结为同质化同样是片面的，全球化并不是一个单一的同质化的过程，而是一个充满内在矛盾的过程。事实上，很多学者都已认识到全球化的悖论并有精彩的论述。例如，美国学者罗兰·罗伯森强调，全球化是一个统一性和多样性、同质化和异质化并存的过程，全球化过程包含着普遍主义的特殊化和特殊主义的普遍化的双向运动。“我自己的论点，包含了既对特殊性、差异又对普遍性和同质性保持直接关注的尝试。它在很大程度上基于下述论点：在20世纪后期，我们是一个巨大的两重性过程的目击者和参与者，这个过程包含了特殊主义的普遍化和普遍主义的特殊化二者的互相渗透。”“全球化本身产生变异和多样性，从许多方面来看，多样性是全球化的一个基本方面。”他甚至说：“多元主义必须成为全球体系的一个基本特征，而且这本身必须合法化。”①英国学者吉登斯也认为，“全球化不是一个单一的过程，而是各种过程的复合，这些过程经常相互矛盾，产生冲突、不和谐以及新的分层形式。”②

总之，全球化就是这样一个矛盾的统一体，是一个相反相成的过程，是一个悖论。但这是一个合理的悖论，因为全球化的这种内在矛盾反映了全球化本身的逻辑。在全球化过程中，即使是开放程度最高的国家，也不可能完全没有民族的胎记；反之，最封闭的民族也不可能没有全球化的痕迹。既然全球化本身包含的内在矛盾或悖论是合理的，那么，它就不是人们在日常意义上所理解的矛盾或悖论，而是哲学上所说的二律背反。③

---

① [美]罗兰·罗伯森：《全球化——社会理论和全球文化》，梁光严译，上海人民出版社2000年版，第144、247页。

② [英]安东尼·吉登斯：《超越左与右》，李惠斌、杨雪冬译，社会科学文献出版社2009年版，第5页。

③ 2007年到中国讲学的斯洛文尼亚哲人齐泽克在接受记者采访时，也谈到他对全球化中所存在的悖论的看法：“全球化的背景下，世界是不可能平等的。我们正在寻求一种新的世界秩序，关键是强大起来的国家要懂得自律。”“全球化的一个好处是，美国失去了用好莱坞垄断我们想象力的这颗按钮——好莱坞也拍过许多好电影，但如果把《英雄》跟好莱坞类似题材的片子《角斗士》比较，老天，你们比他们好多了。”但在谈到东欧国家民族主义对美国大众文化的反应时，他又认为：“现在的东欧国家中，最令我担心的不是大众文化，而是保守狭隘的民族主义者对大众文化的反应。15年前许多东欧人梦想的市场、自由，到头来生活并没有改善多少。可怕的事情都是从非主流势力开始抬头的……从这种意义上讲，美国大众文化便有积极正面的作用。……‘美国化’在这种意义上代表的是开放、宽容的文化；‘反美国化’则是固守本土狭隘的民族主义与权威。这是很复杂的现象。”在回答记者关于到底该不该发扬本国文化的提问时，他说：“不要一味说‘要发扬本国文化’。本国文化的发扬，还得靠重新创造。我的悖论是：传统文化，只有我们在每个时代对其重新打量、从头创造的前提下，才有可能真正存活下去。”（参见《新京报》2007年6月15日C11版）

第八章　全球化与民族性

正因为全球化是一个充满着内在矛盾的过程，既包含一体化的趋势又包含分裂化的倾向，既有单一化又有多样化，既是集中化又是分散化，既是国际化又是本土化，所以，在全球化加速发展的同时，引起了民族主义的反弹，他们希望在全球化过程中保持民族特性、国家主权和文化的多样性。我们需要警惕民族主义发展成为一种极端的势力，但民族性是全球化过程中始终不能省略或化约的因素。

一、全球化对民族性的挑战

全球化过程中普遍主义和特殊主义的紧张关系，在民族性问题上形成焦点。换言之，全球化的发展对民族性构成了严峻的挑战。还是让我们首先从遍布世界范围的反全球化现象谈起吧。

众所周知，就像全球化本身一样，反全球化的浪潮也席卷了全球。随着全球化的加速，反全球化运动同时发展。“令人啼笑皆非的是，抗议活动已成为真正全球化的事业。”仅举最近十来年发生的若干事例，即可见一斑。1999 年 6 月在德国科隆举行西方七国首脑会议期间，科隆、伦敦、纽约、马尼拉、东京、香港等城市都爆发了反对全球化的大示威；1999

年12月西雅图世界贸易组织部长级会议期间，来自世界各地的男女老少举行示威游行，反对漫无边际的全球化，而在会议内部，发展中国家的贸易代表反对美国坚持把劳工标准与贸易制裁挂钩，拒绝签署背着他们达成的任何协议，使西雅图会议归于失败；2000年4月世界银行和国际货币基金组织在美国华盛顿召开春季会议时，上万名示威者包围了国际货币基金组织大楼，抗议全球化，示威者要求世界银行和国际货币基金组织改变现行政策，通过减免穷国债务，消除贫困，保护环境，实行“全球经济正义”；此后不久，世界上反对全球化的人们又先后在捷克的布拉格、法国的尼斯和意大利的那不勒斯举行了三次大规模的抗议游行，其中尼斯大游行的参加者大约有5万人，那不勒斯大游行的参加者大约有3万人；2001年1月，正当“世界经济论坛”在达沃斯举行年会之时，约3000名非政府组织成员却在巴西阿雷格里港召开了反对经济全球化的“世界社会论坛”；2001年7月在意大利热那亚举行的八国首脑会议，遭到了大批反全球化人士的激烈抗议；2002年6月26日八国首脑会议开幕之际，数千名反全球化的示威者在加拿大卡尔加里市中心举行抗议活动，示威者在会议新闻中心附近的街道上高呼反对全球化、反对八国首脑会议的口号，向行人散发传单，会议闭幕前夕，又有千余名抗议者在卡尔加里市中心举行抗议活动，抗议发达国家对发展中国家的经济掠夺，抗议者在街头广场表演象征发达国家对发展中国家实行经济掠夺造成死亡的情形；2003年的八国峰会期间，爆发了大规模反全球化抗议，以致当局不得不动用警察维持秩序；最近几年召开的旨在推进全球化的大型国际会议，也都几乎毫无例外地遭到大批反全球化人士的激烈抗议。①

当然，反全球化现象比较复杂，如同全球化概念本身具有宽泛性和模糊性一样，反全球化也是一个不同的人有着不同理解的概念，它可能指对全球化的否定、对全球化片面性的批评、对全球化的担忧，等等。人

① 参见向红《全球化与反全球化运动新探》，中央编译出版社2010年版。

们一般认为,反全球化是对全球化所产生的负面现象的抗议,对全球化加剧的贫富鸿沟、社会分裂、环境灾难的不满等,不一而足。

然而,上述看法只看到了反全球化的某些表面现象和原因,或者说只是从流行于西方国家的反全球化运动的观察中得出的结论,而没有看到更深层的原因,或者说对反全球化运动中的民族性诉求估计不足。

众所周知,全球化的发展是与西方近代的全球性扩张联系在一起的,在其展开过程中都有两个非常强的预设:一个是同质化,另一个是趋同。全球化发展程度越高,全球同质性也将日益加强;全球同质性实质上就是全球范围的趋同化甚至一体化;如果说世界本来是多样性的,那么全球化的总体趋势是消灭越来越多的多样性,而不断加强同质性。德国学者格拉德·博克斯贝格和哈拉德·克里门塔甚至将“全球化给世界带来多样化”列为“全球化的十大谎言”之一。① 总之,全球化的发展包含着单一化的危险,这是值得警惕的。事实上,随着全球化和市场原则普遍化的发展,世界各国之间的经济、政治、文化交流日益频繁,相互依存日益密切,这种趋势必然导致同一性的增强,似乎一切都要以是否符合市场经济的要求和国际准则来决定弃取。正是在这样的背景下,全球化引起了民族主义者的反弹,他们希望在全球化过程中保持民族特性、国家主权和文化的多样性。

一类相当突出的反全球化力量,是那种旨在维护以至弘扬本文明、本民族、本地方的文化传统和价值观念体系的宗教/文化运动,它们抵抗全球化大潮中主导的西方文化和价值观念体系的侵蚀与支配。这主要是一种政治或意识形态运动,它的首要口号便是抵御西方文化和西方政治经济秩序的统治。② 出于同类根本原因,因而一些类似的运动或意识形态可见于世界许多国家,例如在法国,让-马里厄·勒庞创立并领导的

① 参见[德]格拉德·博克斯贝格、哈拉德·克里门塔《全球化的十大谎言》,胡善君、许建东译,新华出版社2000年版,第151页。

② 参见时殷弘《当今世界的反全球化力量》,载庞中英主编《全球化、反全球化与中国》,上海人民出版社2002年版,第2页。

右翼组织“国民阵线”已有引人注目的思想、政治势力，其20世纪90年代以来的主要姿态就是反“全球主义”和反美国经济、文化帝国主义。该组织主要发言人之一对一位美国著名专栏作家解释说：尤其在美国，有一种毁灭性的文化帝国主义，一种行为方式、消费方式、思想习惯和经济哲学的“全球标准化”，它们使欧洲各民族正逐渐丧失自我意识；“在捍卫我们的民族自我意识时，我们是在保护多样性免于标准化”，“我们反对毁坏家庭和民族的全球主义”。①

全球化绝非一个包罗万象的百宝囊，这个概念至少应该包含以下几个层次：科学技术的全球化、经济贸易的全球化、政治—社会制度的全球化、文化的全球化，这几个层次的意义不尽相同，它们的可行性和前途也不完全一致。我们尤其要注意的是，目前的世界还远未达到混一大同的“一体化”程度，即使西方国家内部在上述几个层次上也是千差万别的，并不是只有一种模式即美国模式。

仍以法国为例，长期以来，法国坚定地奉行“法兰西例外”（Exception française）政策（又称“法兰西文化例外”，Exception culturelle française），坚持不懈地捍卫法兰西文化的纯洁性，阻止英语文化（主要是美国文化）的入侵，但同时又向前法国殖民地国家以及其他国家推广法兰西文化，而在国内实行的移民政策和文化政策也是以弘扬本民族文化、压制外来移民文化为主。这种双重标准在一定程度上有利于法兰西文化的推广，但必将引起外来移民（国内）甚至他民族人民（国外）的强烈不满，终于在2005年10月底在巴黎爆发了骚乱②。这一事件对法国的

① 参见时殷弘《当今世界的反全球化力量》，载庞中英主编《全球化、反全球化与中国》，上海人民出版社2002年版，第4页。

② 2005年10月27日晚，巴黎北郊两名非洲裔穆斯林少年因躲避警察追捕触电身亡，警方对此予以否认，引发骚乱。11月3日夜，骚乱迅速升级，并扩散到尼斯、里尔、马赛、南特和图卢兹等城市，闹事手段也从最初的投掷石块发展到扔汽油弹，并开始攻击民用设施。停在路边毫无保障设施的汽车成为首当其冲的目标（单在5日晚上，闹事者们就将900多辆汽车付之一炬）；巴黎郊区的华商仓库、当地的邮局和商业中心遭人纵火，甚至连幼儿园也被当成目标锁定；商业店铺多次遭到抢劫；前来维持秩序的警察被袭击；而一名残疾妇女则被人恶意烧成重伤……

移民政策和文化政策而言是一个严峻考验,并将对世界各国的政策沿革产生深远影响,也促使人们对全球化语境下民族性的命运作进一步深入思考。

法国人刻意维护和捍卫法国文化特殊性或许过于极端,但绝非空穴来风。事实上,在一个强者宰制的世界里谋求全球一体化,不可能有真正的平等、民主和公正。如果说“全球主义”的意识形态是一个包藏着祸心的陷阱并非夸大之辞,那么正如有的学者所指出的:“全球化的陷阱也许还不只是经济表象掩盖下的政治陷阱,而是经济掩盖与政治设计共同营造的文化陷阱。因为,‘新全球主义者’确信,在‘一个新的文明’的世界地图上,无须标示或不允许标示文化差异的界线。对于不想且不可能放弃自身的人格认同、民族认同和文化认同的人们来说,这是一个更为深刻的也更为严重的问题。”①应该承认,这种忧虑并不是多余的。全球化特别是深层次的全球化还远未到庆贺自己凯旋的时候,如果全球化意味着不同文化之间的交流融合,它是值得推进的;如果全球化意味着强势文化对弱势文化的压迫,那就是应该被反对的,不管全球化的名字有多么动听。

二、民族性的根源性

许多人都真诚地相信,全球化的发展将最终带来无差别的“世界大同”,给各民族国家的人们带来普遍繁荣和幸福。他们过分轻信了“新全球主义者”制造的神话,忽视了民族性是一种远比全球性更具根源性的力量。

由于国际贸易地域的扩大,相互作用关系日益频繁,金融市场的全球网络化,信息和通讯技术的持续革命,环境污染、生态破坏、能源危机

① 万俊人:《全球化的另一面》,载《读书》2000 年第 1 期。

等全球问题所要求的联合行动，跨国行动主体（如洲际非政府组织、世界贸易组织、联合国等）的出现，在世界范围内全面贯彻人权的要求，文化产业的全球流动和跨国文化冲突等因素，全球性的生成已经是一个不争的经验事实，全球化的趋势正在加强。正如德国著名社会学家、慕尼黑大学教授乌尔利希·贝克所说："全球性描述的是这样一个事实：从现在起，在我们星球上发生的事情失去了地域的局限，所有发现、所有胜利与灾难都与整个世界息息相关。我们必须把我们的生活与行动、我们的组织与机构，按照地方—全球的坐标重新定向，重新组织。"美国学者阿尔君·阿帕杜莱斯将全球化归结为五种维度或五个拼盘：一是在全球流动的人种图景，二是跨国性的科技图景，三是超越民族与文化差异的媒体图景，四是无国界的货币流动图景，五是全球性的而非国别性的意识形态接受图景。这五种图景各自都是一个独立运行的世界，与传统意义上的地理空间、领地是没有重合之处的。①

可见，全球化带来了观察视野的巨大变化。我们以往所说的"世界历史"，是相对于相互分裂的民族历史与地域历史而言，是指世界开始有了一部相互依存和影响的统一的历史，但在这里历史活动的主体及其基本单位是相互独立的民族国家；而"全球化"则是指世界各国的历史变为一个不可分割的统一整体，社会的经济、政治、文化活动愈益朝着跨国化方向发展。

全球化过程中普遍主义和特殊主义的紧张关系，在民族国家地位问题上形成焦点。

不容否认，全球化突出了人类的整体意识，如强调人的生存、发展与自由的基本人权意识，"我们只有一个地球"的环境意识，面对核威胁、"克隆人"的危机意识，等等。马克思指出，人是类存在物，不仅因为人在实践上和理论上都把类——他自身的类以及其他物的类——当作自己的对象，而且因为——这只是同一种事物的另一种说法——人把自身当

① 转引自汪晖、陈燕谷主编《文化与公共性》，三联书店 1998 年版，第 529—535 页。

作现有的、有生命的类来对待,因为人把自身当作普遍的因而也是自由的存在物来对待。只有在共同体中,个人才能获得全面发展其才能的手段,也就是说,只有在共同体中才可能有个人自由。全球化突破了以前局限于民族和国家的狭隘视野,使人们真正作为"世界公民"来思考问题。例如,在信息、科技、市场都正在全球化的今天,没有哪一个地区、国家能够独立地解决所面临的诸如大气、海洋、生态等危机,也没有哪一个地区和国家的发展不与其他地区和国家相联系。这一点,我们从 1997 年始于泰国的亚洲金融危机和 2008 年由美国次贷危机引发的全球金融和经济危机中,就能够获得足够清晰的认识。全球化要求人们在思考问题时从全球的视野来看待问题,特别是在进行对外交往时,它要求人们越来越注意民族关系、地区利益和国际关系的协调。

马克思曾经指出,资本主义发展的本质就是要消灭民族国家的界限,超越民族特殊性,其发展趋势就是要统治全世界。资产阶级除非不断扩大商品生产和销售的范围,不断开拓新的原料供应和商品销售市场,否则就难以生存、发展下去。生产的社会化、商品化驱使资产阶级"放眼世界",在世界各地到处奔走、到处落户,寻找以最低廉的成本赚取最高利润的方式;大工业的发展,生产工具的迅速改进,交通的便利,东印度和中国的市场,美洲的殖民化,殖民地的贸易等,使"世界市场"以及"生产的国际关系"得以建立。而这一"世界统一市场"的形成,打破了地方的和民族的自给自足和闭关自守状态,使以前互相孤立的各个民族、国家成为互相往来和相互依赖的整体,"使每个文明国家以及这些国家中的每一个人的需要的满足都依赖于整个世界"①。"各个相互影响的活动范围在这个发展进程中越是扩大,各民族的原始封闭状态由于日益完善的生产方式、交往以及因交往而自然形成的不同民族之间的分工消灭

①《马克思恩格斯选集》第 1 卷,人民出版社 1995 年版,第 114 页。

得越是彻底，历史也就越是成为世界历史。”①

资本主义大工业扩大了各国之间的交往，密切了民族国家之间的相互依存关系，从而“开创了世界历史”新时代。“各自独立的、几乎只有同盟关系的、各有不同利益、不同法律、不同政府、不同关税的各个地区，现在已经结合为一个拥有统一的政府、统一的法律、统一的民族阶级利益和统一的关税的统一的民族。”②但是，马克思在分析世界历史时代资本主义全球扩张的趋势时，并不否定各民族发展道路的特殊性，相反，民族国家是马克思分析国际关系的基本单位。

全球化对民族国家地位提出了严峻挑战。“由于全球化使得国家与社会之间在它们的所有范畴内都出现了与此相对的、多种多样的、纵向与横向联系。以前把民族国家与社会当作地域上用边界相互隔离的组织与生活单位，现在这种基本设想结构不断崩溃。全球性说的就是：民族国家与民族社会单位的破裂，一方面是民族国家单位、民族国家活动主体，另一方面是跨国活动主体、跨国认同、跨国社会空间、跨国形势与发展进程，两者之间形成新的力量对比、新的竞争关系、新的冲突与相互关联。”

20 世纪 70 年代兴起的以沃勒斯坦为代表的“世界体系”理论，以“世界体系”概念取代民族国家概念作为国际关系的分析单位。沃勒斯坦认为，资本主义的世界经济体系最终将彻底统治世界，而这一天的到来同时也就是它的灭亡，因为这将使资本主义失去发展的余地；取代这一体系的，仍然是一个世界性的结构，即社会主义世界政权。当然，这种构想引起了许多人的批评。例如，吉登斯重新肯定民族国家的作用：“我们必须承认，世界体系不仅由国际经济联系以及国家间的互赖关系所塑造，而且也由全球的民族—国家体系所构建，这两者中的任何一项都不可完全化约为另一项。”就是说，民族国家与世界体系同等重要。

---

①《马克思恩格斯选集》第 1 卷，人民出版社 1995 年版，第 88 页。
②《马克思恩格斯选集》第 1 卷，人民出版社 1995 年版，第 277 页。

乌尔利希·贝克曾提出“世界社会”的概念。他说:“世界社会指的是各种社会关系的总和,它不会被整合在某一民族国家政治中,也不会被某一民族国家所支配。”这未免浪漫和超前。但他同时又指出:“在世界社会的词组中,世界是存在差异、多样性的,社会是非一元化的社会,这样人们就把世界社会理解为没有实现统一的多样性。这个世界社会是以千差万别的差别为前提条件的。”这或许才是明智的结论。

前面说过,全球化是一个无主语的模糊概念,但我们思考全球化问题,却不可以奉行“无主体的思维方式”。给全球化加上主语,就是要问“谁的全球化?”由于主体的多样性,回答必然是各种各样的。从社会生活领域来分,有经济全球化、政治全球化、文化全球化等;而从全球化的执行或运行主体来看,民族国家(政府是其法定代表)无疑仍然是最重要的主体。经济全球化的微观主体是跨国公司,而包括经济、政治和文化等在内的整个社会全球化的执行者,则是主权国家。全球化的过程实际上就是主权国家通过经济、政治和文化的全面互动,形成高度整合和协调一致的全球社会的过程。在这一过程中,“主权”的概念可能会发生变化(例如全球化可能导致传统的主权界限边缘的模糊和被侵蚀),但民族国家的主体地位不会丧失,否则,全球化就成了无主体的幽灵在游荡。主权国家是构成国际社会的基本单位,是最有组织、最有能力的政治经济实体,是国际交往活动的中轴和基石。其他国际政治实体基本上都属于国家实体的派生体,都直接或间接与主权国家有关。国家集团、国际经济组织、跨国公司的权力和活动都以国家主权的让渡和授权为根据。至少在可以预见的相当长的一段时期内,民族国家是很难也不会消亡的。“由于在全球化过程中,各个民族国家都把维护国家主权置于政治行动的第一位,我们至今还很难设想在所有民族国家之外形成一个有权力对所有民族国家发号施令并使所有民族国家俯首称臣的政治共同体。”①

① 闫孟伟:《全球化与市场经济》,载《新视野》2002 年第 2 期。

全球化的客观趋势要求主权国家为其发展开辟道路，主权国家的协议和国际规则的制定影响着全球化的色彩。全球化的发展必然要求消除民族国家壁垒的限制，在全球范围内以最佳方式自由配置经济资源，形成日益增多的全人类共同利益或相关利益，这将会导致对主权国家权力的制约和限制。但是，这种制约和限制必须以主权国家的同意为前提，国家权力的让渡以国家的主权和利益为基础，依靠民族国家之间平等的协商与合作来实现，表现为一个自主有序的发展过程，这才是全球化推进的健康状态。哈贝马斯曾提出"超越民族国家"的设想，这种设想被一些人误解为可以实施全球治理的"世界政府"的建立。但实际上，哈贝马斯所设想的超越民族国家的政治共同体并不是世界国家，而是各个主权国家相互合作的政治体系。"要使利益协调和普遍化的程序以及创造性地策划共同利益的程序制度化，不能靠根本不受欢迎的世界国家这一组织来实现，而要靠以前各主权国家的自主、自愿和独特性来实行。"①

应该注意到，在全球化过程中必然发生民族国家利益、权力的重新分配和调整，发达国家希望通过积极推进全球化来最大限度地实现其国家利益的初衷并未改变。由于各国的经济发展、社会制度、文化背景等各不相同，因而每个国家和地区在被纳入全球化轨道时，都会有不尽相同的战略考虑和政策取向，其基本原则就是要在全球化过程中，维护本国人民的根本利益，保持自身的主权和特色，从而对人类发展和世界文明的发展作出自己独特的贡献。

三、全球主义与民族主义：两个极端

全球化既是一种客观事实和发展趋势，又是一种意识形态。作为一种客观事实和发展趋势，全球化是无法抗拒或拒斥的；但贴上了普遍主

① [德]哈贝马斯：《超越民族国家？》，载《全球化与政治》，王学东、柴方国等译，中央编译出版社2000年版，第83页。

义标签的"全球主义"意识形态,却可能成为某些西方国家推行霸权主义的舆论工具和策略手段,从而成为一种陷阱。

科学知识对于全人类来说是毫无例外地普遍有效的,因此,通常所说的普遍主义(universalism)和特殊主义(particularism)之争主要集中在价值和价值观领域。在哲学上,普遍主义是以人和万物本质、本性的共同性、普遍性等观念为基础,进而在价值问题上持本质主义、绝对主义和一元论的观点和立场。它相信人类生活中存在着终极的、绝对合理的、普遍适用的一元化价值及其标准,只要人们通过恰当的方式发现并推广执行之,就能够解决世界上的一切纷争。[①] 可见,普遍主义以承认全人类普遍的价值体系为前提;而真正意义上的全人类普遍价值体系,又要以高度一体化的全球社会的客观形成为前提。然而前面说过,当今的全球化还远未达到全球一体化的程度,虽然人类共同利益的增长和扩大为此奠定了基础,但所谓全人类普遍价值体系还是一个十分超前的概念。在这种情况下,各种以普遍主义姿态出现的"全球主义"意识形态,其实并不具有真正意义上的全球普遍性,也不是在全球范围内各民族国家平等协商的结果,而通常是某种特殊主义的普遍化,即某种特殊价值"充当"普遍价值。其最典型的形态就是"西方中心主义"冒充"全球主义"。这是有历史原因和现实根据的。

从历史上看,全球化是与西方资本主义的全球扩张相伴而生的。而且到目前为止,只有西方文明把自己扩张到了全世界,其他文明都还没有做到这一点,至少在其所达到的广度和深度上无法和西方文明相比。有学者指出,正因为全球化是与西方近代文明的全球扩张联系在一起的,无论它过去被叫作现代化还是现在被称为全球化,在其展开过程中都有两个非常强的预设:一个是同质化(homogenization),另一个是趋同

① 参见李德顺《全球化与多元化——关于文化普遍主义与文化特殊主义之争的思考》,载《求是学刊》2002 年第 1 期。

(convergence)。①

事实上,全球化过程中的客观因素和趋势与主观战略常常是交织在一起的,其矛盾焦点则是各种"规则"的竞争。例如,经济全球化过程中,世界各国被纳入国际经济体系,按照统一的经济规则活动,这看起来似乎很公平。但目前通行的游戏规则是由占据国际市场领先地位的发达国家操纵制定的,其立足点和着眼点是为了保护和扩大发达国家的利益。不仅如此,伴随着经济全球化,西方的意识形态、价值观念、生活方式也几乎遍布世界的每一个角落。有学者更进一步指出,作为当今世界唯一的超级大国和对全球化的发展方向具有举足轻重影响的国家,美国要的并不是各国平等、相互尊重的全球化,而是要使全球化变成"全球的美国化"。因此,全球主义的意识形态对于广大发展中国家来说,是一个充满迷幻色彩和具有极大欺骗性的"陷阱"。应该承认,这些看法并非毫无根据,更非危言耸听,相反对于我们观察西方主导下的全球化是有警醒意义的。

值得注意的是,传统意义上的"西方中心主义"在受到包括西方学者在内的众多人士的深刻批判之后,其为普遍主义辩护的合法性已经在一定程度上被解构了。在这种情况下,"全球主义"意识形态又有了新的特点,特别是"9·11"事件之后,美国一方面继续对外"输出"贴上普遍主义标签、实际打上美国烙印的价值观,另一方面以"反恐"为名,更加肆无忌惮地推行新霸权主义的强权政治和单边主义对外政策,新干涉主义的战争行动日益升级。这是对建立公正合理的国际关系秩序的严重威胁。

毫无疑问,霸权主义并不是真正意义上的普遍主义,而是以强权国家自身的国家利益为旨归的特殊主义,只不过披上了普遍主义的外衣而已。在这里,普遍主义的外衣必不可少,因为如果不把这种特殊主义普

① 参见杨学功《全球化条件下的文明对话——杜维明教授访谈录》,载《哲学研究》2003年第8期。

遍化，其推行就没有任何借口和理由。然而，这种以“特殊主义的普遍化”为特征的“全球主义”意识形态，其实与伊斯兰原教旨主义所遵从的逻辑并无二致。拉登就多次通过对外散布的录像带劝说美国人放弃他们原来的信仰，改而信奉伊斯兰教，舍此不能得救。把自己的特殊主义打扮或标榜成普遍，必然无视和排斥与己相异的“他者”作为特殊存在的权利，甚至把“他者”妖魔化，这是造成国际关系中新的恶性冲突的根源。

然而，从上面的论述中不能得出这样的结论：普遍主义既然是罪恶之源，那就要为特殊主义辩护。实际上，对当今国际关系构成威胁和挑战的，除了以霸权主义面目出现的虚假普遍主义之外，还有各种形式的特殊主义，后者同样是引起纷争的根源。

全球化的加速发展和全球主义意识形态的扩张，引起了民族主义的反弹。吊诡的是，在全球化条件下，民族国家意识非但没有降低，反而越来越强。在国际交往中，一旦涉及国家主权问题，强烈的民族情绪就不可避免。我们认为，民族性虽然是全球化过程中不能省略或约化的因素，但必须警惕民族主义发展成为一种极端的势力。极端民族主义是一种排斥外来文化、拒斥任何意义上的普遍性的典型的特殊主义。①

民族主义的兴起是当今一种世界性的现象，在反全球化运动中代表了一支重要力量，表现为旨在维护以至弘扬本文明、本民族、本地方的文化传统和价值观念体系的宗教/文化运动。它们抵抗全球化大潮中占主导地位的西方文化和价值观念体系的侵蚀和支配，首要口号便是抵御西方文化和西方政治经济秩序的统治。民族主义并非仅限于发展中国家，

① 在当今世界，民族主义情绪随处可见。举一个例子：2007 年 1 月，美国摄制的纪录片《南京》在圣丹斯电影节首映，并获得最佳编辑纪录影片奖，2007 年荣获香港国际电影节人道主义奖。这部由没有电影制作经验的一位美国商人生产的电影，被列入 2008 年奥斯卡奖的“候选名单”。影片的制片商莱昂西斯出身于一个希腊裔美国人家庭，与中国和日本都没有任何血缘关系。如所预期的那样，这部电影在中国受到普遍欢迎，在日本则受到空前的冷落，“没有一家日本分销公司愿意发行”。然而莱昂西斯在回答记者的提问时却说：“这不是反对日本的电影，这不是支持中国的电影，这就是反对战争的电影。”（参见魏一帆《电影慈善：莱昂西斯和〈南京〉》，载《南方周末》2008 年 1 月 10 日第 23 版）

在发达的西方国家同样引人注目。

民族主义与民族国家是既相联系又有区别的政治文化学概念。民族古已有之，民族主义则是近代的产物，它是同现代民族国家的建立联系在一起的。1648年威斯特伐利亚和约的签订，标志着欧洲现代民族国家体系开始形成。有了现代民族国家，就有了现代政府和国家利益，随着民族国家力量的不断向外伸张以及交往的不断增多，民族主义便应运而生了。一般而言，民族主义是一种意识形态，是一种政治观念，是一种民族情感，同时也是一种社会政治运动。

民族主义是推动现代历史进程的重要动力之一。自从现代民族国家格局形成以来，世界体系当中差不多任何一个重大历史事变的背后都有民族主义的影子。冷战结束后，世界进入多极化状态之中，民族主义更是获得了再度崛起的推动力。

从历史上看，民族主义大致可从两个方面来理解。首先是“民族性”，即由语言、文化历史传统同一且文化上相互认同的人群组成并区别于其他人群的社会特性。这一解释的重点是文化上的同一性，而不是政治上的结合。但是，这种文化上的同一性常常要仰赖政治上的独立主权才能维系。为保持这种民族性，团体内的个人就会自然地被要求承担某种精神上和行为上的责任。

在历史上，民族主义的一大贡献是促成了大批民族国家的成长。当然，在殖民主义时代，民族主义也曾被纳入种族主义的浊流，通过对民众情绪的调动和刺激，成为列强对外征服的思想工具。而在那些传统社会中，后发的现代化过程往往造成深层次的社会紧张，社会达尔文主义盛行、外国文化冲击、贫富悬殊等社会内部动荡会酿成文化认同危机乃至权力合法性危机。在这种情形下，民族主义进入政治过程将在一定程度上弥合或缓解上述危机。正因为此，民族主义往往是发展中国家执政者手中重要的政治整合工具。

一般认为，民族主义经历了以下几个发展阶段：第一阶段是17、18

世纪英国和法国率先兴起的民族主义;第二阶段是18世纪美国民族的出现和拉丁美洲国家的形成;第三阶段是19世纪下半叶至20世纪初的殖民主义和帝国主义扩张阶段以及亚洲出现一系列民族国家;第四阶段是20世纪中期广大殖民地反殖民主义战争所代表的国际秩序;第五阶段是随着苏联的解体、两极格局秩序瓦解,意识形态危机出现,民族主义凸现为各国的主流意识形态。① 这几个重要的历史阶段大致能够显现出民族主义生成和兴衰的标志性特点:第一、二、三阶段的民族主义大体上表现为英、法、美等民族国家现代化的推动力;第四阶段的民族主义一方面表现出西方民族主义的狭隘性、扩张性和侵略性特征,另一方面表现为广大殖民地国家追求民族国家独立和解放以及现代化的民族意识形态;最后一个阶段的民族主义则是在经济全球化这个大背景下展现其功能和特点的,一方面西方国家以其资本、技术的"硬件"优势和自由民主的"软件"优势在全球范围内扩张其利益和影响,表现出明显的经济民族主义特征,另一方面也产生了西方和非西方"冲击—反应"的危机效应,而非西方社会的民族主义则综合地表现为政治民族主义、经济民族主义和文化民族主义。

民族主义既是一种思潮,又是一种政治运动,它是以民族为精神符号、动力和目标的社会、政治、文化运动,以民族国家为诉求的意识形态,以文化传统为依托的情感或情结。如何看待民族主义,不是一个简单的价值判断问题,即不是一个简单的好坏问题,民族主义也不是从文化或人性中神秘地产生的,它是历史和社会运动的产物。民族主义同时也是国际关系变化的产物,是作为国际社会主要行为体的民族国家之间相互作用和激发的结果。

全球化尤其是经济全球化对国际政治、民族国家和国家意识形态都产生了前所未有的冲击。国际化、自由竞争、信息化使涉及民族国家的

① 参见徐迅《民族主义》,中国社会科学出版社1998年版,第9页。

许多问题越来越具有全球性。迅速发展的世界金融市场已成为超国界的经济力量。冷战时代的两极格局瓦解后，民族国家的政治经济行为出现了某种整合趋势，例如都更加重视国际组织、国际制度的作用，都更加注重利用市场经济谋求国家的发展和强大。生产和服务无论在形式上还是在内容上都越来越国际化。环境问题和可持续发展也成为全球性的课题。由此可见，全球的经济行为对世界政治体系产生了根本性的影响，全球经济行为的增长和扩展在某种程度上跨越了政治上以民族国家为主体的国家和地区的边界，也就是说，以全球性的生产和国际化的金融市场为核心的世界经济的发展超越了自资本来到世间后所形成的民族国家政治体制的制约。这一事实就导致了全球化同民族主义之间的矛盾。①

首先，全球化导致的一个客观后果是少数西方发达国家特别是美国控制国际经济秩序、重要的国际组织及国际规则，这就使国际政治经济秩序具有了霸权性和不合理性。而民族主义则反对霸权性的国际政治经济秩序，主张建立平等、合理的国际制度规则。

其次，全球化导致国际化、自由竞争、信息化，形成了市场、投资、金融、贸易、技术、信息、生产的全球性网络，它跨越了民族国家的边界，对民族国家的主权构成了威胁和制约，导致国家经济安全出现问题甚至危机，政府对经济的控制力下降。而民族主义则强调国家对经济拥有主导权，政府必须是维护国家经济安全的核心力量并主张用国家的力量推进现代化。

再次，全球化在客观上会促进现代化，但它往往导致那些传统社会和落后国家在转型期出现文化认同危机、政权合法性危机和权威危机，进而造成社会动荡和不稳定，这种混乱反过来又阻碍经济增长和现代化。民族主义则是社会转型期政权合法性的重要思想资源，它主张在社

---

① 参见刘靖华《全球化背景下的民族主义问题初探》，载《现代国际关系》2001 年第 8 期。

会混乱时期重新恢复文化认同和民族国家意识。

但是,民族主义是一把双刃剑,过激的民族主义、极端化民族主义都容易导致情绪化的盲目排外思想,导致不能正确把握历史发展趋势,造成经济和社会决策的失误。从学理角度看,民族主义在特定的条件下可能成为现代化的动力,但是极端民族主义又包含着与现代化相对立的要素。

当民族国家追求现代化的努力超出民族国家的范围和边界时,也即当民族国家以参与全球化的方式谋求现代化时,民族主义与现代化的矛盾就凸显出来。更确切地说,此时需要民族主义的是国家,而不是现代化,现代化只是国家的目标之一。在现代化的起步阶段,需要由民族意识维系的国家来推动现代化;但当现代化发展到一定程度后,民族主义的强烈伸张反过来又会阻碍现代化。民族主义在这一历史发展阶段往往以强调传统的异质性的方式来反对与现代性的同质性。这就是现代民族主义内在的自我矛盾之处。如何处理好这种矛盾,正是一个国家实现现代化的关键。

就拿中国来说,全球化过程中的民族认同同样不可回避。冯友兰先生在接受哥伦比亚大学授予名誉博士学位的仪式上说:“我生活在不同的文化矛盾冲突的时代。我所要回答的问题是如何理解这种矛盾冲突的性质;如何适当地处理这种冲突,解决这种矛盾;又如何在这种矛盾冲突中使自己与之相适应。”①回顾近代以来西方开启的全球化对中国的冲击,我们会对冯先生的这段话感同身受。有学者以更尖锐的形式把这个问题提了出来:在全球化时代,是什么使中国人成为中国人?成为中国人意味着什么?什么是中国文化?它的意义在哪里?这些涉及民族认同和文化认同的问题。民族认同不是一套孤立的性质,而是一种关系。中国现代的民族认同,就是在中西文化交流碰撞的大背景下,中国人维护自己的个性,给自己和自己的前途定位:“谁是中国人?”“中国往何处

①《冯友兰学术精华录》,北京师范学院出版社1988年版,第2页。

去?”但如果以为“强国梦”就是中国现代的民族认同,这是将问题看得过于简单了。因为如果中国人只是要建立一个西方式的强国,那就根本不会有民族认同的问题,而只会有目标认同。民族认同与目标认同是根本不一样的。民族认同要解决的是自我定位,包括民族的定位和国家的定位;而目标认同只是一个外向选择的问题。民族认同既要确定民族性格,又要确定国家理想。这决不同于具体的发展目标。民族认同不仅仅有一种抵抗优势文化挤压的心理功能,更能为民族的发展方向和生活原则提供正当性依据。然而,到目前为止,我们的认同问题并没有完全解决。如果传统文化、西方文化和现代化都不能成为我们现代的文化认同之所在,那么我们的文化认同将在什么地方?①

对于这个问题,我们的回答是:中国只有在追求现代性的过程中保持自己的民族性,或者在保持民族性的基础上大胆地接纳现代性,才能真正走出现代性和民族性的外在紧张。只有这样,才能真正巩固和发展自身的独特性,否则很可能使精心维护的特异性变成别人同情和看稀奇的对象,而不是被世界认可和尊重。

---

① 参见张汝伦《经济全球化与文化认同》,载《哲学研究》2001 年第 2 期。

第九章　全球化与文明发展

全球化本身就是现代文明的全球扩展过程。由于世界各种文明的多样性及其发展水平和程度的差别，在全球化过程中就不仅表现为不同文明的同时并存，而且表现为它们之间的冲突和交融。这将为我们展现怎样的文化场景呢？是文明的冲突还是文明的对话？如何认识全球化时代的文化多样性？这些问题都是全球化研究中不能回避的。

一、全球化与现代文明的全球扩展

世界文明的发展过程，在某种意义上可以理解为世界历史进程。在这个问题上，美国学者亨廷顿的观点有一定的代表性，他认为："人类的历史是文明的历史。不可能用其他任何思路来思考人类的发展。"在他看来，世界各国杰出的历史学家、社会学家和人类学家所从事的工作，在很大程度上是在探索文明的起源、形成、相互作用、成就、衰落和消亡。这种认识和大多数英语国家对"文明"的理解有关。在数十种乃至数百种关于"文明"的概念中，为大多数人所接受的定义是："文明是在一定历史阶段，用于克服生存问题的社会工具的总和，包括经济方式、有影响力的社会关系、政治上的社交举止、移民体系结构、教育体系，同时也包括宗教、价值体系和美学。总之，文明是涵盖社会实践的一个非常广泛的概念。”①

在中国，伴随着对“中国文明起源与发展”研究的深入，文明理论的研究也在不断深化。一些学者提出，“世界文明发展阶段的大致同步，发展道路有相近的一面，以及彼此的相互交流都表明，地球是独一无二的，因而世界文明的发展具有‘一元性’。开放、交流是世界历史、发展的总趋势，也是中国历史发展的总趋势。……中国历来是世界的中国。”②在有关中外文明进程问题的研究中，多数人认为，文明是人类改造世界的物质成果和精神成果的总和，是一个国家和民族的生产、文化、思想和社会风尚发展状况的反映。这一基本认识，成为文明研究的起点。

不难看出，无论是中国文明、外国文明，还是整个人类的世界文明，都属于一定的历史范畴，是历史的产物。人类文明的发生和发展过程，也就是人类历史的发生和发展过程。伴随着文明的进步，人类历史也在发展，并表现出不可逆转的进步趋势。人类文明的进程，也是不同文明碰撞、交流、交融的进程。正是在这个过程中，不同的国家和民族共同创造着人类的文明，推动着历史的进步。

从世界范围来看，全球化是产生于西方的以工业文明为标志的现代性的全球扩展过程。马克思对资本主义所代表的现代性的批判分析，对我们认识全球化与文明发展仍然具有启发意义。实际上，从文明的角度研究全球化，就是要研究资本主义所代表的现代性的全球扩张过程。

现代性(modernity)是近年来国内外学术界讨论的热点问题。在西方发达国家，随着社会发展进入后工业社会阶段，作为晚期资本主义文化逻辑的后现代主义对作为主流叙事的现代性话语进行了颠覆性批判。在中国，当30多年前“文革”结束后重提“四个现代化”时，我们还只知道“现代化”(modernization)这个名词，并对之神往不已，它似乎寄托着人

---

① 参见[美]亨廷顿《文明的冲突与世界秩序的重建》，周琪等译，新华出版社1997年版。

② 于沛：《世界文明进程中的全球史——对“历史”何以成为“全球史”的思考》，载《光明日报》2007年6月8日第9版。

们对于幸福和美好生活的全部期待与想象。然而,随着中国30多年来快速发展过程中各种矛盾的日益暴露,特别是由于今天中国的发展已经融入了世界,不可能回避后工业、后现代、后殖民的时代语境,所以近年来关于现代性的反思也异常活跃。这里不拟泛泛地谈论现代性话题,而是集中考察一下马克思对待现代性的双重态度。

马克思是首先对现代性及其后果进行深刻反思的思想家之一。我们可以通过马克思对殖民主义的分析,来考察他对现代性的态度。

帝国主义的殖民侵略一方面给被侵略民族造成了深重的灾难,另一方面又在客观上起着瓦解当地封建统治的进步作用,这似乎是一个矛盾。马克思在谈到英国对印度的殖民掠夺时,异常深刻地揭示了这种矛盾的性质:一方面,他愤怒地谴责资本主义的殖民侵略给落后民族所造成的灾难和不幸,认为落后民族所遭受的灾难"具有一种特殊的悲惨色彩"①;另一方面,他又看到正是由于封建的、宗法的社会关系所造成的落后状态,使这种灾难变得不可避免。"从人感情上来说,亲眼看到这些无数辛勤经营的宗法制的祥和无害的社会组织一个个土崩瓦解,被投入苦海,亲眼看到它们的每个成员既丧失自己的古老形式的文明又丧失祖传的谋生手段,是会感到难过的;但是我们不应忘记,这些田园风味的农村公社不管看起来怎样祥和无害,却始终是东方专制制度的牢固基础,它使人的头脑局限在极小的范围内,成为迷信的驯服工具,成为传统规则的奴隶,表现不出任何伟大的作为和历史首创精神。"②历史不相信眼泪,我们对社会发展的把握更多地要依靠历史的理性分析,而不能仅仅停留于道德和情感的谴责。

资本主义的对外扩张也具有明显的二重性:一方面,这种扩张是受资本的本性、受极其卑鄙的利益驱使的,是野蛮的和血腥的;另一方面,

①《马克思恩格斯选集》第1卷,人民出版社1995年版,第762页。
②《马克思恩格斯选集》第1卷,人民出版社1995年版,第765页。

它又客观地造成了当地的社会革命,“充当了历史的不自觉的工具”。马克思在谈到英国对印度的统治时说:“英国在印度要完成双重的使命:一个是破坏的使命,即消灭旧的亚洲式的社会;另一个是重建的使命,即在亚洲为西方式的社会奠定物质基础。”①资本主义所代表的现代性虽然打上了殖民主义的烙印,但它本身又是现代性的积极成果。“资产阶级历史时期负有为新世界创造物质基础的使命:一方面要造成以全人类互相依赖为基础的普遍交往,以及进行这种交往的工具,另一方面要发展人的生产力,把物质生产变成对自然力的科学统治。”②

马克思也谈到英国对中国的殖民侵略。他写道:“一个人口几乎占人类三分之一的大帝国,不顾时势,安于现状,人为地隔绝于世并因此竭力以天朝尽善尽美的幻想自欺。这样一个帝国注定最后要在一场殊死的决斗中被打垮:在这场决斗中,陈腐世界的代表是激于道义,而最现代的社会的代表却是为了获得贱买贵卖的特权——这真是任何诗人想也不敢想的一种奇异的对联式悲歌。”③

从当时的情况来看,帝国主义的武装入侵造成了中华民族空前的民族危机,“救亡”成为最紧迫的课题。为了挽救民族危难,一切势力甚至包括封建势力都可以“团结”起来,共同抵御外来侵略。但是,帝国主义对中国的侵略所产生的效果是多重的:首先,它客观上起着瓦解封建统治的作用,这就造成了帝国主义和封建主义之间的矛盾。“满族王朝的声威一遇到英国的枪炮就扫地以尽,天朝帝国万世长存的迷信破了产,野蛮的、闭关自守的、与文明世界隔绝的状态被打破,开始同外界发生联系”④。其次,伴随着帝国主义的枪炮而来的是西方资本的输入,它客观上促进了先进生产技术的引进,并使现代意义上的机器大工业在中国逐

---

①《马克思恩格斯选集》第1卷,人民出版社1995年版,第768页。
②《马克思恩格斯选集》第1卷,人民出版社1995年版,第773页。
③《马克思恩格斯选集》第1卷,人民出版社1995年版,第716页。
④《马克思恩格斯选集》第1卷,人民出版社1995年版,第691页。

渐形成和发展起来，其主要代表就是新兴的民族工业。然而，帝国主义千方百计把中国纳入其世界体系，使中国成为其廉价的原材料产地、商品倾销市场和投资市场，新兴的民族工业受到西方资本的盘剥和挤压，发展艰难，这又造成了帝国主义与民族资产阶级的矛盾。民族资产阶级是在帝国主义和封建主义的双重重压下发展起来的，具有反帝反封建和实现中国现代化的进步要求。

二、文明发展的同质化和异质化

资本主义所代表的现代文明的全球性扩展，正如马克思所分析的那样，承担着双重的使命，一个是“破坏”的使命，一个是“重建”的使命。从前者来看，它导致了资本主义文明与处于较低发展阶段上的其他文明之间的冲突；从后者来看，它又必然要求文明之间的对话与交融。在当今全球化加速发展的条件下，文明的冲突和文明的对话再次成为人们关注的焦点。

人类社会存在着不同的文明或文化，在全球化条件下，它们必然发生碰撞，其结果如何呢？从当代全球文明的发展来看，文明发展既有同质化的一面，又有异质化的一面。同质化与异质化是相互矛盾的现象，对于全球化中所呈现的这种矛盾现象，许多人无法理解。有的人认为，异质化只是全球化发展过程中文明发展所存在的一种过渡现象，全球化最终会使全球文明同质化；也有人认为全球化不会使文明趋于一致，相反，会使文明主体更加强调文明的个性，并不断塑造自己文明的个性。我们认为，同质化与异质化不仅是全球化过程中文明发展所表现出来的一种现象，而且是文明发展的一种趋向。关于这种趋向，我们可以从两个方面入手来分析：一个是文化帝国主义或文化殖民，另一个是文化主体性诉求。文化帝国主义试图促使文化向同质化方向发展，同时又由于其霸权而激起反抗，促使文化异质化发展；文化的主体性诉求一方面引发文化在许多方面的同质化，另一方面又由于文化自我确证的需要而促使文化主体追逐文化异质性。①

文化帝国主义的形成来自于两方面的力量，一是信息或传媒的全球化，二是经济全球化。从可能性上看，传媒的全球发展使各种文化都有同等的发展可能，但实际上，传媒的发展是依托于文化背后的经济力量，经济力量的强盛使得西方文化以一种占绝对优势的方式占领了传媒话语。而在经济全球化中，随着跨国公司在世界各地的落脚，这些跨国公司母国的文化也就开始渗入当地的生产与生活中。汤林森在《文化帝国主义》一书中以话语分析的方法对涉及文化帝国主义的四种话语，即媒体帝国主义、民族国家话语、对资本主义的批判以及对现代性的批判进行了分析，得出不存在什么文化帝国主义，存在的只是文化影响的结论。通过分析批判汤林森的观点可以使我们认清文化帝国主义是否存在以及它对于文化的发展产生了什么样的影响。

文化帝国主义表现为外来文化对本土文化的侵略。汤林森从两方面对此加以否定：一方面，所谓本土（民族）文化是成问题的，因为民族与文化并不相吻合，在当今大多数国家都是由多民族组合而成的情况下，无法确定一个文化的归属②；另一方面，由于人们对进口的文化产品及行为作风并不反对，所以不存在文化支配的问题。③ 从第一个方面看，汤林森对于固守于本土文化的本质主义的批判是对的，但他把这一点绝对化而否认存在相对的本土文化则是错误的。任何一种文化都不是固定不变的，也从来不是纯粹属于某些人群或地域，但在一定时期存在着相对意义上的本土文化，这种文化虽然从历史上看融合了多种文化，但已经为一定的群体所认同，并自视为自己的一部分。绝对地否认文化的本土性会导致人们失去自身文化认同的依托。从第二个方面看，他没有看到

① 参见张静《全球化过程中的文化同质化与异质化》，载《教学与研究》2002 年第 5 期。

② 参见汤林森《文化帝国主义》，上海人民出版社 1999 年版，第 151 页。

③ 参见汤林森《文化帝国主义》，上海人民出版社 1999 年版，第 181 页。

"支配"并不总是与意愿联系在一起的，这类似于法兰克福学派揭示的发达工业国家的技术统治。由于某种文化具有强大的攻势，使得人们在这种文化面前根本没有抵抗能力。我们经常看到，尽管人们乐于接受西方文化，也不断地模仿西方国家的行为方式，但这并没有消除人们对属于自己的文化的渴望。事实上这些人在接受西方文化的同时，常常产生文化上的困惑，"我们自己的文化是什么"的问题总是一再回到他们的意识中。所以文化帝国主义并非不存在，而是以一种更隐蔽的形式存在着。①

文化帝国主义是促使世界文化呈现同质化的一个直接原因。但与此同时，文化帝国主义的支配性又必然引起相应的抵制，因而导致对于文化特殊性的追求。本土化与全球化、民族性与世界性问题，一直是第一世界与第三世界、发达国家与发展中国家之间一个相当敏感的问题。从结构上看，文化包括物质、制度、精神价值三个层面，在物质、制度层面上，文化比较容易趋同，但在精神价值层面却难以完全同质化。这一点可以从各个民族的现代化过程得到证明。事实上，如果未来世界各种文化的差异完全消失，那么整个世界将变得单调而灰色。

文化帝国主义或文化霸权的实现，在一定程度上又是发展中国家主动西化的结果。发展中国家在谋求发展时，最初往往对自己的文化感到不满和自卑，于是竭力抛弃自己的文化，把西方作为自己发展的前景来追求，这使它们主动接受西方文化。然而这种努力却从来没有获得成功，相反，西方文化的主动进攻与发展中国家的主动殖民化，共同导致发展中国家文化个性的分裂。亨廷顿在《文明的冲突》中举了三个"文化个性分裂"的国家：俄罗斯、土耳其和墨西哥。俄罗斯自彼得大帝以来进行了前后不同形式的西方化，结果是在科学技术的西化上取得相当成功，但在文化西化上却未能如人愿。其原有的东正教背景和"斯拉夫主义"

① 参见张静《全球化过程中的文化同质化与异质化》，载《教学与研究》2002年第5期。

依然在深层抗拒着西方文化，造成文化个性分裂。尤其是当年俄罗斯涌起民主化思潮，西方却以“非我族类”拒之，迫使俄罗斯回过头来去反思自己的文化个性。土耳其也是如此，从20世纪20、30年代开始，尤其是“二战”后，土耳其在政治、教育、社会体制等文化层面实行全面西化，然而土耳其奥斯曼帝国的影子和伊斯兰的宗教传统始终留在土耳其人的文化心理中，同时也留在西方人的历史记忆里。冷战结束后，土耳其竭力想加入欧盟靠近西方，但遭到冷遇。墨西哥则几次徘徊在原有西班牙传统的拉丁美洲和新教资本主义的北美洲之间。这些事实说明，完全抹杀文化民族个性的同质化道路是走不通的。

与文化帝国主义相反的是文化相对主义。文化相对主义肯定了不同文化存在的根据及其合理性，却没有看到在文化交往过程中各种文化的不同命运；它证明了西方文化并不是唯一的文化，更不是真理的化身，这对于反对“西方中心主义”有意义，但缺乏对文化价值的理性分析。文化相对主义者认为，一切文化都有平等的价值，却无法解释为什么非西方社会会主动接受西方文化这一事实。在我们看来，恰当地对待这一问题的前提是正视文化的主体性诉求。人作为主体，有满足自我、进行自我确证的需要，这种需要是通过文化这种创造物来体现的。一种文化能满足人的这种需要，它必须是属“我”的文化。一种文化的实践性功能可以为任何文化主体适用，但自我确证的主体性功能却只能对该文化主体有效。

从起源上看，每一种文化都有其主体，正是文化主体的原创性决定了文化的归属性，一种文化是由谁创造的，这种文化的主体便是谁，它所体现的便是谁的力量。但是我们一般并不是明确地把具体的个人作为文化的主体，而是把“群体”(可能是种族、区域或国家)作为这种文化的主体，个体则通过归属于某一群体来满足自身的文化归属。这就是人们所说的认同或身份的问题。人们归属于哪个群体，就分享哪个群体的特性。群体各成员彼此之间有着这样或那样的联系，或者是在血缘上，或者是在地域上，这种联系越是相对保持不变，文化的稳定性就越强。

文化自主性诉求在当代如此高涨，主要有两个原因：一是由于全球化而导致的自我意识的普遍觉醒；二是非领域化而导致的文化认同的危机。首先，自我意识的觉醒。自我意识是自觉到“我”的独特性并试图保有这种独特性的意识。“我”是个别性与普遍性的统一。从个别性看“我”是作为独立的个体而存在，“我”就是我自己；从普遍性看“我”又是作为人类的分子而存在，“我”又是我们。作为个体性存在的“我”是小我，作为群体存在的“我”是大我。小我与大我是“我”的两种存在方式。由于大我具有明显的层次性，诸如家庭、集体、阶层、阶级、民族、国家和人类，因此自我意识不仅对小我有效，对各种大我同样也有效。自我意识是现代性观念的核心，全球化把这种观念从西方传播到世界各地。在传播过程中，由于首先进入全球交往的是国家或地区等群体主体，因而对于许多国家来说，群体主体意识先于个体主体意识而觉醒。人在与他物或他人的关系中存在并确定自我的存在，在全球交往中，各个群体的主体性意识才产生。文化认同和归属，正是为了满足这样一种自我意识的需求。其次，非领域化带来的问题。全球化带来了越来越多的非领域化人口，非领域化人口远离本土，落户于异国他乡，甚至没有固定的停留场所。非领域化人口在新的环境中往往被视为“他者”，他们不得不同化于当地社会，但其外来者的身份又决定了他很难被当地社会所认同。这就使得他们对本土的依恋加强，因此在主流文化中寻求自身的文化认同就成为全球化中移民群体的一个普遍的现象。

总之，在全球化过程中世界文化呈现出同质化和异质化两种趋势。同质化趋势表明，文化本质上是满足人的需要的，因此，只要能满足人的需要，那么不管是谁的文化，任何主体都可以应用；异质化趋势则表明，不仅进口文化在本土上会发生相应的改变，而且文化认同更是出于主体塑造自身文化个性的需求。随着意识形态两极对立时代的终结，世界上众多的国家和民族被迫或主动地转向自己的历史和传统，寻求自己的文化个性，试图在文化上重新为自我定位，这种主体性诉求是当今全球化过程中一个非常显著的文化现实。

既然全球化过程中同时存在着文明同质化和异质化这两种趋势，那么，我们如何看待它们之间的关系呢？一方面是同质化（趋同），另一方面是异质化（离异），两者同时并存，就好像一个悖论：要保存文化的多样性，那当然是各种文化越纯粹、越“地道”越好；但不同文化之间又不可避免地互相渗透、吸取，这种互相吸收和补充，你中有我，我中有你，是否有利于保存原来文化的特点和差异？这种渗透交流的结果是不是会使世界文化的差异逐渐缩小，乃至因混同而消失呢？①

从历史发展来看，一种文化对他种文化的吸收总是通过自己的文化眼光和文化框架来进行的，很少会全盘照搬而多半是取其所需。例如佛教传入中国，得到很大发展，但在印度曾颇为发达的佛教唯识宗，由于其与中国传统思维方式抵触过大，很快就已绝迹。又如，由于与中国传统伦理观念不能相容，佛藏中“涉及男女性交诸要义”的部分，“纵笃信之教徒，亦复不能奉受”，“大抵静默不置一语”。② 法国象征派诗歌对20世纪30年代中国诗歌的影响亦复如是。当时，兰波、凡尔仑的诗歌被大量译介过来，而作为法国象征主义诗歌杰出代表的马拉梅在中国的影响却绝无仅有。这些都说明了文化接触中的一种最初的选择。

再则，一种文化对他种文化的接受也不大可能原封不动地移植。一种文化被引进后，往往不会再按原来轨道发展，而是与当地文化相结合产生出新的甚至更加辉煌的结果。希腊文化首先是传入阿拉伯，在那里得到丰富和发展，然后再到西欧，成为欧洲文化的基石。印度佛教传入中国，与中国原有的文化相结合产生了中国化的佛教宗派天台、华严、禅宗等。这些中国化的佛教宗派又成为中国宋明新儒学发展的重要契机。

---

① 以下论述请参见乐黛云《多元化及其发展中的两种危险》，载《东方文化》2000年第4期。

② 参见陈寅恪《寒柳堂集》，三联书店2001年版，第155页。

这种文化异地发展的现象，历史上屡见不鲜。可见，两种文化的相互影响和吸收不是一个“同化”、“合一”的过程，而是一个在不同环境中转化为新物的过程。如此在不同选择、不同条件下创造出来的新物，不再有旧物原来的“纯粹”，但它仍然是从旧物的基因中脱颖而出，仍然具有不同于他物的独特之处，因此全球化和多元化的相互作用，其结果并不是“趋同”乃至“混一”，而是在新的基础上产生新的不同。

文明之间的对话和交流是组成文明的诸要素在横向上的互动，其结果是各文明创造的物质成果和精神成果在较短的时期内为全人类所共享。在文明交流的过程中，每种文明在接纳的同时也拒斥外来文明。一种文明对特定内容的拒绝与排斥是多次试验之后的抉择，拒斥的多是那些颠覆或瓦解该文明最深层面的外来因素。

三、文明冲突还是文明对话①

伴随着全球化进程的加速，世界文明的发展趋势成为国内外学界关注的热点问题，一方面是“文明冲突”的预警，另一方面是“文明对话”的倡导。虽然学者们大都从价值层面上认同当代世界跨文明对话的必要性，但对于这种对话的可能性和现实性，则有乐观、悲观、怀疑等各种观点。在文明冲突大量存在的当代世界，文明对话是否可能？它的作用究竟有多大？对于这些问题，无论是悲观地怀疑或否定文明对话可能性的论者，还是乐观地推崇文明对话必要性的论者，都没有给我们提供满意的答案。

1. 两种流行观点

关于文明对话的实际可能性，国内外学界流行两种不同观点，大致

① 本节参考和借鉴了林锋《文明对话新论》(载《中共中央党校学报》2008 年第 6 期)一文的部分观点和论说。

可概括为文明对话的“悲观派”和“乐观派”。“悲观派”的观点以美国著名学者、哈佛大学教授塞缪尔·亨廷顿的“文明冲突论”为代表。他在其代表作《文明的冲突与世界秩序的重建》一书中认为，冷战结束后，政治意识形态的冲突已不再重要，全球政治成为文明的政治，文明的冲突取代了超级大国的竞争，新世界最普遍、最重要、最危险的冲突是不同文明之间的冲突。① 在他看来，世界各文明之间，比如文化理念迥异、宗教信仰各不相同的西方文明和伊斯兰文明，彼此之间发生冲突是难以避免的。他虽然一定程度上承认各文明之间暂时和解的可能性，但对文明对话在当代世界发挥实质性作用则持怀疑和基本否定的态度。亨廷顿的观点在国内外不少学者中产生了共鸣。他们认为，在一个强者宰制、冲突占主导的现实世界里，文明对话不过是一种奢谈、一种善良愿望而已。“只要世界上还存在不同的利益集团及其间的冲突，宗教的冲突便不会消失，以消除冲突为目的的宗教和文明对话便难以成功。这就是为什么近年来宗教和文明对话总是雷声大雨点小的基本原因。对话成了知识分子的一厢情愿。”②

“乐观派”的观点则以美籍华裔学者、哈佛大学杜维明教授（现任北京大学高等人文研究院院长）为代表。他认为，人类正在从一个彼此分离隔绝的旧世界走向一个美好的、彼此处于网络联系中的新世界，文明对话不仅是一个愿望，而且已成为必需。在他看来，人类各文明、各传统文化之间在许多方面（例如基本价值观、一般人性、共同道德情感等）存在一致性，这种一致性正是文明对话之所以可能的可靠根据。超越民族、语言、宗教和文化对立的文明对话，将推动人类实现一个真正的、包括所有人在内的全球共同体。“文明对话是全方位的，它是发给全球共

① 参见[美]亨廷顿《文明的冲突与世界秩序的重建》，周琪等译，新华出版社 1997 年版。

② 商戈令：《由伽达默尔与德里达的对话引出的思考——全球化进程中文明对话之可能性》，载《全球化与文明对话》，江苏教育出版社 2004 年版，第 273 页。

同体所有成员的一张请柬。”[①]与亨廷顿不同，他虽然有时也意识到文明间发生冲突的可能性，但仍对实现各文明间的充分对话持高度乐观的态度。对这种观点，学者中附和者亦大有人在。例如，美籍华裔学者倪培民就主张：“在世界文明对话中，孟子的人性论可以作为非常具有建设性的提议以供人们参考。”[②]他认为，中华传统文化中的儒家思想的现代复兴，将为消除文明间的纷争、实现跨文明充分对话、创造和谐世界发挥核心作用。

以上两种观点分别代表了文明对话问题上的两种截然不同的态度：“文明冲突论”怀疑或否定文明对话的实际可能性、实际作用，认为冲突较之对话更具现实性，是文明间关系的主导形式，后者顶多是附属的、偶然的情形，甚至这种对话的可能性都是值得怀疑的；“文明对话论”则高度肯定对话不仅对于人类是必需的，而且是完全可能的，它也是实现人类和平的有效途径，通过对话可以避免或抑制冲突，用对话来替代冲突、消除战争正是人类的发展趋势。实际上，这两种观点都各有深刻或积极的一面，但又都有一定的片面性。它们分别看到了当代世界中文明冲突大量存在的客观事实和文明对话对人类自身而言的现实意义。但是，前者过度渲染了文明冲突的主导地位和不可避免性，对话仅成了一种理想状态或道德呼吁，基本排除了它在世界格局中发挥实质性作用的可能性；后者则过分夸大了文明对话的现实作用，似乎对话无所不能，对它在各文明间发挥作用时受到的现实制约因素考虑不足。

我们认为，从人类当前和今后较长一段时期来看，文明冲突、各民族国家之间的对抗、斗争仍将继续存在，这是一个不可否认的事实。但同时应该看到，文明对话也具有充分的可能性和现实性，它决不是虚幻的

---

① 参见杜维明《对话与创新》，广西师范大学出版社2005年版，第68页。

② 倪培民：《儒家文化与全球性的对话与和谐》，载《全球化与文明对话》，江苏教育出版社2004年版，第320页。

道德理想或单纯的善良呼吁。当然，文明对话的作用也有其限度，对此不能无限夸大。从人类长远发展趋势来看，文明对话的地位将上升，它将在未来世界格局中发挥日益重要的现实作用。

2. 文明对话何以可能

关于文明对话的可能性，大致可以从以下几个方面来寻求：

首先，多极化世界成为经验事实，为文明对话提供了基本前提。冷战结束后，世界格局由美苏争霸的两极格局逐渐向多极化格局转变。在当代世界，任何强国，包括美国，客观上都没有任意主宰世界、支配各国的充分能力。世界格局多级化已成为一个基本事实，并将继续成为未来世界格局的基本趋势。在当代，掌握重要经济、军事资源的并非只有美国一国，欧盟、俄罗斯、日本都具有强大的经济或军事实力，中国、印度等发展中国家也表现出不可忽视的发展潜力和上升空间，伊斯兰国家的发展潜力和宗教势力也不容小视。相比之下，美国的经济和军事优势是有限的，它还不能把自己的意志任意强加到世界每一角落，只是相对于较为弱小的民族国家，其优势才突出地显示出来。即使是这些相对弱小的民族国家，美国的干预和支配能力也受到很大限制。这些国家数量众多，本国人民并不甘心屈服于外来侵略者，它们还有联合对抗美国强权的可能。在西方世界中，美国与一些欧洲发达国家虽有一定的联盟关系，但也存在分歧和矛盾，这削弱了西方国家谋求世界霸权的整体实力。正如一些西方人士所认识到的，“西方并不是铁板一块的文化实体，它内部也有种种冲突，这也由它的全球化传带到各地”①。对于世界的多极化格局，西方学者也表示认同。例如亨廷顿就认识到，在当代，西方主宰天

---

① [美]塞缪尔·亨廷顿、彼得·伯杰主编:《全球化的文化动力——当今世界的文化多样性》，康敬贻等译，新华出版社 2004 年版，第 14 页。

下的时代正在终结。在这样的一个时代,美国既不能统治也无法逃避世界。①

确认世界格局多极化、西方强国不能任意主宰世界的基本事实,对于我们讨论文明对话的可能性、现实性极为重要。这一事实既提供了文明对话的基本前提,也提供了这种对话的必要性。试想,如果一个或几个强国能够任意支配和奴役世界各国,甚至于能随意消灭某一民族国家,那么,文明对话就失去了最基本的前提,也没有必要,弱肉强食就成了世界的普遍法则。在强弱悬殊的两个文明国家之间,对话是难以实现的,单纯的国家军事暴力就可以实现强者的意图,并消灭弱者。恰恰是在世界各文明国家(至少是主要文明国家)之间达到了力量对比的某种相互牵制,一方不能通过简单的征服、消灭对方来达到自己的目的时,才有文明对话的起码前提和必要性。"文明对话"本身就预设了一个基本前提:对话的一方承认另一方的实际存在,并自感不能任意支配或压服对方,对抗的结果极可能导致两败俱伤、得不偿失的结局,因此才转而寻找双方的共识,争取共同利益,谋求双赢的局面。意识到对方的存在和自己不能主宰对方,转而谋求文明对话与合作,反映了人类最为基本的理性。

其次,人类的共同利益和面临的共同挑战,为文明对话提供了现实基础。人类各文明国家,不仅存在具体国家利益上的差异和冲突,也存在众多共同利益,并面临着一些共同的挑战和威胁。特殊的国家利益使各国分裂或对抗,而共同利益又促使它们暂时撇开特殊利益,谋求对话与合作,以实现共同目的。在当代世界,促进世界和平、实现人类共同发展,已成为时代主题,并为绝大多数国家广泛认同,成为世界人民最重要的共同利益。为促成世界和平和全人类共同发展,人类不同文明国家间

---

① 参见[美]塞缪尔·亨廷顿《文明的冲突与世界秩序的重建》,周琪等译,新华出版社 1997 年版,第 87 页。

展开对话、合作，甚至于结成共同阵线，以阻止大规模战争的爆发，谋求建立公正合理的国际政治、经济新秩序。现代文明国家普遍意识到，对抗并不是实现人类共同利益的有效方式，反而是妨碍共同利益实现的不利因素，对话、合作才是实现共同利益的有效途径。同样，人类面临着一些共同挑战、共同威胁，例如战争问题、核武器问题、恐怖主义问题、人口问题、生态环境问题、跨国毒品犯罪问题等，这些问题通常具有全球性，单靠一国的力量或努力难以有效应对或妥善解决，这就要求各国暂时放下特殊利益之争，展开积极对话，以便共同应对挑战和危机。由此，我们便不难理解，人类共同利益、共同挑战的存在，必将促进各文明国家之间的对话，它们为文明对话提供了可靠的现实基础，既使这种对话成为可能，也使这种对话成为各文明国家的迫切需要，并使对话在相当程度上成为事实。

又次，各文明的共同价值观，为对话提供了公共伦理基础。尽管人类各文明之间在信仰、思维方式、习俗、生活方式等方面存在重大差异，但它们仍共有一些基本的价值观。例如，在各文明看来，人的生命权、人的尊严、各民族国家的独立自决权是不可侵犯的，是人们之间、国家之间应共同遵守的基本准则。损害人类共同利益、逃避人类共同义务，是应到受谴责的。就世界各大宗教（基督教、伊斯兰教、佛教、印度教等）而言，它们彼此间在一些基本价值信念、道德原则（例如上述的“己所不欲，勿施于人”原则）上可以找到共识。承认人的基本权利不受剥夺的原则，不论是在社会主义国家、资本主义国家还是其他类型的国家，都获得了普遍的认同。即使是那些在事实上曾侵害过人权的国家，也常常被迫在道义上作出不侵害或不进一步侵害人权的承诺，其行为受到国际社会的广泛监督和共同制约。对于那些标榜人权、民主的西方国家而言，当它们推行霸权主义并事实上侵害他国人权时，也必须采取一定的行动或至少做出一定姿态来表示对游戏规则的认同。作为人类各文明主体间的“重叠共识”、共同信念、共同准则，这些人类共同价值观的存在，对文明对话本身显然是有利的。它们既从一定程度上限制了各国的国家行为，使其不能为所欲为，任意挑战人类公理，又从人类公共伦理层次上将各文明联系到一起，缩短了它们的心理距离，使各文明的交流、对话有共同伦理基础。

文明对话是否具有现实性，对话的前景如何，很大程度上取决于对话主体是否拥有一些最低限度的共识。倘若对话者原本对任何问题都不存在共识，甚至连最低限度的共识都不存在，换言之，连妥协的余地都不存在，那么，这种对话的可能性和前景就是值得高度怀疑的。而如果对话者之间已有一定共识，那么这种共识就可以成为双方展开对话、寻求合作的起点和基础。正是共识使这种对话成为可能，而且，随着对话的增多、彼此间交流和了解的深入，这种共识是完全可能进一步增加的。

再次，全球化时代使对话更加便利，更具可操作性。全球化已是我们所处时代的经验事实。全球化意味着世界各国经济、政治、文化联系的日益密切和相互依赖程度的加强。全球化虽不能消除文明冲突的根源，但它所造成的全球各文明体之间事实上的这种相互联系、相互依赖，无疑为它们之间展开对话而不是对抗，提供了充分的条件。全球化预示了人类各文明间不是彼此隔绝的，而是必然要发生联系和互动；全球化所伴随着的一些全球共同利益、共同挑战，它所培育的全球意识，内在地要求各文明体之间加强沟通和协作，客观上有利于实现它们之间的对话与合作。此外，全球化的重要物质载体——现代先进的通讯工具、交通工具、网络技术，大大缩短了世界各地不同文明的人们之间的空间距离，使他们的相互往来、沟通、交流更加快捷、便利和频繁，降低了因空间距离造成的隔阂感，这既增加了彼此间进行对话和通过对话达成共识的愿望，也使这种对话更加便利，更具可操作性。

最后，较之单一文明普世主义和民族中心主义等极端思潮，对话成为各文明最现实的选择。在人类各文明的世界格局中，既存在西方国家的“文明普世主义”，也存在一些极端民族主义势力的“自我中心主义”。

前者以世界各文明的“领袖”、“主宰者”自居，将带有西方特点的信念和价值观视为全人类各文明普遍适用的，并企图凭借其强大的经济、军事实力将它们无限推广并强加给非西方文明；后者则将本民族的文明模式、传统文化视为无限优越的，不但拒绝西方文明，也拒绝借鉴其他文明的积极成果，排斥文明间的对话和交流。

在文明多极化的当代世界，这两种立场都不可能得到人类各文明的普遍认同。它们都遭到其他文明的谴责和否定，要么被视为霸权主义而遭到联合抵制（参加抵制的，也包括那些持“自我中心主义”立场的非西方文明），要么被视为夜郎自大式的文明孤立主义而遭到嘲笑和鄙视（对其加以嘲笑和鄙视的，当然也包括持“普世主义”立场的西方文明）。在当代世界上，人类各文明主体的多元共存已成为不争的事实。“单一文明的观点在多文明的世界里日益不相关和无用。”①对于各文明主体来说，谋求将单一文明的特殊价值观强加给其他文明的做法，日益遭到鄙弃；而隔离于人类文明大道而孤芳自赏，也失去了在多元文明交融中进一步发展和提升自我的机会。既然这两种方式中的任何一种都不能使自已完全适应多极化的文明格局，那么，文明间的对话就成为一个不可缺少的交往策略；一定程度上的让步、妥协甚至宽容，对于必须要适应多元文明世界的各文明主体来说，就成为一种必须拥有的实践智慧、行为艺术。

综上所述，在当代世界，各文明之间的对话，决不是单纯的善良愿望或道德呼吁，它不仅是人类各文明的“应然”，也是人类各文明的“实然”；它不仅是应该如此的和可能的，并且已在一定程度上成为现实。

3. 文明对话的限度

在肯定文明对话的可能性和现实性的同时，我们也应看到，这种对

---

① [美]塞缪尔·亨廷顿：《文明的冲突与世界秩序的重建》，周琪等译，新华出版社 1997 年版，第 361 页。

话实际发挥的作用是受到一定限制的。在现实世界中，制约对话的一些因素仍然存在。换言之，文明对话是有其限度的，而不是万能的。具体来说，文明对话的限度表现在以下几方面：

首先，文明对话受到国家利益的深刻制约。在全球化时代，民族国家并未过时，它仍然是国际事务中的现实主体，既是文明冲突的主体，也是文明对话的主体。民族国家的行为，既影响国际形势的具体发展、国家间的相互关系，也关系到文明对话的实际效果和前景。无可回避的是，在当代世界，制约民族国家具体行为最为直接的因素，仍然是国家利益而非所谓全球利益、全人类利益。正如一些国际评论家所指出的，在国际舞台上，没有永恒的朋友，也没有永恒的敌人，只有永恒的利益。这在当代世界仍不失为一个深刻的真理。绝大多数民族国家在制定对外政策、参与国际事务，并与别国发生实际关系时，首先考虑的是如何实现自身利益最大化，"趋利避害"是它们行动的主要原则。这样，各国在全球交往中，是选择对抗，还是选择对话，不能不受到利益原则的重大制约。国家利益既可以驱使某些国家选择与其他国家对抗、冲突，甚至不惜损害人类共同利益，以实现其特殊利益（事实上，它们常常基于本国特殊利益的需要，拒绝对话而选择对抗），也可以使不同国家暂时撇开意见分歧，选择对话、合作以谋求共同利益，或应对共同挑战（当对话的确符合本国利益时，它们便会选择对话）。

可见，国家利益既制造了文明冲突的根源，也创造了文明对话的可能性。对话对民族国家是否具有吸引力，很大程度上取决于这种对话符合国家利益的程度。在各国国家利益的内容中，既有区别于他国的特殊利益成分，也必然包含一些全人类或不同国家共同的利益因素。正是后者的存在，为文明对话提供了现实基础。如果抛开各国国家利益中的共同利益内容，对话就是难以想象的。此外，我们还要看到，文明对话常常反映了不同国家间的相互妥协。在国际社会中，大多数民族国家都企图首先实现自己的特殊国家利益和全球战略意图。但它们经常发现，彼此的特殊利益之间难免存在冲突，而双方力量的互相制约又不允许自己在任何时候都通过暴力方式解决问题。因此，作为相互间的妥协，对话就被视为一种必要的、现实的选择纳入了双方的考虑范围之内。然而，当通过冲突、暴力而不是对话更易达到某些国家的实际利益，而它们又具备了推行强权政治的实际能力时，它们常常抛开对话，直接选择对抗来达到自己的目的。这时，民族国家的特殊利益、实用理性，就压倒了所谓人类的普遍价值、公共理性。

其次，霸权主义和极端民族主义为文明对话蒙上了阴影。在当今世界，霸权主义、强权政治的存在，给世界和平和文明对话制造了不小的障碍。西方国家经常凭借其军事、经济实力的相对优势，粗暴干涉一些发展中国家的内部事务，企图将它们纳入自己的势力范围和全球战略体系，并将自己的经济、政治模式和文化价值观强加给后者。这种霸权主义、强权政治虽然并不总是能够得逞，但毕竟在相当程度上破坏了文明主体间平等对话的国际氛围，制造了以暴力、强权而不是对话、合作来解决文明间冲突的恶劣先例。西方霸权主义势力虽然一贯标榜“人权”、“平等”、“自由”，但为实现自己的特殊国家利益和全球战略，经常在事实上破坏全人类共同利益、挑战人类共同价值，践踏一些发展中国家人民的基本人权。西方国家的双重标准和反复无常，是对人类各文明间平等对话并遵守共同规则的一种漠视和挑战，对对话本身是极为不利的。

同样，极端民族主义势力也对文明间的对话构成了严重挑战。极端民族主义的典型特征，就是宣扬自身文明的无限优越，敌视、排斥其他文明的合理性，拒绝考虑文明对话的必要性和现实意义。它即便一定程度上参与了文明间的某些对话，也仍然拒绝放弃自我中心立场，缺乏与其他文明平等对话的足够诚意，并在处理文明间关系时表现出漠视人类共同利益、共同价值，片面追求本民族特殊利益的狭隘性和利己主义本性。而一旦其民族势力膨胀，就可能走向地区霸权主义，进而谋求全球霸权。当前日本的一些极右势力、新军国主义势力就是这种极端民族主义的表现。

当前和今后相当长时期内，霸权主义和极端民族主义都将继续存在，这对于世界范围内文明对话的充分发展，将是一个不可忽视的现实制约因素。这样，致力于各文明间平等对话的世界各国进步人士，在努力推进文明对话的同时，还必须同这两股势力作长期、艰苦的斗争。尽管通过斗争可能使文明对话的一些成果得以保存和巩固，但仍不能排除这两股势力在一定时期内占上风，或交替占上风，导致文明对话不时被打断或被阻挠，甚至出现某种倒退的可能。

再次，各文明间的重大差异限制了对话的成效。如前所述，人类各文明确实在一些基本价值观念上存在广泛共识，这些共识可以成为各文明间进行对话的基础和起点。但是，这并不意味着否认各文明多元存在的基本事实。实际上，各文明不论是在传统文化理念，还是在宗教信仰、思维方式、意识形态上都存在着重大差异。例如，在个人和社会的关系上，西方文明倡导个人主义，重视个人自由和个人权利，东方社会则主张集体主义，强调社会高于个人及个人对社会的责任和义务。在宗教信仰上，各文明的差异更加显著，不同文明的宗教信仰各不相同（例如西方文明信仰基督教，阿拉伯世界信仰伊斯兰教，印度文明以印度教信仰为主导），宗教差异成了文明差异的重要标志。在思维方式上，西方文明以二元对立、实证分析为特征，东方文明则强调超越对立、寻求统一。在当代，社会主义和资本主义在政治意识形态方面存在根本分歧，在指导思想、社会理想等方面具有某种不可调和性。因此，当具有不同传统文化理念、宗教信仰、思维方式、意识形态的文明间相互对话时，它们可能达成一些基本共识，也同样可能在一些重要问题上由于上述重大差异难以达成妥协，结果各执己见、互不相让，使对话变成争论，甚至不欢而散。

文明对话，就其深度、广度和成效而言，总是会受到一定限制。实际上，各文明之间并不是在所有问题（特别是那些它们各不相让的“根本原则问题”）上都存在对话的空间和余地。而对话成果的大小，通常都和各文明对彼此差异的容忍程度有关。事实上，各文明主体并不能保证它们总能以宽容的心态、得体的对话方式、出色的对话技巧来赢取对方的认同和支持。在对话过程中，由于上述差异，各文明间的误解、猜疑、偏见、分歧是难以完全避免的。此外，我们还须意识到，各文明间的上述重大差异，有时还可能一开始就变成文明间的隔阂，成为对话的障碍，使对话尚未进行就因双方缺乏热情而夭折。总之，具有各种根本差异的文明之间的对话不可能是一帆风顺的，即使这种对话已在进行，其具体成效，总是或多或少受到一定的限制。

最后，文明冲突对文明对话构成了严重威胁。文明对话、文明冲突是人类文明间关系的两大主要形式。不论是就历史和现实，还是就人类未来相当长一段时期来说，文明冲突都将和文明对话结伴而行，共同对人类文明发生重大影响。在当代和今后一段时期，导致文明间冲突、对抗的因素仍然大量存在，这就使文明冲突难以完全避免，并在世界许多地区成为事实或可能成为事实。比如，不同宗教信仰之间的冲突，争夺地区霸权的角力，占有重要经济资源的欲望，种族主义、极端民族主义、霸权主义、强权政治的存在，都可能导致或事实上已导致各文明间的严重冲突甚至战争。由于文明冲突的长期存在，文明对话不能不受到很大限制，并经常陷入被文明冲突打断、破坏的境地。虽然就世界范围而言文明对话不会因文明冲突的存在而完全消失，就世界历史而言冲突也不会始终在人类各文明关系中占据上风，但对话显然有可能在世界的某些地区、国家或这些地区、国家的某些时期，因文明间冲突的加剧而中断、夭折或被暂时搁置。当两个文明的严重冲突到来时，双方处于敌对状态，文明对话之门就会不得不因缺乏现实基础而暂时关闭。即使是激烈冲突结束后，由于双方在冲突中积蓄的仇恨、敌意难以在短期内消除，文明对话的恢复也需要一定的时间。

文明冲突的存在，对文明对话来说是一个巨大的威胁。它不仅使一定时期内特定文明间对话的希望成为泡影，而且对营造人类文明对话的整体氛围、增强处于世界各文明体中的人们推进对话的信心也是十分不利的。它助长了以赤裸裸的暴力方式而不是以和平对话方式解决文明间矛盾的企图,加深了各文明间的隔阂、不和甚至仇恨,给人类文明关系史投下了阴影,并可能使各文明体从前获得的对话成果化为乌有,导致文明对话水平的严重倒退。

总之,文明对话虽然对于维护人类各文明的整体利益、长远利益而言,其价值、意义是不言自明的,并且能够或已经成为文明间关系的部分现实,但对话的进行却不是一帆风顺的,它受到众多因素的强大制约,其作用的发挥毕竟有一定的限度。当然,我们不能因为文明对话所受到的制约而怀疑它、否定它,毕竟,文明对话关系人类的命运,如果没有它的实际存在,没有它对文明间关系的有效调整,人类文明将难以存续。展望未来,唯有文明对话而不是文明对抗,才能指引人类走上文明发展的坦途。随着人类理性的逐渐觉醒,文明对话的作用将日益被各文明体所认识,它的重要性将上升,将在世界格局中发挥日益重要的现实作用。

四、全球化时代的文化多样性

每一种文明都是平等的,并以其他文化作为相对于自身的多样性,自己同时也作为其他文明的多样性。只有不同的文明和谐共存、取长补短,才能使文明不断更新并保持活力,从而使整个世界丰富多彩。承认"他者"文明的合理性,不仅为反思自身文明的价值,亦为自身文明的发展提供了必要的可能性。正如生物的多样性甚至地质的多样性是人生存的条件一样,文明或文化的多样性也是人类能够得以发展的重要条件。

然而,不容忽视的是,当代世界文化的多样性正受到两方面的威胁和挑战:

一是各种文化中心论仍然有形无形地对其他文化进行压制,威胁文化的多元共存和发展，使文化的多样性日益削弱，导致人类文化资源无可挽回地流失。这种文化压制必然引发文化冲突，甚至战争。当前，最具威胁性的首推“西方中心论”。西方文化界、政界的一些人凭借其强大的经济和军事势力，总是顽固地坚持西方文化优越论，认为它包含最合理的价值观念、行为方式和思维方式，最应普及到全世界，甚至还有些西方政客公然将本国文化强加于人。当然，不仅是西方中心论，以其他任何一种中心论来代替西方中心论的企图都是有悖于历史潮流，有害于世界文化发展的。例如，有人企图用某些非西方经典来代替西方经典，其结果并不能解决过去的文化霸权问题，而只能是过去西方中心论话语模式的不断复制和新的霸权的出现。

二是文化相对主义、文化孤立主义的威胁。文化相对主义承认并保护不同文化的存在，反对用自身的是非善恶标准去评判另一种文化，这可能导致一种文化保守主义的封闭性和排他性。文化相对主义只强调本文化的“优越”而忽视其可能存在的缺陷，只强调本文化的“纯洁”而反对和其他文化交往，只强调本文化的“统一”而畏惧新的发展，甚至进而压制本文化内部求新、求变的积极因素，从而导致本文化的停滞甚至衰落。完全认同文化相对主义，否认某些人类共同的文化价值标准，就必然导致容忍某些曾经给人类带来重大危害的负面文化现象的存在。例如，日本军国主义和德国纳粹的文化观似乎也是可以容忍的。文化相对主义发展到极端，其后果之一就是封闭、孤立、倒退的文化孤立主义。

上述两种威胁都是由于不能正确看待文化全球化过程中同质化和异质化的关系而产生的。换言之，过分强调文化的“离异”或“趋同”，结果势必走向“文化孤立主义”或“文化霸权主义”。①

取得独立的民族要求发展自身文化的迫切愿望，往往会导致文化孤立主义。有些人深感文化多元发展遇到的种种阻碍和挫折及其远非乐

① 以下叙述请参见乐黛云《多元化及其发展中的两种危险》，载《东方文化》2000年第4期。

观的前景,唯恐自身民族文化有被淹没的危险,于是奋起突出彰显本民族文化,这对于保护和发展世界文化的多样性无疑具有重要意义。遗憾的是,在这一潮流中封闭、孤立、倒退的文化孤立主义也随机而生。文化孤立主义无视数百年来各民族文化交往、相互影响的历史,反对文化交往和沟通,要求返回并发掘"未受任何外来影响的"、"以本土话语阐述的"、"原汁原味"的本土文化。其实,这样的本土文化只能是一种假设。如果我们说的不是"已成的"、不会再变的文化"遗迹",如青铜器、古建筑之类,而是世世代代由不同人们的创造累积而成的不断发展的文化传统,那它就必然蕴含着不同时代受着各个层面的外来影响的人们对各种文化现象的选择、保存和创造性诠释。排除这一切去寻求本源,必然不会发现什么有价值的结果。

文化孤立主义常常混迹于后殖民主义的文化身份研究中,但它们之间有根本的不同。后者是在后殖民主义众声喧哗、交互影响的文化语境中,从历史出发为自身的文化特点寻求定位;文化孤立主义则是不顾历史的发展,不顾当前纵横交错的各方面因素的相互作用,只执着于在一个封闭的环境中虚构自己的"文化原貌"。由此出发,就有可能导致一种文化上的封闭性和排他性。其实,即便是处于同一文化内部,不同群体和个人对于事物的理解也并不相同,强求统一与不变,其结果只能是扑灭生机,带来自身文化的封闭和衰微。

另一方面,必须看到某种依仗自己的经济、政治、文化优势,处处强加于人,企图以自己的意识形态一统天下的文化霸权主义的确也还实际存在。科索沃战争和伊拉克战争使人们更清醒地看到了这一点。这种霸权主义也不只是存在于西方,日本大东亚共荣圈的梦想者并未绝迹,西方中心主义要真正从人们的思想中根除也还需要很长的时期。意大利比较文学研究者、罗马知识大学的阿尔蒙多·尼兹(Armando Gniscl)教授在他那篇极有见地的文章《作为非殖民化的学科的比较文学》中深刻地指出,"如果对于摆脱了西方殖民的国家来说,比较文学学科代表一种理解研究和实现非殖民化的方式；那么，对于我们所有欧洲学者来说，它却代表着一种思考、一种自我批评及学习的形式，或者说是从我们自身的殖民中解脱的方式。这并非虚言，条件是我们确实认为自己属于一个‘后殖民世界’。在这个世界里，前殖民者应学会和前被殖民者一样生活、生存。我说的‘学科’与西方学院体制的专业领域毫无关系，相反，它关系到一种自我批评以及对自己和他人的教育、改造。这是一种苦修(askesis)”①。

与此相反，也还有某些西方政治家公开以自身的意识形态强加于他人，并以此作为统治国家的首要决策。例如曾经鼓吹文化冲突将引起世界大论战的亨廷顿就著文宣称，美国的流行文化和消费品席卷全世界，渗透到最边远、最抗拒的社会，在经济、意识形态、军事技术和文化方面居于压倒优势，但“要想重新唤起较强的国家特性感，还需要战胜美国存在的崇尚多样性及多文化主义的思想”。他甚至得出结论：“如果多文化盛行，如果对开明的民主制度的共识发生分歧，那么，美国就可能同苏联一道落进历史的垃圾堆！”为了维系这种“共识”，“增强人民之间的凝聚力”，就必须制造一个“假想敌”。②

亨廷顿的观点虽然不一定代表大多数西方人或美国人的观点，但从他的这番言论中不难洞察，要真正战胜各种“中心论”，走向文明的多元发展，实在还有很长的路程。

---

① 转引自《中国比较文学通讯》1996年第4期，第5页。

② 参见[美]塞缪尔·亨廷顿《美国国家利益受到忽视》，载[美]《外交》杂志1997年10月号，译文参见《参考消息》1997年10月16—18日。

第十章　全球化与“中国模式”

中国近现代历史是在资本主义对外扩张的全球化背景下展开的，自始至终面临着“中国向何处去”的艰难选择。为了实现民族独立和国家富强即现代化的奋斗目标，数代中华民族的优秀儿女通过长期不懈的实践探索，终于找到了一条适合中国国情的发展道路。今天，面对新一轮全球化浪潮的兴起，机遇和挑战并存，“中国该怎么办”的问题又一次以严峻的形式提了出来。这是决定中国未来发展前途和命运的重大时代课题。中国现代化的命运如何，中国特色社会主义的命运如何，乃至中华民族的历史命运如何，将在很大程度上取决于我们对这个重大时代课题的回答，取决于我们能否在这个重大时代课题上作出富于时代精神和中国特色的实践探索与理论创新。

一、现代中国的“历史难题”

中国是一个历史悠久的文明古国，直到 15、16 世纪乃至 17、18 世纪，即欧洲文艺复兴和启蒙运动时代，中国在科技、经济等方面仍处于世界领先水平，甚至在鸦片战争前的 1820 年，中国 GDP 占世界总量的比重还高达32.9%①，超过今天美国GDP在世界所占的比重。然而，从历史发展趋势来看，这时的中国在世界历史进程中已经落伍了。随着资本主义生产方式的确立，特别是工业革命和现代大工业体系的建立，西方率先进入现代化行列，同时开启了全球化进程，将整个世界纳入自己的体系。而中国在同一历史时期却陷入封建专制统治下的社会停滞状态，日趋衰落。②“工业革命标志着迄今为止人类社会发展最大的分水岭，它是资本主义生产方式在西欧对前资本主义生产方式的决定性胜利，它改变了历史的方向，引导人类社会从农业文明时代进入到崭新的工业文明时代。”③中国的落后，说到底是时代的落后，即当时的中国还处于农业文明时代，西方却率先跨入了工业文明新时代。

落后就要挨打，这是资本主义全球扩张条件下不可抗拒的历史法则。1840年在鸦片战争中，作为西方资本主义全球扩张开路先锋的英国，凭借坚船利炮打开了晚清政府闭关锁国的大门。“一个人口几乎占人类三分之一的大帝国，不顾时势，安于现状，人为地隔绝于世并因此竭力以天朝尽善尽美的幻想自欺。这样一个帝国注定最后要在一场殊死的决斗中被打垮：在这场决斗中，陈腐世界的代表是激于道义，而最现代的社会的代表却是为了获得贱买贵卖的特权——这真是任何诗人想也不敢想的一种奇异的对联式悲歌。”④从此以后，西方列强在中国广袤的国土上进行了长达一个世纪之久的殖民掠夺和血腥战争，引发了中华民

① 参见胡鞍钢《对中国之路的初步认识》，载黄平、崔之元主编《中国与全球化：华盛顿共识还是北京共识》，社会科学文献出版社2005年版，第148页。

② “历史上，不看世界发展的大势，固步自封，作茧自缚，导致国家和民族衰亡的例子比比皆是。例如，清朝从1644年到1911年共延续了268年。从1661年到1796年是史称的‘康乾盛世’。在这个时期，中国的经济水平在世界上是领先的。乾隆末年，中国经济总量居世界第一位，人口占世界三分之一，对外贸易长期出超。也正是在这一时期，西方发生了工业革命，科学技术和生产力快速发展。但是当时的清朝统治者却不看这个世界的大变化，夜郎自大，闭关自守，拒绝学习先进的科学技术。最后在短短一百多年的时间里，就大大落后于西方国家，直至在西方列强的坚船利炮面前不堪一击。”（《光明日报》2000年7月17日第1版）

③ 罗荣渠：《现代化新论》，北京大学出版社1993年版，第131页。

④《马克思恩格斯选集》第1卷，人民出版社1995年版，第716页。

族一系列苦难深重的民族危机,伴随着长期的可歌可泣的英勇斗争。

回顾这一段离我们并不遥远的历史,不难看到贯穿近现代中国社会的两大基本主题或两大历史任务:一是寻求民族独立,一是实现国家富强。就前者来说,由于帝国主义列强的武装侵略使中国沦为半殖民地,中国国家主权和民族尊严受到极大伤害,所以迫切需要"救亡",摆脱西方列强对中国的控制,求得民族独立;就后者来说,既然中国的落后是其陷于被动挨打境地的重要原因,那么要从根本上改变民族的命运,就必须彻底摆脱贫穷落后状态,实现国家富强即现代化。

中国近现代史与之前中国历史的一个重大区别就在于:近代以前,中国基本上是在与世界隔绝的状态下独立地发展的;而中国近现代史却是在"历史转变为世界历史"的普遍交往时代,在西方资本主义对外扩张的背景下展开的。因此,中国近现代史的两大主题不是彼此孤立、固定不变的,而是相互依存并在一定条件下相互转化的。当外来侵略使中华民族处于亡国灭种的险境时,"救亡"主题显然更具有优先性和紧迫性。不仅如此,帝国主义和中华民族的矛盾还制约着近现代中国社会其他矛盾的存在和发展,不首先解决民族独立的问题,其他一切都谈不上。帝国主义不仅在军事上侵略中国,而且在经济上掠夺中国,在政治上支配中国,中国处于被侮辱、被损害、被宰割的境地。在这种状况下,国家富强即现代化的任务是不可能实现的。越是落后越是挨打,越是挨打越是落后;二者相互纠缠,形成一个恶性循环。要打破这个循环,必须首先解决帝国主义和中华民族的矛盾,求得民族独立。这是"独立"对"富强"的制约作用。但是从另一角度来看,"富强"也影响和制约着"独立"。因为只有国家富强了,才能自立于世界民族之林,摆脱各种依附,真正赢得民族独立。在这种意义上,"富强"不仅是"独立"的题中之义,而且是"独立"的深刻基础和根本保证。

只有从近现代中国社会的两大基本主题的相互关联中去把握中国近现代历史的脉动,才能避免人为制造的种种对立。诸如"救亡压倒启蒙”之类的看法，由于无视民族独立主题的优先性，固然是偏颇的；但如果以为解决中国问题可以凭借“革命”的办法“毕其功于一役”，也是天真的想法。事实证明，“革命”成功了并不等于现代化就自动实现了。相反，“革命”成功之后，“建设”的任务往往更艰巨、更繁重。在近现代中国，如果说民族独立具有紧迫性和优先性，那么国家富强即现代化则更具有长期性和根本性，而它们都是在西方资本主义全球扩张的背景下历史地提出的。

正因为中国的现代化是在西方资本主义对外扩张的全球化背景下提出的，所以长期以来一直面临着现代化与西方化“二难抉择”的历史难题。

在最一般的意义上，作为人类历史上迄今为止最深刻的社会变迁，现代化是指由传统农业社会向现代工业社会转变的历史过程。在这个过程中，由于各民族、国家经济、政治和文化等条件的差异，其现代化的具体道路必然是各不相同的。但是，由于现代化进程在世界各民族、国家中的发展是不同步、不平衡的，首先实现现代化的民族、国家对于尚未实现现代化的民族、国家来说，就具有明显的“示范”效应。事实上，中国近代以来的社会变迁就是与西方的冲击和影响分不开的。现在的研究已经证明，那种以为中国即使不受西方的冲击，也会在自己社会内部缓慢地发展出现代性的论点是站不住脚的。①

学界已经公认，在世界范围内，现代化有两种基本类型：西方的现代化属于“先发内生型”，而与中国类似国家的现代化属于“后发外生型”。所谓“先发”、“后发”，主要是一个时间概念，即是说，西方的现代化早于中国，当西方已经或初步实现现代化之时，中国还处于前现代社会，存在着巨大的时间落差；所谓“内生”、“外生”，主要是从现代化

① 近年来众多关于明清史的实证研究成果已经比较充分地证明了这一点。在理论方面，马克斯·韦伯（Max Weber）所著《新教伦理与资本主义精神》和《儒教与道教》可作参考。

动力的角度来说的，即西方的现代化是由其社会内部矛盾驱动的结果，而中国的现代化则是在西方侵略扩张刺激下的产物。因此，反思现代性在中国的“历险”，我们首先看到的是中国如何“遭遇”现代性。中国现代化发生的这一历史特点表明，它一开始就是在西方资本主义全球扩张的“压力”下提出来的，从而必然长期面临如何处理现代化与西方化的关系问题。

对于中国来说，西方同时扮演着“敌人”和“先生”双重角色。因为西方列强侵略中国，所以西方是中国的“敌人”；因为西方先进、中国落后，所以西方又是我们学习的对象，是我们的“先生”。正是这种“敌人”和“先生”的双重角色，使中国人在面对西方时经常处于一种既恨又爱的矛盾状态。如何看待和处理现代化与西方化的关系，也就成为长期困扰中国知识界和政治家的历史难题。

面对西方资本主义的全球扩张及其后果，当一个民族身临其境的时候，引起的反应必然是复杂而多样的。事实上，在中国近现代史上，围绕着国家前途和民族命运的重大课题，思想界曾不断发生和反复重演“中学”与“西学”、“中化”与“西化”之争。“中化派”认为，要维护民族独立，必须立足于传统文化，反对西方文化对中国的渗透和影响；“西化派”则认为，要实现国家富强，必须学习和借鉴西方文化，舍此不能达到目的。由于观察问题的角度和侧重点不同，两派往往很难沟通，甚至互相攻讦：在“西化派”看来，“中化派”过于保守和传统；在“中化派”看来，“西化派”又过于“媚外”。① 这种争论的余波至今仍在“文化保守主义”与“新自由主义”的交锋中延续，但激烈程度和情绪色彩比以前明显减少了，因为争论双方在中国所处“世界历史”时代的基本判断上达成了“共识”。

---

① 参见俞可平《全球化：美国化和西方化，还是中国化和现代化?》，载《全球化：西方化还是中国化》，社会科学文献出版社 2002 年版，第 21 页。

在“世界历史”的舞台上，无论是现代化还是全球化都是近代的产物，而它们又是互相交织在一起的。现代化是在全球化背景下进行的现代化，全球化是在世界现代化进程中逐步推进的全球化。由于现代化和全球化都是从西方资本主义国家发端的，要实现现代化，不可能完全回避西方资本主义主导的全球化；而被动接受带有明显西方资本主义特征的全球化，又可能造成畸形或扭曲的现代化。这就是现代中国所面临的“历史难题”的准确表达。这一历史难题，只有当中国找到一条适合自身的现代化发展道路时，才能求得真正的解答。

历史提出的任务只能在历史进程中获得解决。回望 100 多年来中国现代化的历史进程，我们有过太多的欣喜和感动，也有过太多的失望和沉痛。无论是洋务派的苦心经营、戊戌志士的拼死抗争，还是辛亥革命的血雨腥风，最后都以失败而告终。“五四”①是中国近现代历史的转折点，作为以追求民主和科学为主要内容的思想文化运动，它标志着国人对西方文明的理解已经达到了文化心理的深层结构。从洋务运动（器物层面）发端，经过戊戌变法和辛亥革命（制度层面），到五四新文化运动（文化心理层面），国人对西方文明的态度越来越开放，接受层次越来越深入，然而始终未能解决现代化与西方化关系的“历史难题”。作为反帝反封建的爱国政治运动，五四运动的导火线是巴黎和会，它作为帝国主义的分赃会议，本身就是对“全盘西化派”天真的辛辣嘲弄。这以后，经过 20 世纪 20—40 年代民国时期的现代化尝试②，50—70 年代毛泽东式

① 作为现代中国标志性符号的“五四”，实际上包括了两种性质不同的运动：一是以追求民主和科学为主要内容的新文化运动；一是以反帝反封建为主要内容的爱国政治运动。前者强调学习西方现代文明，后者则对这种文明所具有的侵略性和野蛮性表达强烈抗议，它们在一定意义上是相互矛盾的。

② 通过 20 年代国共合作的国民革命，初步实现了国家的统一，为中国现代化创造了重要条件。从那以后到抗日战争前，出现了中国民族工业发展的 10 年“黄金时期”（1927—1937）。国民党在治理中国的过程中，虽然在政治上实行独裁统治，但在经济、科技等方面做过一些有益于现代化的努力和尝试。在国民党统治的晚期，由于战乱，民不聊生，国家经济几近崩溃。

社会主义的探索和挫折①,直到改革开放新时期才重新回到现代化的轨道上。通过30年的实践摸索和创造,中国在各方面都取得了引人瞩目的重大成就,基本上找到了一条比较适合自身情况的现代化道路,逐步形成了中国独特的发展模式,即“中国模式”。认真总结30年来的发展经验和教训,真正说清楚“中国模式”的内涵和特征,就能对现代中国所面临的历史难题作出历史性的回答。

正是在这样的问题关怀下,“北京共识”进入了我们的视线。

二、“北京共识”及其争论

1.“北京共识”的背景和旨趣

“北京共识”(Beijing Consensus)这个概念,是由美国高盛公司高级顾问乔舒亚·库珀·雷默(Joshua Cooper Ramo)于2004年5月7日在伦敦《金融时报》上撰文首次提出的。同年5月11日,英国外交政策研究中心全文发表了他撰写的题为《北京共识》②的研究报告。“北京共识”是直接针对所谓“华盛顿共识”而言的,雷默在报告中非常明确地指出了这一点:

> 在冷战刚刚结束的时期,那些过去习惯于效忠华盛顿的国家只是把重心从冷战军事结盟转移到经济同盟。……它们几乎没有取得什么成果。两个最无视“华盛顿共识”的国家——印度和中国则取得了令人瞩目的经济成就。诸如阿根廷和印度尼西亚等“华盛顿

---

① 不能否认,毛泽东对中国现代化道路作过可贵的探索,并取得了很大成就,初步奠定了“我们现在赖以进行现代化建设的物质技术基础”。但是总的来说,这种探索是不成功的,不仅未能摆脱苏联模式弊端的严重影响,而且犯了急躁冒进的错误。从50年代后期开始,“以阶级斗争为纲”的指导思想逐渐占据上风,现代化的主题逐渐脱离了正轨。在“反修防修,继续革命”的口号下,推行“打倒一切牛鬼蛇神”的“斗争哲学”,终于酿成“文化大革命”全面动乱的悲剧,造成了中国现代化的自我断裂。如果说以前的急躁冒进只是探索中的曲折和挫折,那么“文革”则是对现代化的全面反动。这种探索所留下的最深刻教训,就是要高度警惕在种种貌似激进的口号下对现代化主题的偏离。

② Joshua Cooper Ramo, *The Beijing Consensus*, London: The Foreign Policy Center, 2004.

共识”的忠实追随者却付出了社会和经济代价。①

雷默曾在中国生活多年，他声称他写作《北京共识》的指导原则是：“尽可能直接地集中注意可观察的事实……坚持务实的方法并且尽可能地从事实中寻求真理，理论联系实际。”②而他的工作目标是：“试图用清楚明了的语言描述我在中国所看到的情况，并且为如何思考中国这样一个以历史上前所未有的速度迅速发展变化的国家提供一个框架。”③可见，“北京共识”是国际上对中国发展经验的一种概括和总结，它探讨中国这样一个发展中国家到底是如何组织的，以及中国经验对世界上其他国家的适用性问题。雷默写道：

> 中国目前正在发生的，不只是中国的模式，而且已经开始在经济、社会以及政治方面改变整个国际发展格局。……中国的发展正在使其发生变化，这一点是非常重要的。但是，更重要的是，中国的新思想在国外产生了重大影响。中国正在指引世界其他一些国家在有一个强大重心的世界上保护自己的生活方式和政治选择。这些国家不仅在设法弄清如何发展自己的国家，而且还想知道如何与国际秩序接轨，同时使它们能够真正实现独立。我把这种新的动力和发展物理学称为“北京共识”。它取代了广受怀疑的华盛顿共识。华盛顿共识是一种经济理论，它认为华盛顿最清楚如何告诉别国管理自己，这种理论曾在20世纪90年代风靡一时。华盛顿共识是一种傲慢的历史终结的标志。它使全球各地的经济受到一系列的破坏，使人们产生反感。中国的新发展方针是由取得平等、和平的高

① [美]雷默：《北京共识》，载黄平、崔之元主编《中国与全球化：华盛顿共识还是北京共识》，社会科学文献出版社2005年版，第25页。

② [美]雷默：《北京共识》，载黄平、崔之元主编《中国与全球化：华盛顿共识还是北京共识》，社会科学文献出版社2005年版，第3页。

③ [美]雷默：《北京共识》，载黄平、崔之元主编《中国与全球化：华盛顿共识还是北京共识》，社会科学文献出版社2005年版，第1页。

> 质量增长的愿望推动的。严格地讲，它推翻了私有制和自由贸易这样的传统思想。……它不相信对每一个问题都采取统一的解决办法。它的定义是锐意创新和试验，积极地捍卫国家边界和利益，越来越深思熟虑地积累不对称投放力量的手段。它既讲求实际，又是意识形态，它反映了几乎不区别理论与实践的中国古代哲学观。北京共识从结构上说无疑是邓小平之后的思想，但是它与他的务实思想密切相关，即实现现代化的最佳途径是“摸着石头过河”，而不是试图采取“休克疗法”，实现大跃进。①

这段话非常清晰地说明了雷默提出“北京共识”的背景和旨趣，以及“北京共识”的基本内涵。事实上，20世纪晚期，拉美经济危机、东亚金融危机和俄罗斯休克疗法的失败，都与新自由主义的经济政策直接相关。虽然世界银行和最早提出“华盛顿共识”这个术语的经济学家约翰·威廉姆斯就人们对“华盛顿共识”的误解作了很多辩护②，但多数学者普遍认为，新自由主义正是“华盛顿共识”的基础，诸如鼓吹私有化、贸易自由化、利率自由化、放松管制等。前述国家和地区的危机与失败，证明“华盛顿共识”的局限和失效。而与之形成鲜明对照的是，中国奉行自己独特的现代化战略和改革开放政策，却取得了巨大的成功，创造了人类历史上长时期经济高增长的奇迹。因此，中国成功的发展战略必然会引起人们的关注，也必然会有人试图从理论上加以概括和总结，这就是“北京共识”提出的背景。

2. “北京共识”能够推广吗？

雷默的“北京共识”提出以后，在国际上引起了空前热烈的讨论。仅以2005年5月报刊的评论为例：美国《国际先驱论坛报》刊登题为《中国

---

① [美]雷默：《北京共识》，载黄平、崔之元主编《中国与全球化：华盛顿共识还是北京共识》，社会科学文献出版社2005年版，第5—6页。

② 参见[美]约翰·威廉姆斯《华盛顿共识简史》，载黄平、崔之元主编《中国与全球化：华盛顿共识还是北京共识》，社会科学文献出版社2005年版，第63—85页。

将以自己的方式改变》的文章，称赞中国以循序渐进的方式推进政治体制改革果断英明；英国《卫报》在《中国解决亿万人民温饱问题的经验》一文中认为，中国的崛起为其他国家提供了除西方发展模式之外的一个强有力的选择；墨西哥《每日报》在题为《中国：亚洲的地平线》的文章中认为，中国奇迹是依照自身情况理智制定社会经济政策的结果；《香港经济日报》在《"北京共识"：发展中国家的上位模式》一文中指出，"北京共识"的核心是按照国情，走自己的路；英国《金融时报》认为，"北京共识"是帮助中国实现和平崛起的工具，这是一种全球发展模式的力量在吸引其追随者，它吸引追随者的速度，几乎与美国模式的速度一样快。①

除了积极的评价外，也有一些人对"北京共识"的提法表示怀疑甚至担忧，而且并不限于国外学者，一些中国学者也表达了类似看法。中国香港学者丁学良 2008 年 9 月 19 日在美国 FT 中文网上发表的一篇文章《"中国模式"为何不好推广？》②就很具有代表性。文章认为，国际学术界在过去这些年里经常会提到"中国模式"，在严格的发展领域里这个模式是客观存在的。然而吊诡之处在于，虽然中国过去 30 年的发展速度名列世界前茅，虽然全球公众对"中国模式"愈益关注，但如果试图把"中国模式"向世界推广，却麻烦重重。从社会科学角度讲，一个模式的推广，不仅要讲这个模式取得的成果，即作为要素之一的"What"，更重要的，是要讲清楚"How"，即这个成果是怎么取得的？不少学者一开始对"中国模式"抱着很大的信心，但当他们分析"How"这个关键环节时，就很难再乐观地说下去。因为中国模式操作的过程和机制，涉及到很多无法回避的问题，这就是中国取得高速经济发展所支付的巨大社会成本：一是发展过程中的公正问题，二是生态环境的恶化，三是发展的行政成本问题。你不能明白告诉别人：实现高效发展要警惕弱势群体组织起来维护自己

① 参见俞可平等《热话题与冷思考——关于"北京共识"与中国发展模式的对话》，载《当代世界与社会主义》2005 年第 5 期。

② 参见《南方周末》2008 年 9 月 25 日第 32 版。

的正当权益，迅速改变城市面貌的秘诀是强制征地……他的结论是：所谓“中国模式”，既不能否认它的巨大成果，也不能抵赖产生这些成果的巨大代价。只有充分考虑到这两个“巨大”，创建良好的制度和政策，用尽可能短的时间把前述的三大成本降下来，才会使中国的发展不但成为可持续的，也是人道的。到了那个时候，我们就可以名正言顺地向世界推广“中国模式”了。①

严格地说，这里只是指出了现有的“中国模式”所存在的问题，但并没有否定经过完善后的“中国模式”具有潜在推广意义的普遍价值。

3.“北京共识”有普遍价值吗？

雷默对此态度鲜明：“中国经验具有普世价值”②。他解释道，这不是说中国经验可以推广和照搬到世界上国情不同的所有国家，而是说中国经验对于许多国家特别是发展中国家产生了“吸引力”。他写道：

> “北京共识”给世界带来了希望。在“华盛顿共识”消失后，在世界贸易组织谈判破裂后，在阿根廷经济一落千丈后，世界上大多数国家都不敢确定新的发展范例应该是什么样子。许多国家想求得发展与安全，但几百年来不断看到过于依赖发达国家提供援助的发展模式以失败告终，对于这些国家来说，中国所发生的一切……都有着极大的吸引力。③

4.所谓“中国威胁论”

面对中国的崛起，西方舆论制造了各种版本的“中国威胁论”。这与中国政府所奉行的“和平崛起”战略背道而驰，因而引起了中国从政府官员到

① 参见丁学良《“中国模式”为何不好推广？》，载《南方周末》2008 年 9 月 25 日第 32 版。

② 参见《参考消息》2005 年 2 月 9 日第 4 版。

③ [美]雷默：《北京共识》，载黄平、崔之元主编《中国与全球化：华盛顿共识还是北京共识》，社会科学文献出版社 2005 年版，第 50—51 页。

学者的严厉反驳。但是这种反驳也引起了质疑。在雷默看来，无论是“中国威胁论”的宣称者和反驳者，他们思考中国问题的方式都是有问题的。

雷默驳斥了两种思考中国问题的模式：第一种是外国人的思考模式，他们在辩论是应该与中国“接触”还是“孤立”中国。他认为这种想法是很可笑的，因为中国的崛起是一个事实，想孤立中国的可能性并不比想孤立我们生活中的其他重大变化（例如互联网）更大。“第二种思考模式是许多中国人的看法，他们认为中国的崛起不会是对国际秩序的一个威胁”。雷默指出，这里可能有一个语言翻译的问题。他写道：

> 我认为这种观点同样是难以支撑的。许多中国人坚持认为这是确定的，但这表明了他们对世界事务运行方式的基本误解。中国的崛起正在改变世界。且不对这种变化做出是好是坏的评价，我们至少可以说这样大的变化代表着对现存秩序的一种威胁，因为变化永远是对现状的一种威胁。我想在某种程度上这是一个语言翻译的问题，因为在中文里“威胁”有着某种中国思想家和政策制定者们所不喜欢的涵义。他们并且认为，说中国崛起是“威胁”的观点似乎是赞同“中国威胁论”。事实上，这两者不是一回事。①

虽然可能确实存在着语言翻译上的原因，但我们从雷默的这段论述中还是能辨认出“威胁”与“威胁论”的不同。前者是指中国的崛起在客观上引起了现存世界秩序的改变，后者则是一种刻意乃至蓄意的筹划，是人为制定的一种处理国际关系的战略。事实上，中国政府在国际上一直坚决反对霸权主义和强权政治，奉行独立自主、睦邻友好的和平外交政策，倡导“和而不同”的和谐理念，努力推动建立公正合理的国际政治经济新秩序。雷默通过比较中国和美国不同的对外政策，令人信服地“驳斥”了所谓“中国威胁论”。他写道：

① [美]雷默：《北京共识》，载黄平、崔之元主编《中国与全球化：华盛顿共识还是北京共识》，社会科学文献出版社 2005 年版，第 1—2 页。

与拥有大量武器、对其他世界观难以容忍的美国式超级大国不同,正在崛起的中国以自身模式的榜样作用、自身经济地位的影响力和对威斯特伐利亚国家主权体系的坚决捍卫为基础。……眼下,在世界某些地方,中国是比美国更受尊敬的道德典范。……此外,中国给其他国家传达的信息是一个有关杠杆物理学的简单教训,即发展非对称力量的重要性。过去十年给我们的明确教益是:如果想行动自由,你要么得和美国毫不相干,要么就得具有某种手段能摆脱美国军事力量的影响。并非每个国家都能成为超级大国。并非每个国家都需要成为超级大国。北京共识是一项多方位、而且得到充分论证的安全观的革命,它至少给人们一种希望:每个国家都可以凭借自身的实力成为强国,虽然不足以统治世界,但能做到自主自决。中国的战略家们感觉到,如果要想持续发展,他们就必须具备某种战略杠杆。与邓小平时代以"韬光养晦"为主导思想的外交政策不同,胡锦涛时代的政策特点就意识到中国在世界的位置。这也是北京共识中讨论得越来越多的部分。当年,毛心目中的关键任务是"战争与革命";邓基本上回避冲突,力求发展,奉行"和平与发展"的外交原则。江发展了邓的理念,提出"增加信任,减少麻烦,发展合作,不搞对抗"。但是,中国的战略家们显然感觉到有必要建立一套新的原则,这套原则将使他们能够自主自决而不必付出大规模军事发展带来的政治代价和经济代价。中国人的目标不是冲突,而是避免冲突。这种原则有时会让寻找中国"威胁"迹象的美国分析家感到困惑,但它反映了中国人一种坚定不移的信念:武装冲突是失败的表现。有效地处理局势、让结果必然对中国有利:这才是战略上真正的成功。这种思想源于距今最久远的中国战略思想家孙子,他曾提出"不战而屈人之兵"的观点。①

---

① [美]雷默:《北京共识》,载黄平、崔之元主编《中国与全球化:华盛顿共识还是北京共识》,社会科学文献出版社 2005 年版,第 32—33 页。

这段引文很长，其中饱含着对中国发展模式同情的理解甚至赞赏，如果不是事先知道它的作者是一个美国人，很多人都会怀疑它是中国人的自我辩护。其实，只要了解中国的历史和现实，就会认识到，雷默的看法是有道理的。

中国是一个历史悠久的文明古国，长期在世界上处于领先地位，直到清朝前期仍然是世界上最强大的国家。但是，由于中国错失了工业革命的历史机遇，在崛起的西方列强面前成为“落后挨打”的对象，逐渐沦为西方的半殖民地。当中国人民通过艰苦卓绝的努力终于实现民族独立之后，更加艰巨的国家富强即现代化的历史任务还远未完成。中国现代化的道路也就是中国崛起的道路。但是，今天中国的崛起是在新一轮全球化的背景下进行的，它已经不可能重走西方国家第一波现代化的老路。西方的第一波现代化以英国的工业化为典型代表，它是建立在对内剥削、对外侵略扩张（殖民、掠夺）、对自然野蛮征服和开发的基础之上的。而所有这些，没有一样是中国可以重复的，历史也没有给中国提供这样的机会和条件。所以，简单套用西方国家崛起的模式来分析中国，无异于缘木求鱼。中国的国情决定了中国必须走一条不同于西方的发展道路，中国的崛起即现代化既无必要也不可能照搬西方模式。

总结近代以来中国现代化的百年历程，最基本的经验就是必须找到一条适合自己的发展道路。从人类近现代的发展来看，现代化总是与全球化联系在一起的。人类的近现代历史就是围绕现代化和全球化而展开的，但现代化绝不就是西方化。所谓西方化，或者是指把西方的现代化模式作为普遍的模式而照抄照搬；或者是指西方发达国家主导发展中国家的发展道路，将其纳入西方构建的全球体系之中。中国的国情决定了中国必须走一条不同于西方的发展道路，中国的现代化决不能照搬西方模式，历史证明此路不通。

三、“中国模式”及其争论

中国30多年来的快速发展，不仅大幅度提升了国家的综合国力，而且形成了推动国际秩序变化的一种力量，从而引起国际社会的高度瞩目。这究竟是怎么回事？中国发展有什么独特的经验和奥秘？它是否已经或能够成为一种独特的发展模式？对其他国家有无推广和借鉴的价值？这些问题自然引起了人们的广泛关注。以纪念改革开放30周年和新中国成立60周年为契机，一场关于“中国模式”的讨论非常热烈地开展起来，至今没有平息的迹象，而且讨论中的分歧远远大于共识。

1.“模式”:有与无

关于“中国模式”的讨论，首先涉及一个基本的前提性问题，即社会发展是否存在某种可以被称为“模式”的东西。讨论中的所有具体分歧都与这个前提性问题密切相关，或者说归根到底都受到这个前提性问题的制约。很显然，如果是在一般规律而不是具体道路的层面讨论，而又认为人类社会的发展存在着对任何国家来说都毫无例外的普遍规律，那么对这个问题就只能作出否定性的回答。

例如，美国麻省理工学院斯隆管理学院政治经济和国际管理教授黄亚生在其《“中国模式”到底有多独特?》一书中就直面这个问题：在30年举世瞩目的增长之后，中国经济已然成为世界舞台上不可或缺的角色。究竟有没有一个不同于其他国家的“中国模式”？通过“大政府＋宏观调控”，是否能够走出一条推动经济持续发展的“有中国特色的新路”？对此，中国学术界有一种观点认为，中国高度集中的政治体制、高速的经济增长以及独特的儒家文化传统，共同构成了“中国模式”的重要特征。但是作者通过中印对比，通过对中国与拉美经济腾飞过程、城市化进程的比较，却得出了一个截然相反的结论：并不存在所谓的“中国模式”。到目前为止，中国的经济增长并没有脱离一般的经济发展规律，其成功经验和欠缺都可以在其他国家的经历中找到影子。所谓的“中国模式”并不存在，中国未来发展的大方向和原则与西方体制没有区别。①

类似的观点还有不少。如前所述，美国著名中国问题专家乔舒亚·库珀·雷默提出的“北京共识”概念，曾有力地推动了“中国模式”的讨论，因为他试图用这个概念来总结中国独特的发展经验。他强调，“北京共识”最核心的意义就在于：每个国家都要选择最适合自己的发展模式，巴西模式与中国模式就不一样。不能只有“华盛顿共识”，“华盛顿共识”的基本思想就是一个模式通用于不同国家，成为包治百病的灵丹妙药。他说：“当今世界每个国家要发现它自己的解决方案，不同的病人要有不同的药方。世界经济的多元化将更强壮、更具活力。”然而，针对雷默的这种观点，北京大学中国经济研究中心教授姚洋 2010 年在美国《外交事务》杂志发表《北京共识的终结》一文，认为不存在所谓“北京共识”，中国奇迹还是“华盛顿共识”的胜利。如果“华盛顿共识”要找到一个好的CASE，那肯定就是中国，中国是最好的学生。当然他强调这纯粹是在经济学层面上说的。② 时年 105 周岁的著名语言学家周有光先生在接受《南风窗》记者采访时也谈到，从经济学上讲，不存在“中国奇迹”。没有奇迹，只有常规，常规就是走全世界共同的发展道路。一定要强调特殊国情，“独辟蹊径”，历史已经证明“此路不通”。③

可见，在这个层面上的讨论，其实就是一个关于“模式”概念的界定或理解问题。很显然，“模式”这个概念不是在一般的社会发展规律层面谈的，而是在具体的社会发展道路上谈的。正如马克思反对把他关于西欧资本主义起源的历史概述彻底变成超历史的一般历史哲学理论一样，

---

① 参见黄亚生《“中国模式”到底有多独特?》，中信出版社 2011 年版。

② 参见 Yang Yao, “The End of the Beijing Consensus”, *Foreign Affairs*, February 2, 2010。

③ 参见《周有光：要用全球化的视角解读历史》，载《南风窗》2010 年第 18 期。

我们承认社会发展的一般规律,并不意味着否定社会发展道路的多样性。如果否定具体发展道路的多样性,那就与低劣的历史宿命论毫无二致了。从世界范围来看,学界已经公认,现代化有两种基本类型:西方的现代化属于先发内生型,而与中国类似国家的现代化属于后发外生型。我们可以把"中国模式"看作发展中国家实现现代化的一种特殊类型。

2. "中国模式":好与坏

限定了"模式"概念的基本语义和语用范围,我们就可以讨论"中国模式"了。目前关于这个问题的争论可以说是空前激烈,高调肯定者有之,坚决反对者有之,冷静质疑者亦有之,好坏之争明显压倒了有无之争。肯定者,有的认为"中国模式是一个新故事",有的颂扬"中国模式对世界充满魅力",有的认为中国模式是"最不坏"的模式;有的甚至总结出"中国模式"的各种特征。例如,北京大学国际关系学院教授潘维把"中国模式"总结为"当代中华体制",并概括了它在经济(国民经济)、政治(民本政治)、社会(社稷体制)等方面的具体特征,认为它是一个国民、民本、社稷"三位一体"的成功体制。他写道:"中国的成功经验挑战了经济学的'计划与市场两分',挑战了政治学的'民主与专制'两分,挑战了社会学的'国家与社会两分'。一个'中国学派'已经呼之欲出。"①

反对者的观点则是各种各样的。有的反对声音比较情绪化,如说"中国模式"是"烧香搞错了坟头"。比较理性的质疑,前面介绍的中国香港学者丁学良可为一例。综观质疑者的理由,主要无非以下几条:一是模式本身的局限性。当今世界各国的发展模式,可以说千姿百态、五花八门,是多样的而不是统一的,是变化的而不是固定的,人类社会发展进程中不存在某种固定的发展模式。二是"中国模式"不符合中国发展现

① 参见潘维《当代中华体制——中国模式的经济、政治、社会解析》,载潘维主编《中国模式:解读人民共和国的 60 年》,中央编译出版社 2009 年版,第 81 页。

实。中国当前发展依然面临前所未有的严峻挑战，中国改革发展中不断涌现的问题远没有解决，中国的发展经验依然在不断积累和探索中。用“中国模式”一词来概括中国30多年改革发展的道路和经验，有些过于草率，既不能全面、客观和公正地把握中国改革与发展的核心内容和精神实质，也不符合中国发展的现实国情。三是“中国模式”不利于中国的长远发展。其一，把中国阶段性的发展经验拔高为“中国模式”，势必制约中国的持续发展；其二，“中国模式”与“西方模式”的显性对峙，不利于为中国发展营造良好的国际环境；其三，“中国模式”的国际示范和推广，可能因国情差异导致的水土不服而责难中国。因此，他们主张用“中国经验”或“中国道路”代称“中国模式”，认为这更有利于深刻把握国情，推进中国的未来发展。

对于这个问题，我们比较赞同新加坡学者郑永年的见解：面对西方有意的曲解或无意的误解，中国的当务之急，是应该花点时间好好总结一下自己前30年的发展经验，把自己过去“摸着石头过河”的经验形成一套能够和西方沟通的话语和理论。虽然“中国模式”仍然在发展和变化，但确实到了认真总结的时候了。① 必须注意到，西方某些政治势力担忧甚至打压与他们不同的发展道路，其实有着政治上的考量。一些人依然停留于意识形态至上的冷战思维，因此故意将“中国模式”简单化。具体来说，他们先入为主地认为“中国模式”与西方模式是天然对立的，所以诸如“西方讲自由，中国不讲自由”，“西方讲人权，中国不讲人权”，“西方做生意讲很多条件，中国不讲条件”等说法纷纷出笼。他们中的有些人确实对中国不友好，甚至非常反华；但也有些人可能是受到误导，他们本想了解中国的发展模式，但是由于文化教育背景不同，他们的理解也不可避免地受到西方整体大环境的引导。在这样的情况下，抛弃意识形态的简单对立，认真总结一下中国发展过程中的经验教训是非常必要

① 参见郑永年《中国模式：经验与困局》，浙江人民出版社2010年版。

的。正如郑永年所说，中国改革开放已经30多年了，对中国自己来说，总结经验非常重要，以后该怎么做，能够怎么做，自己也要对自己有个说法，做到心中有数。在这个过程中，也可以让西方明白，“中国模式”对他们并非只有竞争。

我们还需要注意，从术语上说，“中国经验”、“中国道路”这些表述，与“中国模式”的表达诉求是不同的。“中国经验”和“中国道路”两个表述都是描述性的，“经验”和“道路”这样的字眼本身就给人一种直观的印象。与这两个表述不同，“中国模式”的提法至少包含着理论升华的诉求，这是这个提法的积极意义所在。就是说，我们可以把探索“中国道路”过程中形成的独特“经验”升华为理论，纳入“中国模式”中去。这当然只有在充分的经验积累的基础之上才有可能。纪念改革开放30年和新中国成立60年提供了这样的契机，所以2008年和2009年“中国模式”论高调浮出水面，这是有原因的。

我们也不赞成通过查词典的方法去解释“模式”这个概念。按照我们的理解，它的基本意思是清楚的，就是指社会发展中的某种“类型”。如果承认中国走出了一条有自己特色的道路，在这个过程中积累了相应的经验，那么用“模式”这个概念把它们总结或巩固下来是无可厚非的。经验有正反两个方面，即正面的经验和反面的教训，它们都可以被总结在“中国模式”之中。有了这样的总结，不仅自己今后可引以为戒，别人也可以参考和借鉴。

因此，在我们看来，用“中国经验”和“中国道路”反对“中国模式”，在理论上是说不通的。比如，世界上有60多亿人，每个人都有自己的独特性，但并不妨碍心理学家可以按照性格和气质把所有这些人分成几种类型，社会学家也可以按照社会分层把他们分为几大阶层。同样道理，世界上有近200个国家，各国的情况千差万别，但如果因此就说世界上有200条发展道路，这样的说法除了浅薄的正确性之外，不知道还有什么价值。相反，当今世界上不同国家的发展，确实可以区分为几种不同的类型。“中国模式”不过是发展中国家中的一种发展类型。

总之，我们认为，不妨暂时抛开好坏之争，把“中国模式”当作一个解释性的中性概念来使用，即用这个概念来总结和提升中国发展过程中的经验，加以反思和校正中国发展过程中的教训。我们不赞成一味对这个概念冷嘲热讽，也不赞成用这个概念来粉饰太平。

3. “中国模式”：我与他

这个问题涉及“中国模式”是否具有世界意义，也是讨论中的一个焦点问题。我们不妨通过“北京共识”所引起的争论来予以说明。如前所述，“北京共识”是国际上对中国发展经验的一种概括和总结，它探讨中国这样一个发展中国家到底是如何组织的，以及中国经验对世界上其他国家的适用性问题。雷默甚至谈到中国在当今世界上的“典范作用”、“榜样作用”，他写道：

> “北京共识”给世界带来了希望。在“华盛顿共识”消失后，在世界贸易组织谈判破裂后，在阿根廷经济一落千丈后，世界上大多数国家都不敢确定新的发展范例应该是什么样子。许多国家想求得发展与安全，但几百年来不断看到过于依赖发达国家提供援助的发展模式以失败告终，对于这些国家来说，中国所发生的一切……都有着极大的吸引力。①

雷默还引了印度社会学家拉姆戈帕尔·阿加瓦拉说过的一段话：“中国的成功试验应该是人类历史上最令人钦佩的。其他国家应该尊重她并向她学习。……中国有时似乎还相信西方的宣传，并将其成功归功于西方的方式。但实际上，中国有自己的道路，值得研究。”②事实上，中国不仅在探索适合自己的发展道路上取得了成功，而且这种成功的经验

① ［美］雷默：《北京共识》，载黄平、崔之元主编《中国与全球化：华盛顿共识还是北京共识》，社会科学文献出版社 2005 年版，第 50—51 页。

② 转引自［美］雷默《北京共识》，载黄平、崔之元主编《中国与全球化：华盛顿共识还是北京共识》，社会科学文献出版社 2005 年版，第 31 页。

对其他国家也产生了吸引力。一方面，对于广大发展中国家来说，如何在全球化条件下实现现代化一直是一个历史难题，而随着“东亚模式”和“拉美模式”的失效，它们加倍关注中国成功的经验，希望从中找到适合自己的东西；另一方面，对于西方发达国家来说，中国作为一个大国的崛起势必会对全球政治经济格局甚至世界历史发展进程产生深刻影响，因而中国的发展战略和发展模式也必然会引起西方发达国家的深切关注。

但是，“北京共识”提出后也引起很多争论和担忧。《参考消息》曾发表一篇题为《中国须慎言“北京共识”》的文章，颇有代表性。文章写道：

> 必须区分“中国模式”和“北京共识”这两个概念。在第一个层面，两者都意在总结中国发展经验，但一旦置于国际政治的背景中，两者的意义就具有本质上的不同。“中国模式”只是着重于总结中国本身的经验，意在解释中国是如何取得改革开放的成功的。“北京共识”则不同，它更进一步，不仅是对中国经验的总结，而且带有浓重的向其他国家推销中国经验的味道。总结中国本身发展的经验无可厚非，也很重要，但如果把中国的经验上升为“北京共识”，甚至像“华盛顿共识”那样向外推广，那就大错特错了，这将是霸道的开始。实际上，中国发展的最主要经验就是实事求是，不接受任何所谓“共识”，也不根据各种所谓的“共识”来指导自身的改革。在国际政治舞台上，中国领导层现在所强调的是“和而不同”，追求各国发展经验的多元性。中国现在所面临的并非把现有的经验上升为“北京共识”，而是如何发展和完善“中国模式”，使这个模式是可持续的。①

这种对于推广“北京共识”可能产生霸道的担忧是不难理解的，但它是建立在对“中国模式”（我们姑且不用易于引起争议的“北京共识”这个术语）的绝对特殊化假定基础之上的，它意味着在中国发生的事情只属于中国。然而，在一个日益全球化的世界，这种假定本身的合理性恰恰

① 参见《参考消息》2005年2月22日第16版。

就是值得怀疑的。全球化已经使这个世界上每一个国家所发生的事情都必然会影响到其他国家。正如人们所认识到的：一方面，中国的发展离不开世界；另一方面，中国的发展也必然会影响世界。如前所说，“中国模式”不过是发展中国家的一种发展类型，它对于发达国家或许没有什么参考价值，对最不发达国家或许也无多少参考价值，但对广大发展中国家有借鉴意义。由于当今世界发展中国家占绝大多数，中国又是发展中国家中最大的国家，它的发展已经并且正在改变世界格局，所以“中国模式”有世界意义。

四、“中国特色”：从消极表述到积极表述

“中国模式”概念无疑突出了“中国特色”的分量，它意味着“中国特色”从消极表述转变为积极表述。

雷默在其著名的《北京共识》报告第三部分明确提出了“具有中国特色的全球化”概念，其核心观点是：中国竭力希望“控制和管理自己在全球化世界的未来”。他注意到，20 世纪后期以来，人们对全球化进程普遍感到担忧，在全球化的同时本土化也在加强，全球化和本土化概括了世界和中国复杂的当代关系。

雷默的上述看法，非常契合我们对中国在全球化背景下历史处境的认识。“中国模式”实质上就是中国作为一个发展中国家，在全球化条件下实现现代化的一种战略选择。从 20 世纪 80 年代开始，中国就明确提出“建设中国特色的社会主义现代化”的目标，“中国特色的社会主义现代化”就是中国在全球化条件下实现国家现代化的一种战略选择。

对于中国来说，这个问题有着深刻的历史背景。如前所述，中国的现代化是在“历史转变为世界历史”的全球化条件下，在西方资本主义全球扩张的“压力”下提出来的，从而必然长期面临现代化与西方化两难抉择的历史难题。在“世界历史”舞台上，无论是现代化还是全球化都是近

代的产物，而它们又是相互交织在一起的：现代化是在全球化条件下进行的现代化，全球化是在世界现代化进程中逐步推进的全球化。由于现代化和全球化都是从西方资本主义国家发源的，要实现现代化，不可能完全回避西方资本主义主导的全球化；而被动接受带有明显西方资本主义特征的全球化，又可能造成畸形或扭曲的现代化。这就是包括中国在内的发展中国家所面临的一道历史难题。

正如一个人只能走一条适合自己的路一样，一个国家也只能走一条适合自己的道路。这条道路是什么？过去是不清楚的，现在比较清楚了。邓小平倡导改革开放，彻底改变了当代中国和中国人的命运。但是人们对邓小平所倡导的改革议论纷纷，有人怀疑改革使中国走上了资本主义的道路。然而正如邓小平在南方谈话中所说："不坚持社会主义，不改革开放，不发展经济，不改善人民生活，只能是死路一条。"①为什么不放弃"社会主义"呢？人们有两种解读：一是某些西方人士的解读，他们认为这是邓小平思想的内在矛盾；二是某些国内学者的解读，他们认为这只是一种"政治策略"或"政治谋略"，仅仅出于维护共产党统治地位合法性的考量。随着中国改革开放过程中各种问题的涌现，不仅在国际上反对声浪高涨，国内也出现各种怀疑和反对的声音。但是在笔者看来，他们都没有真正读懂邓小平，更没有读懂中国的实践。

雷默在《北京共识》里有一段令人印象特别深刻的话："在冷战刚刚结束的时期，那些过去习惯于效忠华盛顿的国家只是把重心从冷战军事结盟转移到经济同盟。……它们几乎没有取得什么成果。两个最无视'华盛顿共识'的国家——印度和中国则取得了令人瞩目的经济成就。诸如阿根廷和印度尼西亚等'华盛顿共识'的忠实追随者却付出了社会和经济代价。"②可以想象，如果当时中国屈从于西方的压力，在经济金融

① 《邓小平文选》第3卷，人民出版社1993年版，第370页。

② [美]雷默：《北京共识》，载黄平、崔之元主编《中国与全球化：华盛顿共识还是北京共识》，社会科学文献出版社2005年版，第25页。

改革等方面接受“华盛顿共识”，在这个名单上，中国就只有与阿根廷和印度尼西亚并列了。

所幸中国没有照搬，而是走了一条自己独特的道路。这才使中国在2008年由美国次贷危机引发扩散开来的那场至今还没有完全过去的世界性金融危机和经济危机中，金融体系相当稳健，受到一定冲击的主要是实体经济，特别是沿海的外向型企业。中国还创造出“股份合作制”的新制度，按照西方经济学理论怎么也解释不通，但在实践中却成功了。在这场危机中，即使不能说中国稳如磐石，至少也是受到冲击较小的国家之一。

那么政治呢？政治体制改革滞后不仅使中国受到西方舆论的攻击，也引起国内一些人士的非难。但是，只要冷静地观察就不难发现，在政治上，中国也正在探索一条自己的路，我们现在还很难描述这条道路的具体内容，但可以肯定它是一条渐进式的民主道路。正如新加坡学者郑永年所说，民主政治并非西方的专利。从经验上看，它其实是任何一个国家社会经济发展到一定阶段的自然选择。中国从计划经济到市场经济，从封闭社会到开放社会，一直在逐步改革，只是没有西方所期待的那么快。但西方国家实际上也是从先经济后民主的道路上走过来的。他们的谬误在于，以现在的价值来判断和衡量其他非西方的制度，这是不公平的。西方经过数百年积累走完的路，却要求发展中国家几年走完，这也正是第三世界国家领导人负担特别重的地方所在。从比较的角度来说，中国的发展和转型速度已经很快了。

改革开放之初，邓小平就亮出了中国道路，旗帜就是“中国特色社会主义”。但什么是“中国特色社会主义”呢？虽然邓小平也没有给“中国特色”下明确的定义，但他的这个提法却非常富有智慧。邓小平经常喜欢说一句话：“什么是社会主义？什么是马克思主义？我们没有搞清楚。”“没有搞清楚”不是说“搞不清楚”，即不是说通过查对马克思主义经典作家的文本，就能得到一个确定无疑的答案。实际上，他的意思不是说文本搞不清楚，而是说在实践中怎样建设社会主义没有搞清楚。所以,“什么是社会主义”这个问题不能通过查对文本来回答,而要在实践中去探索。这样一来,就把“社会主义”的定义权还给了当代中国人自己。这是了不起的政治智慧,是彻底的“解放思想”。

“中国特色”这一概念的积极意义就在于,它为解决全球化条件下全球性与民族性、普遍化与特殊化的矛盾,提供了一个有待于实践填充而不是预先给出定义的叙述框架。

当代中国处在古今(传统与现代)、东西(东西方文明)矛盾的交叉点上,原本存在着时空间距的问题同时呈现。因而,对中国问题的研究必须考虑综合性和历史性的因素,任何单一的或纯粹的理论范式都不可能是普遍适用的。这就意味着对西方理论采取简单的“拿来主义”态度是行不通的。从事社会学研究的中国学者黄平曾谈过他所碰到的窘境:中国的许多事情,按照西方逻辑是怎么也讲不通的,比如个人与社会、投入与产出、人与自然,还有各种指标(如基尼系数),按照西方的逻辑分析早就该“崩盘”了,但实际上没有。在这种情况下,我们是应该相信西方理论的逻辑呢,还是相信“实践的逻辑”?如果理论上讲不通,而实践上行得通,那就可能是理论错了,就应该由别的理论来替代。他由此感叹道:“一旦真把这个‘中国特色’总结出来,用自己的概念、理论真正把它说清楚,就是了不起的学问了。那就很可能不是简单说中国这不行、那不行,也许恰恰相反:这里发生很多鲜活的经验、独特的做法,和不同类型的发展可能性。当然不只是中国的经验,印度、非洲等都会遇到源自西欧、北美的理论的解释力度或合理性的问题。”①

很显然,这是在对西方理论的普适性表示质疑的同时,提出了中国哲学社会科学研究必须通过切入中国问题来实现理论创新的要求。事实上,虽然中国政府和中国学者对“中国模式”都保持了相当低调的姿

① 黄平:《“北京共识”还是“中国经验”》,载黄平、崔之元主编《中国与全球化:华盛顿共识还是北京共识》,社会科学文献出版社2005年版,第22页。

态，但随着中国发展道路日益引起国际社会的重视，如何从理论上真正说清楚“中国特色”的内涵所在，已经对哲学社会科学研究提出了新的要求。从概念和分析工具等方面建立起足以充分阐释“中国模式”的理论框架，是不是中国社会科学摆脱对西方话语的简单移植，从而取得真正有原创性成果的道路呢？这种原创性的研究对于提升中国学术的国际地位有什么意义呢？对于这个问题，著名经济学家林毅夫在北京大学110周年庆典上的讲话很值得参考，特引录如下作为本书的结尾：

> 社会科学家提出的理论通常来自于对其所在国家的社会现象的观察和问题的思考。以经济学理论为例，自从亚当·斯密在1776年出版《国富论》奠定了现代经济学的基础以来，当前国际上通行的经济学理论主要由发达国家的经济学家提出，以解释、解决发达国家的现象和问题为目的。但是，发达国家所面临的机遇和挑战不同于发展中国家，能够解释、解决发达国家问题的理论不见得适用于解释、解决发展中国家的问题；而且，发达国家由于其社会经济条件和出现的问题不断变化，发达国家的社会科学理论也不断在创新。因此，以引进发达国家先进理论为目的的启蒙运动和其他各种努力，难免遇到应该引进何种理论和引进的理论可能出现“淮南为桔，淮北为枳”的困境。社会科学的理论本质上是一个简单的因果关系的逻辑体系。社会科学的理论是否适用于某个国家决定于其理论的前提假设是否和该个国家重要的社会经济条件一致。从复杂的社会经济现象中找出关键的条件变量以建立一个简单的因果逻辑体系，通常只有生活在这个社会中，对这个社会的历史文化有深刻认识体会的社会科学家才能做到。因此……必须走出“西天取经”的思维定式，在政治、经济、社会科学各个领域，深入了解中国的历史，研究我国和其他发展中国家过去百多年来现代化成功和失败的经验，以及当前国内、国际社会的现实，创造性地构建出一套能够揭示中国现代化问题的本质、面临的限制和机遇的新的思想体系、理

论观点。……作为一个发展中和转型中国家，中国在现代化进程中所面临的挑战和机遇与其他发展中和转型中国家本质上较为接近，能够解决中国现代化所面临的困难，掌握中国发展的机遇，推动中国较好、较快地实现现代化的理论，对于处于相同发展阶段的发展中、转型中国家比发达国家的学者所提出来的理论在解决它们的问题、掌握它们发展的机遇上更具有参考借鉴的价值。目前，世界上还有三分之二的人口生活在发展中和转型中国家，因此，如果能够在哲学社会科学领域进行有益于中国现代化的理论观点、思想体系的创新，这也将对世界上其他发展中国家的发展、转型、现代化做出巨大贡献。①

① 林毅夫：《在北京大学110周年校庆庆典上的发言》，参见 http://www.douban.com/subject/discussion/1202459。

主要参考文献

一、丛书

（一）“全球化论丛”

1. 王列，杨雪冬编译. 全球化与世界. 中央编译出版社，1998

2. 胡元梓，薛晓源主编. 全球化与中国. 中央编译出版社，1998

3. 张世鹏，殷叙彝编译. 全球化时代的资本主义. 中央编译出版社，1998

4. 俞可平主编. 全球化时代的“社会主义”. 中央编译出版社，1998

5. 俞可平主编. 全球化时代的“马克思主义”. 中央编译出版社，1998

6. 俞可平，黄卫平主编. 全球化的悖论. 中央编译出版社，1998

7. 王宁，薛晓源主编. 全球化与后殖民批评. 中央编译出版社，1998

（二）“全球化与中国研究”

1. 雅克·阿达. 经济全球化. 中央编译出版社，2000

2. 里斯本小组. 竞争的极限. 中央编译出版社，2000

3. 乌尔里希·贝克，哈贝马斯等. 全球化与政治. 中央编译出版社，2000

4. 弗朗索瓦·沙奈. 金融全球化. 中央编译出版社，2000

（三）“全球化译丛”

1. 戴维·赫尔德等. 全球大变革——全球化时代的政治、经济与文化. 社会科学文献出版社，2001

2. 罗宾·科恩.全球社会学.社会科学文献出版社,2001

3. 赫尔穆特·施密特.全球化与道德重建.社会科学文献出版社,2001

4. 保罗·赫斯特等.质疑全球化——国际经济与治理的可能性.社会科学文献出版社,2002

5. 萨米尔·阿明.世界一体化的挑战.社会科学文献出版社,2003

6. 弗朗西斯科·洛佩斯·塞格雷拉.全球化与世界体系.上下册.社会科学文献出版社,2003

7. 威廉·格雷德.资本主义全球化的疯狂逻辑.社会科学文献出版社,2003

8. 弗兰克等.世界体系:500年还是5000年?社会科学文献出版社,2003

9. 星野昭吉.全球化时代的世界政治.社会科学文献出版社,2004

10. 戴维·赫尔德等.治理全球化:权力、权威与全球治理.社会科学文献出版社,2004

11. 戴维·赫尔德等.全球化与反全球化.社会科学文献出版社,2004

12. 戴维·赫尔德.全球盟约:华盛顿共识与社会民主.社会科学文献出版社,2005

13. 乌尔里希·杜赫罗.资本全球化:产权为民,不为利.社会科学文献出版社,2005

14. 大卫·A.施沃伦.自觉全球主义:矛盾冲突与对策.社会科学文献出版社,2005

15. 特奥托尼奥·多斯桑托斯.霸权与反霸权——全球化的局限与地区化进程.社会科学文献出版社,2005

16. 乔万尼·阿里吉等.东亚的复兴——以500年,150年和50年为视角.社会科学文献出版社,2006

17. 玛丽-弗朗索瓦·杜兰等.全球化地图:认知当代世界空间.社会科学文献出版社,2007

18. 戴维·赫尔德等主编.全球化理论——研究路径与理论论争.社会科学文献出版社,2009

19. 刘易斯·波利等.全球秩序:剧变世界中的机构、制度与自主性.社会科学文献出版社,2009

20. 入江昭.全球共同体——国际组织在当代世界形成中的角色.社会科学文献出版社,2009

21. 科林·斯巴克斯.全球化社会发展与大众媒体.社会科学文献出版社,2009

22. 斯蒂芬·斯特里特等主编.帝国与自主性——全球化进程中的重大时刻.社会科学文献出版社,2010

23. 约翰·塞兹.全球议题.社会科学文献出版社,2010

24. 斯科特·拉什等.全球文化工业:物的媒介化.社会科学文献出版社,2010

(四)"全球化论丛"

1. 李黑虎等.经济全球化对中国的挑战.社会科学文献出版社,2001

2. 谈世中等.经济全球化与发展中国家.社会科学文献出版社,2002

3. 俞可平主编.全球化:西方化还是中国化.社会科学文献出版社,2002

4. 杨雪冬.全球化:西方理论前沿.社会科学文献出版社,2002

5. 俞可平主编.全球化:全球治理.社会科学文献出版社,2003

6. 李惠斌主编.全球化:中国道路.社会科学文献出版社,2003

7. 曹天予主编.现代化、全球化与中国道路.社会科学文献出版社,2003

8. 中华孔子学会等编.经济全球化与民族文化多元发展.社会科学文献出版社,2003

9. 江时学.金融全球化与发展中国家的经济安全.社会科学文献出版社,2004

10. 俞可平等.全球化与国家主权.社会科学文献出版社,2004

11. 薛晓源主编.全球化与新制度主义.社会科学文献出版社 2004

12. 薛晓源等主编.全球化与风险社会.社会科学文献出版社,2005

13. 薛晓源等主编.全球化与文化资本.社会科学文献出版社,2005

14. 杨雪冬.风险社会与秩序重建.社会科学文献出版社,2006

(五)"国际学术前沿报告·全球化研究系列"

1. 李惠斌主编.全球化与现代性批判.广西师范大学出版社,2003

2. 李惠斌主编.全球化与公民社会.广西师范大学出版社,2003

3. 王治河主编.全球化与后现代性.广西师范大学出版社,2003

4. 李其庆主编.全球化与新自由主义.广西师范大学出版社,2003

(六)"全球化焦点问题"丛书

1. 程光泉.全球化与价值冲突.湖南人民出版社,2003

2. 李晓东.全球化与文化整合.湖南人民出版社,2003

3. 贾英健.全球化与民族国家.湖南人民出版社,2003

4. 郑伟.全球化与"第三条道路".湖南人民出版社,2003

5. 孙宽平,滕世华.全球化与全球治理.湖南人民出版社,2003

6. 龙文懋.全球化与经济安全.湖南人民出版社,2003

7. 刘曙光.全球化与反全球化.湖南人民出版社,2003

二、中文译著

1. 马克思恩格斯全集(第一版). 人民出版社
2. 马克思恩格斯全集(第二版). 人民出版社
3. 马克思恩格斯选集. 人民出版社,1995
4. 马克思恩格斯文集. 人民出版社,2009
5. 列宁全集(第二版). 人民出版社
6. 列宁选集. 人民出版社,1995
7. 黑格尔. 精神现象学. 上下卷. 贺麟,王玖兴译. 商务印书馆,1979
8. 黑格尔. 法哲学原理. 范扬,张企泰译. 商务印书馆,1961
9. 黑格尔. 小逻辑. 贺麟译. 商务印书馆,1970
10. 黑格尔. 历史哲学. 王造时译. 上海书店出版社,1999
11. 黑格尔. 逻辑学. 上下卷. 杨一之译. 商务印书馆,1966
12. 费尔巴哈著作选集. 上下卷. 商务印书馆,1984
13. 施蒂纳. 唯一者及其所有物. 金海民译. 商务印书馆,1989
14. 伯恩施坦. 社会主义的前提和社会民主党的任务. 殷叙彝译. 三联书店 1965
15. 伯恩施坦言论. 三联书店,1966
16. 考茨基. 帝国主义. 史集译. 三联书店,1964
17. 考茨基. 民族国家、帝国主义和国家联盟. 叶至译. 三联书店,1963
18. 卢森堡. 资本积累论. 彭尘舜译. 三联书店,1959
19. 卢森堡. 社会改良还是社会革命? 徐坚译. 三联书店,1958
20. 希法亭. 金融资本. 福民等译. 商务印书馆,1994
21. 卢卡奇. 历史与阶级意识. 杜章智译. 商务印书馆,1992
22. 卢卡奇. 青年黑格尔. 王玖兴译. 商务印书馆,1963
23. 卢卡奇. 关于社会存在的本体论. 白锡堃等译. 重庆人民出版社,1993
24. 柯尔施. 马克思主义和哲学. 王南湜译. 重庆出版社 1989
25. 柯尔施. 卡尔·马克思. 熊子云等译. 重庆出版社,1993
26. 拉布里奥拉. 关于历史唯物主义. 杨启凌等译. 人民出版社,1984
27. 葛兰西. 狱中札记. 葆煦译. 人民出版社,1983
28. 马尔库塞. 单向度的人. 张峰译. 重庆出版社,1989

29. 马尔库塞. 理性和革命. 程志民译. 重庆出版社,1993

30. 马尔库塞. 现代文明与人的困境. 李小兵译. 三联书店,1989

31. 马尔库塞. 爱欲与文明. 黄勇,薛明译. 上海译文出版社,1987

32. 西方学者论《1844 年经济学—哲学手稿》. 复旦大学出版社,1983

33. 霍克海默. 批判理论. 李小兵译. 重庆出版社,1989

34. 阿多诺. 否定的辩证法. 张峰译. 重庆出版社,1993

35. 曼德尔. 晚期资本主义. 马清文译. 黑龙江人民出版社,1983

36. 詹姆逊. 重读《资本论》. 胡志,陈清贵译. 中国人民大学出版社,2013

37. 詹姆逊. 晚期资本主义的文化逻辑. 张旭东编. 三联书店,1997

38. 弗里德里克・杰姆逊等. 全球化的文化. 南京大学出版社,2002

39. 弗雷德里克・詹姆逊. 现代性、后现代性和全球化. 中国人民大学出版社,2004

哈维. 跟 40. 哈维. 读《资本论》. 刘英译. 上海译文出版社,2003

41. 哈维. 希望的空间. 胡大平译. 南京大学出版社,2006

42. 库恩. 科学革命的结构. 金吾伦,胡新和译. 北京大学出版社,2003

43. 福柯. 词与物. 莫伟民译. 三联书店,2001

44. 福柯. 知识考古学. 谢强,马月译. 三联书店,1998

45. 哈贝马斯. 重建历史唯物主义. 郭官义译. 社会科学文献出版社,2000

46. 哈贝马斯. 合法化危机. 刘北成,曹卫东译. 学林出版社,1999

47. 沃勒斯坦. 现代世界体系. 第 1—3 卷. 罗荣渠,庞卓恒等译. 高等教育出版社,1998,2000

48. 孔汉思,库舍尔. 全球伦理——世界宗教议会宣言. 四川人民出版社,1997

49. 汉斯-彼得・马丁,哈拉尔特・舒曼. 全球化陷阱. 中央编译出版社,1998

50. 塞缪尔・亨廷顿. 文明的冲突与世界秩序的重建. 新华出版社,1998

51. 罗兰・罗伯森. 全球化——社会理论和全球文化. 上海人民出版社,2000

52. 格拉德・博克斯贝格等. 全球化的十大谎言. 胡善君等译. 新华出版社,2000

53. 布鲁斯・罗宾斯. 全球化中的知识左派. 中国社会科学出版社,2000

54. 安东尼・吉登斯. 现代性的后果. 译林出版社,2000

55. 安东尼・吉登斯. 第三条道路——社会民主主义的复兴. 北京大学出版社,2000

56. 安东尼・吉登斯. 失控的世界——全球化如何重塑我们的生活. 江西人民出版社,2001

57. 安东尼·吉登斯编. 在边缘:全球资本主义生活. 三联书店,2003

58. 安东尼·吉登斯. 气候变化的政治. 曹荣湘译. 社会科学文献出版社,2009

59. 齐格蒙特·鲍曼. 全球化——人类的后果. 商务印书馆,2001

60. 马丁·阿尔布劳. 全球时代——超越现代性之外的国家和社会. 商务印书馆,2001

61. 阿兰·格鲁曼. 全球化的终结. 三联书店,2001

62. 赖纳·特茨拉夫主编. 全球化压力下的世界文化. 吴志成等译. 江西人民出版社,

63. 安东尼·史密斯. 全球化时代的民族与民族主义. 中央编译出版社,2002

64. 约翰·格雷. 伪黎明:全球资本主义的幻象. 中国社会科学出版社,2002

65. 贾斯廷·罗森伯格. 质疑全球化理论. 江苏人民出版社,2002

66. 约翰·汤姆林森. 全球化与文化. 南京大学出版社,2002

67. 弗朗西斯·福山. 历史的终结及最后的人. 中国社会科学出版社,2003

68. 乔万尼·阿瑞吉等. 世界体系的混沌与治理. 王宇洁译. 三联书店,2003

69. 乔纳森·弗里德曼. 文化认同与全球性过程. 商务印书馆,2003

70. 约瑟夫·斯蒂格利茨. 全球化及其不满. 机械工业出版社,2004

71. 乌尔里希·贝克. 全球化时代的权力与反权力. 广西师范大学出版社,2004

72. 乌尔里希·贝克. 世界风险社会. 南京大学出版社,2004

73. 乌尔里希·贝克. 什么是全球化? 常和芳译. 华东师范大学出版社,2008

74. D. 赫尔德,J. 罗西瑙等. 国将不国? ——西方著名学者论全球化与国家主权. 江西人民出版社,2004

75. 塞缪尔·亨廷顿,彼得·伯格主编. 全球化的文化动力——当今世界的文化多样性. 新华出版社,2004

76. 筱田英朗. 重新审视主权——从古典理论到全球时代. 商务印书馆,2004

77. 马乔里·格里芬·科恩等. 全球化动荡. 华夏出版社,2004

78. 迈克尔·哈特,安东尼奥·奈格里. 帝国——全球化的政治秩序(第二版). 江苏人民出版社,2005

79. 帕特里克·迪克松. 洞悉先机:全球化的六个方面. 孙雪晶译. 中国人民大学出版社,2005

80. 杜维明. 对话与创新. 广西师范大学出版社,2005

81. 罗·霍尔顿. 全球化与民族国家. 倪峰译. 世界知识出版社,2006

82. 哈佛燕京学社主编. 全球化与文明对话. 江苏教育出版社,2004

83. 哈佛燕京学社主编. 建构世界共同体:全球化与共同善. 江苏教育出版社,2006

84. 弗朗西斯·福山. 国家构建:21 世纪的国家治理与世界秩序. 中国社会科学出版社,2007

85. 马丁·沃尔夫. 全球化为什么可行. 余江译,中信出版社,2008

86. 李湛忞. 全球化时代的文化分析. 杨彩霞译. 译林出版社,2008

87. 萨拉·邦焦尔尼. 离开中国制造的一年:一个美国家庭的生活历险. 闾佳等译. 机械工业出版社,2008

88. 曼菲尔德·斯特格尔. 全球化面面观. 丁兆国译. 译林出版社,2009

89. 圭拉姆·德拉德萨拉. 全球化博弈. 董凌云译. 北京大学出版社,2009

90. 弗朗索瓦□巴富瓦尔. 从休克到重建——东欧的社会转型与全球化—欧洲化. 社会科学文献出版社,2010

91. 罗朗·科恩-达努奇. 世界是不确定的——全球化时代的地缘政治. 社会科学文献出版社,2010

92. 简·阿特·斯图尔特. 解析全球化. 吉林人民出版社,2011

93. R. R. 帕尔默等. 冷战到全球化——意识形态的终结. 世界图书出版公司,2011

三、中文著作

1. 万俊人. 寻求普世伦理. 商务印书馆,2001

2. 庞中英主编. 全球化、反全球化与中国——理解全球化的复杂性与多样性. 上海人民出版社,2002

3. 杨伯溆. 全球化:起源、发展和影响. 人民出版社,2002

4. 丰子义,杨学功. 马克思"世界历史"理论与全球化. 人民出版社,2002

5. 魏明德. 全球化与中国——一位法国学者谈当代文化交流. 商务印书馆,2002

6. 韩璞庚等. 全球化与价值冲突. 人民出版社,2002

7. 梁展编选. 全球化话语. 上海三联书店,2002

8. 俞可平. 全球化与政治发展. 社会科学文献出版社,2003

9. 何清. 全球化与国家意识的衰微. 中国人民大学出版社,2003

10. 北京大学马克思主义文献研究中心编. 马克思主义与全球化. 北京大学出版社,2003

11. 北京大学马克思主义文献研究中心编. 共产党宣言与全球化. 北京大学出版

社,2001

12. 许纪霖主编.全球正义与文明对话.江苏人民出版社,2004

13. 戢斗勇.儒家全球伦理.甘肃人民出版社,2004

14. 赵汀阳.天下体系——世界制度哲学导论.江苏教育出版社,2005

15. 黄平等编.中国与全球化:华盛顿共识还是北京共识.社会科学文献出版社,2005

16. 姜桂石等.全球化与亚洲现代化.社会科学文献出版社,2005

17. 王永贵.经济全球化与我国社会主流意识形态建设研究.人民出版社,2010

18. 向红.全球化与反全球化运动新探.中央编译出版社,2010

19. 杨生平等.全球化进程中文化问题探究.中国社会科学出版社,2010

20. 王希恩.全球化中的民族过程.社会科学文献出版社,2010

21. 吴晓明,邹诗鹏主编.全球化背景下的现代性问题.重庆出版社,2010

22. 郭长刚.全球化、价值观与多元主义.上海三联书店,2010

23. 孟庆顺.全球化时代世界意识形态流派述评.人民出版社,2010

24. 俞可平主编.全球化与全球化问题.中央编译出版社,2010

25. 董经胜等.拉丁美洲的殖民化与全球化.江西人民出版社,2010

26. 张旭东.全球化时代的文化认同——西方普遍主义话语的历史批判(第二版).北京大学出版社,2007

后　记

近年来，国内外关于全球化已有比较广泛、深入的讨论，并形成了不少研究成果。本书在学界现有研究的基础上，力图对马克思主义关于全球化的理论谱系加以梳理和阐发，同时对全球化的一些基本理论问题和现实问题加以具体分析，以期深化全球化问题的讨论和研究。由于作者理论视野和研究水平所限，加之其他原因，有些新的研究成果和研究动态没有充分吸纳和反映进来，恳请读者批评指正。

本书是在北京大学中国特色社会主义理论体系研究中心设立的教育部人文社会科学研究基地的重大项目“经济全球化与当代中国社会主义的发展”的研究成果。本书的第一、三、四章由丰子义撰写；前言和第二、五、六章由仰海峰撰写；第七、八、九、十章由杨学功撰写。本书的出版得到了江苏人民出版社的大力支持，戴亦梁女士为本书的出版付出了辛勤的劳动，在此一并表示诚挚的谢意！

丰子义
2016 年 8 月

凤凰文库书目

一、马克思主义研究系列

《走进马克思》 孙伯鍨 张一兵 主编
《回到马克思:经济学语境中的哲学话语》(第三版) 张一兵 著
《当代视野中的马克思》 任平 著
《回到列宁:关于“哲学笔记”的一种后文本学解读》 张一兵 著
《回到恩格斯:文本、理论和解读政治学》 胡大平 著
《国外毛泽东学研究》 尚庆飞 著
《重释历史唯物主义》 段忠桥 著
《资本主义理解史》(6卷) 张一兵 主编
《阶级、文化与民族传统:爱德华·P. 汤普森的历史唯物主义思想研究》 张亮 著
《形而上学的批判与拯救》 谢永康 著
《21世纪的马克思主义哲学创新:马克思主义哲学中国化与中国化马克思主义哲学》 李景源 主编
《科学发展观与和谐社会建设》 李景源 吴元梁 主编
《科学发展观:现代性与哲学视域》 姜建成 著
《西方左翼论当代西方社会结构的演变》 周穗明 王玫 等著
《历史唯物主义的政治哲学向度》 张文喜 著
《信息时代的社会历史观》 孙伟平 著
《从斯密到马克思:经济哲学方法的历史性诠释》 唐正东 著
《构建和谐社会的政治哲学阐释》 欧阳英 著
《正义之后:马克思恩格斯正义观研究》 王广 著
《后马克思主义思想史》 [英]斯图亚特·西姆 著 吕增奎 陈红 译
《后马克思主义与文化研究:理论、政治与介入》 [英]保罗·鲍曼 著 黄晓武 译
《市民社会的乌托邦:马克思主义的社会历史哲学阐释》 王浩斌 著
《唯物史观与人的发展理论》 陈新夏 著
《西方马克思主义与苏联:1917年以来的批评理论和争论概览》 [荷]马歇尔·范·林登 著
周穗明 译 翁寒松 校
《物与无:物化逻辑与虚无主义》 刘森林 著
《拜物教的幽灵:当代西方马克思主义社会批判的隐性逻辑》 夏莹 著
《新中国社会形态研究》 吴波 著
《“崩溃的逻辑”的历史建构:阿多诺早中期哲学思想的文本学解读》 张亮 著
《“超越政治”还是“回归政治”:马克思与阿伦特政治哲学比较》 白刚 张荣艳 著
《无调式的辩证想象:阿多诺〈否定的辩证法〉的文本学解读》 张一兵 著
《马克思再生产理论及其哲学效应研究》 孙乐强 著
《希望的源泉:文化、民主、社会主义》 [英]雷蒙·威廉斯 著 祁阿红 吴晓妹 译
《后工业乌托邦》 [澳]鲍里斯·弗兰克尔著 李元来 译
《未来考古学:乌托邦欲望和其他科幻小说》 [美]弗里德里克·詹姆逊 著 吴静 译

二、政治学前沿系列

《公共性的再生产:多中心治理的合作机制建构》 孔繁斌 著
《合法性的争夺:政治记忆的多重刻写》 王海洲 著

《民主的不满:美国在寻求一种公共哲学》 [美]迈克尔·桑德尔 著　曾纪茂 译
《权力:一种激进的观点》 [英]斯蒂芬·卢克斯 著　彭斌 译
《正义与非正义战争:通过历史实例的道德论证》 [美]迈克尔·沃尔泽 著　任辉献 译
《自由主义与现代社会》 [英]理查德·贝拉米 著　毛兴贵 等译
《左与右:政治区分的意义》 [意]诺贝托·博比奥 著　陈高华 译
《自由主义中立性及其批评者》 [美]布鲁斯·阿克曼 等著　应奇 编
《公民身份与社会阶级》 [英]T. H. 马歇尔 等著　郭忠华 刘训练 编
《当代社会契约论》 [美]约翰·罗尔斯 等著　包利民 编
《马克思与诺齐克之间》 [英]G. A. 柯亨 等著　吕增奎 编
《美德伦理与道德要求》 [英]欧若拉·奥尼尔 等著　徐向东 编
《宪政与民主》 [英]约瑟夫·拉兹 等著　佟德志 编
《自由多元主义的实践》 [美]威廉·盖尔斯敦 著　佟德志 苏宝俊 译
《国家与市场:全球经济的兴起》 [美]赫尔曼·M. 施瓦茨 著　徐佳 译
《税收政治学:一种比较的视角》 [美]盖伊·彼得斯 著　郭为桂 黄宁莺 译
《控制国家:从古雅典至今的宪政史》 [美]斯科特·戈登 著　应奇 陈丽微 孟军 李勇 译
《社会正义原则》 [英]戴维·米勒 著　应奇 译
《现代政治意识形态》 [澳]安德鲁·文森特 著　袁久红 译
《新社会主义》 [加拿大]艾伦·伍德 著　尚庆飞 译
《政治的回归》 [英]尚塔尔·墨菲 著　王恒 臧佩洪 译
《自由多元主义》 [美]威廉·盖尔斯敦 著　佟德志 庞金友 译
《政治哲学导论》 [英]亚当·斯威夫特 著　佘江涛 译
《重新思考自由主义》 [英]理查德·贝拉米 著　王萍 傅广生 周春鹏 译
《自由主义的两张面孔》 [英]约翰·格雷 著　顾爱彬 李瑞华 译
《自由主义与价值多元论》 [英]乔治·克劳德 著　应奇 译
《帝国:全球化的政治秩序》 [美]麦克尔·哈特 [意]安东尼奥·奈格里 著　杨建国 范一亭 译
《反对自由主义》 [美]约翰·凯克斯 著　应奇 译
《政治思想导读》 [英]彼得·斯特克 大卫·韦戈尔 著　舒小昀 李霞 赵勇 译
《现代欧洲的战争与社会变迁:大转型再探》 [英]桑德拉·哈尔珀琳 著　唐皇凤 武小凯 译
《道德原则与政治义务》 [美]约翰·西蒙斯 著　郭为桂 李艳丽 译
《政治经济学理论》 [美]詹姆斯·卡波拉索 戴维·莱文著　刘骥 等译
《民主国家的自主性》 [英]埃里克·A. 诺德林格 著　孙荣飞 等译
《强社会与弱国家:第三世界的国家社会关系及国家能力》 [英]乔·米格德尔 著　张长东 译
《驾驭经济:英国与法国国家干预的政治学》 [美]彼得·霍尔 著　刘骥 刘娟凤 叶静 译
《社会契约论》 [英]迈克尔·莱斯诺夫 著　刘训练 等译
《共和主义:一种关于自由与政府的理论》 [澳]菲利普·佩蒂特 著　刘训练 译
《至上的美德:平等的理论与实践》 [美]罗纳德·德沃金 著　冯克利 译
《原则问题》 [美]罗纳德·德沃金 著　张国清 译
《社会正义论》 [英]布莱恩·巴利 著　曹海军 译
《马克思与西方政治思想传统》 [美]汉娜·阿伦特 著　孙传钊 译
《作为公道的正义》 [英]布莱恩·巴利 著　曹海军 允春喜 译
《古今自由主义》 [美]列奥·施特劳斯 著　马志娟 译
《公平原则与政治义务》 [美]乔治·格劳斯科 著　毛兴贵 译
《谁统治:一个美国城市的民主和权力》 [美]罗伯特·A. 达尔 著　范春辉 等译

《论伦理精神》 张康之 著
《人权与帝国:世界主义的政治哲学》 [英]科斯塔斯·杜兹纳 著 辛亨复 译
《阐释和社会批判》 [美]迈克尔·沃尔泽 著 任辉献 段鸣玉 译
《全球时代的民族国家:吉登斯讲演录》 [英]安东尼·吉登斯 著 郭忠华 编
《当代政治哲学名著导读》 应奇 主编
《拉克劳与墨菲:激进民主想象》 [美]安娜·M. 史密斯 著 付琼 译
《英国新左派思想家》 张亮 编
《第一代英国新左派》 [英]迈克尔·肯尼 著 李永新 陈剑 译
《转向帝国:英法帝国自由主义的兴起》 [美]珍妮弗·皮茨 著 金毅 许鸿艳 译
《论战争》 [美]迈克尔·沃尔泽 著 任辉献 段鸣玉 译
《现代性的谱系》 张凤阳 著
《近代中国民主观念之生成与流变:一项观念史的考察》 闾小波 著
《阿伦特与现代性的挑战》 [美]塞瑞娜·潘琳 著 张云龙 译
《政治人:政治的社会基础》 [美]西摩·马丁·李普塞特 著 郭为桂 林娜 译
《社会中的国家:国家与社会如何相互改变与相互构成》 [美]乔尔·S. 米格代尔 著 李杨 郭一聪 译张长东 校
《伦理、文化与社会主义:英国新左派早期思想读本》 张亮 熊婴 编
《仪式、政治与权力》 [美]大卫·科泽 著 王海洲 译
《政治仪式:权力生产和再生产的政治文化分析》 王海洲 著
《论政治的本性》 [英]尚塔尔·墨菲 著 周凡 译

三、纯粹哲学系列

《哲学作为创造性的智慧:叶秀山西方哲学论集(1998—2002)》 叶秀山 著
《真理与自由:康德哲学的存在论阐释》 黄裕生 著
《走向精神科学之路:狄尔泰哲学思想研究》 谢地坤 著
《从胡塞尔到德里达》 尚杰 著
《海德格尔与存在论历史的解构:〈现象学的基本问题〉引论》 宋继杰 著
《康德的信仰:康德的自由、自然和上帝理念批判》 赵广明 著
《宗教与哲学的相遇:奥古斯丁与托马斯·阿奎那的基督教哲学研究》 黄裕生 著
《理念与神:柏拉图的理念思想及其神学意义》 赵广明 著
《时间性:自身与他者——从胡塞尔、海德格尔到列维纳斯》 王恒 著
《意志及其解脱之路:叔本华哲学思想研究》 黄文前 著
《真理之光:费希特与海德格尔论 SEIN》 李文堂 著
《归隐之路:20 世纪法国哲学的踪迹》 尚杰 著
《胡塞尔直观概念的起源:以意向性为线索的早期文本研究》 陈志远 著
《幽灵之舞:德里达与现象学》 方向红 著
《形而上学与社会希望:罗蒂哲学研究》 陈亚军 著
《福柯的主体解构之旅:从知识考古学到"人之死"》 刘永谋 著
《中西智慧的贯通:叶秀山中国哲学文化论集》 叶秀山 著
《学与思的轮回:叶秀山 2003—2007 年最新论文集》 叶秀山 著
《返回爱与自由的生活世界:纯粹民间文学关键词的哲学阐释》 户晓辉 著
《心的秩序:一种现象学心学研究的可能性》 倪梁康 著
《生命与信仰:克尔凯郭尔假名写作时期基督教哲学思想研究》 王齐 著

《时间与永恒:论海德格尔哲学中的时间问题》 黄裕生 著
《道路之思:海德格尔的“存在论差异”思想》 张柯 著
《启蒙与自由:叶秀山论康德》 叶秀山 著
《自由、心灵与时间:奥古斯丁心灵转向问题的文本学研究》 张荣 著
《回归原创之思:“象思维”视野下的中国智慧》 王树人 著
《从语言到心灵:一种生活整体主义的研究》 蒉益民 著
《身体、空间与科学:梅洛－庞蒂的空间现象学研究》 刘胜利 著
《超越经验主义与理性主义:实用主义叙事的当代转换及效应》 陈亚军 著

四、宗教研究系列

《汉译佛教经典哲学研究》(上下卷) 杜继文 著
《中国佛教通史》(15卷) 赖永海 主编
《中国禅宗通史》 杜继文 魏道儒 著
《佛教史》 杜继文 主编
《道教史》 卿希泰 唐大潮 著
《基督教史》 王美秀 段琦 等著
《伊斯兰教史》 金宜久 主编
《中国律宗通史》 王建光 著
《中国唯识宗通史》 杨维中 著
《中国净土宗通史》 陈扬炯 著
《中国天台宗通史》 潘桂明 吴忠伟 著
《中国三论宗通史》 董群 著
《中国华严宗通史》 魏道儒 著
《中国佛教思想史稿》(3卷) 潘桂明 著
《禅与老庄》 徐小跃 著
《中国佛性论》 赖永海 著
《禅宗早期思想的形成与发展》 洪修平 著
《基督教思想史》 [美]胡斯都·L. 冈察雷斯 著 陈泽民 孙汉书 司徒桐 莫如喜 陆俊杰 译
《圣经历史哲学》(上下卷) 赵敦华 著
《如来藏经典与中国佛教》 杨维中 著
《儒佛道思想家与中国思想文化》 洪修平 主编
《基督教神学发展史》(一)、(二)、(三) 林荣洪 著

五、人文与社会系列

《环境与历史:美国和南非驯化自然的比较》 [美]威廉·贝纳特 彼得·科茨 著 包茂红 译
《阿伦特为什么重要》 [美]伊丽莎白·扬—布鲁尔 著 刘北成 刘小鸥 译
《现代性的哲学话语》 [德]于尔根·哈贝马斯 著 曹卫东 等译
《追寻美德:伦理理论研究》 [美]A. 麦金太尔 著 宋继杰 译
《现代社会中的法律》 [美]R. M. 昂格尔 著 吴玉章 周汉华 译
《知识分子与大众:文学知识界的傲慢与偏见,1880—1939》 [英]约翰·凯里 著 吴庆宏 译
《自我的根源:现代认同的形成》 [加拿大]查尔斯·泰勒 著 韩震 等译
《社会行动的结构》 [美]塔尔科特·帕森斯 著 张明德 夏遇南 彭刚 译
《文化的解释》 [美]克利福德·格尔茨 著 韩莉 译

《以色列与启示:秩序与历史(卷1)》 [美]埃里克·沃格林 著　霍伟岸 叶颖 译
《城邦的世界:秩序与历史(卷2)》 [美]埃里克·沃格林 著　陈周旺 译
《战争与和平的权利:从格劳秀斯到康德的政治思想与国际秩序》 [美]理查德· 塔克 著　罗炯 等译
《人类与自然世界:1500—1800年间英国观念的变化》 [英]基思·托马斯 著　宋丽丽 译
《男性气概》 [美]哈维·C. 曼斯菲尔德 著　刘玮 译
《黑格尔》 [加拿大]查尔斯·泰勒 著　张国清 朱进东 译
《社会理论和社会结构》 [美]罗伯特·K. 默顿 著　唐少杰 齐心 等译
《个体的社会》 [德]诺贝特·埃利亚斯 著　翟三江 陆兴华 译
《象征交换与死亡》 [法]让·波德里亚 著　车槿山 译
《实践感》 [法]皮埃尔·布迪厄 著　蒋梓骅 译
《关于马基雅维里的思考》 [美]利奥·施特劳斯 著　申彤 译
《正义诸领域:为多元主义与平等一辩》 [美]迈克尔·沃尔泽 著　褚松燕 译
《传统的发明》 [英]E. 霍布斯鲍姆 T. 兰格 著　顾杭 庞冠群 译
《元史学:十九世纪欧洲的历史想象》 [美]海登·怀特 著　陈新 译
《卢梭问题》 [德]恩斯特·卡西勒 著　王春华 译
《自足语义学:为语义最简论和言语行为多元论辩护》 [挪威]赫尔曼·开普兰
[美]厄尼·利珀尔 著　周允程 译
《历史主义的兴起》 [德]弗里德里希·梅尼克 著　陆月宏 译
《权威的概念》 [法]亚历山大·科耶夫 著　姜志辉 译
《无国界移民》 [瑞士]安托万·佩库 [荷兰]保罗·德·古赫特奈尔 编　武云 译
《语言的未来》 [法]皮埃尔·朱代·德·拉孔布　海因茨·维斯曼 著　梁爽 译
《全球化的关键概念》 [挪]托马斯·许兰德·埃里克森 著　周云水 等译
《房地产阶级社会》 [韩]孙洛龟 著　芦恒 译
《政治创新与概念变革》 [美]特伦斯·鲍尔詹姆斯·法尔拉塞尔·L.汉森 编　朱进东 译
《依赖性的理性动物:人类为什么需要德性》 [美]阿拉斯戴尔·麦金太尔 著　刘玮 译
《理解俄国:俄国文化中的圣愚》 [美]埃娃·汤普逊 著　杨德友 译
《留恋人世:长生不老的奇妙科学》 [美]乔纳森·韦纳 著　杨朗　卢文超 译

六、海外中国研究系列

《帝国的隐喻:中国民间宗教》 [英]王斯福 著　赵旭东 译
《王弼〈老子注〉研究》 [德]瓦格纳 著　杨立华 译
《章学诚思想与生平研究》 [美]倪德卫 著　杨立华 译
《中国与达尔文》 [美]詹姆斯·里夫 著　钟永强 译
《千年末世之乱:1813年八卦教起义》 [美]韩书瑞 著　陈仲丹 译
《中华帝国后期的欲望与小说叙述》 黄卫总 著　张蕴爽 译
《私人领域的变形:唐宋诗词中的园林与玩好》 [美]王晓山 著　文韬 译
《六朝精神史研究》 [日]吉川忠夫 著　王启发 译
《中国社会史》 [法]谢和耐 著　黄建华 黄迅余 译
《大分流:欧洲、中国及现代世界经济的发展》 [美]彭慕兰 著　史建云 译
《近代中国的知识分子与文明》 [日]佐藤慎一 著　刘岳兵 译
《转变的中国:历史变迁与欧洲经验的局限》 [美]王国斌 著　李伯重 连玲玲 译
《中国近代思维的挫折》 [日]岛田虔次 著　甘万萍 译

《为权力祈祷》 [加拿大]卜正民 著　张华 译
《洪业:清朝开国史》 [美]魏斐德 著　陈苏镇 薄小莹 译
《儒教与道教》 [德]马克斯·韦伯 著　洪天富 译
《革命与历史:中国马克思主义历史学的起源,1919—1937》 [美]德里克 著　翁贺凯 译
《中华帝国的法律》 [美]D. 布朗 等著　朱勇 译
《文化、权力与国家》 [美]杜赞奇 著　王福明 译
《中国的亚洲内陆边疆》 [美]拉铁摩尔 著　唐晓峰 译
《古代中国的思想世界》 [美]史华兹 著　程钢 译刘东 校
《中国近代经济史研究:明末海关财政与通商口岸市场圈》 [日]滨下武志 著　高淑娟 孙彬 译
《中国美学问题》 [美]苏源熙 著　卞东波 译　张强强 朱霞欢 校
《翻译的传说:构建中国新女性形象》 胡缨 著　龙瑜宬 彭珊珊 译
《〈诗经〉原意研究》 [日]家井真 著　陆越 译
《缠足:"金莲崇拜"盛极而衰的演变》 [美]高彦颐 著　苗延威 译
《从民族国家中拯救历史:民族主义话语与中国现代史研究》 [美]杜赞奇 著　王宪明 高继美 李海燕 李点 译
《传统中国日常生活中的协商:中古契约研究》 [美]韩森 著　鲁西奇 译
《欧几里得在中国:汉译〈几何原本〉的源流与影响》 [荷]安国风 著　纪志刚 郑诚 郑方磊 译
《毁灭的种子:战争与革命中的国民党中国(1937－1949)》 [美]易劳逸 著　王建朗 王贤知 贾维 译
《理解农民中国:社会科学哲学的案例研究》 [美]李丹 著　张天虹 张胜波 译
《18 世纪的中国社会》 [美]韩书瑞 罗有枝 著　陈仲丹 译
《开放的帝国:1600 年的中国历史》 [美]韩森 著　梁侃 邹劲风 译
《中国人的幸福观》 [德]鲍吾刚 著　严蓓雯 韩雪临 伍德祖 译
《明代乡村纠纷与秩序》 [日]中岛乐章 著　郭万平 高飞 译
《朱熹的思维世界》 [美]田浩 著
《礼物、关系学与国家:中国人际关系与主体建构》 杨美慧 著　赵旭东 孙珉 译张跃宏 校
《美国的中国形象:1931—1949》 [美]克里斯托弗·杰斯普森 著　姜智芹 译
《清代内河水运史研究》 [日]松浦章 著　董科 译
《中国的经济革命:20 世纪的乡村工业》 [日]顾琳 著　王玉茹 张玮 李进霞 译
《明清时代东亚海域的文化交流》 [日]松浦章 著　郑洁西 译
《皇帝和祖宗:华南的国家与宗族》 科大卫 著　卜永坚 译
《中国善书研究》 [日]酒井忠夫 著　刘岳兵 何英莺 孙雪梅 译
《大萧条时期的中国:市场、国家与世界经济》 [日]城山智子 著　孟凡礼 尚国敏 译
《虎、米、丝、泥:帝制晚期华南的环境与经济》 [美]马立博 著　王玉茹 译
《矢志不渝:明清时期的贞女现象》 [美]卢苇菁 著　秦立彦 译
《山东叛乱:1774 年的王伦起义》 [美]韩书瑞 著　刘平 唐雁超 译
《一江黑水:中国未来的环境挑战》 [美]易明 著　姜智芹 译
《施剑翘复仇案:民国时期公众同情的兴起与影响》 [美]林郁沁 著　陈湘静 译
《工程国家:民国时期(1927－1937)的淮河治理及国家建设》 [美]戴维·艾伦·佩兹 著　姜智芹 译
《西学东渐与中国事情》 [日]增田涉 著　周启乾 译
《铁泪图:19 世纪中国对于饥馑的文化反应》 [美]艾志端 著　曹曦 译
《危险的边疆:游牧帝国与中国》 [美]巴菲尔德 著　袁剑 译

《华北的暴力与恐慌:义和团运动前夕基督教传播和社会冲突》 [德]狄德满 著 崔华杰 译
《历史宝筏:过去、西方与中国的妇女问题》 [美]季家珍 著 杨可 译
《姐妹们与陌生人:上海棉纱厂女工,1919—1949》 [美]艾米莉·洪尼格 著 韩慈 译
《银线:19 世纪的世界与中国》 林满红 著 詹庆华 林满红 译
《寻求中国民主》 [澳]冯兆基 著 刘悦斌 徐硙 译
《中国乡村的基督教:1860—1900 江西省的冲突与适应》 [美]史维东 著 吴薇 译
《认知变异:反思人类心智的统一性与多样性》 [英]G. E. R. 劳埃德 著 池志培 译
《假想的"满大人":同情、现代性与中国疼痛》 [美]韩瑞 著 袁剑 译
《男性特质论:中国的社会与性别》 [澳]雷金庆 著 [澳]刘婷 译
《中国的捐纳制度与社会》 伍跃 著
《文书行政的汉帝国》 [日]富谷至 著 刘恒武 孔李波 译
《城市里的陌生人:中国流动人口的空间、权力与社会网络的重构》 [美]张骊 著 袁长庚 译
《重读中国女性生命故事》 游鉴明 胡缨 季家珍 主编
《跨太平洋位移:20 世纪美国文学中的民族志、翻译和文本间旅行》 黄运特 著 陈倩 译
《近代日本的中国认识》 [日]野村浩一 著 张学锋 译
《性别、政治与民主:近代中国的妇女参政》 [澳]李木兰 著 方小平 译
《狮龙共舞:一个英国人眼中的威海卫与中国文化》 [英]庄士敦 著 刘本森 译
《中国社会中的宗教与仪式》 [美]武雅士 著 彭泽安 邵铁峰 译 郭潇威 校
《大象的退却:一部中国环境史》 [英]伊懋可 著 梅雪芹 毛利霞 王玉山 译
《自贡商人:早期近代中国的企业家》 [美]曾小萍 著 董建中 译
《人物、角色与心灵:〈牡丹亭〉与〈桃花扇〉中的身份认同》 [美]吕立亭 著 白华山 译
《明代江南土地制度研究》 [日]森正夫 著 伍跃 张学锋 等译 范金民 夏维中 审校
《儒学与女性》 [美]罗莎莉 著 丁佳伟 曹秀娟 译
《权力关系:宋代中国的家族、地位与国家》 [美]柏文莉 著 刘云军 译
《行善的艺术:晚明中国的慈善事业》 [美]韩德林 著 吴士勇 王桐 史桢豪 译
《近代中国的渔业战争和环境变化》 [美]穆盛博 著 胡文亮 译
《工开万物:17 世纪中国的知识与技术》 [德]薛凤 著 吴秀杰 白岚玲 译
《权力源自地位:北京大学、知识分子与中国政治文化,1898—1929》 [美]魏定熙 著 张蒙 译
《忠贞不贰? ——辽代的越境之举》 [英]史怀梅 著 曹流 译
《两访中国茶乡》 [英]罗伯特·福琼 著 敖雪岗 译
《古代中国的动物与灵异》 [英]胡司德 著 蓝旭 译
《内藤湖南:政治与汉学(1866—1934)》 [美]傅佛果 著 陶德民 何英莺 译

七、历史研究系列

《中国近代通史》(10 卷) 张海鹏 主编
《极端的年代》 [英]艾瑞克·霍布斯鲍姆 著 马凡 等译
《漫长的 20 世纪》 [意]杰奥瓦尼·阿瑞基 著 姚乃强 译
《在传统与变革之间:英国文化模式溯源》 钱乘旦 陈晓律 著
《世界现代化历程》(10 卷) 钱乘旦 主编
《近代以来日本的中国观》(6 卷) 杨栋梁 主编
《中华民族凝聚力的形成与发展》 卢勋 杨保隆 等著
《明治维新》 [英]威廉·G. 比斯利 著 张光 汤金旭 译
《在垂死皇帝的王国:世纪末的日本》 [美]诺玛·菲尔德 著 曾霞 译

《美国的艺伎盟友》［美］涩泽尚子 著　油小丽 牟学苑 译
《戊戌政变的台前幕后》 马勇 著
《战后东北亚主要国家间领土纠纷与国际关系研究》 李凡 著
《战后西亚国家领土纠纷与国际关系》 黄民兴 谢立忱 著
《民国首都南京的营造政治与现代想象(1927－1937)》 董佳 著
《战后日本史》 王新生 著
《衣被天下：明清江南丝绸史研究》 范金民 著

八、当代思想前沿系列

《世纪末的维也纳》［美］卡尔·休斯克 著　李锋 译
《莎士比亚的政治》［美］阿兰·布鲁姆 哈瑞·雅法 著　潘望 译
《邪恶》［英］玛丽·米奇利 著　陆月宏 译
《知识分子都到哪里去了：对抗 21 世纪的庸人主义》［英］弗兰克·富里迪 著　戴从容 译
《资本主义文化矛盾》［美］丹尼尔·贝尔 著　严蓓雯 译
《流动的恐惧》［英］齐格蒙特·鲍曼 著　谷蕾 杨超 等译
《流动的生活》［英］齐格蒙特·鲍曼 著　徐朝友 译
《流动的时代：生活于充满不确定性的年代》［英］齐格蒙特·鲍曼 著　谷蕾 武媛媛 译
《未来的形而上学》［美］爱莲心 著　余日昌 译
《感受与形式》［美］苏珊·朗格 著　高艳萍 译
《资本主义及其经济学：一种批判的历史》［美］道格拉斯·多德 著　熊婴 译 刘思云 校
《异端人物》［英］特里·伊格尔顿 著　刘超 陈叶 译
《哲学俱乐部：美国观念的故事》［美］路易斯·梅南德 著　肖凡 鲁帆 译
《文化理论关键词》［英］丹尼·卡瓦拉罗 著　张卫东 张生 赵顺宏 译
《齐格蒙特·鲍曼：后现代性的预言家》［英］丹尼斯·史密斯 著　佘江涛 译
《公共领域中的伦理学》［英］约瑟夫·拉兹 著　葛四友 主译
《文化模式批判》 崔平 著
《谁是罗兰·巴特》 汪民安 著
《身体、空间与后现代性》 汪民安 著
《时间、空间与伦理学基础》［美］爱莲心 著　高永旺 李孟国 译

九、教育理论研究系列

《教育研究方法导论》［美］梅雷迪斯·D. 高尔等 著　许庆豫 等译
《教育基础》［美］阿伦·奥恩斯坦 著　杨树兵 等译
《教育伦理学》 贾馥茗 著
《认知心理学》［美］罗伯特·L. 索尔索 著　何华 等译
《现代心理学史》［美］杜安·P. 舒尔茨 著　叶浩生 等译
《学校法学》［美］米歇尔·W. 拉莫特 著　许庆豫 等译

十、艺术理论研究系列

《弗莱艺术批评文选》［英］罗杰·弗莱 著　沈语冰 译
《另类准则：直面 20 世纪艺术》［美］列奥·施坦伯格 著　沈语冰 刘凡 谷光曙 译
《当代艺术的主题：1980 年以后的视觉艺术》［美］简·罗伯森 克雷格·迈克丹尼尔 著　匡骁 译
《艺术与物性：论文与评论集》［美］迈克尔·弗雷德 著　张晓剑 沈语冰 译

《现代生活的画像:马奈及其追随者艺术中的巴黎》 [英]T. J. 克拉克 著 沈语冰 诸葛沂 译
《自我与图像》 [英]艾美利亚·琼斯 著 刘凡 谷光曙 译
《博物馆怀疑论:公共美术馆中的艺术展览史》 [美][大卫·卡里尔 著 丁宁 译
《艺术社会学》 [英]维多利亚·D. 亚历山大 著 章浩 沈杨 译
《云的理论:为了建立一种新的绘画史》 [法]于贝尔·达米施 著 董强 译
《杜尚之后的康德》 [比]蒂埃利·德·迪弗 著 沈语冰 张晓剑 陶铮 译
《蒂耶波洛的图画智力》 [美]斯维特拉娜·阿尔珀斯 迈克尔·巴克森德尔 著 王玉冬 译
《伦勃朗的企业:工作室与艺术市场》 [美]斯维特拉娜·阿尔珀斯 著 冯白帆 译
《新前卫与文化工业》 [美]本雅明·布赫洛 著 何卫华 史岩林 桂宏军 钱纪芳 译
《现代艺术:19 与 20 世纪》 [美]迈耶·夏皮罗 著 沈语冰 何海 译
《重构抽象表现主义:20 世纪 40 年代的主体性与绘画》 [美]迈克尔·莱雅 著 毛秋月 译
《神经元艺术史》 [英]约翰·奥尼恩斯 著 梅娜芳 译
《实在的回归:世纪末的前卫艺术》 [美]哈尔·福斯特 著 杨娟娟 译
《德国文艺复兴时期的椴木雕刻家》 [德]巴克森德尔 著 殷树喜 译
《艺术的理论与哲学:风格、艺术家和社会》 [美]迈耶·夏皮罗 著 沈语冰 王玉冬 译

十一、中国经济问题研究系列

《中国经济的现代化:制度变革与结构转型》 肖耿 著
《世界经济复苏与中国的作用》 [英]傅晓岚 编 蔡悦 等译
《中国未来十年的改革之路》 《比较》研究室 编
《大失衡:贸易、冲突和世界经济的危险前路》 [美]迈克尔·佩蒂斯 著 王璟 译
《中国经济新转型》 [日]青木昌彦 吴敬琏 编 姚志敏 等译
《经济全球化与中国产业发展》 刘志彪 著

十二、艺术与社会系列

《艺术界》 [美]霍华德·S. 贝克尔 著 卢文超 译
《寻找如画美:英国的风景美学与旅游,1760—1800》 [英]马尔科姆·安德鲁斯 著 张箭飞 韦照周 译

十三、公共管理系列

《更快 更好 更省?》 [美]达尔·W. 福赛斯 著 范春辉 译
《公共行政的行动主义》 张康之 著
《美国能源政策:变革中的政治、挑战与前景》 [美]劳任斯·R. 格里戴维·E. 麦克纳布 著 付满 译

十四、智库系列

《经营智库:成熟组织的实务指南》 [美]雷蒙德·J. 斯特鲁伊克 著 李刚 等译 陆扬 校